Heinz Jiranek, Andreas Edmüller

Konfliktmanagement

Konfliktmanagement

Heinz Jiranek
und
Andreas Edmüller

Haufe Mediengruppe
Freiburg · Berlin · München

Bibliografische Information Der Deutschen Bibliothek
Die Deutsche Bibliothek verzeichnet diese Publikation in der Deutschen Nationalbibliografie; detaillierte bibliografische Daten sind im Internet über http://dnb.ddb.de abrufbar.

ISBN 3-448-05913-7 Bestell-Nr. 04051-0001

Postanschrift: Postfach, 82142 Planegg
Hausanschrift: Fraunhoferstraße 5, 82152 Planegg
Tel. 0 89-8 95 17-0, Telefax 0 89-8 95 17-2 50
Internet: www.haufe.de
E-Mail: online@haufe.de
Lektorat: Stephan Kilian
Redaktion: Ulrike Rudolph

Umschlaggestaltung: Zero Agentur, 80538 München
Satz/Layout: AB multimedia GmbH, 85445 Oberding
Druck: Bosch Druck GmbH, 84030 Ergolding

Zur Herstellung der Bücher wird nur alterungsbeständiges Papier verwendet.

Inhaltsverzeichnis

1 Vorwort

Sie können sich darauf verlassen, dass dies ein sehr praxisnahes Buch ist. Wir beschreiben nur solche Vorgehensweisen, Methoden und Strategien zur Konfliktbearbeitung und -lösung, die wir selbst als Konfliktmanager erfolgreich angewandt haben und auch in Zukunft anwenden werden. Unser Ziel ist es, Führungskräften wirksame und handfeste Hilfsmittel für den professionellen Umgang mit Konflikten an die Hand zu geben. Das geht nicht ganz ohne theoretischen Hintergrund; ihn beleuchten wir aber nur so weit, wie das für eine erfolgreiche Umsetzung nötig und für den Leser interessant ist. Zur Veranschaulichung und Konkretisierung greifen wir gerne und aus voller didaktischer Überzeugung auf ein altbewährtes Mittel zurück: Beispiele, Beispiele, Beispiele, ...

Konflikte wird es immer geben, wo und wann immer Menschen zusammenarbeiten. Das ist auch gut so, denn ein Team, das nie Konflikte hat, besteht in aller Regel aus Mitarbeitern, die ihre innere Kündigung bereits vollzogen haben. Wem nicht egal ist, „wie es weitergeht und was passiert", der tritt mit hohem Engagement für seine Ansichten und Interessen ein. Und da wir oft unterschiedliche Mentalität, verschiedene Temperamente und abweichende Ansichten haben, sind Konflikte vorprogrammiert. Wie gesagt: Das ist gut so. Es kommt nur darauf an, sinnvoll mit Konflikten umzugehen und sie im Idealfall sogar als Kraftquelle für ein Team und sich selbst zu nutzen.

Für den Umgang mit Konflikten gibt es keine Patentrezepte. Viele Konflikte ähneln sich, haben Gemeinsamkeiten. Aber im Grunde ist jeder Konflikt ein Unikat, ganz einfach weil kein Mensch wie der andere und keine Situation genau wie die andere ist. Konfliktlösung hat deshalb viel mit Augenmaß und Gefühl, mit Erfahrung und Kunst zu tun. Konfliktlösung ist kein mechanischer Prozess. Und genau deshalb kann auch der versierteste Konfliktmanager mit den besten und umfangreichsten Methoden keine Lösungsgarantie geben. Es besteht immer die Möglichkeit, dass eine eingeleitete Konfliktlösung ohne Ergebnis endet. Es ist aber möglich, wie bei jeder Kunst, immer besser zu werden und immer befriedigendere Resultate zu erzielen. Der Weg dahin ist bekannt: Tun, nachdenken, ausprobieren, lernen, Fehler machen, lernen, tun, ...

Der Weg zur Lösung in einem Konflikt ist auch nur selten gerade und stromlinienförmig. In aller Regel besteht er aus einigen Sackgassen, Schleifen, falschen Abzweigungen und Holperstrecken. Das ist mühsam, emotional anstrengend, kostet Nerven und wirkt bisweilen unelegant – gehört aber dazu. Denn erst, wenn wir z. B. eine Abzweigung wirklich sorgfältig erkundet haben, können wir beurteilen, ob sie uns zum Ziel bringt oder in die Irre führt. Diese Investition an Zeit, Nerven und Unbequemlichkeit ist nach unserer Erfahrung schlicht und einfach nötig, um zu einer dauerhaften und tragfähigen Lösung des Konfliktes zu kommen.

Und schließlich legen wir Wert auf eine ganz nüchterne Erkenntnis: Es gibt auch Konflikte, die sich nicht lösen lassen. Manchmal ist es nötig und sogar geboten, eine Situation durch überlegten Machteinsatz zu klären. Das ist etwa dann der Fall, wenn sich eine Konfliktpartei weigert, sich auf einen fairen Weg der Konfliktlösung einzulassen und den Konflikt weiterhin betreibt. Dann kann es für eine Führungskraft geboten sein, schnell und konsequent per Anweisung einzugreifen – z. B. um Mitarbeiter und Kollegen zu schützen.

Keine Patentrezepte, verwickelter Lösungsweg, keine Erfolgsgarantie – das hört sich alles sehr unromantisch an. Stimmt: Aber uns geht es nicht um ein „Hollywoodbuch", sondern um handfeste und im Führungsalltag brauchbare Vorgehensweisen. Deshalb ist uns ein realistischer, erfahrungsnaher Ansatz ohne Beschönigungen und Glorifizierungen so wichtig.

Wie ist das Buch aufgebaut? Es besteht aus vier Teilen. Im ersten Teil, er umfasst die Kapitel 1 bis 5, geht es um das Erkennen, Verstehen und Vorbeugen von Konflikten. Nicht jede zwischenmenschliche Spannung ist ein Konflikt. Deshalb die Begriffsklärung in Kapitel 2. In Kapitel 3 und 4 erklären wir die Erkennungsmerkmale von Konflikten und deren verschiedene „Reifegrade" bzw. Entwicklungsstufen. Kapitel 5 widmet sich dann der sinnvollsten und erfolgreichsten Form von Konfliktmanagement, der Vorbeugung.

Teil 2 umfasst die Kapitel 6 bis 8. Dort entwickeln wir die theoretischen Grundlagen der Konfliktbearbeitung. Wir klären in Kapitel 6 die Wertebasis fairer Konfliktlösung, stellen in Kapitel 7 die verschiedenen Rollen bzw. Eingriffsmöglichkeiten eines Konfliktmoderators vor und entwickeln in Kapitel 8 ein Modell zur systematischen Bearbeitung von Konflikten.

Teil 3 besteht aus den Kapiteln 9, 10 und 11. Im Mittelpunkt steht die Praxis der Konfliktlösung, also die Anwendung bzw. Umsetzung der theoretischen Grundlagen aus Teil 2. Konkret geht es um die Frage, welche Handlungs- und Eingriffsmöglichkeiten es für Führungskräfte gibt, deren Mitarbeiter einen Konflikt haben. Kapitel 9 befasst sich mit Konflikten, die sich noch in den Anfangsstadien ihrer Entwicklung befinden. Kapitel 10 behandelt weiter fortgeschrittene, also schon sehr „harte" Konflikte und in Kapitel 11 beleuchten wir, wie die Zusammenarbeit eines Konfliktmanagers mit dem Vorgesetzten der Konfliktparteien aussehen sollte. Dieser letzte Punkt ist sehr wichtig, wird aber oft vernachlässigt.

Teil 4 geht auf zwei spezielle Fragestellungen ein. Kapitel 11 untersucht Konflikte in und zwischen Gruppen; Kapitel 12 liefert Ideen und Anregungen, was man tun kann, wenn man selbst Konfliktpartei ist.

Die Checklisten und Arbeitsmittel für dieses Buch finden Sie im Anhang. Sie können diese auch im Internet kostenlos im DIN A 4-Format downloaden unter www. redmark.de. Am schnellsten finden Sie sie, wenn Sie in die Suchfunktion das Wort „Konfliktmanagement" eingeben. Auch auf der Seite www.jiranek.de werden die Arbeitsmittel angeboten.

2 Was ist das: ein Konflikt?

2.1 Worum geht es?

Das zwischenmenschliche Miteinander pendelt zwischen ruhigeren und angespannteren Phasen hin und her. Eine atmosphärische Verschlechterung alleine definiert noch lange keinen Konflikt. Gerade unter Stress liegen die Nerven oft blank und Leute, die sich sonst ganz gut verstehen, reiben sich unvermittelt aneinander. Häufig auch wird innere Anspannung mit einem Konflikt verwechselt. Vorgesetzte, die ein schwieriges Mitarbeitergespräch zu führen haben, einen Mitarbeiter kritisieren müssen oder unangenehme Nachrichten überbringen sollen, sprechen häufig davon, dass sie ein „Konfliktgespräch" vor sich hätten. Ihre Befürchtungen führen wohl dazu, sich das Schlimmste auszumalen und dann diese Vorstellung für die Realität zu halten.

Dann gibt es noch Kommunikationsformen, die mehr oder weniger nach Konflikt „riechen", wie Frotzeln, Kabbeln, Streiten, Meinungsverschiedenheiten haben, sich Argumente „um die Ohren hauen" und so fort.

Mit trockenen Definitionen wollen wir Sie nicht langweilen, aber was ein Konflikt ist und was nicht, muss jeder wissen, der mit Menschen zu tun hat. Warum? Weil sich nur durch die klare Beschreibung des Geschehens folgende Fragen beantworten lassen:

- Handelt es sich überhaupt um einen Konflikt?
- Wenn ja: Welche Art von Konflikt liegt vor?
- Muss ich etwas unternehmen oder nicht?
- Falls Handlungsbedarf besteht: Was kann ich unternehmen? Was gilt es unbedingt zu vermeiden, um nicht alles noch schlimmer zu machen?

Wir wollen in diesem Startkapitel – mit praktischen Beispielen garniert – den Rahmen für unser Thema finden. Entscheiden Sie bei den folgenden Beispielen selbst, was Sie für einen Konflikt halten würden und was nicht.

2.2 Beispiele: Konflikt oder nicht?

Beispiel 1

Peter und Thomas haben Querelen miteinander. Jedes Mal, wenn es um die Frage geht, wie oft Besprechungen stattfinden sollten, geraten sie in Auseinandersetzungen:
Peter: „Ich weiß schon, wenn es nach dir ginge, dann müssten wir von früh bis Abend in Besprechungen sitzen!"
Thomas: „Und wenn es nach dir ginge, dann würde jeder einfach alles für sich entscheiden, ohne sich mit irgendjemand anderem abzustimmen."
Peter (lacht): „Du bist halt ein alter Bürokrat!"
Thomas (lacht): „Und du ein professioneller Chaot!"
Die beiden wechseln das Thema und gehen in die Besprechung.

Handelt es sich hier um einen Konflikt? Nein. Am besten passt wohl der Ausdruck **Kabbelei.** Peter und Thomas sind zwar verschiedener Meinung, sie ziehen sich sogar mit ihren jeweiligen Standpunkten auf, aber sie gehen aufeinander zu, reden miteinander, und die Beziehung wird durch das **Kabbeln** nicht ernsthaft gestört.

Das heißt jedoch nicht, dass das Thema nebensächlich wäre. Auch beim **Kabbeln** geht es unter der Oberfläche öfter als vermutet um ernsthafte Themen. Peter und Thomas haben sich aber wohl entschieden, nicht tiefer in die Frage nach der Besprechungshäufigkeit einzusteigen.

> Kabbeleien sind Auseinandersetzungen (oft mit wiederkehrenden Themen), die in humorvollem Stil ausgetragen werden. Sie gefährden die Beziehung in der Regel nicht, haben aber trotzdem oft einen ernsthaften Hintergrund.

Beispiel 2

Paula und ihr Mann Kurt kommen aus dem Kino.
Kurt (verärgert): „Na das war wieder einmal ein Blödsinn!"
Paula: „Wieso?"
Kurt: „Na die Geschichte war von Anfang bis Ende an den Haaren herbeigezogen!"
Paula: „Ich fand's gut!"
Kurt (zieht die Augenbrauen hoch): „Ach ja?"
Paula: „Die Geschichte sollte ja gar nicht real sein, sondern ein Beispiel dafür, wie Menschen in verschiedenen Situationen ihres Lebens empfinden. Und das ist dem Filmemacher doch voll gelungen."
Kurt: „Das finde ich eben nicht. Wenn so unglaubliche Situationen sich häufen, dann leidet die gesamte Aussage des Films."
Paula: „Mir hat er gefallen."
Die beiden gehen schweigend nebeneinander her.
Kurt: „Gehen wir was essen?"
Paula: „Ja, ich hab' einen Riesenhunger."

Die beiden sind verschiedener Meinung. Es gibt keinen Beweis dafür, dass Paula oder Kurt Recht hat. Einen solchen Unterschied in der subjektiven Bewertung einer Sache nennen wir **Meinungsverschiedenheit.** Zwar verschlechtert sich bei Meinungsverschiedenheiten oft die Stimmung, aber die Kontrahenten sind sich insgeheim einig, dass das Thema nicht so schwerwiegend ist, dass es die Beziehung beeinträchtigt würde. Paula und Kurt können miteinander essen gehen. Auch hier ist es nicht sinnvoll, von einem Konflikt zu sprechen.

Bei Meinungsverschiedenheiten steht subjektive Bewertung gegen subjektive Bewertung. Eine Lösung in der Sache gibt es daher nicht. Die Stimmung kann zwar kurzfristig beeinträchtigt werden, wenn aber beide den Mechanismus der unterschiedlichen Meinung verstehen, ist die Beziehung nicht nachhaltig betroffen.

Beispiel 3

Der Leiter eines Außendienstes (Herr Peter) und sein Chef (Herr Obermann) unterhalten sich:
Herr Peter: „Wir haben dem Außendienst die letzten Jahre immer vorgegeben, wie viele Kunden sie pro Tag im Schnitt besuchen sollen. Ich finde, das sollten wir überdenken."
Herr Obermann: „Wieso denn das?"
Herr Peter: „Viele Mitarbeiter haben sich mehr auf ihren Besuchsschnitt als auf das Verkaufen konzentriert. Sie haben einfach Kunden besucht, die günstig liegen, einen guten Parkplatz haben und nett sind."
Herr Obermann: „Aber bei völliger Freiheit führt das doch erst recht ins Chaos. Dann macht sich's jeder möglichst bequem. Die Mitarbeiter brauchen doch Anhaltspunkte woran sollen sie sich denn sonst orientieren?"
Herr Peter: „Ich denke, wir haben ja Absatz, Umsatz und Marktanteil als klare Messkriterien."
Herr Obermann: „Da haben Sie natürlich Recht. Nur würde der Besuchsschnitt da ja gut in das Anforderungspaket passen."
Herr Peter: „Ich schlage vor, dass wir einmal die Vor- und Nachteile sammeln. Vielleicht können wir auch noch die Meinung anderer einholen oder uns erkundigen, welche Erfahrungen es in anderen Außendiensten mit den verschiedenen Modellen gibt."
Herr Obermann: „Ja, das ist eine gute Idee. Wir sollten dafür einen eigenen Termin vereinbaren."

Auch hier sind die beiden sich keineswegs einig. Es kann auch sein, dass die Stimmung zu Beginn nicht die allerbeste ist. Im Unterschied zur Meinungsverschiedenheit, die ja ausschließlich auf subjektiven Bewertungen basiert, lassen sich hier aber Sachargumente zum Für und Wider sammeln. Die unterschiedlichen Standpunkte münden so in eine **argumentative Auseinandersetzung.** Es besteht die Möglichkeit, gemeinsam eine Lösung zu finden, der beide Seiten inhaltlich zustimmen können.

Bei argumentativen Auseinandersetzungen kann es schon heiß hergehen. Aber die Kommunikationspartner sind hochgradig an der Lösung eines Problems interessiert.

Beispiel 4

Susanne und Kurt reden über den Urlaub. Kurt schlägt vor, diesmal schon recht früh im Jahr in die Sonne zu fahren.

Da sagt Susanne: „Aber du weißt doch, dass ich die neue Stelle noch kein Jahr habe. Da kann ich doch nicht einfach drei Wochen wegfahren."

Kurt: „Natürlich kannst du! Die Urlaubssperre gilt doch nur ein halbes Jahr."

Susanne: „Das meine ich nicht. Irgendwie macht das doch keinen guten Eindruck."

Kurt: „Quatsch! Du kannst machen, was dir zusteht!"

Susanne: „Nein, ich finde einfach, das gehört sich nicht!"

Kurt: „Gehört sich nicht! Wenn ich das schon höre. Die blöde Arbeit ist dir also wichtiger als der Urlaub mit mir!"

Susanne: „Sag das nicht noch einmal, dass diese Arbeit blöd ist!"

Kurt: „Sie ist immerhin so blöd, dass du uns damit den Urlaub versaust."

Susanne: „Und was war mit dir damals, als du auf dem Hierarchietreppchen eins hoch wolltest? Da musste ich auch zurückstecken."

Kurt: „Denkst du eigentlich auch mal daran, wer die letzten Urlaube finanziert hat? Mein Treppchen, wie du so nett sagst, hat ja gerade dir einige Vorteile verschafft."

Susanne: „Dass ich nicht lache. Es ist unglaublich, wie unfair du sein kannst."

Kurt: „Wer ist hier unfair. Es soll wieder einmal alles nach deinem sturen Kopf gehen."

Susanne: „Es ist mir jetzt zu blöd, das mit dir weiterzudiskutieren."

Kurt: „Typisch!"

Susanne: „Mach was du willst!"

Susanne lässt die Türe hinter sich zukrachen. Kurt setzt sich

ins Auto und fährt grimmig in die Stadt. Am Abend reden die beiden nur das Nötigste.
Beim Frühstück am nächsten Morgen:
„O.K. Weißt du, es war nicht so gemeint!"
„Ja, mir tut's auch Leid."
Sie umarmen sich.

Ein **Streit!** Ein scheinbar harmloses Thema führt plötzlich in die Eskalation. Die Kennzeichen eines **Streits:** Es tritt eine massive Stimmungsverschlechterung ein. Die Auseinandersetzung wird immer affektiver: Vorwürfe nehmen zu. Diese Vorwürfe lösen sich häufig vom ursprünglichen Thema. Es fängt wohl damit an, dass die Streithähne – oft unabsichtlich – den „Feuermelder" des anderen einschlagen. Ein empfindlicher Punkt, ein unerledigtes Thema zum Beispiel. Der Gekränkte kränkt zurück. Ein **Streit** hat aber noch ein weiteres Kennzeichen. Wenn sich der Pulverdampf verzogen hat, sind beide Parteien in der Regel bereit, wieder aufeinander zuzugehen.

> Beim Streit ist die rasche affektive Eskalation auffällig, und die „Kunst" der Kontrahenten, „Feuermelder" beim anderen einzuschlagen. Oft tut den Parteien später Leid, was sie alles geäußert haben.

Beispiel 5

„Das ist ja ein nicht zu lösender Konflikt", sagt der Abteilungsleiter. Er meint damit, dass ein Tiefgaragenplatz für seine Abteilung frei geworden ist, aber mindestens drei seiner Mitarbeiter einen gut begründbaren Anspruch darauf haben.

Ressourcenkonflikte oder Territorialkonflikte (Beispiel: Ein Mitarbeiter bekommt jemanden in sein Zimmer gesetzt) sind zunächst dadurch definiert, dass ein knappes, nicht vermehrbares Gut verteilt werden muss. Ob daraus jedoch eine belastende Situation für die Beteiligten wird, ist alleine dadurch noch nicht bestimmt. Es kann sein, dass sich ein Ressourcenkonflikt zu einem zwischenmenschlichen Konflikt auswächst, aber das muss nicht geschehen.

Ressourcen- oder Territorialkonflikte erhöhen die Konfliktwahrscheinlichkeit. Entwickeln sie sich zu interpersonellen Konflikten, so gehören sie zu den schwierigsten überhaupt.

Beispiel 6

Konrad und Tobias sind Gruppenleiter. Sie arbeiten seit zwei Jahren in derselben Abteilung. Anfangs kamen sie noch recht gut miteinander aus. Doch immer öfter stolpern sie über Missverständnisse. Konrad ärgert sich mehr und mehr über den schlampigen Arbeitsstil von Tobias, Tobias wiederum meint, dass Konrad alles auf die Goldwaage lege und viel zu unflexibel sei. Die Atmosphäre wird nach und nach eisig. Beide beginnen, auf die „Fehler" des anderen zu achten. Ohne es voneinander zu wissen, nehmen beide die angespannte Stimmung mit nach Hause und reden dort immer häufiger mit Ihren Ehefrauen über die ausweglose Situation. So sagt beispielsweise Tobias: „Er oder ich. Es kann nicht so weitergehen." Auf den Hinweis seiner Frau, ob man nicht einmal miteinander reden könne: „Du weißt ja nicht, was Konrad für einer ist. Das ist aussichtslos. Da kann ich gleich mit einer Wand reden." Als dann ein Mitarbeiter von Tobias bei Konrad auftaucht und „vertraulich" durchblicken lässt, dass Tobias ganz schön Hetze gegen ihn betreibe, ist Konrad zutiefst betroffen. Das Thema lässt ihn nicht mehr los, immer öfter kann er schlecht schlafen. Auch die Mitarbeiter der beiden registrieren die Lage. Ebenso wie ihre Vorgesetzten reden sie kaum noch miteinander. „Man" geht sich aus dem Weg.
Bei einer Konferenz mit dem Abteilungsleiter, an der Konrad und Tobias teilnehmen, kommt es schließlich zum Eklat. Wegen irgendeiner Kleinigkeit schreit Tobias Konrad an und verlässt türekrachend das Zimmer.

Das Beispiel skizziert die Entwicklung eines **Konfliktes.** Deutlich nimmt die emotionale Belastung zu. Der Konflikt gewinnt immer mehr Macht über das Denken, das Fühlen und das Verhalten der beiden gewinnt. „Wes das Herz voll ist, des läuft der Mund über." Die Störung „drückt" so stark, dass Unbeteiligte mit einbezogen werden. Die „Arena" vergrößert sich.[1] An eine Lösung glauben die Konfliktpartner immer weniger.

> Ein Konflikt ist in erster Linie gekennzeichnet durch das Vorliegen scheinbar unvereinbarer Interessen mit hoher emotionaler Belastung mindestens eines der Konfliktpartner, die in der Regel eher zu- als abnimmt. Der Umgang mit dem Konfliktpartner ist ganzheitlich beeinflusst und beeinträchtigt. Die Lösung wird – wenn überhaupt – darin gesehen, dass der andere sich oder mit ihm sich etwas ändern muss.

2.3 Die Systematik zwischenmenschlicher Spannungen

	Emotionale Beteiligung	**Eskalationstendenz**	**Einfluss auf die Beziehung**	**Besonderheiten**	**Handlungsbedarf**
Kabbelei, Frotzelei, stärker: Stichelei	Eher gering	Gleich bleibend	Gering	Klingt humorvoll, hat aber meist einen ernsten Hintergrund	Ja. Konfliktprophylaxe ist sinnvoll
Meinungsverschiedenheit	Verschieden: Von positiv-hitzig über interessant bis negativ-aggressiv	Gibt sich wieder	Hängt vom kommunikativen Geschick der Gesprächspartner ab	Lässt sich inhaltlich nicht lösen. Der Umgang damit kann aber verbessert	Sinnvoll: Verbesserung der kommunikativen Kompetenz
Argumentative Auseinandersetzung	Verschieden: Von positiv-hitzig über interessant bis negativ-aggressiv	Wendet sich oft zu einer Lösung	Hängt vom kommunikativen Geschick der Gesprächspartner ab	Eine inhaltliche Lösung ist möglich.	Richtiges Argumentieren erhöht den Spaß und den Erfolg: Argumentationstraining

[1] Vgl. GLASL (1994)

	Emotionale Beteiligung	Eskalations-tendenz	Einfluss auf die Beziehung	Besonder-heiten	Handlungs-bedarf
Streit	Meist hitzig-negativ, hitzig-aggressiv	Der Pulver-dampf verzieht sich	Negativ. Im Moment bedrohlich	Nach dem Streit oft in Ordnung, aber Vorsicht: Kurzschluss-handlungen sind möglich!	Streit ist oft die Eskalation von Meinungs-verschieden-heiten oder Argumenta-tionen. Dort mit der Prophy-laxe beginnen!
Ressour-cen-/Terri-torial-konflikte	Falls daraus ein inter-personaler Konflikt ent-steht: Meist sehr starke affektive Beteiligung	Falls daraus ein inter-personaler Konflikt ent-steht: Lang anhaltend	Negativ	Werden oft nicht offen kommuniziert	Ja
Konflikt	Hoch bis sehr hoch	Verschlimme-rung	Sehr hoch	Geringer Glaube an ei-ne mögliche Lösung	Konfliktbear-beitung dringend not-wendig

Aus diesen Arten zwischenmenschlicher Spannungen können sich zwar Konflikte entwickeln; es handelt sich aber noch nicht um Konflikte. So wäre es z. B. ein (Führungs-)Fehler, an eine argumentative Auseinandersetzung zwischen zwei Mitarbeitern mit Verfahren der Konfliktbearbeitung heranzugehen. Diese unterschiedlich starken Spannungen können zwar Anzeichen und Symptome eines existierenden Konfliktes sein; ihr Vorliegen allein erlaubt aber keinesfalls den Schluss auf einen Konflikt. Wenn zum Beispiel zwei Personen eine Meinungsverschiedenheit haben, so lässt dieses Faktum allein nicht den Schluss auf einen Konflikt zu. Gibt es zwischen den beiden Personen aber häufig Meinungsverschiedenheiten, Sticheleien und argumentative Auseinandersetzungen, so kann ein Konflikt die Ursache dafür sein.

Alle diese Spannungen haben aber eines gemein: Bei ungeschicktem Verhalten der Gesprächspartner können sich aus harmlosen Auseinandersetzungen schwere Konflikte entwickeln. Aufbau und Pflege einer soliden und offenen Kommunikationskultur im Team ist hier die beste Vorbeugung. Ein gut durchgeführtes Kommunikations- oder Argumentationstraining kann ein erster Schritt zur Unterstützung sein (am besten gleich im Arbeitsteam selbst).

Aber: Gute, konfliktvorbeugende Kommunikation kann nicht nur an Schulungen delegiert werden. Jeder Vorgesetzte ist daher gefordert:

- Auseinandersetzungen jeder Art richtig einordnen und bearbeiten zu können,
- vorbeugend alles zu tun, um eine möglichst gute Kommunikations-, aber auch Konfliktkultur zu schaffen und
- die Grund-„griffe“ der Konfliktbearbeitung zu beherrschen.

Davon handelt dieses Buch.

Sie werden Schritt für Schritt in die wichtigsten Maßnahmen eingeführt, vorbeugend und „kurierend“ mit Konflikten umzugehen. Dafür sind Konfliktverständnis und Kenntnis der Symptome sinnvoll. Lassen Sie uns im Folgenden deshalb die Lupe nehmen und Konfliktsymptome und -entwicklung untersuchen.

3 Konflikte unter der Lupe: Die Symptome

3.1 Worum geht es?

Im letzten Kapitel haben wir ein bisschen Klarheit in das Verständnis zwischenmenschlicher Spannungen und Konflikte gebracht. Beispiel 6 sollte veranschaulichen, dass bei einem Konflikt in hohem Maße Emotionen spürbar sind, die einen nicht so leicht loslassen, dass diese Emotionen in der Regel keinen konstruktiven Sog entwickeln und dass der Glaube an eine Lösung geringer wird, je weiter sich der Konflikt entwickelt.

Was aber sind das für Emotionen? Was „glaubt" man im Konflikt? Wie sieht dieser Sog nach unten aus? Damit werden wir uns in diesem Kapitel befassen.

Sind Sie selbst in den Konflikt verstrickt, so können Sie ihn selbstkritisch betrachten: Wo stehe ich selbst? Welche Konfliktsymptome kann ich bei mir selbst „diagnostizieren"? Wie weit ist der Konflikt schon eskaliert? Sollten Sie vor der Aufgabe stehen, einen Konflikt zu moderieren, kann die klare Analyse der Symptome ebenfalls zu einer im positiven Sinne „nüchternen" Perspektive führen oder ganz klare Ansatzpunkte liefern.

Zum Teil stellen wir hier die Ergebnisse der Konfliktforschung zu Symptomen und zur Konfliktentwicklung[2] vor, teilweise folgen wir den Erfahrungen und systematischen Auswertungen aus unserer eigenen Arbeit. Was Sie gleich lesen werden, geschieht nicht immer alles, und auch nicht immer in der beschriebenen Stärke. Aber es geschieht. Wir lassen uns bei den folgenden Beschreibungen von der Vorstellung eines mittelstark bis stark eskalierten Konfliktes leiten. Das hilft, die Symptome zu präzisieren und die Sprache von allzu häufigen Einschränkungen zu entschlacken.

---

2 Vor allem Glasl (1994), der wohl am genauesten Konfliktsymptome und -entwicklungen beschrieben hat.

Warnen möchten wir Sie vor einer Das-kann-mir-nicht-passieren-Haltung! Das Fatale ist ja gerade, dass Konflikte eine eigene Dynamik zu entwickeln scheinen. Deshalb ist Konfliktmanagement so schwer und deshalb ist Konfliktprophylaxe so wichtig. Sich dem Sog nicht auszuliefern, ihm widerstehen zu lernen und vom Opfer wieder zum Handelnden zu werden, nur das kann die Intention von Konfliktbearbeitung sein!

Nichts kann im Konfliktfall so sehr helfen, wie die gesunde Distanz zum Geschehen. Wir verbinden mit diesem Kapitel die Absicht, Ihnen zu dieser „gesunden" Distanz zu verhelfen.

Wir werden uns mit sechs zentralen Konfliktphänomenen daher beschäftigen:

- Konflikte verändern die emotionale Beteiligung am Geschehen. Wir sind alles andere als „cool".
- Konflikte beeinflussen Beziehungen.
- Es geschehen merkwürdige Dinge mit unserer Wahrnehmung.
- Konflikte durchdringen unsere Absichten.
- Konflikte ändern unser Verhalten.
- Konflikte vernebeln den Zugang zur Sachlichkeit.

3.2 Die emotionale Beteiligung

Sie sind in der Stadt, nähern sich ihrem Auto und sehen die Politesse, wie sie gerade den Strafzettel ausfüllt. Natürlich beginnen Sie eine Diskussion. Sie solle das nicht so eng sehen, Sie seien doch nur ganz kurz etwas abholen gewesen, außerdem würde Ihr Wagen ja niemanden behindern, sie möge doch ein Auge zudrücken, wir regieren uns noch zu Tode mit unseren

Gesetzen, und so weiter und so fort. Freundlich oder hart im Ton. Wir kennen die Argumente. Die so Angesprochene bleibt unerbittlich. Verbittert steigen Sie ins Auto. Ihre Gefühle rangieren irgendwo auf der Skala zwischen Verärgerung, Zorn oder einer „Stinkwut". Sie sind affektiv beteiligt: Emotionen wirbeln durch Kopf und Körper. Würde man Sie an einen Polygraphen anschließen, so sähe man einige Nadeln zittern.

Aber: Ein paar Minuten oder Viertelstunden später ist alles schon stark verblasst. Sie erinnern sich noch an den Vorfall, erzählen ihn am Abend zu Hause, Sie „regen" sich vielleicht noch mal „auf", aber das Geschehen ist eher zu einer Story geworden. Es ist sehr unwahrscheinlich, dass Sie ein paar Tage später noch einmal einen Gedanken auf Ihr Missgeschick verschwenden. Kein Thema!

Ganz anders im Falle von Konflikten! Was immer da vorgefallen sein mag, beschäftigt Sie zunehmend. Es lässt Sie nicht so richtig los. Die Gedanken beginnen um das Konfliktgeschehen zu kreisen. Sie malen sich Geschichten aus, was Sie hätten tun können oder lassen sollen, ganze Filme laufen im Kopf ab, wieder und wieder. Sie beschäftigen sich viel mit Ihrem Konfliktpartner, wünschen ihm alles Schlechte. Sie sind in Ihrer Vorstellung der Regisseur seines Unterganges. Sie ahnen aber irgendwo, dass das so nicht funktionieren wird. Sie sind mit Ihren Affekten mittendrin im Konflikt, er verfolgt sie unter Umständen bis in den Schlaf hinein. **Die Gefühle, die sich im Zusammenhang mit Konflikten entwickeln, sind stark, andauernd oder immer wiederkehrend -und alles andere als angenehm.**

Aus unserer Praxis kennen wir Konflikte, die sich über mehr als zwanzig Jahre hingezogen haben. Das Motto: „Das vergesse ich ihm/ihr nie!" Der Preis dieser emotionalen Verbissenheit ist hoch: Schon längst ist eine fatale Veränderung eingetreten, denn nicht wir haben einen Konflikt, sondern der Konflikt hat uns![3] Wir sind zur Marionette der eigenen Emotionen geworden. Ein Treffen mit dem

[3] Vgl. GLASL (1994)

Konfliktpartner lässt meist auf der Stelle die giftigen Gefühle einschießen.

Auch die Qualität der Gefühle ändert sich. Während im „normalen" zwischen-menschlichen Umgang viele Gefühle mehrdeutig und ambivalent sind, werden sie im Konflikt „monovalent": Gewöhnlich empfinden wir unseren Sozialpartnern gegenüber im wahrsten Sinne des Wortes „gemischte" Gefühle: Manches mögen wir, manches weniger, dies finden wir sympathisch und nachahmenswert, jenes weniger, heute streiten wir und morgen vertragen wir uns wieder. Ein bunter Strauß von Emotionen und Bewertungen. Im Konfliktfall ändert sich die Farbe zu trister Ein-Tönigkeit: So richtig mögen können wir an unserem Konfliktpartner nichts mehr, selbst das, was wir früher vielleicht einmal schätzten, erscheint nun in diesem trüben Licht. Monovalenz: Mehr und mehr ist nur noch das negative Gefühl spürbar.

3.3 Der Einfluss auf Beziehungen

Konflikte führen, anders als Streit oder eine Meinungsverschiedenheit, zu einem Knacks oder Bruch auf der Beziehungsebene. Immer wieder berichten Konfliktpartner, dass der Schaden nie wieder gutzumachen wäre, man könne – so heißt es dann – dem anderen nie mehr unvoreingenommen begegnen. Es setzt das Elefanten-Phänomen ein. Die (vermeintlich) erlittene Kränkung gräbt sich tief ins Gehirn ein. Selbst wenn ein Zusammensein oder Zusammenarbeiten wieder möglich wird, oft bleibt ein Schatten der Konflikterlebnisse zurück.

> „Ich habe die friedlichste Gesinnung. Meine Wünsche sind: eine bescheidene Hütte, ein Strohdach, aber ein gutes Bett, gutes Essen, Milch und Butter, sehr frisch, vor dem Fenster Blumen, vor der Tür einige schöne Bäume, und wenn der liebe Gott mich ganz glücklich machen will, lässt er mich die Freude erleben, dass an diesen Bäumen etwa sechs bis sieben meiner Feinde aufgehängt werden. Mit gerührtem Herzen werde ich ihnen vor ihrem Tode alle Unbill verzeihen, die sie mir im Leben zugefügt – ja, man muss seinen Feinden verzeihen, aber nicht früher, als bis sie gehenkt werden."
>
> *Heinrich Heine*

Einer unserer Klienten brachte es auf den Nenner: „Verzeihen kann ich ihm, vergessen aber werde ich nie." Selbstverständlich hängt dies von der Eskalationsstufe ab, auf die ein Konflikt gerutscht ist (vgl. Kap. 4.4, Seite 54). Die Gefahr der bleibenden Kränkung tritt nach unserer Erfahrung jedoch schon bei kaum eskalierten Konflikten auf.

Und dennoch beobachten wir, dass bei professioneller Konfliktbearbeitung Beziehungen wieder ins Lot kommen. „Können Menschen sich denn ändern?", werden wir häufig gefragt. Wir meinen, dass die Antwort in folgender Dreiteilung ein realistisches Bild liefert:

- **Menschen** tun sich sehr schwer, Grundlegendes an sich selbst zu ändern,
- ihr **Verhalten** aber können sie in gewissen, aber entscheidenden Grenzen steuern, wodurch sich
- **Beziehungen** schlagartig und dramatisch wandeln können.

Meistens kennen wir aus eigener Anschauung Belege für die dritte Auffassung. Jeder kennt wohl aus dem Bekanntenkreis Beispiele scheiternder Beziehungen. Von außen sieht das oft so aus: Beide sind nach wie vor die gleichen, auch ihr Verhalten kommt uns bekannt vor; Tatsache ist aber, dass die Beziehung sich drastisch verändert hat.

Wenn der Weg „nach unten" möglich ist, wieso dann nicht auch der Weg „nach oben", lautet die Frage des Konfliktmanagers. Glücklicherweise gibt es gute Belege für diese „andere Richtung" und es gibt hilfreiche Methoden auf dem Weg dorthin, von denen hier die Rede sein wird. Allerdings sind es nicht verklärte Vorstellungen von Harmonie, die uns hier leiten und damit der Anspruch, die Konfliktparteien mögen sich von nun an lieben. Auch mit einem Schatten über der Beziehung lässt es sich ganz gut leben, wenn es gelingt, diesen Schatten seiner Gefährlichkeit zu berauben. (Natürlich setzt dies die Mitarbeit und den guten Willen aller Beteiligten voraus. Deshalb gibt es keine Wundermittel und deshalb bleiben Konflikte auch oft ungelöst.)

Verwenden Sie dieses Wissen zur Diagnose von Konflikten: Erleben Sie die in Frage stehende Beziehung als grundsätzlich beeinträchtigt oder nicht? Wenn nicht, so macht es wenig Sinn, von einem Konflikt zu reden und die von Ihnen wahrgenommene Störung ist durch die Ansätze elegant zu beheben, die wir unter „Konfliktprophylaxe" beschreiben.

3.4 Wie sich die Wahrnehmung verändert

Die zunehmend monovalente, sich einengende Gefühlslage spiegelt sich auch in der Wahrnehmung wider. Es ist, als würde man den Farbregler wegdrehen: Aus bunt wird **schwarzweiß.** Je weiter der Konflikt eskaliert, um so weißer werden wir und um so schwärzer der andere. Das Licht sind wir, der Schatten der andere. Was immer der Konfliktpartner tut, wir beleuchten es mit unserem Spezialscheinwerfer. Aus dem „intelligenten Gesprächspartner" wird einer, „der immer schon perfekt geblendet hat", die „hilfsbereite Kollegin" von früher „hat sich immer schon gezielt eingeschleimt". Wenn wir uns mit Freunden über den Konflikt unterhalten, dann mussten wir das alles mal irgendwo loswerden oder suchen gar angeblich nach Lösungen, während unser Konfliktpartner, wenn er Gleiches tut, Intrigen spinnt und gezielte Hetze gegen uns betreibt. Wir voller Edelmut, der andere ein Global-Miesling. Das alte Märchen von gut und böse. Die ansonsten schillernde und komplizierte Welt wird plötzlich simplifiziert.

Die gefärbte Interpretation **unterstellt Absichten.** „Er/sie tut das nur, weil ..." behaupten wir so, als bescherte uns der Konflikt die perfekte Röntgenbrille, die uns doch sonst im Leben so fehlt („Keine Ahnung, warum er/sie das tut."). Ganz genau wissen wir plötzlich Bescheid darüber, was den anderen bewegt. Dabei löst sich die Wahrnehmung oft gänzlich von den Handlungen. Das Bündel unterstellter Absichten mutiert zur kompletten Theorie über den anderen. Seine Persönlichkeit wird definiert. „Das ist ganz typisch für sie." Oder „Er hat sich ja sehr zu seinem Nachteil verändert. Das ist nicht mehr der alte Kurt." Der Grund hierfür ist die selbstwertdienliche Motivation, ein positives Selbstbild aufrechtzuerhalten, was zu verzerrten

Erklärungen für die Handlungen der anderen führt. Die Sozialpsychologie hat diese Verzerrungen in Dutzenden von Untersuchungen belegt. Die Attributionsforschung (Was schreiben wir wem zu?) findet unter anderem folgende Regeln für die Entwicklung verzerrender Erklärungen[4]:

- Mein Erfolg kommt durch Fähigkeit zu Stande, mein Misserfolg durch Pech, und umgekehrt.

  Beispiel: „Dir ist alles zugeflogen, während ich mir alles erarbeiten musste."

- Eigene Handlungen haben äußere Ursachen, die Handlungen anderer hingegen innere.

  Beispiel: Wenn ich zu spät komme, dann ist der Stau schuld, wenn der andere zu spät kommt, dann liegt das an seiner Unpünktlichkeit.

  Beispiel: „Ich musste ja so reagieren, weil du ein anderer geworden bist."

- Das Bedürfnis zur sozialen Gemeinschaft zu gehören.

  Beispiel: Mein Verhalten ist so normal, dass meine Verhaltensweisen für die allermeisten verständlich sind. Dein Verhalten ist ziemlich abwegig.

Stellen Sie sich nun einen Verstärker vor. Die Verzerrungen, zu denen wir neigen, werden „aufgedreht". Sobald wir uns – wie im Konfliktfall – verletzt fühlen, treten sie in besonders starker Form auf.

Dazu kommt das **Phänomen der tausend Beweise.** Die Konfliktparteien grübeln und grübeln, und sie tun das meist sehr erfolgreich: Immer neue Belege kommen da ans Licht. „Weißt du noch, damals als er zum ersten Mal hier war, hat er schon gesagt ..." „Und jetzt verstehe ich erst, warum sie immer so erpicht darauf war, xy zu tun." „Er hat ja ganz gezielt die Nähe zu Dr. Müller gesucht. Klar!" „Und das mit dem

4 Beispielsweise zusammengestllt bei FORGAS (1995)

Betriebsrat letztes Jahr, das war ja ganz geschickt eingefädelt." Die „Issue-Lawine"[5] rollt. Gleiches gilt auch für die Konfliktengel. Schon damals wussten und erkannten sie, haben sich bemüht, gewarnt, haben investiert, alles versucht und das Beste gewollt. Auch dafür existieren plötzlich „hunderte" von Belegen.

Da spielt die Wahrnehmung offensichtlich verrückt. So weiß man beispielsweise aus der Erforschung von Konflikten, dass die Konfliktparteien regelmäßig Zeitbezüge krass durcheinander bringen. Ursache und Wirkung werden verdreht. Man hört sich wohl selbst immer lauter reden und beobachtet die selbst gemachte „Wirklichkeit". Das Motto: „Wir glauben aus dem Fenster zu sehen, dabei blicken wir nur in den Spiegel."

In der so verzerrten Wahrnehmung können wir, was nur konsequent ist, **an eine Lösung nicht glauben.** Ein ebenfalls wichtiges Kriterium zur gekonnten Analyse von Konflikten: Was sagen die Parteien zur Wahrscheinlichkeit einer Lösung? Wie klingt das? „Das renkt sich schon wieder ein." oder „Bei dieser Chefin wird sich nie und nimmer etwas in unserer Gruppe zum Besseren ändern." Das Da-kann-man-sowieso-nichts-Machen ist meist ein untrügliches Konfliktsignal.

3.5 Wie sich die Absichten und Ziele verändern

Was wollen Gruppen oder Einzelne, die in Konflikte verstrickt sind? Vorsicht, warten Sie mit der Antwort! Wenn Sie gerade antworten wollten, lieber Leser, liebe Leserin, dass das Ziel der Konfliktparteien wohl in der Lösung des Konflikts bestehen wird, haben Sie sich im Großen und Ganzen getäuscht. Nein, so ist es leider meist nicht!

Sind Konflikte erst einmal eskaliert und haben das Anfangsstadium weit hinter sich gelassen, so haben wir es keineswegs mehr mit hehren Zielen zu tun. In Hunderten von Interviews, die wir mit Konfliktparteien durchgeführt haben, tritt immer wieder ein Gedanke in den Vor-

5 Vgl. Glasl (1997), S. 196–198

dergrund; Vielleicht zunächst vorsichtig oder höflich klingend geäußert, oder aber mit vielen Argumenten belegt: Der andere, da er ja als Schuldiger wahrgenommen wird, soll verlieren (bezahlen, gehen, untergehen, nachgeben, sich gefälligst entschuldigen, ...). Der Konflikt soll gewonnen werden!

Dieses immer wieder zu beobachtende Trachten setzt einen Verlierer voraus. Die meisten Gedanken, Tag- und Nachtträume kreisen um diese Vorstellung. Dabei werden Mittel und Ziel meist starr verknüpft:

> *„Nur wenn Herr Oberschmidt die Abteilung verlässt, kehrt hier wieder Frieden ein!“*
>
> *„Nur wenn sie sich öffentlich entschuldigt, können wir weitersehen.“*
>
> *„Nur wenn ich die Prämie bekomme, rede ich wieder mit meinem Chef.“*

Die Konzeption der Konfliktlösung als Gewinner-Verlierer-Lösung ist typisch für eskalierte Konflikte.

Wir verraten wohl an dieser Stelle nicht zu viel, wenn wir darauf hinweisen, dass ein gewonnener Konflikt (falls es das wirklich gibt), niemals ein wirklich gelöster Konflikt sein kann.

3.6 Wie sich das Verhalten verändert

Das Verhalten folgt den Wahrnehmungen und Wahrnehmungsverzerrungen, es folgt dem affektiven Zustand und es folgt den Absichten, die sich mit eskalierten Konflikten verbinden. Was ich für „wahr“ nehme – und das ist die Bedeutung des Begriffes –, danach steuere ich mein Verhalten.

An erster Stelle steht hier wohl das **Vermeiden.** Miteinander wollen die Konfliktpartner nichts mehr zu tun haben.

Ein Beispiel:

Der Forschungsleiter Deutschland und sein amerikanisches Pendant (ebenfalls ein Deutscher) sind von der Struktur des Unternehmens her zu intensiver Zusammenarbeit (auf gleicher Hierarchieebene) verpflichtet. Es entwickelt sich ein Konflikt (wir gehen an dieser Stelle auf die Hintergründe nicht ein), der mehr und mehr eskaliert. Da der Vorgesetzte der beiden vollkommen von der fachlichen und menschlichen Qualität seiner Mitarbeiter überzeugt ist, schaltet er uns mit der Frage ein, ob der Konflikt zu lösen sei.

Die Interviews (mit den im Einzelgespräch äußerst gewinnenden und sympathischen Konfliktträgern) ergeben unter anderem folgendes Bild:

Beide tragen sich mit dem Gedanken, das Unternehmen zu verlassen, weil „es nicht mehr auszuhalten" sei. Hatten sie zu Beginn ihrer Zusammenarbeit (drei Jahre vor Kontaktaufnahme mit uns), noch sechs Konferenzen pro Jahr, so war im aktuellen Jahr (Interviewzeitpunkt August) diese Anzahl auf Null (!) gefallen, und dies, obwohl der Vorgesetzte permanent bemüht war, beide an einen Tisch zu bekommen. Sie hatten das mit wasserdichten Ausreden vermieden. Zum letzten Mal telefoniert hatten sie zum Zeitpunkt unserer Interviews vor acht Monaten! Und insgesamt waren im gleichen Zeitraum vier E-Mails ausgetauscht worden.[6]

Kein Telefonat in acht Monaten, kein Treffen, kein Austausch! Der Wunsch, den anderen nicht mehr sehen zu müssen, ist offensichtlich. Das ist mit **Vermeiden** gemeint. Viele Verhaltensweisen im Konflikt haben damit zu tun. Nicht zu Meetings kommen, an denen der andere teilnimmt, die Zeiten herausfinden, wann er kommt oder geht, wann er in der Kantine zu finden ist, alles, um eine versehentliche Begegnung zu umgehen. Und wenn es schon sein muss, dass man sich im gleichen Raum befindet: Sich so setzen, dass Nähe, aber auch Blickkontakt möglichst vermieden werden (bei der U-Form-Sitzordnung

[6] Die Arbeit am Konflikt war übrigens in diesem Fall erfolgreich. Inzwischen verbindet – das ist sicher eher eine Ausnahme – die beiden eine tiefe Freundschaft.

wäre das im gleichen Schenkel des Us, aber mit mindestens zwei Kollegen dazwischen). Und wenn man schon miteinander reden muss (der Chef fordert in der Besprechung beispielsweise Kommentare), dann so, als existierte der andere nicht, man spricht zum Chef oder zu den anderen. Für den Konfliktpartner sind einige zynische Bemerkungen übrig oder aber das „Spielen mit dem Feuermelder": Geschickt werden die „Allergiethemen" des anderen in das eigene Statement eingeflochten. Dass eine wirkliche Auseinandersetzung mit dem Konflikt oder dem Konfliktpartner stattfindet, wird immer unwahrscheinlicher: „Es nutzt ja sowieso nichts!"

Wie sich das Verhalten im Konflikt verändert, war die Frage. Leider ist das Vermeiden von Austausch oder Kontakt nicht alles. Häufig kommen auch **gezieltes Handeln oder Unterlassen** dazu. „Beliebt" sind hierbei das Zurückhalten von wichtigen Informationen und auch der gezielte Versuch, „Stimmung" zu machen. Im Unternehmen gehen Konfliktparteien häufig auf die Suche nach den vermeintlich Mächtigen (Freunde, höhere Hierarchen, Betriebsrat, aber auch zu den Mitarbeitern des „Feindes"), um hie und da eine Bemerkung fallen zu lassen. Viele der so angesprochenen spielen fatalerweise das Spiel mit, aus purer Neugier oder aus Unachtsamkeit, immer aber vom Logenplatz aus und bisweilen mit der dem Menschen oft eigenen subtilen Lust, ab und an mal „ein Brikett nachzulegen". „Panem et circenses" – Brot und Spiele! Der Konfliktstrudel dreht sich so schneller und schneller. Der Konfliktträger meint, geschickter Täter zu sein, – ist aber häufig das Opfer gar nicht so edelmütiger Spielchen.

Die Mitarbeiter konfligierender Chefs haben uns in Interviews häufig eingestanden, wie leicht es ist, die „Alten" gegeneinander aufzuhetzen, mit schalem Beigeschmack, aber mit einem nachgerade unwiderstehlichen Vergnügen.

Wenn die „Streithanseln" manchmal wüssten, wie die Zuschauer auf den Rängen sich auf die Schenkel klatschen, wären sie ein bisschen vorsichtiger.

Dazu gibt es im Konfliktmanagement eine Übung. Die Konfliktpartner werden eingeladen, sich vorzustellen, wie sie streiten und sich alles an den Kopf werfen, was sie denken, aber ansonsten wüssten sie nicht, wo sie sich befinden. Plötzlich hören sie eine merkwürdig rhythmische Musik, sie stellen fest, dass der Boden voller Sägespäne ist! Und es riecht nach Tieren! Sie wagen es, langsam aufzublicken und entdecken, dass sie inmitten einer Zirkusarena sitzen, verkleidet als Clowns. Das Publikum tobt vor Begeisterung.

Manchmal hilft's.

3.7 Geht es um die Sache?

Im Konflikt verliert der Inhalt in dem Maße an Bedeutung, in dem er als Beleg für das eigene Rechthaben (und den fremden Irrtum) dient. (vgl. das Phänomen der tausend Beweise).

Vermutlich sind Ihnen, lieber Leser, liebe Leserin die Begriffe Inhalts- und Beziehungsebene geläufig. Es sind nebenbei die am häufigsten missverständlich oder falsch benutzten Begriffe der Kommunikationspsychologie. Oft wird nämlich fälschlicherweise vermittelt, man könne entweder inhaltlich oder eben emotional kommunizieren. (Hat man Ihnen das in Ihren Seminaren auch erzählt?) Genau das Gegenteil ist gemeint! Das Entweder-Oder ist Unsinn. Kein seriöses Werk zum Thema „Kommunikation" würde diese Dichotomie postulieren.

„Jede Kommunikation hat einen Inhalts- und einen Beziehungsaspekt." [7]

Man beachte das entscheidende Wörtchen „und"! Bei der menschlichen Kommunikation schwingen immer mehrere Saiten gleichzeitig.[8]

---

7 Watzlawick (1990)

8 Schulz von Thun (1990) hat das Bild der vier Seiten einer Nachricht vorgeschlagen: Inhalt, Appell, Selbstoffenbarung und den Beziehungsaspekt

Mit von der Partie sind:

- Die Inhalte,
- die Bewertung der Inhalte (auf beiden Seiten),
- die Bewertung der Kommunikationssituation (inkl. meiner selbst und des Gesprächspartners),
- die Wünsche und Absichten, die die Beteiligten mit dem Austausch verbinden. (Man könnte diesen Punkt „Gesprächsmotivation“ nennen.)

Schon die Entscheidung, ob ich etwas sage (den Mund aufmache) oder nicht, ist hochgradig motivational und emotional beeinflusst. Und die Inhalte ihrerseits werden durch das Farbbad der Emotionen gezogen. (Gerade deshalb ist es so wichtig, Argumente auch auf ihre logische Stringenz zu prüfen. Der krasse Verzicht auf sinnvolle Argumente kann als direkter Beleg dafür gewertet werden, dass es genau um die Inhalte nicht geht.)

> *Als Galileo Galilei 1616 verboten wurde, die Auffassung einer sich bewegenden Erde weiter zu behaupten oder zu diskutieren, war klar, dass es eben nicht nur um Argumente in der Auseinandersetzung mit dem Klerus ging, sondern eher um Macht und Gesichtsverlust (wie häufig bei Konflikten).*

Natürlich enthält auch ein logisch wasserdichtes Argument oder die Auswahl von Argumenten im sozialen Kontext eine Fülle von Bewertungen und ist daher keineswegs emotionsfrei.[9]

Gemeint ist mit dem Verweis auf Inhalt, Beziehung oder Emotion Folgendes: Es gibt Sachverhalte, die sich prüfen lassen. Es gibt Auseinan-

9 De Bono (1987) nennt dies die Intelligenzfalle und meint, jeder Mensch könne sich zu jedem Standpunkt beliebig viele Argumente ausdenken, je intelligenter, um so mehr. Die Psychologie spricht von „Rationalisieren“.

dersetzungen um solche Sachverhalte. Es macht Sinn, die Sachverhalte zu prüfen, und es macht ebenfalls Sinn, Entscheidungen nicht nur einem dumpfen Gefühl folgen zu lassen. Es ist wohl auch weiterhin sinnvoll, die Sache im Auge zu behalten und die Frage zu prüfen, worum es in einer Auseinandersetzung überhaupt geht. Aber es macht genauso Sinn, Absichten, Wünsche und Emotionen direkt ins Scheinwerferlicht zu stellen, anstatt sie in einem Wald von Argumenten zu tarnen.

Wenn schon bei jedem „normalen" Gespräch immer gleichzeitig Inhalte und Emotionen im Spiel sind, dann gilt das sicherlich auch bei Konflikten. Man muss diesem scheinbar „unvernünftigen" (= emotionalen) Anteil im Konfliktfall sogar wesentlich mehr Aufmerksamkeit schenken, weil hier – und selten in der Sache selbst – der Schlüssel zur Lösung liegt.

„Im Konflikt verliert der Inhalt im dem Maße an Bedeutung, in dem er als Beleg für das eigene Rechthaben (und den fremden Irrtum) dient", haben wir zu Beginn des Abschnitts konstatiert. **Je weiter Konflikte eskalieren, um so mehr lösen sie sich von den inhaltlichen Anteilen ihres Ursprungs.** Das heißt, dass die inhaltliche Argumentation nur noch vordergründig der Lösung des Konfliktes dient. Hintergründig zielt sie auf „Punktgewinn." Während Argumente die Funktion haben sollten, nach dem besten Resultat zu fahnden, werden sie im Konflikt instrumentalisiert. Es wird scharf geschossen!

3.8 Zusammenfassung

Nicht alles, was uns Schwierigkeiten bereitet, ist schon ein Konflikt. Erst wenn eine existierende Spannung von uns Besitz ergreift, erst wenn sie droht, uns nicht mehr loszulassen und die Gedanken zu kreisen beginnen, erst dann scheint uns das Phänomen „Konflikt" gegeben. Dann wird's irgendwie gefährlich. Denn es sind dann **Emotionen** im Spiel, die alles andere als angenehm sind. Außerdem führen sie dazu, dass **Beziehungen** als verändert wahrgenommen werden, es kommt kein entspannter Kontakt mehr zu Stande, was wiederum die

Arbeit an der Konfliktlösung erschwert. Denn wir **nehmen** für **wahr,** was wir **wahrnehmen.** Das gilt im Falle der Verliebtheit (wenn wir den Wunschpartner verklären und idealisieren) ebenso wie im Falle von Konflikten (wenn wir den anderen verteufeln und kein gutes Haar an ihm lassen). Im ersten Fall möge man dem Dichterwort folgen: „Drum prüfe, wer sich ewig bindet!", im zweiten Fall mag der gleiche Ansatz wertvoll sein: „Drum prüfe, wer sich im Konflikt befindet, bevor er vorschnell handelt." „Langsam, langsam!" möchte man daher Konfliktparteien zurufen, wenn man sieht, wie sie sich ineinander verkeilen und der **Absicht** folgen, den anderen verlieren zu lassen, manchmal ohne Rücksicht auf den Preis, den sie selbst als vermeintlicher Gewinner dafür zu zahlen haben. Schließlich verändert sich (fatal) folgerichtig auch das **Verhalten** der Konfliktpartner. Es scheint oft leichter, sich aus dem Wege zu gehen, unehrlich zu werden, Informationen vorzuenthalten und sich Verbündete zu suchen.

Konflikte erfassen den ganzen Menschen. Wer weiß, was mit ihm geschieht, muss aber dennoch nicht Opfer sein. Gerade dieses Wissen kann helfen, die nötige Distanz zu sich selbst aufzubauen.

Vertiefen wir dieses Wissen! Das nächste Kapitel beschreibt, wie Konflikte sich entwickeln und welche Stadien sie in großer Regelmäßigkeit durchlaufen.

4 Konflikte unter der Lupe: Die Stadien der Konfliktentwicklung

4.1 Worum geht es?

Dass und wie Konflikte die unheilvolle Eigenschaft besitzen, den ganzen Menschen zu ergreifen, das haben wir in den vorhergehenden Kapiteln beschrieben. Wer im Strom eines Konfliktes treibt, scheint wenig Chancen oder Willen zu haben, sich dessen Gewalt entgegenzustemmen. Vielmehr sieht es eher so aus, als wollten Konfliktparteien die Konfliktströmung noch beschleunigen. Der Verstand wird nicht zur Konfliktlösung genutzt, sondern der Konflikt scheint den Verstand zu infizieren und zu benutzen; er fungiert häufig eher als Treibsatz der Eskalation.

> „Es ist nicht allzu schwer, Recht zu haben. Man wählt seine Wahrnehmungen und Informationen aus, man lässt weg, was einem nicht passt, man schleppt ein paar allgemein zweckdienliche, werthaltige Wörter herbei, man streut ein oder zwei höhnische Bemerkungen über den Gegner ein – und schon ist man ein feiner Kerl, der eine feine Rede gehalten hat.“[10]

Wer am Zünder spielt, muss sich nicht wundern, wenn die Bombe hoch geht. In diesem Kapitel wollen wir das Hörrohr an den Mechanismus legen, wir wollen herausfinden, wie er tickt, wie der Zünder funktioniert, in der Hoffnung, Hilfe zur Entschärfung zu finden. Die genaue Kenntnis der Abläufe verändert die Wahrnehmung derselben. Damit kann der erste Schritt getan sein, das verderbliche „Spiel“ nicht weiter mitzuspielen.

Lassen Sie uns in diesem Kapitel drei Ansätze wählen, den Konfliktmechanismen auf die Spur zu kommen:

---

10 De Bono (1987), S. 39

- Erst ein wenig Theorie: Was kann die Systemtheorie zu den Symptomen sich verschärfender Konflikte sagen?

- Dann sehr praktisch: Welches sind die kleinen Fehler, die die Konfliktfalle aufspannen können?

- Und schließlich drittens: Wie lässt sich die Verschärfung von Konflikten systematisieren? Denn wir werden zeigen, dass Eskalationen einer inneren Logik folgen. Die Entwicklung erfolgt Schritt für Schritt. So kann man das Fieber des Konfliktes messen und – wie wir später zeigen werden – die Therapie der Diagnose anpassen.

4.2 Wann ist Kommunikation gestört? (Systemtheoretische Feststellungen)

Die Systemtheorie (auch Kybernetik) ist erst in diesem Jahrhundert entstanden. Sie ist interdisziplinär, weil sie unabhängig von bestimmten Inhalten versucht, Abläufe und Regelungsprozesse zu verstehen oder zu beschreiben. So lassen sich Thermostaten ebenso auf ihre systemischen Komponenten hin betrachten wie Wirtschaftsprozesse oder das Phänomen von Leben und Tod.

In diesem Versuch einer allgemeinen Beschreibung von Systemen kam es zu einer Menge von Erkenntnissen. Beispielsweise war schnell klar, dass das einfach-kausale Modell (weil A, deshalb B; oder wenn A, dann B) für viele Prozesse zu kurz greift, weil auf den gleichen „Auslöser" verschiedenste Reaktionen folgen können und umgekehrt verschiedene Interventionen den gleichen Effekt erzeugen. Die Systemtheorie lässt daher leicht Ehrfurcht vor der Komplexität der uns umgebenden Welt entstehen und führt damit zu einer gesunden Bescheidenheit, was unsere Einflussmöglichkeiten betrifft. Auf der anderen Seite macht sie uns auch Mut, nichts unversucht zu lassen, weil, wenn etwas nicht funktioniert, das keinesfalls heißt, dass es nicht funktionieren kann. Auf jeden Fall aber ist es vernünftig und notwendig, Wechselwirkungen zu betrachten. Somit ist das Phänomen der Interaktion eine Domäne der Systemtheorie und damit wird es interessant,

Kommunikationsprozesse systemisch zu betrachten. Nach welchen Regeln findet Kommunikation statt? Welche günstigen oder ungünstigen Formen der Selbststabilisierung entstehen dabei? Wie ließe sich eventuell ein Regelungsmodell[11] für Konflikte konstruieren?

Lassen Sie uns an dieser Stelle einen kurzen Blick in die Werkstatt der Systemtheoretiker werfen. Für die Analyse von Konflikten ergeben sich unseres Erachtens ausgesprochen interessante Befunde zum Verständnis destabilisierter Kommunikationsprozesse. Daraus wiederum lässt sich ableiten, wo die systemischen Ansatzpunkte einer Konfliktlösung zu suchen sind.[12]

Ganz nüchtern definiert die Systemtheorie Kommunikation als „den Austausch von Informationen"[12a]. Und weiter: Wesentlich für diesen Austausch ist, dass die an der Kommunikation Beteiligten *Interesse* an irgendetwas haben, was sie nicht wissen. „Wesentlich für ihn (den jeweiligen Empfänger) ist, dass er *Fragen* hat und diese gegebenenfalls auch *stellt.*"[12b] Und auf der anderen Seite bedarf es der Bereitschaft, diese zu beantworten und sich oder etwas mitzuteilen.

So wie im gerne zitierten technischen Beispiel der Thermostat in irgendeiner Form „wissen will" (was durch seine Konstruktion vorgegeben ist), wie es um die Temperatur steht und die Heizung ihm dies auch (durch die Erwärmung der Luft) „mitteilt", kann auch vereinfachend Kommunikation modelliert werden. Würde man die Heizkörper oder den Thermostaten thermisch abisolieren, fände ab sofort kein Austausch von Informationen mehr statt und das System wäre pathologisch.

---

[11] Wobei Regelung hier nicht für Konfliktmanagement oder gar Konfliktlösung steht. Es könnte sich bei der Eskalation von Konflikten um einen Regelungsmechanismus handeln, der zwar systemstabilisierende Wirkung hat, aber genau deshalb einer Konfliktlösung im Wege steht.

[12] Ein komplettes Modell zur systemtheoretischen Beschreibung von Konflikten würde den Rahmen dieser Veröffentlichung sprengen und ist hier nicht intendiert.

[12a] Bischof, S. 9

[12b] Bischof, S. 9

[13] Dies gilt schon für einfachste Regelsysteme. Ein Thermostat, der an der Temperatur kein „Interesse" hat, kann keine Steuerungsfunktion übernehmen.

Zurück zur Kommunikation: Zu einem funktionierenden Kommunikationssystem gehört also, dass

- die Beteiligten Interesse aneinander oder an den Informationen des oder der anderen Beteiligten haben,
- sie dieses Interesse in irgendeiner Form zeigen (zum Beispiel durch Fragen) und
- dass sie ihrerseits mit Informationen dienen oder zumindest durch ihre Sprechhandlungen einen Beitrag leisten.

Daraus lässt sich direkt ableiten, welche Zustände ein nicht funktionierendes Kommunikationssystem kennzeichnen:

1) der Zustand der Interesselosigkeit,

2) der Zustand der Informationsverweigerung,

3) allgemein: der Zustand der verbalen Handlungsverweigerung.

Die beiden ersten wollen wir uns nun ansehen.

Interesselosigkeit

Ein Vorstandsmitglied besuchte eines Abends einen unserer Workshops. Die Gruppe hatte Fragen vorbereitet, um einige Informationen aus erster Hand zu bekommen, was er auch wusste. Leicht verspätet kam er mit einem Satz von Overhead-Folien in den Seminarraum und eröffnete mit den Worten: „Es ist für mich sehr wichtig, mich mit Ihnen auszutauschen." Der ebenfalls anwesende Vertreter der Personalentwicklung unterbrach nach anderthalb Stunden vorsichtig den monotonen und monologen Vortrag: „Es ist sicher auch für Sie schon spät. Vielen Dank auf jeden Fall für die interessante Diskussion." Außer einer knappen Frage aus dem Teilnehmerkreis, die zu einer vier-

zigminütigen Antwort führte, war keine andere (sprachliche) Interaktion zu verzeichnen.

Das System „Kommunikation" ist gestört, wenn kein Interesse besteht. Die Interesselosigkeit betritt vor allem in zweierlei Kostüm die Kommunikationsarena:

a) Fraglosigkeit,

b) „Kampf"-Kommunikation.

Fraglosigkeit

Wenden wir uns dem Phänomen der Fraglosigkeit zu. Die Umgangssprache hat ein sehr präzises Bild dafür gefunden: Die Beteiligten „wollen nichts oder nichts mehr voneinander wissen." Im Falle unseres Vorstandes geschah dies durch den nicht enden wollenden Redeschwall, somit war er auch kein „gefragter Mann". **Viel Reden** ist meistens ein Anzeichen verwelkender Kommunikation. Dazu gesellt sich als enger Verwandter: Das **Wenig-Fragen.** Die Sprecher stellen sich und ihre Position dar, haben aber keinerlei Fragen an ihren oder ihre Kommunikationspartner.[14]

Kampfkommunikation

Dieses Symptom der Interesselosigkeit ist etwas schwerer zu entlarven, als es unser Begriff vermuten lässt, weil es sich hinter einem sehr engagiert erscheinenden Hin und Her verbirgt. Es wird zwar gesprochen, aber nicht miteinander, sondern gegeneinander.

---

[14] In Partnerschaften kennt man das Ich-weiß-schon-was-du-sagen-willst-Symptom. In seinem populären Buch „Die 7 Geheimnisse der glücklichen Ehe" wirft GOTTMAN (2000) die Frage auf, ob man die „Partnerlandkarte" kenne. Mit 60 Fragen kann man testen, was man vom Partner weiß.

„Ich bin dafür, unsere Konferenzen zu kürzen."

„Aber dann bringen wir ja unsere Themen nicht mehr unter."

„Das geht schon, wir müssen nur disziplinierter sein."

„Dass das ausgerechnet Sie sagen, erstaunt mich jetzt."

„Was heißt das: ‚Ausgerechnet Sie!' Wir sollten uns alle am Riemen reißen, auch Sie. Gerade das letzte Mal war Ihr Vortrag ja auch nicht der kürzeste."

symmetrische Eskalation

„Weil das ja auch von mir gefordert war: Eine genaue Analyse zu liefern."

Die systemische Struktur dieser Kommunikationsform finden Sie in der Grafik symbolisch dargestellt.

Argument-Gegenargument-Argument-Gegenargument-Argument-Gegenargument und so weiter... Diese Form der Auseinandersetzung erfreut sich gesellschaftlich hochgradiger Toleranz: Bei Journalisten, Politikern, in Talkshows, am Biertisch, in Besprechungen, Partnerschaften, Ehen. Unter dem Deckmäntelchen ehrenwerter Diskussion kommuniziert sich egoistische Interesselosigkeit am Standpunkt des anderen. Die Kampf-Kommunikation muss bei weitem nicht direkt transparent werden wie in obigem Beispiel, sondern sie kennt auch weit subtilere Formen.

„Also Chef, die Projektleitung, die Sie mir da übergeben wollen,
– ich denke, das ist eine Nummer zu groß für mich."
„Sie schaffen das schon!"

Klingt freundlich und zugewandt und ist vielleicht auch so gemeint. Aber auch hier herrscht Interesselosigkeit. Das klare Signal wird nicht weiter hinterfragt, etwa dadurch, dass diese Frage gestellt wird: „Wieso meinen Sie, ist das eine Nummer zu groß für Sie?" Hingegen wird flott ein Gegenargument produziert: „Sie schaffen das schon!" Das klingt nach motivierender Aufmunterung, systemisch betrachtet ist der Kommunikationsfluss jedoch unterbrochen.

Auf der anderen Seite gibt es Auseinandersetzungen, die zwar ähnlich klingen, aber doch konstruktiv sind. Das geschieht immer dann, wenn die Argumente vom Interesse am Austausch getragen sind. Wenn die Einstellung lautet: „Ich möchte wirklich wissen, was er/sie dagegen/dafür zu sagen hat.", dann sind zwar eventuell auch nur wenige Fragen zu vernehmen, aber es herrscht deswegen noch nicht der Zustand der Interesselosigkeit.

Man muss demnach bei argumentativen Auseinandersetzungen immer unterscheiden, ob sie von Interesse getragen sind oder nicht. Wenn kein Interesse besteht, befinden wir uns im Zustand der Fraglosigkeit: Ich will gar nicht mehr wissen, was der andere wirklich will, sondern ich bin schon längst in meiner argumentativen Waffenkammer und suche nach den nächsten Patronen. Das wirkt! Denn so ist am ehesten gewährleistet, dass auch der andere von mir nichts mehr wissen will. Und dann verkommt das Reden miteinander zum Austausch sozialer Geräusche. [15]

Verweigerung

Eine klar sichtbare Form der Mitteilungsverweigerung heißt Schweigen: weder viel noch gegeneinander, sondern gar nicht mehr reden, sich nicht mehr aktiv ins kommunikative Geschehen einbringen. Die Bereitschaft, sich mitzuteilen, gehört – wie oben beschrieben – systemisch zum intakten Kommunikationsprozess. Zwar hat das Schweigen

[15] Die Autoren haben den treffenden Ausdruck irgendwo „aufgeschnappt", können aber die Quelle leider nicht angeben.

selbst einen (oft übersehenen) Signalcharakter, das Sprachgefühl aber verlangt, hier nicht von Interesse zu sprechen. Andere Formen der Verweigerung bestehen im Zurückhalten von Informationen, im Vermeiden des Kontaktes selbst oder darin, sich selbst nicht mehr mitzuteilen, gute Miene zum bösen Spiel zu machen, sich eine Maske zuzulegen und – die Umgangssprache hat es wieder einmal treffend erfasst – „**scheiß**freundlich" zu sein.

Bedeutung der systemischen Betrachtung für Konfliktlösungsprozesse

Zunächst fällt der diagnostische Vorteil ins Auge. Mit einfachsten Mitteln lässt sich feststellen, ob die Kommunikation aus dem Lot geraten ist: Man kann beobachten, ob die Beteiligten Fragen aneinander haben. Man kann des Weiteren herausfinden, ob hinter der Fraglosigkeit auch Interesselosigkeit steckt. Und man kann schließlich untersuchen, ob die Mitteilungsbereitschaft und/oder die Selbst-mitteilungsbereitschaft gelitten haben. Aus alledem muss noch kein Konflikt resultieren, aber der Umkehrschluss stimmt: Wenn ein Konflikt vorliegt, dann auch eines der systemisch begründbaren Konfliktsymptome. Wir sehen es als grandiosen Vorteil dieser Betrachtungsweise an, dass es dafür gar nicht notwendig ist, in den Seelen der Betroffenen zu wühlen und nach komplizierten psychologischen Indikatoren zu fahnden. Die systemische „Entgleisung" kann jeder mühelos diagnostizieren.

Experiment 1:

Wie bereits angedeutet, scheint Interesselosigkeit Schule zu machen und als natürlicher Kommunikationsstil mehr und mehr toleriert zu werden. Nehmen Sie beispielsweise Besprechungen als Untersuchungsobjekt. Zählen Sie einmal mit einer Strichliste, wie viele Fragen aneinander Sie beobachten können. In der Regel wird das Ergebnis erschreckend sein. Wenn Sie noch feiner analysieren wollen, dann unterscheiden Sie Fragen, die von Interesse getragen sind von solchen, die nur der Vorbereitung des eigenen argumentativen Schachzuges dienen, oder solchen, die keine Fragen sind, sondern (mehr oder weniger) versteckte Gegenargumente. („Meinen Sie nicht auch, dass es besser wäre ....?")

Experiment 2:

An die Stelle eines echten Austausches tritt immer mehr die Gewohnheit, sich mit Worthülsen über die Dauer der Besprechungen zu retten. Denn sie gestatten es, den bei dysfunktionaler Kommunikation ohnehin geringen Verbindlichkeitsgrad des Gesagten noch weiter zu verschleiern. Wenn Sie dies testen wollen, so trifft das 1999 im Internet aufgetauchte Bullshit Bingo den Nagel auf den Kopf: Das „Spiel" wird nach folgenden Regeln gespielt:

Bullshit Bingo (aus dem Internet)

Schlafen Sie manchmal ein während Besprechungen oder Seminaren? Oder wie ist es mit diesen nicht enden wollenden Konferenzen? Hier ist die Möglichkeit, das alles zu ändern!

Wie wird gespielt? *Kreuzen Sie einen Block an, wenn Sie das entsprechende Wort während einer Besprechung, eines Seminars oder einer Telefonkonferenz hören. Wenn Sie horizontal, vertikal oder diagonal fünf Blöcke in einer Reihe haben, stehen Sie auf und rufen laut* ***BULLSHIT!!***

Synergie	bilateral	zielführend	Corporate Identity	Chance/ Risiko
kommunizieren	Shareholder Value	Ball zuspielen	Runden drehen	Benchmark
Wert schöpfend	Vision(en)	Global Player	Schwarzer Peter	Target
ergebnis-orientiert	Hut aufhaben	rund sein	Total Quality	fokussieren
sich schlau machen	kunden-orientiert	Szenario	Liefer-situation	Problematik

Aussagen begeisterter Spieler:
„Ich war gerade mal fünf Minuten in der Besprechung, als ich schon gewonnen hatte." – Martin P., Frankfurt
„Meine Aufmerksamkeit während Besprechungen ist dramatisch angestiegen." – Karl A., München
„Was für ein Spiel. Nach meinem ersten Sieg sind Besprechungen nicht mehr dasselbe für mich." – Christian R., Hamburg
„Die Atmosphäre während der letzten SE-Besprechung war zum Zerreißen gespannt, als acht von uns auf den letzten Block warteten." – Thomas S., Berlin
„Der Moderator war sprachlos, als fünf von uns zum dritten Mal während einer zweistündigen Besprechung ‚Bullshit' riefen." Werner F., Dortmund
Seitdem ich das Spiel bei uns in der Firma eingeführt habe, kann ich mich vor Einladungen zu Besprechungen nicht mehr retten."
Denise M., Winterbach

Experiment 3:

Untersuchen Sie, wie oft jemand einen Beitrag eines anderen auf sinnvolle Art und Weise weiterführt. Wie oft geht jemand auf den Beitrag vorher ein?

Durch die systemische Betrachtung entstehen also einfache Formen der Diagnose. Der Vorteil besteht darin, dass das Basis-Modell der Konfliktbearbeitung durch den Ansatz bereits definiert ist. Jede Methode muss es sich zum Ziel setzen:

- die Fraglosigkeit umzukehren,
- die „Kampf"-Kommunikation zu entlarven und durch elegantere und konstruktivere Formen des Austauschs zu ersetzen und schließlich
- die (Selbst-)Mitteilungsbereitschaft zu erhöhen.

Wo Interesse aneinander herrscht, gibt es keine Konflikte. Zwar gibt es Auseinandersetzungen, es wird laut, es wird unbequem, es gibt Hängepartien und es geht keinesfalls immer harmonisch zu. Aber die meisten Konfliktsymptome sind bei gegenseitigem Interesse undenkbar!

Daher wartet Konfliktmanagement mit bisweilen recht rüde anmutenden Verfahren auf, wieder Interesse oder Vorformen desselben zu etablieren.

> So müssen beispielsweise die Konfliktpartner lernen, die Aussagen ihres „Gegners" treffend wiederzugeben, bevor man ihnen erlaubt, mit der eigenen Argumentation fortzufahren. Ohne Aufmerksamkeit (eine Basisvoraussetzung von Interesse) ist dies nicht möglich.

Wir wollen nun – mit dem geschärften Blick für das Wesentliche – weiter in die Betrachtung von Konflikten und ihrer Entwicklung einsteigen. Sie werden feststellen, wie die systemisch begründbaren Kennzeichen funktionierender Kommunikation (Interesse und Mitteilungsbereitschaft) im Konfliktfall Stück für Stück zu Bruch gehen.

4.3 Die Vorboten, oder: Wie kleine Fehler die Falle aufspannen

Interesselosigkeit (Fraglosigkeit, „Kampf"-Kommunikation) und kommunikative Verweigerung sind Symptome von Kommunikationsstörungen. Da es nie plötzlich kracht und es einen Konflikt aus heiterem Himmel nicht gibt, was durch die Konfliktforschung eindeutig belegt ist, ergibt sich die sehr praktische Frage, ob sich die Vorboten entstehender Störungen rechtzeitig erkennen lassen. Wir suchen also nach klassischen Konfliktindizien im Alltag, nach einem Frühwarnsystem.

Falls es wirklich so scheint, als käme eine Störung aus dem Nichts, dann werden meistens Anlass und Ursache verwechselt. Die Metapher vom letzten Tropfen, der das Fass zum Überlaufen bringt, passt hier bestens. Der „letzte Tropfen" ist aber nicht die Ursache für das ohnehin schon vorher volle Fass. Von besonderem Interesse müssen daher die Tropfen sein, die das Fass nicht zum Überlaufen gebracht haben. Wenn wir dieses Tröpfeln nicht hören, dann hat das Frühwarnsystem versagt. Immer wieder sind es vier Phänomene, die einen rechtzeitigen Hinweis dafür liefern, dass sich etwas Ungutes entwickelt.

Vorbote 1: Störung vorhanden, aber geleugnet

Schon vor Jahren hatte Ruth COHN[16] eines der wichtigsten Prinzipien erfolgreicher Gruppenkommunikation konstatiert: „Störungen haben Vorrang!" Gemeint ist, dass alles, was die Befindlichkeit oder die Leistungsfähigkeit spürbar beeinträchtigt, auf den Tisch muss, damit erfolgreich weitergearbeitet werden kann. Denn was ist die Alternative? Die nicht angesprochene Störung breitet sich aus wie ein Schimmelpilz. Manchmal schneller, manchmal langsamer. Das Jeder-weiß-es-aber-keiner-spricht-es-an-Syndrom ist ein gravierender Vorbote und Treiber der konfliktären Entwicklung. Augen zu und durch! Das funktioniert aber nicht.

Warum geschieht es dennoch so häufig? Da ist zunächst der Glaube, es würde unnütze Zeit kosten, Selbstbespiegelung zu betreiben. Dazu gesellen sich Feigheit und Harmonieverliebtheit. Feigheit, das klingt hart. Etwas milder formuliert geht es um die Befürchtung, alles werde nur noch schlimmer, wenn man es anspräche. Vielleicht ist ja auch etwas dran! Aber LICHTENBERG warnt:

> *„Ob es besser wird, wenn es anders wird, weiß ich nicht, dass es aber anders werden muss, wenn es besser werden soll, weiß ich!"*

Geht es zu friedlich und zu höflich zu, dann breitet sich eine friedhöfliche Stimmung[17] aus, in der sich nicht mehr viel tut.

[16] Vgl. ARNDT et al. (1994)

[17] Nach SCHULZ VON THUN (1984)

Und noch ein weiteres Motiv hindert Menschen daran, ihr Konfliktgefühl offenzulegen: Man müsse den oder die anderen schonen und könne ihnen dies oder jenes nicht zu**mut**en.

> *„Jemanden schonen heißt, jemanden entmündigen. Sie stellen sich über ihn und entscheiden für ihn, was zumutbar für ihn ist und was nicht."*[18]

Das Schlimme dabei ist, dass das Ansprechen von Störungen immer schwieriger wird, weil mit fortschreitender Zeit auch die Störung immer mehr an Fahrt aufnimmt und immer unaufhaltsamer erscheint. Zudem müsste man sich später auch noch den Vorwurf gefallen lassen: „Warum haben Sie das nicht gleich gesagt?" Während es indes wohltuend und einfach wäre, schon zu Beginn einer sich abzeichnenden Störung zu sagen: „Irgendwie ist es heute nicht so gut gelaufen. Was meinen Sie?"

> *Szene 1:*
> *Der Außendienst eines Markenartiklers bekommt von der Vertriebsleitung ein neues Modell der Kundenselektion vorgestellt. Die Außendienstmitarbeiter sind sich schnell (in der Kaffeepause) einig, dass „die da oben" sich wieder einmal einen ganz großen Blödsinn ausgedacht haben. (Uns interessiert hier nicht, ob diese Kritik berechtigt war oder nicht. Das ist für die Lösung eines beginnenden Konfliktes auch zweitrangig!) Mutig wagen sich zwei Kollegen nach vorne und äußern vorsichtig ihre Bedenken. Der Vertriebsleiter (auch nur ein Mensch) reagiert zornig. Er lasse sich das nicht bieten, und wenn jeder mache, was er wolle, dann sei er hier am falschen Platz, und so fort. Erschrocken ziehen die Mitarbeiter daraufhin die Köpfe ein. Jeder merkt: Die Stimmung ist am Boden. Auch am zweiten Tag der Tagung ist die Luft zum Schneiden dick, die Spannung im Raum fast unerträglich.*

---

[18] Sprenger (2000), S. 68

Szene 2:
Der Konflikt bleibt ungelöst, kein Außendienstmitarbeiter verliert darüber mehr ein Wörtchen während der Tagung. Das Thema wird im offiziellen Rahmen vermieden. Da aber kaum jemand hinter dem neuen Kundenselektionsmodell steht, werden dieselben Kunden besucht wie zuvor, hingegen diskutiert man aber in inoffiziellen Runden viel darüber, wie man die Besuchsstatistik im Sinne der neuen Vorgaben „frisieren" könne, – was dann auch geschieht.

Szene 3:
Ein Quartal später. Der überglückliche Vertriebsleiter präsentiert die neuen Zahlen. Da sie klar nach oben zeigen, lobt er die Außendienstmitarbeiter von ganzem Herzen und bedankt sich für das engagierte Umsetzen des neuen Selektionsmodelles. Jetzt traut sich niemand mehr, die Wahrheit zu offenbaren. In den Kaffepausen klüngeln Grüppchen von Mitarbeitern in eher peinlichen Wenn-die-wüssten-Gesprächen. Es entsteht aber rasch die Überzeugung, es sei richtig, die „alte Masche" weiterzufahren, weil ja durch den Erfolg der Beweis für ihre Richtigkeit erbracht sei.

Die Tagung verläuft in einer merkwürdigen Stimmung weiter. Der Vertriebsleiter merkt deutlich, dass irgendetwas nicht in Ordnung ist, kann aber den Grund nicht orten. Und Frau Bender, die sonst immer klar ihre Meinung zu allem sagt, ist auch auffallend zurückhaltend.

Szene 4:
Anruf beim Geschäftsführer. Ein Großkunde beschwert sich. Es sei nun sechs Wochen kein Außendienstmitarbeiter mehr bei ihm gewesen, und ob man denn nun ganz arrogant geworden sei oder keine Geschäfte mehr machen wolle. Es gebe ja auch noch andere Hersteller. Er habe seinen Einkauf schon angewiesen, die Angebote des Wettbewerbs nochmals genau zu prüfen. Und so fort.

Wütend rast der Geschäftsführer zum Vertriebsleiter, der stotternd erklärt, dass nach dem neuen Selektionsmodell gerade Großkunden und speziell der Anrufer alle zwei Wochen hätten besucht werden müssen.

Nun seinerseits aufgebracht, lässt der Vertriebsleiter sofort den entsprechenden Außendienstmitarbeiter „antanzen", der schließlich zugibt, seine Kundenbesuche „nicht so ganz" nach der neuen Strategie auszurichten, der Erfolg gebe ihm ja auch Recht, – und außerdem sei er nicht der einzige!

Szene 5:
Alles fliegt auf! Die Mitarbeiter werden peinlichen Befragungen ausgesetzt, die Besuchsberichte werden minutiös kontrolliert und die Spesenabrechnungen gleich noch mit. Jeder Fehler wird disziplinarisch geahndet. Die Konfliktlage zwischen innen und außen, aber auch zwischen einzelnen Außendienstmitarbeitern, die sich nun teilweise als „Verräter" verdächtigen, ist prekär. Auch das Verhältnis zwischen dem Vertriebsleiter und seinem Chef ist ziemlich angespannt. Viel Porzellan ist zerschlagen!

Erst ein Jahr später geraten Stimmung, Motivation und Atmosphäre ganz langsam wieder ins Lot.

Fakt ist, dass ein Mangel an Kommunikation und Meta-Kommunikation Konfliktentwicklungen beschleunigt. Das ist mit unserem Begriff des **Jeder-weiss-es-aber-keiner-spricht-es-an-Syndrom** gemeint. Es ist meist daran zu erkennen, dass die schlechter werdende Stimmung hinter vorgehaltener Hand in Zweier- oder Dreiergesprächen auf den Gängen schon längst besprochen und analysiert wird. In unserem Beispiel kommt noch das Phänomen der Macht hinzu.

Hierarchien werden durch Macht bestimmt und Macht bestimmt Hierarchien. Ein Vorgesetzter, der im Teamworkshop bekundet, man solle seine Position vergessen und ihn wie einen normalen Teilnehmer behandeln, unterstreicht mit dieser Forderung einmal mehr seine

Machtposition. Jeder Mitarbeiter weiß: „Das ist der Chef!" Das gilt auch im Workshop. Den Mantel der Macht kann man nicht draußen an den Garderobehaken hängen. Natürlich ist auch Kommunikation durch den Faktor Macht beeinflusst. Hierarchie heißt wörtlich übersetzt „die Herrschaft der Heiligen." Die Oberen sind oben, die Untergebenen unten. (Der Sinn eines solchen Systems wird hier übrigens nicht bestritten.) Mit Oben und Unten entsteht nun etwas, das wir „kommunikative Schwerkraft" nennen wollen: Es ist viel leichter, die Feedback-Kugel von oben nach unten zu kicken, als sie den Hierarchieberg hinauf zu wuchten. Offenheit ist nicht einfach, aber wichtig. Die konfliktpräventive Aufgabe von Führungskräften muss sich darauf konzentrieren, ein offenes Klima zu schaffen.

In seinem lesenswerten Roman „Der Termin" (der in belletristischer Form die Grundlagen des Projektmanagements beschreibt) erfindet DEMARCO eine Vorgesetzte, die einen Beichtstuhl einführt. Im Ritual ist die vorgehaltene Hand erlaubt und die Bedeutung der Wahrheit unterstrichen: Die Mitarbeiter nutzen die Möglichkeit um zu beichten, was alles schief geht:

> *„... Was in den meisten Organisationen fehlt, ist eine saubere Möglichkeit, eine wirklich anonyme Nachricht an einen Vorgesetzten zu senden. Auf diese Weise dringen schlechte Nachrichten, die sich die Mitarbeiter von der Seele reden wollen und über die jeder gute Chef Bescheid wissen möchte, immer erst durch, wenn es zu spät ist."*[19]

Daher müssen die Vorboten möglicher Konflikte erkannt und besprochen werden, auch wenn das manchmal nervenaufreibend sein kann und scheinbar, aber nur scheinbar, den Fortgang der Dinge hemmt.

Wir werden in Kapitel 5 nochmals ausführlich darauf eingehen, mit welchem Handwerkszeug sich ungünstige Entwicklungen positiv beeinflussen lassen.

---

19 DeMarco (1998), S. 57

Vorbote 2: Kampf statt Austausch

Zunahme an **„Kampf"-Kommunikation:** Das eskalierende Hin und Her von Argumenten, die sich mehr und mehr im Kreis zu drehen beginnen. Im letzten Abschnitt haben wir dies als eines der Symptome von Interesselosigkeit beschrieben. Die Auseinandersetzung bleibt einfach so stehen, wird unter den Tisch gekehrt, und es kommt zu keinerlei Vereinbarung oder Konsequenz.

Vorbote 3: Fraglosigkeit

Was systemisch als Kommunikationsstörung beschrieben wurde, lässt sich im Bereich der Konflikte als Vorbote einordnen. „Wie sehen Sie das?" „Können Sie das mittragen?" „Wo ist aus Ihrer Sicht der Schwachpunkt?" „Wie gefällt dir das?" „Wie erging es dir heute?" „Was sind deine Ideen zu xy?" Wenn diese oder ähnliche Fragen verschwinden, wird der Austausch arm und störanfällig. Damit aber beginnen Symptom und Ursache, sich zu gleichen: Was Konflikte kennzeichnet, treibt sie gleichzeitig auch voran.

Vorbote 4: Schweigen und Rückzug

Wenn jemand in einer Besprechung sitzt und im Vergleich zu seinem Normalverhalten kaum noch etwas sagt, dann ist „Feuer am Dach". Aber auch die anderen Formen des Rückzuges und Sich–nicht–mehr–Mitteilens, wie wir sie im letzten Abschnitt beschrieben hatten, müssen als Indizien für eine konfliktäre Entwicklung gedeutet werden.

4.4 Systematisch in den Abgrund: Wie Vernunft und Moral marode werden (können)

Konflikte entwickeln sich systematisch, so als folgten sie einer fatalen Route, die den Weg in den Abgrund vorgibt. Es lässt sich beobachten, dass eine Station der anderen folgt und sozusagen auf ihr aufbaut. Die Grafik skizziert den unheilvollen Stufenplan des Untergangs[20].

[20] Glasl (1992)

Das Bild Rutschbahn schien uns mehr noch als Stufen das Konfliktgeschehen zu versinnbildlichen. Denn Stufen geben Halt und Tritt und sind für den Auf- und Abweg eingerichtet. Rutschbahnen hingegen geben durch ihr Konstruktionsprinzip die Richtung vor. Der glatte Belag soll zudem Beschleunigung erzeugen. Haben Sie schon mal versucht, was Kinder manchmal zu Stande bringen: eine Rutschbahn nach oben zu klettern? Genau dies ist unser Bild für Konfliktmanagement: Es ist schwierig, es gilt, sich gegen die Schwerkraft der Entwicklung zu stemmen, man muss sich gut festhalten, es besteht Rutschgefahr, aber mit viel Anstrengung und Geschick ist der Aufstieg zu bewerkstelligen.

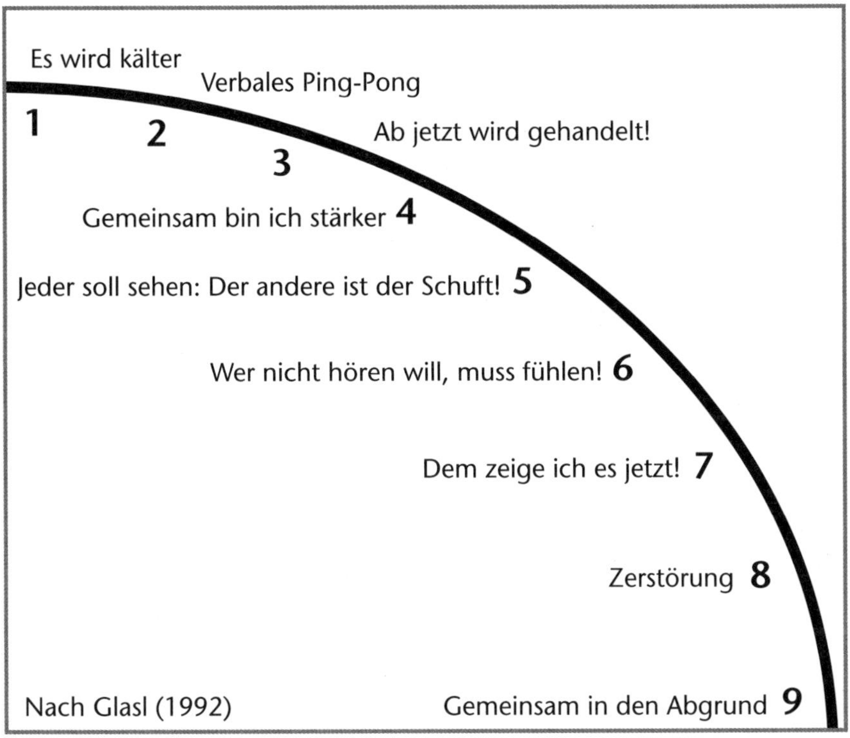

Nach Glasl (1992)

Die Abschnitte der Rutschbahn, die „Stufen“ sind für die Konfliktparteien spürbar. So als wären auf dem Weg nach unten Schwellen montiert, die man am Hinterteil fühlen kann: Wupp! Wieder eine tiefer. Oben am Start ändert sich als erstes die Temperatur:

Stufe 1: Es wird kälter

Ein paar Wolken ziehen auf, die ihre Schatten auf die Beziehung werfen. „Es ist so wie immer, aber doch anders.“, beschreiben unsere Interviewpartner die Situation. „Etwas“ hat sich verändert. Was zuvor noch wie eine Meinungsverschiedenheit geklungen hatte, das hat plötzlich andere Qualität. Der Zustand „Kampf“-Kommunikation“ tritt häufiger auf, die am Konflikt Beteiligten finden es plötzlich gar nicht mehr so lustig. Die Stimmung hat sich spürbar zum Schlechteren verändert.

Stufe 2: Verbales Ping-Pong

Die Kommunikation beginnt sich im Kreis zu drehen. Die gleichen Themen werden immer und immer wieder gewälzt, wobei auch gleichzeitig der Widerwillen gegen diesen Kommunikationsstrudel zu wachsen beginnt. Das Wetterleuchten wird stärker: Die Kontrahenten beginnen bereits auf dieser Stufe den Konflikt mit hinaus zu nehmen. Auch mit dem Kollegen oder mit dem Partner wird schon mal über das Verhalten des (der) als uneinsichtig erlebten Kontrahenten gejammert. Die Kampfkommunikation nimmt zu, das Interesse, den anderen zu verstehen, nimmt ab.

Stufe 3: Ab jetzt wird gehandelt

Wieder rutschen die Konfliktparteien ein Stück die Rutschbahn hinunter. Zum Reden gesellen sich nun zum ersten Mal Taten. Die stärker werdende affektive Beteiligung beginnt sich körpersprachlich auszudrücken. Da ist plötzlich der ärgerlich-hilfesuchende Blick nach oben an die Decke, wenn der Kontrahent den Raum betritt. Für jeden sichtbares Fingertrommeln, genervtes Seufzen, zum Teil werden Fragen patzig oder gar nicht mehr beantwortet, und bisweilen kann hier auch schon die körperliche Abwendung sichtbar werden. Man will nicht mehr im gleichen Raum sitzen, fragt vorher, ob der oder die andere auch an der Sitzung teilnimmt, huscht schnell vom Gang in ein Zimmer, wenn der „Feind“ in Sicht ist. (Uns sind mindestens zwei Fälle bekannt, wo die beiden Konfliktpartner beim Abteilungsausflug „krank“ waren, weil sie befürchteten, den anderen zu treffen.) Natürlich hängt die Dosis all dieser Verhaltensweisen vom einzelnen ab, von seiner Persönlichkeit, von der Art und Weise, in der er sich auch sonst (beispielsweise eher laut oder leise) artikuliert.

Was oft übersehen wird: Auch Unterlassungen sind Taten. Diese „stillen Taten“ werden bei der Konfliktanalyse oft relativ spät zugegeben, obschon sie im Abschnitt 3 der Konfliktentwicklung fast immer im Spiel sind. An erster Stelle steht wohl das Zurückhalten von Informationen. Wichtige Schriftstücke erreichen den oder die Kontrahenten nicht mehr, er oder sie wird plötzlich „zufällig“ auf irgendeinem Verteiler vergessen, man lässt einander nicht mehr von Terminverschiebungen wissen. Fatalerweise entsteht hier die stille Hoffnung, man könne den anderen auflaufen lassen.

Schon auf dieser Stufe taucht bei vielen der Gedanke auf, den Arbeitsplatz zu wechseln. Ein „schon Stufe 3“ beschreibt demnach dieses Stadium besser als ein „erst Stufe 3“.

Stufe 4: Gemeinsam bin ich stärker

Kein Mensch ist gerne mit seinem Konflikt alleine. Es geht zwar immer noch darum, sich emotional zu entlasten (wie im Abschnitt 1), aber es kommt der Versuch hinzu, den anderen zu belasten. Noch ist nicht aller Anstand verloren: Die Argumente gegen den Konfliktpartner kreisen um seine Un-Fähigkeiten. Da wird dann belegt, dass sie nichts von Betriebswirtschaft verstünde, dass er von Projektmanagement wohl doch sehr unbeleckt sei, dass sie ihre Mitarbeiter nicht im Griff habe, dass er nicht organisieren könne, dass sie nicht wisse, was sie eigentlich wolle, dass er immer genau die falsche Entscheidung treffe und so fort. Die Beispiele lassen sich multiplizieren.

Wichtiger Konfliktindikator (über alle neun Abschnitte hinweg) ist die Vergrößerung der Arena. Zur Eskalationsanalyse lassen sich nicht nur die Befindlichkeiten und/oder Aussagen der Beteiligten heranziehen. Man kann sich ein sehr einfaches Instrument zu Nutze machen: Die fatale Dynamik konfliktärer Entwicklungen hat zur Folge, dass mehr und mehr Menschen in den Strudel hineingezogen werden. Will ich den anderen zeigen, was mein Gegner für ein Schuft ist, so brauche ich dafür ein entsprechendes Publikum. Eine öffentliche Drohung bedarf einer Öffentlichkeit. Deshalb fragt der Konfliktmanager: „Wie viele Leute wissen schon von dem Konflikt?“ „Nur Sie und Ihr Kontrahent?“ „Ihre Freunde, Partner?“ „Die Gruppe, die ganze Abteilung, die

Personalabteilung, der Betriebsrat?“ Folgendes war schon zu hören: „Das ging schon rauf bis zum Geschäftsführer!“ Und wie viele Kämpfer gibt es schon, wie weit ist die Rekrutierung fortgeschritten? Der Zirkus füllt sich. Immer mehr Zuschauer und Claqueure nehmen auf den Rängen Platz, um den Kampf zu sehen und ihn anzufeuern, was wiederum Kämpfer auf den Plan ruft, die dann ebenfalls mitmischen wollen. Diese Entwicklung nimmt im Abschnitt 4 der Rutschbahn ihren Lauf. Natürlich war man als Konfliktbeteiligter auch schon vorher auf der Suche nach Mitfühlern und Mitwissern, nach Mitmenschen, die das eigene Weltbild stützen helfen. Nun aber geschieht die Suche sehr intensiv und gezielt. Die Interviewpartner berichten dann oft, dass sie es gar nicht lassen können. Ein Beispiel aus unserer Praxis:

> *„Wissen Sie, es ist schon komisch. Da sitze ich an einem wunderschönen Samstagabend in einem bayerischen Biergarten mit Freunden zusammen, die ich schon länger nicht gesehen habe, und ertappe mich dabei, dass ich schon nach zehn Minuten anfange, von unserer Gruppe und dem ‚blöden Herrn Huber' zu reden. Was er alles so macht und wie er mich nervt, und was ich gegen ihn unternehmen könnte. Meine Bekannten haben brav zugehört, bis nach einer Stunde einer sagt: Sag mal, kannst du nur von deiner Firma reden?' Da fiel es mir erst auf, und ich habe mich tierisch über mich geärgert. Aber verstehen Sie, so weit geht das!“*

Stufe 5: Jeder soll sehen, was der andere für ein Schuft ist

Die Arena vergrößert sich – merklich oder unmerklich – oft weiter. Die Konfliktsymptome (siehe Kap. 3) werden stärker. Die Zunahme eigenen Rechtsempfindens geht mit der Zunahme der Blindheit für eigenes Unrecht eine höllische Allianz ein. Während in Stufe 4 noch Qualifikationen öffentlich angezweifelt werden, geht es ab hier unter die Gürtellinie. Die Persönlichkeit des oder der Konfliktpartner wird diffamiert und nicht mehr einzelne Verhaltensweisen oder -episoden. Der ganze Mensch ist „schlecht“, von Grund auf. So klingt das in unseren Interviews:

„Wissen Sie, als Spezialist können Sie das wahrscheinlich genauer diagnostizieren, aber Frau Kenner hat eine ganz merkwürdige Persönlichkeit. Dass die keinen Mann findet – unter uns – ist doch ganz klar. Ich weiß nicht, ob es das in Ihren psychologischen Kategorien gibt, aber es handelt sich um eine intrigante Persönlichkeit, zwanghaft intrigant."

Oder:

„Der Beimer ist ein Schleimer, sage ich mir immer. Dieses Buckeln nach oben, kann ich Ihnen sagen, das kommt bei dem sicher schon aus der Kindheit. Ich sage ihm das ganz offen. Bei der letzten Besprechung, da musste es einfach mal raus. Vor allen! Das muss der mal hören. ‚Dass Sie am Wochenende mit Dr. Huber (der Abteilungsleiter) in der Krone waren, meinen Sie denn, das entgeht uns? Uns können Sie da doch nicht täuschen.' Da hat er geschaut!"

Die öffentlichen Vorwürfe zielen auf den ganzen Menschen. Oft werden dabei willkürlich populärpsychologische Analysen ins Feld geführt.

Da die hier beschriebene Konfliktdynamik auch für politische Systeme und für nationale und internationale Konflikte gilt, nutzen die jeweiligen Herrscher diese Stufe gezielt zur Diffamierung des politischen Gegners. Das ist die billigste Ausnutzung menschlicher Wahrnehmungsschwächen. Das Dritte Reich hat dies wohl am perfidesten zum System ausgebaut, uns allen aber ist auch noch aus der jüngsten Geschichte der Begriff der „ethnischen Säuberung" geläufig, der ja nicht in den Hinterzimmern der Propagandisten unter der Hand gehandelt, sondern vielmehr in den staatseigenen Medien öffentlich und ohne Scham (schamlos) so „unters Volk" gebracht worden war. Der Konfliktpartner wird zur Bazille, zum Unwerten, zum Untermenschen, was einen ja wiederum davon enthebt, überhaupt in ethischen Kategorien denken zu müssen!

Stufe 6: Wer nicht hören will, muss fühlen!

Es geht hier nicht um ein im momentanen Affekt dahingesagtes „Dem zeig ich's", sondern um eine klare Ankündigung von Sanktionen vor großem oder größerem Publikum. Auch die NATO benutzt bisweilen die öffentliche Drohung als Teil ihrer Interventionsstrategie[21]. Doch setzen Drohungen meist denjenigen stärker unter Druck, der sie ausspricht, als den, der sie zu hören bekommt.

> *Auch in Unternehmen können Konflikte bis zu dieser Stufe eskalieren: Mit dem Leiter der Datenverarbeitung hatte es immer wieder Schwierigkeiten gegeben. Die Konflikte mit den internen Kunden und mit den Vorgesetzten eskalierten mit der ihnen eigenen fatalen inneren Logik. Das Unternehmen wollte sich das nicht länger bieten lassen und schließlich kam es zu einer Abmahnung. Der Beschuldigte seinerseits tönte, er werde sich das nicht weiter bieten lassen. Im Kreise seiner – vermeintlichen – Vertrauten ließ er wissen, dass er der Firma schon einen Denkzettel verpassen werde, wenn sie weiterhin so mit ihm umgehe.*

Stufe 7: Dem zeige ich es jetzt!

Sehen wir, wie es weitergeht:

> *Schließlich kam es – nach einem weiteren, belegten Vorfall – zur sofortigen Entlassung. Dem Abteilungsleiter gab man noch den Nachmittag Zeit, seine Sachen zu packen. Darauf ging er gegen Abend verstohlen durch das Haus, öffnete an uneinsehbaren Stellen Kabelschächte und durchtrennte an insgesamt einem halben Dutzend Stellen jeweils eine Litze. – Nicht nur EDV-Kenner vermögen wohl die Größe des Schadens zu erahnen.*[22]

---

[21] Beispielsweise im Jugoslawienkonflikt 1999

[22] Die „Freude" war allerdings von kurzer Dauer. Der erste EDV-Ausfall wurde noch am gleichen Abend bemerkt, und die bereits vorher öffentlich ausgesprochene Drohung des Abteilungsleiters, dass es Konsequenzen haben werde, wenn man ihn weiter unter Druck setze, führte dazu, sofort alle Kollegen und Mitarbeiter zu befragen. Ein vermeintlicher Verbündeter des Abteilungsleiters konnte berichten, dass der EDV-Leiter ihm den teuflichen Plan schon früher einmal – „halb im Scherz" mitgeteilt hatte. Das Verhör der Kripo führte noch am selben Tag zu einem Geständnis.

Das ist Stufe 7: Ganz gezielt dem Konfliktgegner Schaden zuzufügen und eine Stelle zu finden, an der dies besonders empfindlich geschieht, ein Denkzettel, der den anderen tief verletzen oder ihm nachhaltig schaden soll.

Stufe 8: Zerstörung
Hier geht es um Schadensmaximierung. Der inzwischen schon längst zum Feind mutierte Konflikt-„Partner" soll ausgelöscht werden. Es geht nicht mehr um Denkzettel, sondern um die gezielte, strategisch geplante und möglichst effektive Vernichtung. Der eigene Gewinn wird für möglich gehalten, wenn es gelingt, den anderen zu eliminieren oder so zu schädigen, dass er nichts mehr tun kann.

Stufe 9: Gemeinsam in den Abgrund!
Es geht nun um mehr als um die einfache Zerstörung, jetzt geht es um die Zerstörung um jeden Preis. Die Illusion, gewinnen zu können, wird hier zum ersten Mal aufgegeben. Nun wird der eigene Totalverlust, die eigene Vernichtung, der eigene Tod billigend in Kauf genommen, Hauptsache, der Gegner wird ausgelöscht.

4.5 Die Konfliktrutschbahn im Überblick

Die Kenntnis und Analyse der Konfliktstufen ist deswegen von großer Wichtigkeit, weil die möglichen und sinnvollen Maßnahmen der Konfliktbearbeitung direkt damit in Zusammenhang zu bringen sind. Was auf Stufe 1 gut funktioniert, kann auf Stufe 5 völlig wirkungslos bleiben. Auch die Rolle, die etwa ein Vorgesetzter oder ein Konfliktmanager in der Konfliktbearbeitung spielen kann, muss unterschiedlich sein.

Die grobe Einteilung ist in der folgenden Tabelle durch drei Graustufen gekennzeichnet.

- Hellgrau: Für die Konfliktbeteiligten selbst bestehen gute Chancen, mit Hilfe klar beschreibbarer Werkzeuge und einigem Willen den Konflikt konstruktiv zu bearbeiten.

- Mittelgrau: Die Situation ist verfahren. Professionelle Unterstützung – meist von außen – kann Lösungen vorbereiten und umsetzen helfen.

- Dunkelgrau: „Harte", einschneidende Maßnahmen sind nötig. Sie können nur von außen initiiert werden, wobei die Initiatoren auch über die entsprechende Macht verfügen müssen.

			Konfliktabschnitte
			Es wird kälter!
			Verbales Ping-Pong
			Ab jetzt wird gehandelt!
			Gemeinsam bin ich stärker!
			Jeder soll sehen, was der andere für ein Schuft ist!
			Wer nicht hören will, muss fühlen!
			Dem zeige ich es jetzt!
			Zerstörung
			Gemeinsam in den Abgrund!

Da das passende Rollenverständnis ein entscheidender Wirkfaktor für die Konfliktlösung ist, werden wir in Kapitel 6 ausführlich beschreiben, wie die Rolle des Konfliktbearbeiters – abhängig von der jeweiligen Konfliktstufe – ausgefüllt werden kann.

Der Zirkus und seine Arena

Als Faustregel kann nach unserer Erfahrung gelten:

- Hellgrau: Dass etwas nicht stimmt, wissen die Konfliktbeteiligten selbst, und zwar beide, nicht nur einer (!), meist engste Freunde (innerhalb oder außerhalb der Firma) oder Familienangehörige oder im Maximalfall die Mitglieder der eigenen Arbeitsgruppe und vielleicht der direkte Vorgesetzte.

- Mittelgrau: Der Konflikt hat die Grenzen der eigenen Gruppe schon verlassen. Typisch sind: Einschaltung des Betriebsrates, Information an den übernächsten Vorgesetzten, Beteiligung der Personalabteilung. Auch im privaten Umfeld wissen schon sehr viele Menschen, darunter auch „nur" Bekannte, „dass der Hubert Probleme in seiner Firma hat."

- Dunkelgrau: Meist weiß dann schon die ganze Firma Bescheid. Der Vorstand ist informiert oder wurde eingeschaltet.

Heiß oder kalt? Laut oder leise?

Was die Analyse von Konflikten manchmal erschwert, ist ihre Temperatur. Denn heiße Konflikte, die hörbar und hitzig ausgetragen werden, sind naturgemäß viel leichter zu entdecken und meist auch zu bearbeiten, als so genannte kalte. Denn letztere eskalieren leise und „unter dem Teppich". Von den Konfliktpartnern wird – vor allem, so lange sich die Entwicklung noch im hellgrauen Bereich abspielt – alles getan, um den Konflikt nicht sichtbar werden zu lassen. Auf ihn angesprochen, wird er meist heftig geleugnet, die Beteiligten haben große Angst, dass ihnen etwas Schlimmes widerfahren könnte, wenn die Lage publik wird.

> *Vor unseren Workshops bieten wir den Beteiligten an, sich für Anregungen oder Fragen an uns zu wenden. Hier ein Originalbeispiel für einen kalten Konflikt. E-Mail-Auszug:*
>
> *„Da ich mich z. Zt. in einer aus meinen Augen massiven Konfliktsituation mit meinem Vorgesetzten befinde und ich vermei-*

den möchte, diesen Konflikt vor allen zu thematisieren, möchte ich Ihnen vorschlagen, uns persönlich vor dem Workshop zu treffen um die Rahmenbedingung für mich abzustecken."

Kalte Konflikte sind meist mit einer unglaublichen emotionalen Belastung verbunden, führen schneller zu psychosomatischen Störungen und sind auch deutlich schwerer zu bearbeiten. Keinesfalls dürfen sie brachial ins Licht der Öffentlichkeit gezerrt werden, weil dies extreme Widerstände oder unkontrollierbare Ausbrüche zur Folge hat. Insofern musste unser E-Mail-Schreiber den nötigen Schutz erhalten. Andererseits sind Konflikte nur bearbeitbar, wenn sie aus dem Gefrierfach genommen und aufgetaut werden. Insofern mussten wir klären, ob der Workshopteilnehmer des obigen Beispiels überhaupt in eine Konfliktbearbeitung investieren wollte (vielleicht wollte er ja ohnehin die Abteilung wechseln?) und falls ja, in welchen für alle Beteiligten vertretbaren Schritten der Konflikt an Wärme gewinnen kann.

Die Schwerkraft von Konflikten haben wir uns nun angesehen. Mechanisch-kausal scheint eine Phase die nächste einzuläuten. Sehen wir uns nun an, was dem entgegenzusetzen ist. Wie kann man entschleunigen und möglicherweise wieder umkehren? Überraschend schnell gelangt man zu der Erkenntnis, dass sich Konflikte nur lösen lassen, wenn Werte und ethische Überzeugungen ins Spiel kommen. Oder umgekehrt: Kann man sich Konfliktlösung ohne einen Rückbezug auf Werte vorstellen? Wäre ein wert-freies Konfliktmanagement vielleicht sogar ein wert-loses?

5 Das beste Konfliktmanagement: Gezieltes Vorbeugen

5.1 Worum geht es?

Als Konfliktmanager haben wir es leider oft mit Kindern zu tun, die schon in den Brunnen gefallen sind. Schlimmer noch: Nicht selten hat es bei diesem Brunnensturz Zuschauer gegeben. Juristen würden wohl den Begriff „unterlassene Hilfeleistung“ benützen. Wir werden zeigen, wie fatal sich das auswirken kann. Dann werden wir zu untersuchen haben, warum das so ist: Was hindert uns am beherzten Zupacken im Falle sich entwickelnder Konflikte? Dies führt auf direktem Wege zum Appell, sich des gezielten Vorbeugens anzunehmen. Wir werden deutlich machen, dass es gar nicht so schwer ist, Kommunikationsformen zu finden und zu pflegen, die ein Klima schaffen, das es den ab und an aufkeimenden Konfliktpflänzchen schwer macht, ins Kraut zu schießen. Damit ist Konfliktprävention eindeutig als Führungsaufgabe deklariert!

5.2 Zusehen fördert den Konflikt

Die unselige Dynamik von Konflikten führt zu folgendem Phänomen: Je weiter sich ein Konflikt entwickelt hat, um so größer ist seine (destruktive) Gewalt. Denn Konflikte sind mit Kränkung verbunden, Kränkung wiederum verengt die Wahrnehmung (vgl. Kap. 3.4, S. 28) und verstellt den Blick. Man sieht sich im Recht und „kränkt zurück“ und so fort. Während ein Rinnsal sich noch stauen oder umleiten ließe, wird man einen Fluss oder Strom nur noch mit großen Mühen bändigen können. Prävention ist folglich leichter als Therapie.

Gleichgültig, ob Sie Betroffener oder Führungskraft sind: Wenn Sie präventiv wirken wollen, müssen Sie den Anfängen wehren. Oft ist dabei unser Gefühl ein guter Ratgeber, zum Beispiel, wenn es uns sagt: „Hier stimmt doch etwas nicht. Was hier geschieht, lässt nichts Gutes ahnen.“ Wir sind davon überzeugt, dass fast jeder Mensch in der Lage ist, atmosphärische Störungen und die Vorboten von Konflikten (vgl. Kap. 4.3, S. 48) zu erspüren, – dazu bedarf es keines Seminars! Wir denken auch, dass dabei ganz intuitiv das Gefahrenpotenzial richtig erfasst wird und dass Kabbelei, Meinungsverschiedenheit, argumentative Auseinandersetzung, Streit und Ressourcenkonflikte (vgl. Kap. 2.2) gefühlsmäßig sehr wohl von drohenden Konfliktentwicklungen unterschieden werden.

Was aber dann? Nun stehen wir hilflos – oder zumindest ratlos mit unserer Konfliktwahrnehmung da: Gefahr erkannt, aber nicht gebannt! Wir spüren genau, dass sich etwas zusammenbraut, fühlen uns aber wie gelähmt, wenn wir handeln sollen. Die andere – uns ebenfalls bekannte – Variante: Wildes Draufhauen aus Hilflosigkeit.

Was man indes sicher über Konflikte und ihre Entwicklung weiß: Tatenlosigkeit ist der beste Konfliktdünger. Was aber führt im Angesicht von Konflikten zur Lähmung? Wir müssen erst entdecken, aus welchem Stoff die Schwelle ist und beantworten, warum wir oft lieber still erstarren und es vorziehen, die Augen zu verschließen.

5.3 Die große Schwelle: Der Bruch einer Norm?

Das eine ist die Einsicht, das andere ihre Umsetzung. Konflikte anzugehen, stößt häufig auf massive Hemmschwellen und das nicht nur, weil es unangenehm ist!

Typische Aussagen hierzu:

> *„Wie wirkt denn das, wenn ich als Führungskraft über Gefühle rede!"*

> *„Das ist doch etwas Persönliches; das kann man doch nicht einfach ansprechen."*

> *„Es ist doch gefährlich, schlafende Hunde zu wecken!"*

„In der ohnehin schon schwierigen Situation fiel es mir einfach zu schwer, noch weiterzugehen!"

„Drüber reden, ist nicht immer das Beste!"

„Man muss einfach Gras drüber wachsen lassen, dann renkt sich alles wieder ein."

„Wir sind hier, um ein Unternehmen zu führen und dafür zu arbeiten. Es geht um die Sache und nicht um irgendwelche Gefühlsduseleien."

„Wir sind doch hier nicht im Kindergarten."

Lassen Sie uns nüchtern analysieren, was diese ernstzunehmenden Meinungen bedeuten. Da sie recht häufig so oder in ähnlicher Form auftauchen, spiegeln sie offensichtlich Normen wider, die in unserer Gesellschaft existieren. Solche Normen – oft die ungeschriebenen Gesetze – regeln das soziale Miteinander jeder Gesellschaft und jeder Gruppierung[23]; dies erzeugt Verlässlichkeit und reduziert die soziale Komplexität. Wenn Sie an Ihr eigenes Unternehmen denken, werden Sie feststellen können, dass bereits in unterschiedlichen Gruppen, Abteilungen oder Bereichen offensichtlich etwas andere Gesetze gelten.

Normen regeln, was „man" tut und was „man" lässt. Oft ist es uns gar nicht bewusst, wie unser Verhalten (und Denken) in solche Normen eingebettet ist.

Nehmen Sie an, Sie laden einen neuen Arbeitskollegen zu sich nach Hause zum Essen ein, und ***er*** *würde* ***zu Ihnen*** *sagen: „Nehmen Sie doch schon mal Platz!" Später äußert er dann:*

[23] Dies ist auch der Grund, warum uns andere Kulturen so merkwürdig und bekehrungswürdig erscheinen. Wir messen Sie an unseren Normen und finden dann oft, das da „etwas" nicht richtig ist. Es ist wie in der Fabel, in der der Affe den Fisch aus dem Wasser zieht, um ihn vor dem Ertrinken zu retten.

„Ihre Krawatte passt aber nicht zu Ihrem Hemd." Und dann zu Ihrer Frau: „Gegen solche Pickel kenne ich ein gutes Mittel."

„Eigentlich" keine schlimmen Aussagen. Alle drei könnte man auch als Hilfestellung interpretieren. Das würden Sie aber nicht tun! Eher würden Sie nachher zu Ihrer Frau sagen: „Der hat sich ganz schön daneben benommen! Den laden wir nicht so schnell wieder ein!"

Oder:

Haben Sie schon einmal (vielleicht als Führungskraft) vor dem Problem gestanden, jemandem sagen zu wollen oder zu müssen, er rieche aus dem Mund?

Sie sehen, selbst sehr hilfreiche oder gut gemeinte Aussagen sind stark durch Normen reglementiert.

Welche Verhaltens-„vorschriften" stecken nun in solchen Aussagen? Grob zusammengefasst etwa folgende:

- Man spricht nicht über Gefühle.
- Stimmungen sind etwas fast Intimes, man zeigt da nicht mit dem Finger drauf.
- Harmonie, selbst wenn nur an der Oberfläche, ist mit das Wichtigste.
- Man sollte persönliche Gefühle etc. dem Streben nach Resultaten unterordnen.

Bringt man die Schwierigkeit der Konfliktprävention auf den Punkt, so lautet sie: Stimmungen, Gefühle, Konflikte müssen auf den Tisch, während gleichzeitig eine Fülle gesellschaftlicher Normen genau dies zu verbieten scheint oder zumindest als ungewöhnlich etikettiert. Sehr interessant ist darüber hinaus: Je weniger Konflikte eskaliert sind, um so plausibler scheint es, sich normgerecht und damit konfliktverdrängend zu verhalten. Erst wenn es schon zu spät und, das Kind in den Brunnen gefallen ist, „darf" man Konflikte plötzlich ansprechen. Umgekehrt wäre es besser!

> In der Konsequenz heißt das: Konfliktprävention[24] und soziale Normen scheinen im Widerspruch zu stehen.

Aus dieser Erkenntnis ergeben sich zwei Ansatzpunkte:

- Möglichkeit 1: Ändern der Norm.
- Möglichkeit 2: Herantasten an die Grauzone, in der Ansprache vielleicht ungewöhnlich, aber noch „erlaubt" ist.

Unsere Empfehlung hierzu:

> Die beste Konfliktprävention: Gehen Sie von Möglichkeit 2 nach Möglichkeit 1. Je mehr Sie klar machen und vorleben, dass „man" über Eindrücke, Stimmungen, Gefühle und auch Konflikte sprechen kann, um so eher entsteht eine Kommunikationskultur, in der Konflikte offen und rechtzeitig bearbeitet werden können.

Wie geht das? In der Hauptsache sind es wohl drei Führungsinstrumente, durch die die oben skizzierte Kultur gefördert werden kann:

[24] Vielleicht ist diese Formulierung überspitzt. In zahlreichen Fällen unserer Konfliktbearbeitung waren es jedoch die normativen Grenzen, die eine rechtzeitige und wirksame Deeskalation verhindert haben. Gerade bearbeiten wir eine Situation, in der ein Vorgesetzter zusehen musste, wie zwei seiner Mitarbeiterinnen seit einem Jahr nicht mehr miteinander redeten, obschon ihre Zusammenarbeit für die Gruppe sehr wichtig gewesen wäre.

- Das „gute“ Gespräch an sich,
- das Mitarbeitergespräch,
- die Konferenz.

Leider werden die Chancen aller drei unserer Erfahrung nach viel zu wenig genutzt. Im folgenden finden Sie daher ganz praktische Anleitungen zur Pflege einer sinnvollen Kommunikationskultur.

5.4 Das „gute“ Gespräch an sich: Weg von der Zurufkultur

Gespräche sind nicht selten durch eine Reduktion auf das Nötigste charakterisiert. Das ist leider im Beruf wie in der Familie nicht anders. Kommunikation wird auf **Zurufe** reduziert:

> *„Können Sie der Frau Künzler noch mal schnell sagen, dass unser Meeting sich um eine Stunde verschiebt?“*
>
> *„Wie geht's?“ „Gut.“ „Freut mich. – Hat sich denn der Lieferant schon gemeldet?“*
>
> *„Na, gestern waren Sie ja in Hochform bei Ihrer Präsentation. Aber macht nichts, nobody is perfect.“*
>
> *„Bringst du die Kinder am Samstag zu ihrem Fußballspiel? Okay?“*
>
> *„Vergiss nicht, den Klempner anzurufen! Ich muss jetzt geh'n. Tschüss!“*
>
> *„Irgendwie bin ich heute schlecht drauf.“ „Ja, ich auch. Das liegt am Wetter!“*

So oder ähnlich hören sich die Fragmente sozialer Interaktion an. Um nicht falsch verstanden zu werden: Wir meinen, das gehört dazu. Dazu! Wozu? Zu einer anderen Form von Austausch, die durch Zurufe, wie die zitierten, nicht ersetzt werden kann. Wir identifizieren insgesamt sechs durch ihren Inhalt definierbare Gesprächsmuster:

- Zurufe,
- interessante Belanglosigkeiten,
- das Sachgespräch,
- Persönliches,
- Privates,
- Intimes.

Über Zurufe haben wir bereits gesprochen. Auch **„Interessante Belanglosigkeiten“** haben eine soziale Funktion. Sie schaffen Kontakt und ermöglichen zwischenmenschlichen Austausch:

> *„Wie fandest du den Krimi am Freitag?“*
>
> *„Wohin geht ihr Skifahren?“*
>
> *„Unsere Politiker haben letzte Woche wieder einmal voll daneben gegriffen.“*
>
> *„Findest du den neuen Japaner auch so gut?“*
>
> *„Der neue Mercedes hat eine tolle Form.“*
>
> *„Lieber schaue ich das Sportstudio an, als mich in eine Kneipe zu setzen.“*

Was wäre das Leben ohne solche Themen! Es gehört einfach dazu, man ist dabei, erfährt hie und da Interessantes und hat sich „gut unterhalten."

Das **Sachgespräch** kreist um fachliche Themen, Entscheidungen und Meinungen dazu:

> *„Was sind die vordringlichsten Aufgaben, wenn wir das Projekt beschleunigen wollen?"*

> *„Der Informationsfluss zu unseren Filialen muss besser werden. Das kann meiner Ansicht nach nur durch externe Unterstützung gewährleistet werden."*

> *„Die Aufteilung des Budgets habe ich nach folgenden Kriterien vorgenommen: ..."*

Der Austausch über **Persönliches** geht weiter und tiefer. Nicht nur Meinungen sind Gegenstand des Gespräches, sondern auch die persönliche Betroffenheit im positiven oder negativen Sinne. Beispielhafte Aussagen wären:

> *„Die neuen Aufgaben machen mir Angst! Werde ich das schaffen?"*

> *„Zwischen Herrn Grunar und mir ist die Stimmung schlechter geworden in letzter Zeit." Oder:*

> *„Herr Grunar, ich meine in letzter Zeit ist es ein bisschen kühler in unserer Zusammenarbeit geworden. Wie sehen Sie das?"*

> *In der Konferenz: „Die Präsentation von Frau Wesler fand ich ausgezeichnet." „Ich finde, wir zerreden das jetzt zu viel."*

> *Zum Chef: „Ehrlich gesagt, ich finde, Sie bevorzugen mich irgendwie. Den Kollegen gegenüber ist das aber recht schwierig. Was ist Ihre Meinung dazu?"*

Zum Mitarbeiter: „Ich habe manchmal den Eindruck, so richtig Spaß macht Ihnen der Job nicht. Mich würden da sehr die Hintergründe interessieren!"

Äußerungen aus dem **privaten Bereich** öffnen noch eine weitere Dimension:

„Ich fürchte, unser Sohn Jochen nimmt Drogen."

„Die Vorwürfe von meinem Mann kann ich nicht mehr ertragen."

„Wir mussten einen Kredit aufnehmen, weil das neue Haus jetzt doch viel teurer geworden ist."

Diese Gesprächsdomäne betrifft die Privatsphäre des Menschen. Selbst dieses gut geschützte und schützenswerte Territorium kann noch in zwei Zonen geteilt werden: Wünsche, Ängste, Sehnsüchte, die ausschließlich im allerengsten Freundeskreis oder nur mit dem Lebenspartner ausgetauscht werden und als zweites Gedanken, die wir nicht und niemals zu Markte tragen würden, die wir nur für uns selbst denken; dieses „Allerheiligste" gehört ausschließlich uns selbst.

Zurufe, interessante Belanglosigkeiten, Sachgespräche, Persönliches, Privates und Intimes. Wo siedelt sich das „gute Gespräch" an? Wie kann es der Konfliktprävention dienen?

Zurufe gehören zum Alltag, ohne Zweifel. Interessantes, aber Belangloses dient der Festigung sozialer Kontakte; der Verzicht darauf kann in die soziale Isolation führen. Ohne Sachgespräche lassen sich Aufgaben nicht lösen. Das Privatleben aber sollte für Führungskräfte – in Grenzen auch für Kollegen – Tabu sein, es sei denn, die Öffnung erfolgt aus eigenen Stücken. Das Intime muss intim bleiben.

Das „gute Gespräch" siedelt sich im Bereich des Persönlichen (nicht des Privaten!) an.

Allzu häufig werden die Ebenen des Persönlichen und des Privaten verwechselt:

> *„Ich kann doch meinen Mitarbeiter nicht fragen, wie es um seine Ehe steht, nur um Kontakt herzustellen."*

> *„Man muss den Mitarbeiter ermutigen, auch mal etwas aus seinem Privatleben zu berichten."*

Vorsicht! Privates in den Fokus eines Mitarbeitergespräches zu ziehen, kann gefährlich werden: Der Mitarbeiter kann sich bedrängt oder ausgehorcht fühlen.[25] Bringt der Mitarbeiter von sich aus private Themen ein, dann ist der Fall anders gelagert: Natürlich können Sie dann darüber reden, es bleibt aber immer noch ein Feld, das mit großer Sensibilität beschritten werden muss. Schon eine gut gemeinte Nachfrage, gerade im Verhältnis Chef-Mitarbeiter, kann schon zu weit gehen:

> *„Das Haus, das wir gerade bauen, ist ganz schön teuer geworden."*

> *„Wie viel Kredit haben Sie denn aufgenommen?"*

Völlig tabu ist im Firmenumfeld der intime Erlebensbereich. Wir mussten öfter in unserer Arbeit erleben, wie Mitarbeiter – zum Beispiel beim Abteilungsausflug – hier zu weit gingen (leider spielt Alkohol eine sehr ungute Rolle) und Dinge berichtet, gefragt oder getan haben, die dann, wieder zurück im „nüchternen" Arbeitsalltag, fatale Irritationen nach sich zogen.

Fazit:

Immer wieder einmal wird diskutiert, was der Wirtschaftszwang, der Zwang für Menschen funktionieren zu müssen, für Auswirkungen haben könnte. Die Befürchtung lautet, es sei kein Platz mehr für die persönliche Identität. Ein Berufsalltag, der der persönlichen Entfaltung keinen Raum lässt, instrumentalisiert Menschen, gefährdet damit

[25] Interessanterweise finden es viele Menschen leichter, über Privates zu reden als über Persönliches.

motivationales Potenzial und verzichtet – ohne Not – auf eines der wichtigsten Instrumente zur Konfliktprävention. Wir halten daher das in diesem Sinne persönliche Gespräch für unabdingbar.

Ein solches Gespräch (das gute Gespräch)

- fordert nicht Themen des Privaten oder Intimen. Es geht aber über die rein sachliche Diskussion hinaus: Es öffnet den Raum für Persönliches.
- bezieht somit auch persönliche Bewertungen, Wünsche und Befürchtungen mit ein, die mit dem jeweiligen Thema verknüpft sind.
- enttabuisiert sukzessive die subjektiven Anmerkungen zu Atmosphäre, zu Stimmungen und Beziehungen des Arbeitsumfeldes,
- es fördert und fordert vielmehr gerade die persönliche subjektive Wertung.
- ist damit die beste Prävention gegen Konflikte, weil sie bereits im Entstehen auf den Tisch kommen „dürfen".
- fördert das Entstehen einer offenen und lösungsorientierten Konfliktkultur, da der Konflikt selbst seinen Schrecken verliert.
- erfordert Geduld und Konzentration.

Ein Beispiel:

Vorgesetzter: „Na, wie geht's?"
Mitarbeiter: „An sich ganz gut. Wenn da nicht dieser nächste Mittwoch wäre."

- ***Zuruf:*** *„Die Präsentation? Das schaffen Sie schon!"*
- ***Sachlichkeit:*** *„Die Richtung ist ja abgestimmt: Wir können gerne den Ablauf Ihrer Präsentation noch mal durchgehen."*
- *Der Weg zum Persönlichen: „Da haben Sie noch irgendein Bauchgrimmen. Stimmt's?"*

Mitarbeiter (zur persönlichen Reaktion): „Na ja, ich will mich nicht drücken, aber ich denke, es ist nicht richtig, wenn ich präsentiere."
Vorgesetzter: „Könnten wir morgen früh darüber noch einmal in aller Ruhe reden?"
Mitarbeiter (erleichtert): „Ja, gerne!"

5.5 Das Mitarbeitergespräch als Konfliktprävention oder: Was ist der Wertschöpfungsbeitrag persönlichen Austauschs?

Wir beobachten in vielen Unternehmen die folgende Tendenz: Die immer schwieriger werdende Marktsituation übt starken Druck aus. Ständig werden Verfahren optimiert, beschleunigt und „verschlankt". Die Zielerreichung steht mehr denn je im Mittelpunkt aller Überlegungen.

Diese Entwicklung hat vor Führungsinstrumenten nicht Halt gemacht. Das in vielen Firmen institutionalisierte Mitarbeitergespräch dient dann einzig der Bewertung des Mitarbeiters als Leistungsträger; bei beobachteten Missständen wird nachgestellt, neue Leistungsziele werden definiert. Die so genannten „weichen" Ziele (Teamfähigkeit, Konfliktfähigkeit, Engagement und so fort) tauchen in den Bewertungskatalogen zwar auf, werden aber ebenfalls dem Leistungsgedanken untergeordnet. Natürlich ist die Präzisierung von Zielen einem verwaschenen Verständnis von Management immer vorzuziehen. Es ist jedoch bedenklich, die Bedeutung persönlicher Interaktion zu übersehen und sich dafür keine Zeit zu nehmen, da ja ihr Wertschöpfungsbeitrag nicht direkt belegbar ist.

Klaus DOPPLER[26] lässt in seinem Buch „Dialektik der Führung" einen Mitarbeiter über diese eher technische Form des „Mitarbeiterförderungsgespräches" nachdenken. Sein neuer Chef – so fürchtet der Mitarbeiter – könnte solche Gespräche eher rein funktional verstehen. Der Mitarbeiter schreibt in sein Tagebuch:

[26] DOPPLER (1999)

„... ein gewisses Unbehagen in mir. Bei Ihrem Vorgänger fanden solche Gespräche in einer geradezu herzlichen Atmosphäre statt. Sie drehten sich um wenige banal scheinende, aber für mich doch ganz zentrale Fragen, wie zum Beispiel: Wie gefällt es Ihnen bei uns? Wie geht es Ihnen mit mir? Wenn Ihnen dieses Unternehmen oder der Teil, in dem Sie arbeiten, gehören würde, was würden Sie ändern? Ich hatte immer den Eindruck, in meinem Chef einen sehr interessierten und aufmerksamen Zuhörer zu haben. Ich musste die Worte nicht auf die Goldwaage legen, im Gegenteil, er ermutigte mich – und wie ich gehört habe, auch die anderen –, unsortiert zu sprechen. ... Vielleicht war ausschlaggebend, einfach über alles sprechen zu können, worüber man sich sonst nur mit engen Freunden zu reden getraut, worüber man sonst nur vor sich hingrübelt oder aber im kleinen Kreis zu schimpfen wagt. Wahrscheinlich das Gefühl, diese Stunde ist nur mir gewidmet, es geht um meine Sicht der Dinge.“ (S. 57 und 58)

Konfliktprävention und Motivation erfordern immer genau diesen persönlichen Austausch. Kürzlich sagte ein Regionalleiter:

„Über meine Strategien redet mein Chef mit mir zwar noch, aber welche Sorgen und Hoffnungen mich im Zusammenhang damit bewegen, – dafür ist dann nie Zeit.“

Daher unser klares Bekenntnis:

> Wir plädieren eindeutig für ein anlassfreies, ebenfalls institutionalisiertes (= regelmäßiges) Mitarbeitergespräch, mit genügend Raum für den persönlichen Austausch. Die direkt beurteilungs- und leistungsorientierten Förder-, Leistungs-beurteilungs-, Gehaltsfindungs-, Jahresgespräche oder wie immer sie heißen mögen, sind dadurch nicht tangiert. Neben seiner konflikt-präventiven Funktion hat ein solches Gespräch oft motivationsstärkenden Charakter und es festigt nicht selten die Bindung zum Vorgesetzten und zum Unternehmen.

Oder wäre nicht auch für Sie die Hürde recht hoch, persönliche Themen zu bereden, wenn Sie wüssten, es geht jetzt um Ihre Beurteilung und damit gleichzeitig um Ihre Bezüge? Laden Sie also Ihre Mitarbeiter ein, sich ein bis zwei Mal im Jahr in Ruhe mit Ihnen zu unterhalten. Bitten Sie Ihren Chef, sich mit Ihnen einmal ohne eine durch das Tagesgeschäft diktierte Agenda zusammenzusetzen.

Wie kann ein solches Gespräch ablaufen? Betrachten wir es aus der Sicht des Vorgesetzten:

Ein Drei-Phasen-Modell der Gesprächsführung hat sich sehr gut bewährt.

- Im **ersten Gesprächsabschnitt** sollte der Mitarbeiter Gelegenheit haben, über all das zu sprechen, was im Alltagsgeschäft untergeht (realistischerweise: untergehen muss). Der Vorgesetzte hört zu, fragt nach, tappt nicht in die Sach-falle, sondern bespricht die Themen im Scheinwerferlicht der persönlichen Bewertungen. So werden Befürchtungen und Wünsche ebenso beleuchtet wie schwierige oder belastete Beziehungen. Kurz: Die persönlichen Anliegen stehen im Mittelpunkt. Konfliktmanagement bedarf gar nicht immer aufwendiger Maßnahmen, – manchmal genügt es schon, wenn Konfliktbeteiligte die Chance haben, offen über Ihre Nöte zu sprechen und damit neue Perspektiven zu entwickeln.

- Der **zweite Abschnitt des Gespräches** gehört dem Chef. Auch er schildert nun seine – ebenfalls persönliche – Perspektive bzw. seine persönlichen Anliegen und vermeidet es so weit wie möglich, den Alltagston des geschäftigen Managers anzuschlagen.

- Der **dritte Teil** kann zu Vereinbarungen führen, die sich aus den ersten beiden Abschnitten ergeben.

Es versteht sich von selbst, dass Ruhe, Zeit und Open-end-Haltung ebenso Voraussetzungen sind wie ein vereinbarter Termin.

Sie werden erleben, wie ihre Mitarbeiter vielleicht beim ersten Mal noch stutzen, was denn der Chef nun wieder Neues will, später aber dankbar für ein solches Forum sind.

Ein Beispiel:

Dialog	Kommentar
Vorgesetzter: „Schön, dass wir uns mal ohne Stress zusammensetzen können. Ich habe Zeit, das Telefon ist umgeschaltet, Kaffee steht auf dem Tisch! Ich schlage vor, wir sehen uns mal in aller Ruhe das letzte halbe Jahr (das letzte Jahr) an. Wie war's für Sie?"	Ein gelungener Einstieg! Der Vorgesetzte signalisiert, dass er Zeit hat, dass er bereit ist auf Zuhören zu „schalten" und dass er nicht Details aus dem Alltagsgeschäft diskutieren will. Selbst wenn es lockt, der Vorgesetzte sollte darauf verzichten, beim Einstieg in das Gespräch aktuelle Themen anzusprechen. („Bevor wir einsteigen: Was ist eigentlich aus der Sache .... geworden?")
Mitarbeiter: „Puh, jetzt muss ich erst durchatmen, ich komme gerade aus der Besprechung mit der Fertigung, da ging's wieder heiß her."	Was der Vorgesetzte tunlichst vermieden hat, kommt nun plötzlich vom Mitarbeiter. Die Falle, ins Alltagsgeschäft abzugleiten, steht nun sperrangelweit offen!
Vorgesetzter: „Falls es da noch etwas zu regeln gibt, könnten wir das auf unsere Tagesordnung beim Jour fixe nächste Woche setzen. Reicht das noch?"	Ignorieren ist für das Mitarbeitergespräch ebenso unangemessen wie eine tiefe und breite Diskussion eines akuten Falles. Der Vorgesetzte macht daher ein Angebot, klärt aber sicherheitshalber, ob es akzeptabel ist (sehr wichtig!).
Mitarbeiter: „Na klar! Aber eines muss ich schon sagen. Dieses Hin und Her mit der Fertigung, das hat mich schon sehr gebeutelt in letzter Zeit!"	Aha! Hinter der Sache steckt noch mehr. Und der Fall ist kein Einzelfall. Wahrscheinlich ein Thema für das Mitarbeitergespräch. Die Falle hier: Es zum einzigen Thema zu machen.

Dialog	Kommentar
Vorgesetzter: „Das heißt doch, wenn ich Sie eingangs nach dem letzten halben Jahr gefragt habe, dass das schon mal eines der Themen ist, das wir besprechen könnten. Ich hab's mir mal als Stichwort notiert. Was gibt es sonst noch für Eindrücke zur Arbeit und Zusammenarbeit?"	Sehr elegant! Die Ein-Thema-Falle ist damit vom Tisch, der Weg zu weiterer **persönlicher** Bewertung ist offen.
Mitarbeiter: „Was wir vielleicht auch bereden sollten, ist unser Team. Da ist auch nicht immer alles in Ordnung."	
Vorgesetzter: „Team. Ich hab's ebenfalls als Stichwort notiert. Darüber hinaus?"	Der Vorgesetzte vertieft hier noch nicht, sondern versucht, sich zusammen mit dem Mitarbeiter einen Überblick zu verschaffen.
... der Mitarbeiter nennt noch zwei Themen, die der Vorgesetzte sich ebenfalls notiert.	
Vorgesetzter (liest die vier Stichworte kurz vor): „O.k., womit fangen wir an?"	Ein Gespräch, das unter anderem der Konfliktprävention dienen soll, muss den Weg zum Persönlichen frei machen. Die Gesprächsabfolge dem Mitarbeiter zu überlassen, ist ein ehrlicher Zugang zu seinen Bewertungen und Gewichtungen.
Mitarbeiter: „Das Gerangel mit der Fertigung ist zwar akut, aber am meisten beschäftigt mich unser Team."	Der Mitarbeiter nimmt das Gesprächsangebot – vielleicht noch etwas vorsichtig – an.

Dialog	Kommentar
Vorgesetzter: „Was beschäftigt Sie da?" *Nicht so gut wären beispielsweise:* *„Wie sind denn die Aufgaben momentan aufgeteilt?"* *„Werden Sie denn das Fertigungsprojekt dann rechtzeitig abschließen können?"* ...	Es besteht immer noch die „Gefahr", in die sonst übliche Sachdiskussion abzurutschen. Der Idee des „guten Gesprächs" folgend, zielen die Fragen des Vorgesetzten nun nicht auf die sachlich-organisatorischen, sondern auf die persönlichen Fragen. Dabei ist die einfache, kurze Frage oft das allerbeste Instrument.
Mitarbeiter: „Frau Huber und ich kommen einfach manchmal nicht zurecht miteinander. Sie hat einen ganz anderen Arbeitsstil, und zweimal hat es in letzter Zeit schon „gekracht".	Konfliktprävention: Der Mitarbeiter hat den Rahmen des Mitarbeitergesprächs genutzt, eine mögliche Konfliktentwicklung anzusprechen! (Es klingt so, als handelte es sich nicht nur um eine Kabbelei oder einen Streit, – es klingt grundsätzlicher.)
Vorgesetzter: „Worin genau besteht denn Ihrer Meinung nach die Schwierigkeit?"	Sehr gut! Oft bekommen Vorgesetzte an dieser Stelle die „Lösungspanik" und glauben, sofort Maßnahmen ergreifen zu müssen. Sehr wichtig und elegant: Es geht nicht darum, Frau Huber zu diagnostizieren, sondern die bestehenden Schwierigkeiten!
Mitarbeiter: „Frau Huber ist so eine Hundertprozentige, sie möchte immer alles ganz genau abgesichert wissen, während ich immer die Zeit im Auge habe. Wir sind da ja Verpflichtungen eingegangen."	

Dialog	Kommentar
Der Vorgesetzte lässt sich nun Beispiele erzählen, fragt später, ob der Mitarbeiter den Konflikt für lösbar hält, fragt ihn, was er vorschlagen würde und nimmt sich dabei Zeit. Wichtige Aussagen, zum Beispiel zu den Lösungsideen hält der Vorgesetzte schriftlich fest. *Wenn beide sich einig sind, bespricht der Vorgesetzte in ähnlicher Form auch die beiden anderen Themen.*	Wichtig in dieser Gesprächsphase: Der Vorgesetzte hält sich mit eigenen Lösungen und Vorschlägen ganz bewusst zurück.

In dieser ersten Phase des Mitarbeitergesprächs stehen also eindeutig der Mitarbeiter und seine **persönlichen Anliegen** im Mittelpunkt.

Im zweiten größeren Gesprächsabschnitt bringt sich der Vorgesetzte ein. Auch hier tut sich die Fallgrube des rein Sachlichen wieder auf. („Projektmanagement ist nicht einfach. Wir machen dazu noch einmal ein Seminar.“) Besser zur Konfliktprävention geeignet ist es, wenn der Chef nun seinerseits seine persönlichen Anliegen und Interessen mitteilt, so lange dies den nicht anwesenden Mitarbeitern gegenüber ethisch einwandfrei ist. Zum Beispiel:

> *„Die Spannungen zwischen Ihnen und Frau Huber machen mir auch Kopfzerbrechen. Ich habe mir öfter schon überlegt, ob ich etwas sagen soll, es dann aber wieder sein lassen, weil ich dachte, es könnte sich von selbst regeln. Von meiner Seite aus haben Sie beide Recht. Beide verfolgen Sie das gleiche Ziel, nämlich ein möglichst erfolgreiches Projekt. Nach dem, was Sie nun berichtet haben, fände ich es gut, wenn wir uns einmal zu dritt zusammensetzen würden, allerdings wäre mir sehr daran gelegen, vorher mit Frau Huber ihr Mitarbeitergespräch zu führen. …“*

Auch zu den anderen Themen äußert sich der Vorgesetzte offen und persönlich. Im Verlauf dieser zweiten Phase spricht er darüber hinaus – er hat sich auf das Gespräch natürlich vorbereitet – auch Eindrücke an, die ihn selbst im Zusammenhang mit dem Mitarbeiter und seiner Arbeit bewegen.

> *Beispiel: „Mir ist da noch etwas zu Ihrem Verhalten bei unseren Montagsbesprechungen aufgefallen. Sie fassen sich des Öfteren ein Herz und sprechen deutlich an, wenn es Ihnen zu lange dauert, wenn einer von uns zu lange redet oder wenn wir nicht richtig vom Fleck kommen. Letzten Monat hatten Sie offen kritisiert, dass ich parteiisch argumentieren würde, – Sie erinnern sich? Auch wenn ich's manchmal anders sehe: Ich finde das für unser Klima sehr wichtig. Selbst wenn der eine oder andere auch mal schlucken muss. Aber ich glaube, Sie haben sehr oft den Nagel auf den Kopf getroffen und viel zum offenen Umgang untereinander beigetragen. Vielen Dank. Ich finde das gut!!*

Auch andere, zum Teil kritischere Feedbacks, werden so ins Gespräch gebracht. Entscheidend ist hierbei, dass auch der Vorgesetzte nicht den Versuch unternimmt, „rein sachlich" und in kühlem Managerdeutsch zu sprechen, sondern offen zeigt, was ihm ganz persönlich wichtig ist.

Im dritten Abschnitt diskutieren die beiden, ob sich in irgendeiner Form Handlungsbedarf aus den besprochenen Themen ergibt. Erst hier, nachdem alles auf dem Tisch ist, treffen Vorgesetzter und Mitarbeiter gegebenenfalls entsprechende Vereinbarungen. So könnte in unserem Beispiel das Gespräch mit Frau Huber Teil einer solchen Vereinbarung sein.

> *Vorgesetzter: „Haben Sie den Eindruck, dass wir über die Dinge, die Sie momentan am meisten beschäftigen, ausreichend gesprochen haben?"*

Mitarbeiter: „Ja (schaut auf die Uhr), oh, ich hätte nicht gedacht, dass wir nun schon zwei Stunden diskutieren!“[27]
Vorgesetzter: „Ja, ich denke, es war sehr wichtig, sich diese Zeit zu nehmen. – Gehen wir noch mal gemeinsam die Punkte durch. Da waren die Spannungen mit Frau Huber. Ich hatte vorgeschlagen, dass wir uns nach meinem Mitarbeitergespräch mit ihr zu dritt zusammensetzen. Ist das so in Ordnung?“
Mitarbeiter: „Na ja, um ehrlich zu sein, geht mir das etwas zu schnell. Gleich den Chef mit einschalten? Hm. Ich würd's doch gerne erst noch einmal selbst versuchen. Sollte das nicht zum Erfolg führen, wäre ein Dreiergespräch mit Frau Möller vielleicht eine Idee. Frau Huber und Frau Möller können es sehr gut miteinander, und ich komme mit Frau Möller bestens zurecht. Sie würde da bestimmt mitspielen.“
Vorgesetzter: „Eine gute Idee. Mir wäre allerdings an einer terminlichen Festlegung gelegen. Bis wann könnte das sein?“
Mitarbeiter: „Jetzt kommt Ferienzeit, wir haben viel zu tun, aber ich denke – hm – geben Sie mir ein Vierteljahr?“
Vorgesetzter: „In Ordnung.“

Er vereinbart nun mit dem Mitarbeiter einen weiteren Gesprächstermin, um den Stand der Dinge zu besprechen.

Auch die weiteren Punkte werden in ähnlicher Weise besprochen. Aus so genannten weichen Themen und persönlichen Anliegen werden so klare, nachvollziehbare Vereinbarungen.

Die Frage des Nutzens

„Zu all den Alltagsproblemen der Führungskraft noch eine zusätzliche Investition?“, werden sich einige Vorgesetzte fragen. Unsere Antwort: Ja! Investitionen werden im betriebswirtschaftlichen Sinne getätigt, weil man ein Vielfaches an Ergebnis erwartet. Gleiches gilt für Investitionen in den menschlichen und zwischenmenschlichen Bereich. Der

[27] Die Zeitangabe ist kein Zufall. In unserer Arbeit haben wir herausgefunden, dass Gespräche, die sich etwas mehr in das Terrain des Persönlichen vorwagen, erstens meist länger dauern und zweitens, dass die Zeit sich alles andere als gequält dahinzieht.

Nutzen lässt sich am besten an Hand des Schadens kalkulieren, den Konflikte anrichten. Würden Konfliktkosten in den Bilanzen unserer Unternehmen auftauchen, so wäre dies sicher ein gewaltiger Posten.

Die Wertefrage

Mehr noch als das bilanztechnische Argument scheint uns die Bedeutung solcher am Individuum orientierten Führungsinstrumente darin zu liegen, ein Gegengewicht zur Versachlichung des Menschen darzustellen. Würde man mit Mitarbeitern sprechen, weil man sich einen Vorteil davon verspricht, und nur deshalb, so wäre dies immer noch von einer Instrumentalisierungsidee getragen und würde von den Mitarbeitern vermutlich schnell entlarvt werden.

Es geht – auch und vor allem in der Konfliktprävention – darum, welches Menschenbild den jeweiligen Führungsinstrumenten zu Grunde liegt. Will man dieses Menschenbild untersuchen, dann wird man kaum weiterkommen, wenn man die Hochglanzbroschüren studiert. Nicht in den geschriebenen, sondern in den ungeschriebenen Gesetzen zeigt sich die Unternehmenskultur (auch die Konfliktkultur). Das Menschenbild scheint in den Vorgängen auf, im Verhalten und in den tatsächlich umgesetzten Führungsinstrumenten und nicht in den Bekenntnissen dazu. „Die Mitarbeiter sind unser wichtigstes Gut!", heißt es – fast – in jedem Faltblatt. Entscheidender ist aber die Frage, wie tatsächlich mit den Menschen umgegangen wird. Wenn Führungsinstrumente nicht die Rolle des hinter der zurecht einklagbaren Leistung stehenden Menschen einbeziehen, dann bleibt die humanistische Proklamation unglaubwürdig. Natürlich verführt bereits der Begriff des Führungs-„instrumentes" zu einem eher mechanistischen Denken. Der markige und erstaunlicherweise weitgehend tolerierte Spruch dazu heißt: „Mich interessieren keine Probleme, nur Lösungen." Mit dieser Einstellung ist Konfliktprävention nicht möglich. Dies ist ein Grund für unser Plädoyer, Konfliktlösung in erster Linie wertebasiert zu sehen (vgl. hierzu Kap. 6, Wertebasierte Konfliktlösung, S. 92).

Wenn also das Unternehmen und/oder die Führungskraft einen Rahmen zur Verfügung stellt, in dem Mitarbeiter sich eingeladen fühlen, auch persönliche Sichtweisen, Probleme oder Konflikte zur Sprache zu bringen, dann werden Spannungen sich kaum unerkannt entwickeln und auch nicht eskalieren können. Zudem entsteht so auch ein besseres gegenseitiges Verständnis, was wiederum die Motivation fördert. Das Mitarbeitergespräch ist somit eines der wichtigsten Führungsinstrumente, nicht nur zur Konfliktprävention.

5.6 Die Konferenz als Konfliktprävention

Es liegt nahe, dass für Konferenzen die gleichen Überlegungen gelten müssen wie für andere Gelegenheiten, bei denen sich Menschen im Arbeitsumfeld begegnen. Auch hier wird der Stellenwert des persönlichen Austausches bei weitem unterschätzt. Wobei das insofern erstaunlich ist, als die Vorstellung eine Konferenz rein sachlich abzuwickeln, eine Illusion ist. Das weiß auch jeder, selbst wenn er nur fünf Minuten Teilnehmer einer Besprechung war. Reibereien, verschiedene Meinungen, Gruppenbildungen, Widerstände, Rückzug, Trotz, Beeinflussungsversuche und so fort, all das ist natürlich, wo Menschen sich „zusammen**raufen**“ müssen. Bedenklich ist nur, wenn sich daraus Störungen und Konflikte entwickeln, die nicht bearbeitet werden. Denn noch nicht einmal der Versuch, sie zu vertuschen, funktioniert in Gruppen. Das Geschehen liegt auf dem Tisch, für jeden gut sichtbar und deutlich spürbar. Die Konfliktleiter (Vgl. Kap. 4.5, Die Konfliktrutschbahn im Überblick, S. 61) steht im Raum bereit und wartet geduldig und meist erfolgreich, dass gerutscht wird. Die im Kapitel 5.3 (S. 66) beschriebene Tabuzone „greift“, der kommunikative Elektrozaun steht unter Strom und man befürchtet, sich einen Schlag zu holen. Warum also die bequeme Ecke verlassen?

Ein kleiner Vorgriff: Im Kapitel „Wertebasierte Konfliktlösung“ schreiben wir:

> *Ehrliche Konfliktlösungen sind anzustreben, auch wenn das auf Kosten der Bequemlichkeit gehen sollte. Ehrlichkeit ist auf Dauer ein tragfähigeres Fundament als eine kurzfristig durchaus angenehme „Kuschellösung“. Kuschellösungen sind erfah-*

rungsgemäß starker Erosion durch Fakten und nicht artikulierte, aber umso wirkungsvollere lösungskonträre Meinungen und Überzeugungen ausgesetzt.

Was für die Lösung eines Konfliktes gilt, muss auch für die Prävention richtig sein. Die unbequemen Zauberwörter heißen hier „Feedback" und „Meta-Kommunikation", das heißt:

> Fragen der Zusammenarbeit, der Atmosphäre, der Stimmungs- und Motivationslage müssen integraler Bestandteil von Konferenz-Tagesordnungen werden!

Wir meinen damit kein „Psychotheater"! Wenn Ehrlichkeit und Klarheit handlungsleitend werden sollen, ist der Auszug aus der Sach-Kuschelecke ohnehin unabdingbar. Was wir über das „gute Gespräch" und über das Mitarbeitergespräch gesagt hatten, gilt auch hier: Es scheint zunächst eine Tabugrenze zu geben und es lohnt sich gleichermaßen, sich dieser Grenze zu nähern mit dem Ziel eine tragfähige Kommunikations- und Konfliktkultur zu etablieren.

Das ist gar nicht so schwer, wie es klingen mag. Alles, was Sie brauchen, sind Haltepunkte, Haltestellen im Strudel des Sachgeschehens und natürlich auch im Strudel des emotionalen Geschehens.

Abteilungsleiter (AL) Hausbeck hat sich dies vor einiger Zeit schon zur Angewohnheit gemacht, wenn er die Konferenz moderiert:
„So, die nächsten Meilensteine unseres Projektes mit der Fertigung sind nun im Kasten und vereinbart. Bevor wir zum nächsten Punkt kommen: Wie fanden Sie unsere Diskussion?" Herr Hausbeck bittet nun reihum um kurze Statements, wobei die Spielregel lautet, die Feedbacks an dieser Stelle nicht zu diskutieren, sondern sie nur zu präzisieren und zu sammeln.
Herr Grunar: „Ich fand's gut!"
Herr Aller: „Wir müssen beim nächsten Mal unbedingt überle-

gen, wie wir das Controlling mit einbeziehen.“
AL Hausbeck: „Herr Aller, bitte bringen Sie das bei unserem nächsten Meeting noch einmal ein. Wie fanden Sie heute unsere Diskussion?“
Herr Aller: „Zum Teil ein bisschen lang.“
AL Hausbeck: „Das heißt?“
Herr Aller: „Wir verzetteln uns manchmal. Das Hin und Her zwischen Frau Huber und Herrn Mader hätten wir uns, ehrlich gesagt, sparen können.“
Frau Huber: „Was heißt hier ‚Hin und Her'. Husch-husch über die Themen zu gehen, das finde ich auch nicht gut.“
AL Hausbeck: „Jeder hat das Recht auf seine Meinung. Frau Huber, wie fanden Sie die Diskussion?“
Frau Huber: „Es stimmt schon, wir haben ziemlich lange gebraucht, ich fand das aber sehr gut. Ich fand auch die Atmosphäre gut.“
Herr Mader: "Alles im grünen Bereich. Vielleicht könnten Sie uns manchmal noch straffer moderieren.“
AL Hausbeck: „Wie meinen Sie das?“
Herr Mader: „Wenn wir zu lange Schleifen drehen, können Sie da sicher mal ‚Stopp' sagen.“
Die beiden anderen Mitarbeiter von Herrn Hausbeck geben ebenfalls ihr Feedback. Insgesamt dauert der Prozess ganze vier Minuten, und man geht dann zum nächsten Thema über.

Für solche Haltestellen gibt es folgende hilfreiche Regeln:

- Ein bis zwei solcher Reflexionsstopps pro Konferenz sind vollkommen ausreichend! Je natürlicher, je weniger gekünstelt solche Stopps erfolgen, um so besser.

- Die Beiträge sollten kurz bleiben. Nichts zerreden! Keine Diskussionen zwischendrin. Jeder sagt, was er meint.

- Die Statements sollen nicht die Sachdiskussion fortführen. Fordern Sie **persönliche** Bewertungen.

- Falls sich Feedbacks wiederholen oder ansammeln können sie bei einer eigenen Konferenz oder in einem eigenen Tagungspunkt besprochen werden.

Auf diese Weise wächst das Zutrauen, auch atmosphärische Themen ansprechen zu dürfen. Mehr und mehr wird das auch zwischendrin geschehen. Der präventive Charakter besteht darin, dass nichts „anbrennen“ kann und falls dies doch geschieht, ist es rechtzeitig zu erkennen.

5.7 „Kamingespräche“

Dieser Begriff ist symbolisch zu verstehen. Für die Konfliktprävention sind Gespräche miteinander außerhalb des tosenden Alltagsgeschäftes enorm hilfreich. Sich ein bis zwei Tage pro Jahr zurückzuziehen in einem kleinen Workshop, am besten mit einem Moderator, und in entspannter Atmosphäre in einem gelungenen, aber nicht überladenen Ambiente Rückschau und Vorschau zu pflegen, hat viele Gruppen schon weitergebracht und Konflikten vorgebeugt. (Im Kap. 12 finden Sie Beispiele für solche Workshops.)

Kritisch zu betrachten sind hingegen so genannte, meist nicht gerade billige, Incentives; oft wird dabei „etwas Tolles“ unternommen, aber ein positiv präventiver Effekt stellt sich wenn überhaupt, dann wohl eher zufällig ein, selbst dann, wenn alle Beteiligten die Maßnahme selbst als positiv bewerten. Nur klug aufgesetzte „Events“, die Austausch und Selbsterfahrung ohne Gesichtsverlust fördern und auch psychologisch professionell begleitet werden, können präventive Wirkung entfalten.

5.8 Zusammenfassung

Gezieltes Vorbeugen ist die beste Form des Konfliktmanagements.

- Oft scheint es dabei den „Gesetzen" der Höflichkeit zu widersprechen, die Dinge beim Namen zu nennen, als gäbe es eine So-etwas-tut-man-nicht-Vorschrift. Wenn wir Autoren unsere Erfahrung mit Konflikten und deren Entstehung zusammenlegen (das ergibt etwa dreißig Jahre), dann können wir nur raten, möglichst entschlossen und rechtzeitig Stimmungen und Beobachtungen anzusprechen. Dem Vorgesetzten kommt hier eine entscheidende Rolle zu, weil er durch sein Verhalten die Kommunikationskultur nachhaltig positiv beeinflussen kann.

- Die Zuruf-Kultur kann mehr und mehr durch das ergänzt werden, was wir hier als „das gute Gespräch" bezeichnet haben. Oft herrscht die Meinung, wenn alle per Du wären und man auch Privates besprechen könnte, dann sei das ein Zeichen einer förderlichen Gesprächskultur. Kann sein, muss aber nicht, und sollte unseres Erachtens auch nicht intendiert werden. Denn die Privatsphäre soll unantastbar bleiben.

- Möglich und sehr zu empfehlen ist demgegenüber eine Gesprächsatmosphäre, die Raum zum persönlichen Austausch schafft und pflegt. Gemeint ist damit, dass persönliche Anliegen, Bewertungen, Befürchtungen, Wünsche – auch im zwischenmenschlichen Bereich – nicht als „unsachliche Beiträge" verunglimpft, sonder wertgeschätzt und gefördert werden. Die Frage „Wie geht es Ihnen?" ist demnach ihrer Floskelhaftigkeit zu berauben.

- Ein regelmäßiges Mitarbeitergespräch, bei dem der Mitarbeiter die Chance erhält, sich auszusprechen und mitzuteilen, was ihn bewegt, was ihn motiviert und was weniger, ein Gespräch demnach, bei dem Persönliches im Mittelpunkt steht, bietet bei weitem die beste Konfliktprävention. Allerdings ist auch die Führungskraft hier gefordert, offen und klar die eigenen Bewertungen anzusprechen. Wir raten davon ab, dieses Gespräch mit den klassischen

Gehaltsfindungsansätzen zu überfrachten, obgleich es natürlich möglich sein muss, auch hier über Leistung zu sprechen und Ziele oder Maßnahmen zu vereinbaren. Diese Form des Führungsinstrumentes wird weniger durch seine Technik getragen, als vielmehr durch das dahinter liegende Menschenbild.

- Die Konferenz als Nabe des Gruppenverständnisses bietet viele Möglichkeiten, eine offene Kommunikationskultur wachsen zu lassen und sie zu pflegen. Ein ernst gemeintes „Wie läuft's gerade?" kann hier Wunder wirken.

- Regelmäßige Workshops zum Austausch über all das, was im Alltagsgeschäft eher untergeht, helfen, eine offene Kommunikationskultur zu schaffen.

6 Wertebasierte Konfliktlösung

6.1 Worum geht es?

In den ersten drei Kapiteln haben wir geklärt, was ein Konflikt ist – und was nicht. Wir haben Symptome herausgearbeitet, die Ihnen dabei helfen sollen, Konflikte zu erkennen und ihr jeweiliges Entwicklungsstadium realistisch einzuschätzen. In diesem Kapitel legen wir den gedanklichen Grundstein für gelungene und faire Konfliktlösung: Wir erläutern unsere Wertebasis.

Klare Werte, die in entschlossenes Handeln umgesetzt werden, sind die unverzichtbare Voraussetzung für professionelle Konfliktlösung. Dieses Eintreten für einen konsequent wertebasierten Umgang mit Konflikten mag den einen oder anderen Leser überraschen. Der Appell an Werte hat für viele etwas Verstaubtes, Altbackenes, Sperriges. Vor dem inneren Auge taucht ein erhobener Zeigefinger vor grauem Hintergrund auf. Werte sind nicht „flippig", ihre Umsetzung ist unbequem. Vielleicht erregt unser Eintreten für Werte sogar Misstrauen. Werte werden gerne zur Fassadenverschönerung missbraucht, z. B. in Form von Hochglanzdarstellungen (Unternehmen) oder pathetisch vorgebrachten Leerformeln (Politik). Ein kleines, aber aussagekräftiges Indiz dafür ist die Popularität der Comicfigur Dilbert. Die in diesen Cartoons ausgedrückte Mischung aus Ernüchterung und Zynismus beschreibt nach Ansicht vieler Menschen präzise ihre Erfahrungen zum Thema Werte im Unternehmensalltag.

Überraschung und Misstrauen setzen wir zwei grundsätzliche Antworten entgegen. Die erste Antwort ist ganz pragmatisch und nutzenorientiert: Wertebasierte Konfliktlösung funktioniert am besten. Sie sichert dauerhafte und tragfähige Konfliktlösungen und spart viel Zeit, Geld und Nervenkraft. Was heißt das genau?

- Unsere Erfahrung als Berater und Konfliktmanager zeigt eindeutig, dass Ungerechtigkeit ein zentraler Demotivator ist. Ungerechte Entscheidungen bzw. Konfliktlösungen fügen der Mitarbeitermotivation weit mehr Schaden zu als Unhöflichkeit, schlechte räumliche Bedingungen oder Perioden der Arbeitsüberlastung und Hektik. Diese Aussage können Sie leicht an Ihrer eigenen Erfahrung überprüfen. Erinnern Sie sich an einige Konflikte, an denen Sie selbst beteiligt waren, und identifizieren Sie das eigentliche Thema. Wir sind sicher, dass Sie bei Ihrer Analyse oft bei der einen oder anderen Form von Ungerechtigkeit ankommen werden.

- Unsere Erfahrung zeigt auch, dass nachvollziehbar gerechte Konfliktlösungen, auch wenn sie unbequem sind, weitaus besser akzeptiert und umgesetzt werden als erkennbar ungerechte. Das Wissen, eine faire Vereinbarung einzuhalten, hilft sehr gut über die Unbequemlichkeit dieser Vereinbarung hinweg. Das Wissen, dass eine Lösung fair ist, verleiht dieser Lösung auch deshalb Stabilität, weil ein Abweichen davon den „Abweichler" in ein schiefes Licht stellt – und das zu Recht. Er setzt seine Glaubwürdigkeit und Verlässlichkeit – übrigens auch vor sich selbst – aufs Spiel; ein hoher Einsatz.

- Auch ein Blick auf den langfristigen Nutzen lohnt: ein systematisch wertebasierter Umgang mit Konflikten entspannt und erleichtert die Zusammenarbeit im Team enorm. Der Grund dafür liegt auf der Hand: Jede faire Konfliktlösung fördert das Vertrauen im Team und bringt ein Stückchen mehr Sicherheit und Verlässlichkeit in die tägliche Zusammenarbeit.

Unsere zweite Antwort auf den Werteskeptizismus à la Dilbert ist eine grundsätzlich ethische: Das Wissen, dass ich als Beteiligter Konflikte von einer klaren Wertebasis her angehe, ist notwendige Bedingung für Aufbau und Pflege einer stabilen Selbstachtung. Warum halten wir das für so wichtig?

- Eine gesunde Selbstachtung ist Kern einer geglückten Lebensführung. Selbstachtung verleiht Stärke in kritischen Situationen und eine tiefe, stabile Zufriedenheit mit sich selbst und seinen Handlungen. Mit „tief und stabil" meinen wir, dass diese Zufriedenheit auch und gerade dem kritischen Nachdenken über sich selbst standhält.

- Aus einer stabilen Selbstachtung erwächst die Glaubwürdigkeit einer Führungskraft. Und ohne Glaubwürdigkeit dürfte es schwer fallen, Vertrauen zu Mitarbeitern, Kollegen und Vorgesetzten aufzubauen. Und ohne Vertrauen ...

Wir sehen es hier nicht als unsere Aufgabe, ausführlich für ein wertebasiertes Führungsverständnis zu argumentieren. Es ist auch nicht unser Anliegen, Sie durch detaillierte Argumentation von unserem Wertestandpunkt zu überzeugen. Für uns steht etwas anderes im Vordergrund: wir halten es für ein Gebot der Fairness und der Klarheit, dem Leser unsere eigenen Überzeugungen deutlich darzulegen, um Missverständnisse zu vermeiden. Wenn wir damit Ihre Zustimmung und Neugier wecken, sollten Sie weiterlesen. Auch im Fall von Misstrauen empfehlen wir die weitere Lektüre – Misstrauen können wir in vielen Fällen abbauen. Und für den Fall der offenen Ablehnung wissen Sie frühzeitig, nämlich schon jetzt, dass dieses Buch für Sie nicht geeignet ist, können es weglegen oder verschenken – und haben Zeit gespart.

6.2 Die Wertebasis unseres Konfliktlösungsmodells

Vier Werte bestimmen unsere Einstellung zur Konfliktlösung. Das sind natürlich nicht die einzigen Werte, sie spielen aber eine zentrale Rolle und bestimmen den grundsätzlichen Rahmen. Unser Menschenbild stellt die Verantwortung des Einzelnen für sich selbst in den Mittelpunkt. Daneben sind uns die Gleichberechtigung aller Konfliktparteien, Ehrlichkeit und Klarheit bei der Lösungsfindung wichtig. Was heißt das genau?

Selbstverantwortung

Unser Menschenbild geht davon aus, dass wir alle die Fähigkeiten und das Potenzial haben, unser Leben nach den eigenen Vorstellungen zu gestalten. Das fällt nicht immer leicht, es gelingt auch nicht immer, aber das „Prinzip Eigenregie" ist trotzdem als Voraussetzung eines gelungenen und glücklichen Lebens zu respektieren.

Daraus folgt, dass man die Verantwortung für sich und sein Leben übernimmt. Und für die Mitmenschen heißt das, auf Bevormundung, Entmündigung und wohlmeinende erzieherische Maßnahmen zu verzichten – auch wenn man noch so genau weiß, dass der andere gerade einen Fehler macht und „wieder einmal nicht weiß, was gut für ihn ist".

Angewandt auf das Thema Konfliktmanagement heißt das, dass die Verantwortung für die erfolgreiche Konfliktlösung prinzipiell bei den Konfliktparteien selbst liegen sollte. In unserem Modell gibt es keinen „Deus ex Machina", der einschwebt und eine Lösung mit bringt; es gibt keine Vaterfigur, die schaut, kurz zuhört und dann (mehr oder weniger unfehlbar) entscheidet. Konkreter:

- Im Verlauf des Konfliktmanagements darf es keine Bevormundung geben. Personen und ihre Anliegen (Wünsche, Interessen, Hoffnungen, Ängste etc.) sollten so akzeptiert werden, wie sie sind. Daraus folgt nicht, dass Anliegen nicht verhandelt, verändert und als irrelevant eingestuft werden dürfen oder können. Aber letztlich ist jeder Beteiligte am Konflikt selbst für Formulierung, Begründung und Gewichtung seiner Anliegen verantwortlich.

- Die Selbstverantwortung des Einzelnen ernst zu nehmen heißt auch, die Beteiligten am Konflikt so weit wie möglich in die Verantwortung für die Lösungsfindung und die Lösungsumsetzung einzubinden.

- Bei allen unterschiedlichen Aspekten und Gestaltungsmöglichkeiten der Moderatorenrolle besteht ihr Kern darin, die Konfliktparteien dabei zu unterstützen, selbst eine Lösung zu finden und umzusetzen.

- Selbstverantwortung ernst zu nehmen fordert Vertrauen in die Fähigkeit und den Willen der Beteiligten, den Konflikt zu lösen.

Dazu brauchen die Beteiligten vor allem eines: Zeit. Für das Vorgehen bei der Konfliktlösung ergibt sich daraus die grundsätzliche Strategie der Entschleunigung, der Verlangsamung.

- Selbstverantwortung heißt auch, dass unbequeme, aber faire Lösungen zumutbar sind. Eine faire, aber fordernde Lösung darf nicht zugunsten einer oberflächlich harmoniebewahrenden, aber weniger fairen zurückgestellt werden.

- Schließlich liefert der Wert der Selbstverantwortung auch die Antwort auf die Frage, wie eine Lösung des Konfliktes verbindlich wird: durch Zustimmung der Beteiligten.

Das folgende Beispiel soll daran erinnern, welche Folgen die Vernachlässigung der Selbstverantwortung haben kann.

Abteilungsleiter Müller ist nach eigener Einschätzung eine Führungskraft von altem Schrot und Korn. „Harte Schale, weicher Kern, ehrliche Haut" sagen seine Mitarbeiter über ihn. Das ist durchaus positiv gemeint: Seine bisweilen etwas polternde Art wird akzeptiert, weil alle wissen, dass dahinter ein Mensch steckt, der für Probleme und Schwierigkeiten ein offenes Ohr hat. Für Herrn Müller heißt das, dass er Probleme im Team nicht aussitzt, sondern aktiv angeht und schnell eine Lösung herbei führt.

So auch heute: Frau Huber, eine seiner besten Projektleiterinnen, wirkt im Gespräch irgendwie bedrückt. Herr Müller fragt nach, was los sei und erhält schnell eine Antwort. Herr Maier, ein Kollege von Frau Huber, ist mit seinem Projekt in Verzug und bringt damit ernsthaft Frau Hubers Termine in Gefahr. Das Verhältnis von Frau Huber zu Herrn Maier ist seit geraumer Zeit schon ziemlich gespannt. Die Kommunikation zwischen den beiden klappt einfach nicht mehr. Bis jetzt sind auch alle Vermittlungsversuche von Herrn Müller im Sande verlaufen. Aber sobald er einmal genügend Zeit und Ruhe haben wird, wird er sich um die beiden Mitarbeiter kümmern.

Mit Herrn Maier muss man vorsichtig umgehen, deshalb packt Herr Müller die Sache gleich selbst an. Er vereinbart mit Herrn Maier für den Nachmittag ein kurzes Gespräch. Er erkundigt sich nach dem Stand des Projektes und Herr Maier schüttet sein Herz aus: sein Zugpferd, Herr Kampe, hat vor zwei Wochen die Scheidung eingereicht; seine Arbeitsleistung leidet unter den privaten Turbulenzen schon seit einiger Zeit. Und der neue Mitarbeiter im Projekt arbeitet sich langsamer in die Materie ein als erwartet.

Herr Müller hat seine eigene Scheidung noch gut in Erinnerung, weiß wie es einem da geht und möchte Herrn Kampe natürlich helfen. Er sichert Herrn Maier deshalb zu, dass er bei Frau Müller einen kleinen Aufschub erreichen wird. Kampe braucht in so einer Situation Luft. Außerdem wird er sich sofort um personelle Unterstützung für das Projektteam von Herrn Maier kümmern, er hat da schon ein paar Ideen ...

Unser Kommentar: Herr Müller geht in der selbstgewählten Vaterrolle auf. Er kümmert sich ehrlich und aufrichtig um das Wohl seiner Mitarbeiter und unterstützt sie nach besten Kräften bei Ihrer Arbeit. Er reagiert schnell und verständnisvoll auf erkannte Schwierigkeiten.

Das Problem: Mit seinem Rollenverständnis und dem daraus resultierenden Verhalten nimmt er seinen Mitarbeitern sehr viel Verantwortung ab, die sie als vernünftige Erwachsene eigentlich selbst tragen sollten. Warum klärt Frau Huber die Terminfrage nicht direkt mit Herrn Maier – auch wenn das schwierig sein könnte? Warum führen Frau Huber und Herr Maier ihren Konflikt noch immer weiter? Warum kümmert sich Herr Maier nicht selbst darum, dass er seine Termine trotz widriger Umstände halten kann? Warum geht Herr Müller davon aus, dass Herr Kampe geschont werden muss und er seine Arbeitsleistung nicht wieder selbst hochfahren kann oder will?

Für die Konfliktkultur in einem Team liegen die Folgen der Vernachlässigung der Selbstverantwortung auf der Hand: einen Konflikt lösen heißt hier, zum Chef gehen, ihm das eigene Anliegen schildern und alles weitere ihm überlassen. Und dieses Abgeben von Verantwortung umfasst dann natürlich auch die Umsetzung der vom Chef vorgeschlagenen Lösung. Zur Abrundung noch eine Beobachtung, die wir schon oft gemacht haben: Die Lösungen, die der Chef dann findet, eignen sich hervorragend, um darüber zu schimpfen („Das ist ja mal wieder typisch Müller – weder Fisch noch Fleisch!"). Schließlich hat ja der Chef die Verantwortung dafür, dass die Umsetzung der Lösung klappt, bequem ist und ohne Anstrengung vollzogen werden kann – es ist ja auch „seine" Lösung.

Gleichberechtigung

Gleichberechtigung fordert, die legitimen Anliegen aller Konfliktparteien bei der Lösung eines Konfliktes gleichermaßen zu berücksichtigen.

- Es wäre unsinnig, hierarchische Unterschiede zu verleugnen oder so zu tun, als gäbe es sie nicht. Zum Beispiel ist ein Konflikt zwischen Abteilungsleiter und Teammitglied ein Konflikt zwischen Personen unterschiedlicher Hierarchieebenen – Punkt. Das darf aber nicht dazu führen, dass im Konfliktfall die Anliegen der hierarchisch übergeordneten Personen automatisch die Anliegen der anderen Beteiligten ausstechen. Positiv ausgedrückt: Unser Modell geht von Personen und ihren legitimen Anliegen aus, nicht von Hierarchien und der daraus resultierenden Macht der Personen.

- Damit Gleichberechtigung sinnvoll umgesetzt werden kann, müssen unberechtigte Anliegen als irrelevant bzw. als nicht legitim ausgeschlossen werden. Deshalb muss die Legitimität von Anliegen begründet und im Rahmen der Konfliktlösung verhandelt und festgehalten werden. Anders ausgedrückt: Die Konfliktparteien müssen sich darauf einigen, welche Anliegen zählen und welche nicht. Die Forderung der Gleichberechtigung bezieht sich natürlich nur auf die relevanten und legitimen Anliegen der Beteiligten.

Dazu ein Beispiel:

Im Unternehmensalltag gibt es eine Vielzahl von Regelungen, die schon lange existieren und sich, ohne hinterfragt zu werden, eingeschliffen haben. Will man diese Regeln ändern, gibt es oft Konflikte. Die alte Regel bzw. die Interessen der Personen, die an ihr festhalten möchten, wird gerne mit dem Hinweis auf ein „Gewohnheitsrecht" verteidigt. Dieser Appell an das Gewohnte allein reicht aber nicht aus. Die eigentlich wichtige Frage ist nämlich die, ob die fragliche Regel relevanten und berechtigten Interessen dient.

Professor Hochmeier freut sich auf sein neues Tätigkeitsfeld. Er hat letztes Semester einen Ruf auf einen der renommiertesten Lehrstühle seines Fachgebietes angenommen. Während der beiden ersten Wochen an „seinem" neuen Institut fällt ihm auf, dass die studentischen Hilfskräfte die Öffnungszeiten der Bibliothek am Abend in Eigenregie verkürzt haben. Offiziell ist die Bibliothek bis 20:00 Uhr offen, im Normalfall schließt die zuständige Hilfskraft aber schon um 19:00 Uhr. („Um diese Zeit kommt sowieso keiner mehr – und es wissen ja alle, dass wir normalerweise etwas früher zusperren.")

Professor Hochmeier bringt diesen Punkt im Rahmen einer Arbeitsbesprechung mit seinen Hilfskräften auf die Tagesordnung. Diese verteidigen die „Gewohnheitsregel" zum einen mit dem Argument, das sei eigentlich schon immer so gewesen und jeder wisse um die wirklichen Öffnungszeiten. Zum anderen weisen sie Professor Hochmeier darauf hin, dass für die meisten Hilfskräfte sich die Heimfahrt nach 19:00 Uhr durch wesentlich schlechtere Verbindungen im öffentlichen Nahverkehr überproportional verlängern würde, die Bezahlung sehr sparsam sei und durch verkürzte Öffnungszeiten ein kleines bisschen gerechter gestaltet wird.

Unser Kommentar: Egal, wie es weitergeht, eine saubere und dauerhafte Lösung für diesen Konflikt muss die Antwort auf zwei Fragen geben: Sind die Anliegen bzw. Interessen der Hilfskräfte für die Frage der Öffnungszeiten der Institutsbibliothek relevant? Wie gut bzw. gewichtig ist die Begründung des Interesses an einer „selbstständig inoffiziell" verkürzten Öffnungszeit?

Zugegeben, dieses „Verhandeln über Interessen" fordert Mut. Es kann vorkommen, dass jemand erkennt bzw. erkennen muss, dass sein Standpunkt bzw. seine Anliegen kein sehr großes Gewicht haben. Trotzdem plädieren wir auf Basis eben des Wertes der gleichen Berechtigung aller Anliegen dafür.

- Diese Klärung der „Anliegenlandschaft" erfordert Zeit. Und daraus ergibt sich wieder die grundsätzliche Strategie der Verlangsamung als kluge Vorgehensweise.

Ehrlichkeit

Ehrlichkeit und Wahrheit haben viel miteinander zu tun: beide sind oft unbequem.

- Ehrliche Konfliktlösungen sind anzustreben, auch wenn das auf Kosten der Bequemlichkeit gehen sollte. Ehrlichkeit ist auf Dauer ein tragfähigeres Fundament als eine kurzfristig durchaus angenehme Kuschellösung. Kuschellösungen sind erfahrungsgemäß starker Erosion durch Fakten und nicht artikulierte aber umso wirkungsvollere lösungskonträre Meinungen und Überzeugungen ausgesetzt.

- Für jedes akzeptable Modell zur Konfliktlösung heißt das, dass der eigentliche Konfliktkern offen gelegt und angegangen werden muss. Gerade das fällt bisweilen schwer. Es ist, z. B. in der konkreten Situation eines Konfliktgespräches, viel leichter und angenehmer, um den heißen Brei herumzuschleichen, Schein- oder Nebenkonflikte zu verhandeln und dann eine Pseudolösung zu beschließen.

- Ehrlichkeit fordert, dass Konfliktlösungen realistisch sein sollen, also z.B. zu den unveränderbaren Rahmenbedingungen passen müssen.

- Ehrlichkeit heißt auch, dass Anliegen offen und sorgfältig auf ihre Berechtigung und ihre Relevanz hin untersucht werden. Unberechtigte oder irrelevante Anliegen sollen und dürfen dann keine Rolle bei der Lösungsfindung spielen. Dieser Punkt hat, wie schon oben gesehen, auch sehr viel mit dem Wert der Gleichberechtigung zu tun.

- Zeit ist nötig, um diese Ehrlichkeit herzustellen. Denn gerade in Konfliktsituationen fällt es den Beteiligten schwer, offen miteinander umzugehen. Diese Offenheit muss Schritt für Schritt hergestellt werden. Also legt auch dieser Wert die Strategie der Verlangsamung nahe.

Die Überlegungen zum Wert der Ehrlichkeit lassen sich gut mit einem Beispiel untermalen:

> *Allen ist es klar: das Vertriebsteam der Firma Technocom bleibt weit hinter seinem Leistungspotenzial zurück. Aus irgendeinem Grund dominieren Vorsicht, Misstrauen und Defensivverhalten; die Stimmung im Team ist zurückhaltend bis gedrückt.*
>
> *So kann es nicht weitergehen. Man zieht sich für einen ganzen Tag in ein Hotel in netter Umgebung zurück, um die Konflikte zu klären und zu lösen. Ein Moderator, Herr Hausberg, soll das Team dabei begleiten. Er beginnt mit einer anonymen Kartenabfrage, um die Ursachen für den unbefriedigenden Zustand des Teams herauszuarbeiten. Die Auswertung führt zu eindeutigen Ergebnissen; das Team ist mit den Unterlagen und Werbemitteln der Marketingabteilung sehr unzufrieden. Deshalb haben sich einige Regionalleiter im Team eigene und wesentlich zugkräftigere Unterlagen erarbeitet, hüten sie aber eifersüchtig vor Ihren Kollegen. Zweitens hat das Verkaufstraining für die Außendienstmitarbeiter offenbar erschreckende Schwächen.*

Diesen Punkt musste Herr Hausberg mit viel Einsatz und Hartnäckigkeit aus den Teilnehmern „herauskitzeln". Der Grund für die Zurückhaltung: Das Konzept für das Verkaufstraining stammt in wesentlichen Teilen vom ebenfalls anwesenden Leiter des Vertriebsteams. Alle wissen, wie hart und engagiert er daran gearbeitet hat und tun sich verständlicherweise mit Kritik schwer. Und schließlich kristallisiert sich die eigene Produktlinie als Quelle starker Verunsicherung heraus: die Produkte der Konkurrenz sind einfach billiger – und das bei vergleichbarer Qualität. Wie soll man da überzeugend verkaufen können?

Es ist dem Team sichtlich schwer gefallen, diese Punkte offen zu benennen. Wesentlich einfacher verlief dann der Rest des Tages. In Arbeitsgruppen werden Lösungen für die erkannten Probleme entworfen. Ab sofort wird, so die erste Vereinbarung, jeder Vertriebsleiter die eigenen Unterlagen den Kollegen zugänglich machen. Um erfolgreiche Unterlagen zu honorieren hat man sich ein ausgeklügeltes Bonussystem überlegt. Zweitens: Struktur und Inhalte des Verkaufstrainings werden den Wünschen der Regionalleiter angepasst; in dieser Arbeitsgruppe wirkt der Vertriebsleiter selbst mit hohem Engagement und großer Veränderungsbereitschaft mit. Und schließlich wird ein Argumentationsschema entwickelt, um den Preis der eigenen Produkte geschickt zu „verkaufen".

Das Problem mit diesen Lösungen lässt sich klar benennen und nachweisen: Drei Monate nach dem Workshop hat sich nichts verbessert. Unterlagen werden zwar ausgetauscht, aber nur sehr sporadisch genutzt. Das neue Verkaufstraining ist so wirkungslos wie das alte – und die Preisfrage aktueller denn je.

Unser Kommentar: Team und Vertriebsleiter haben einen klassischen Alibi-Workshop gestaltet. Die eigentliche Ursache der Konflikte im Team wurde nie offen angesprochen, obwohl sie allen bekannt war. Was also war „des Pudels Kern"? Zum einen hat jeder Regionalleiter eine tief sitzende Angst vor den häufig auftretenden, aber nicht vorhersehbaren Bestrafungsaktionen des Vertriebsteamleiters. Oft genügt ein kleiner Anlass und schon „brennt 3 Tage lang das Dach". Diese Unberechenbarkeit ist der eigentliche Grund für Zurückhaltung, mangelnde Initiative und Schutzverhalten im Team: „Wer Fehler macht, wird meistens bestraft, also mache ich so wenig Fehler wie möglich" denkt jeder – aber keiner traut sich das zu sagen.

Zum anderen weiß jeder im Team, auch der Teamleiter, dass zwei der Regionalleiter, Herr Strunz und Frau Englert, besondere Wertschätzung beim Leiter des gesamten Unternehmensbereiches genießen. Man trifft sich regelmäßig im Tennisverein und spricht natürlich auch einmal über das Team und wie die Dinge so laufen. Die Teammitglieder und der Teamleiter haben alle den Eindruck, dass diese Tennisgespräche schon öfter spürbare Auswirkungen auf Entscheidungen des Unternehmensbereichsleiters gehabt haben, die das Team betreffen.

So lange die beiden eigentlichen Konfliktkerne nicht offen angesprochen und sauber gelöst sind, werden sich vermutlich weder Stimmung, noch Engagement oder Leistung des Teams verbessern. Das Beispiel zeigt auch, wie wichtig konsequente Verlangsamung ist. Hätte man dem Berater, Herrn Hausberg, Zeit für vertrauliche Interviews eingeräumt bzw. hätte er diese Zeit konsequent eingefordert und gut genutzt, dann wäre ihm wahrscheinlich sehr schnell klar geworden, wo „der Hase wirklich im Pfeffer liegt".

Klarheit

Ehrlichkeit und Gleichberechtigung müssen als Basiswerte nicht nur eingehalten werden. Es muss für alle Beteiligten auch klar ersichtlich sein, dass sich der Umgang mit dem Konflikt daran orientiert. Deshalb:

- Es ist wichtig, Transparenz für alle Beteiligten in Hinsicht auf alle wichtigen Aspekte der Konfliktlösung herzustellen: die Rolle des Moderators, die Struktur des Vorgehens, die Spielregeln, die Anliegen und ihre Begründung.

- Auch Transparenz erfordert Zeit. Aber jetzt wissen Sie ja schon, wie wichtig die Strategie der Verlangsamung ist.

In den nächsten Kapiteln werden wir zeigen, wie diese Wertebasis das Vorgehen bei der Konfliktlösung mitgestaltet. Wir beginnen mit einem Blick auf die verschiedenen Rollen, die ein Moderator bei der Konfliktlösung übernehmen kann.

7 Die Rolle des Konfliktmoderators

7.1 Worum geht es?

Hinter dem Oberbegriff „Konflikt-Moderator“[28] verbirgt sich eine Vielzahl von konkreten und ganz unterschiedlichen Möglichkeiten, diese Rolle auszugestalten. Das Spektrum reicht von „Konfliktbearbeitung anstoßen“ bis hin zu „für die Konfliktparteien eine Lösung entwickeln und beschließen“. Hinter dieser Vielfalt an möglichen Rollen steht aber ein Kernverständnis, das wir bereits aus dem Wert der Selbstverantwortung abgeleitet haben. Zur Erinnerung:

> Bei allen unterschiedlichen Aspekten und Gestaltungsmöglichkeiten der Moderatorenrolle besteht ihr Kern darin, die Konfliktparteien dabei zu unterstützen, selbst eine Lösung zu finden und umzusetzen.

Die Vielgestaltigkeit der Moderatorenrolle ergibt sich ganz einfach aus der Vielzahl der Möglichkeiten dessen, was es heißen kann, die Konfliktparteien bei der Konfliktlösung zu unterstützen. Wir unterscheiden die folgenden Rollen:

Initiator: Der Initiator sorgt dafür, dass eine Konfliktlösung von den Beteiligten am Konflikt angepackt wird. Darüber hinaus beteiligt er sich nicht an der Bearbeitung bzw. Lösung des Konfliktes.

Berater: Der Berater leistet den Konfliktparteien wichtige Unterstützung bei der Konfliktlösung. Dies geschieht z. B. durch Beratung eines oder mehrerer Beteiligter in Einzelgesprächen. Die eigentliche Konfliktbearbeitung und -lösung überlässt er aber den Beteiligten.

[28] Vgl. GLASL (1992) oder THOMANN (1998)

Konfliktbegleiter: Der Konfliktbegleiter übernimmt die Aufgabe, die Beteiligten bei der Konfliktlösung direkt zu unterstützen. Im klassischen Fall geschieht das durch die Leitung eines oder mehrerer Konfliktgespräche. Die Hauptaufgabe des Konfliktbegleiters ist es, für die Beteiligten die Rahmenbedingungen für ein effizientes und Erfolg versprechendes Vorgehen zur Konfliktlösung zu sichern.

Konfliktmanager: Der Konfliktmanager ist in aller Regel ein Vollprofi mit großer Erfahrung im Umgang mit Konflikten. Über die bloße Gesprächsmoderation hinaus greift er aktiv in den Prozess der Konfliktlösung ein. Klassische Interventionen sind z. B. eine präzise Analyse des Konfliktes im Vorfeld, die Entwicklung eines Konzeptes für das Vorgehen bei der Konfliktlösung, gezieltes Feedback an die Beteiligten in allen Phasen der Konfliktbearbeitung, eigene Lösungsvorschläge zur Überwindung von Sackgassen und direkte Konfrontation mit einem oder mehreren Beteiligten, wenn diese ihre Konfliktverantwortung nicht übernehmen (wollen).

Schlichter: Ein Schlichter wird gebraucht, wenn die Konfliktparteien es nicht schaffen, sich auf einen von allen Beteiligten akzeptierten Lösungsvorschlag zu einigen. Aufgabe des Schlichters ist es, auf Basis seines Wissens um Konfliktgeschichte, Verlauf und Lösungssuche aus den Lösungsvorschlägen der Beteiligten für diese einen auszuwählen.

Entscheider: Der Entscheider tritt auf den Plan, wenn es den Konfliktparteien nicht gelingt, plausible Lösungsvorschläge zu entwickeln. Seine Aufgabe ist es, natürlich auf Basis umfangreicher Kenntnis der Situation, selbst eine gut begründete Lösung auszuarbeiten und in Kraft zu setzen.

Neben der Klarheit für den Moderator in Bezug auf die eigene Rolle ist es wichtig, dass alle Beteiligten dieses Rollenverständnis kennen und akzeptieren. Das war eine zwingende Folgerung aus dem Wert der Klarheit:

> Es ist wichtig, Transparenz für alle Beteiligten in Hinsicht auf alle relevanten Aspekte der Konfliktlösung herzustellen: die Rolle des Moderators, die Struktur des Vorgehens, die Spielregeln, die Anliegen und ihre Begründung.

Im Folgenden erläutern wir die verschiedenen Ausgestaltungen der Moderatorenrolle und begründen, warum Klarheit für alle Beteiligten so wichtig ist.

7.2 Der Initiator

Viele Führungskräfte finden sich regelmäßig in der Rolle des Initiators zur Konfliktlösung. Sie bemerken zum Beispiel in ihrem Team einen Konflikt zwischen Mitarbeitern, der die Zusammenarbeit spürbar beeinträchtigt. Oft wird es sich dabei um einen Konflikt im Frühstadium handeln – gerade deshalb ist es wichtig, die Dinge nicht einfach laufen und sich verschlimmern zu lassen, sondern aktiv einzugreifen. Dieses Eingreifen geschieht erst einmal sehr sanft, aber konsequent. Die Führungskraft führt im ersten Schritt Einzelgespräche mit den betreffenden Mitarbeitern. Ziel der Gespräche ist es, Informationen zu sammeln und den Mitarbeitern die eigenen Beobachtungen klar mitzuteilen. Wenn sich dann der Verdacht auf Vorliegen eines Konfliktes erhärtet, ist es die Aufgabe der Führungskraft, eine Lösung des Konfliktes einzufordern, die Beteiligten also klar in die Lösungsverantwortung zu nehmen. Dazu ein Beispiel:

> *Frau Schwarz, Teamleiterin eines EDV-Teams in einer großen Versicherung, bemerkt, dass zwei Mitarbeiter, Herr Maier und Herr Rohde, immer öfter auf Konfrontationskurs gehen. In den beiden letzten Teambesprechungen ging viel Zeit verloren, weil Maier und Rohde sich in ein eigentlich unwichtiges Thema verbissen. Zudem lässt die Leistung eines Projektteams, dem beide angehören, seit etwa drei Wochen erkennbar nach. Dadurch gerät ein wichtiger Zwischentermin in Gefahr. Nebenbemer-*

kungen aus Gesprächen mit anderen Teammitgliedern deuten ebenfalls darauf hin, dass Herr Maier und Herr Rohde massive Probleme miteinander haben: „Tja, solange die beiden sich beharken, kommen wir nicht weiter."

Frau Schwarz ist sich darüber im Klaren, dass sie als Führungskraft Konfliktverantwortung hat. Sie muss also bei erkannten Problemen eingreifen. Ihr ist aber auch klar, dass die Verantwortung für Bearbeitung und Lösung des Konfliktes erst einmal bei Rohde und Maier liegt. Um sich ein besseres Bild der Situation machen zu können, führt sie mit beiden Herren Einzelgespräche.

Das Ergebnis: Das Verhältnis zwischen den beiden Mitarbeitern ist tatsächlich gestört. Ursache bzw. Ausgangspunkt der Probleme scheint ein Vorfall aus dem letzten Jahr zu sein. Beide gehörten einem Dreierteam an, das ein Konzept zur Vernetzung aller Geschäftsstellen der Versicherung ausarbeiten und der Geschäftsleitung vorlegen sollte. Das Konzept selbst war ein voller Erfolg und ist ohne nennenswerte Änderungen übernommen worden. Allerdings besteht Uneinigkeit darüber, wer die entscheidenden Ideen hatte, wer die meiste Arbeit geleistet hat und wer den Löwenanteil am Erfolg auf sein Konto buchen kann. Der Abteilungsleiter hatte offenbar den Eindruck gewonnen, Herrn Rohdes Beiträge wären die wirklich erfolgsentscheidenden gewesen. Das brachte er durch unterschiedlich hohe Leistungsprämien für Rohde und Schwarz am Jahresende deutlich zum Ausdruck. Herr Rohde hat auch nicht gezögert, die Höhe seiner Prämie Herrn Maier mitzuteilen („Sie haben doch sicher auch so viel bekommen – oder etwa nicht?"). Herr Maier hat nun den Eindruck, Herr Rohde hätte sich mit seinen Federn geschmückt, sich auf seine Kosten profiliert und ihn dazu noch gedemütigt. Seither ist das Verhältnis der beiden stark belastet.

Frau Schwarz möchte die Sache so schnell wie möglich bereinigen. Sie bittet beide Herren zu einem Dreiergespräch und macht ihnen unmissverständlich klar, dass ihr Konflikt die Arbeit des

Teams und der Abteilung stark beeinträchtigt. Als Teamleiterin könne sie das nicht hinnehmen. Sie bittet die beiden Herren, den Konflikt innerhalb der nächsten drei Wochen so weit zu klären, dass die Zusammenarbeit wieder klappt. Für den Fall, dass Herr Rohde und Herr Maier nicht glauben, die Sache alleine in den Griff zu kriegen, bittet sie die beiden bis Ende der Woche um einen konkreten Vorschlag, welche Unterstützung zur Konfliktlösung benötigt wird.

In diesem Beispiel handelt Frau Schwarz als klassische Initiatorin. Sie übernimmt es, eine Konfliktlösung einzuleiten und überlässt das weitere Vorgehen den Beteiligten.

7.3 Der Berater

Die Rolle des Beraters bei einer Konfliktlösung wird oft von Kollegen oder Vorgesetzten übernommen, zu denen ein solides Vertrauensverhältnis besteht. Der Berater berät einen oder mehrere Beteiligte am Konflikt und trägt somit indirekt zur Lösungsfindung bei. Die eigentliche Bearbeitung und Lösung des Konfliktes überlässt er aber den Beteiligten. Der Berater leistet seine Unterstützung im Hintergrund. Führen wir das Beispiel weiter:

Herr Rohde und Herr Maier vereinbaren einen Termin für ihre Aussprache. Beiden ist klar, dass Frau Schwarz Recht hat und der Konflikt aus der Welt geschafft werden muss. Das Problem: Herr Rohde weiß nicht, wie er an die Sache herangehen soll. Deshalb bittet er eine Kollegin aus einem anderen Team, Frau Berger, um Rat. Frau Berger wird in der Abteilung bei Konflikten als Ratgeberin und Gesprächsmoderatorin sehr geschätzt. Sie hat schon viele Situationen zur Zufriedenheit aller „entschärft“ und einer tragfähigen Lösung zugeführt. Sie besucht regelmäßig externe Seminare zur Konfliktlösung. Durch ihre ruhige und einfühlsame Art scheint sie wie geschaffen für diese Aufgaben.

Frau Berger nimmt sich viel Zeit, um Herrn Rohde bei seiner Schilderung der Sachlage zuzuhören. Gemeinsam arbeiten die beiden einen möglichen Ansatzpunkt für das Gespräch mit Herrn Maier heraus. Herr Rohde sollte sich auf jeden Fall für seine hämischen Bemerkungen zur Leistungsprämie entschuldigen. Außerdem unterstützt Frau Berger Herrn Rohde durch kluges Fragen dabei, sich die wichtigsten Schritte für den Aufbau des Gesprächs klarzumachen: Wie könnte es nach der Entschuldigung weitergehen?

In dieser Situation handelt Frau Berger klar als Beraterin. Sie hilft einem der Beteiligten dabei, konkrete Schritte hin zu einer vernünftigen Lösung zu finden. Wichtig ist, dass damit ihre Rolle (vorerst) ausgeschöpft ist. Sie greift nicht weiter in das Geschehen ein und bleibt im Hintergrund.

7.4 Der Konfliktbegleiter

Der Konfliktbegleiter greift im Gegensatz zum Initiator und zum Berater aktiv in die eigentliche Konfliktlösung ein. Der Kern dieses Rollenverständnisses orientiert sich an der Funktion des Unparteiischen im Sport. Dieser sorgt dafür, dass alle Beteiligten sich an bestimmte Regeln bzw. ein vereinbartes Vorgehen halten, ohne sich ansonsten in den Ablauf einzumischen (Schiedsrichter beim Fußball). Die Hauptaufgabe des Konfliktbegleiters ist es im Grunde, die Rahmenbedingungen für ein effizientes und Erfolg versprechendes Vorgehen zur Konfliktlösung zu sichern. Inhaltlich greift er nicht in den Prozess der Konfliktlösung ein. Zur Veranschaulichung dient die nächste Phase der Konfliktbearbeitung durch Herrn Maier und Herrn Rohde.

Herr Maier denkt mit Grausen an das bevorstehende Gespräch mit dem Kollegen Rohde. Er selbst ist nicht sehr wortgewandt und ihm ist klar, dass er schon oft durch ungeschickte Ausdrucksweise Missverständnisse in die Welt gesetzt hat. Verbal fühlt er sich Herrn Rohde, dessen geschickte Rhetorik er insgeheim bewundert, einfach nicht gewachsen. Das, so seine Befürchtung, könn-

te dazu führen, dass er seine Sicht der Dinge im Gespräch nicht richtig zur Geltung bringen kann und zum Schluss etwas herauskommt, das ihm im Grunde nicht gefällt. So wie damals, als Rohde sich beim Abteilungsleiter als der eigentliche „Projektmacher" darstellen konnte und Maier wie eine Hilfskraft dastand.

Herr Maier weiß, dass im Nachbarteam vor einigen Monaten eine ziemlich verfahrene Situation mit Unterstützung von Frau Berger überraschend konstruktiv geklärt wurde. Ihm ist auch Frau Bergers Ruf als kompetente Moderatorin für „heiße" Gespräche bekannt. Mit ihr in dieser Rolle würde er sich wesentlich wohler fühlen. Er hätte dann die Gewissheit, von Rohde und dessen Eloquenz nicht einfach überfahren zu werden.

Herr Maier schläft noch eine Nacht darüber und schlägt dann gleich am nächsten Morgen Herrn Rohde vor, Frau Berger zu bitten, das anstehende Gespräch zu moderieren. Das wäre für beide von Vorteil, man könne sich dann ganz darauf konzentrieren, die Inhalte zu klären und sich darauf verlassen, dass Frau Berger für einen sinnvolle Gesprächsablauf sorgt. Herr Rohde ist damit sofort einverstanden und sagt Herrn Maier auch ganz offen, dass er schon Rat von Frau Berger eingeholt hat. Herr Maier sieht darin kein Problem. Er hat volles Vertrauen in Frau Bergers Neutralität und ruft sie gleich an, um sie als Moderatorin für das Konfliktgespräch einzuladen.

Frau Berger ist einverstanden und bittet ihrerseits Herrn Maier zu einem Vorgespräch, das ähnlich abläuft wie das mit Herrn Rohde. Das eigentliche Konfliktgespräch verläuft dann sehr entspannt und konstruktiv. Nach neunzig Minuten haben Rohde und Maier ihr Problem aus der Welt geschafft; beide sind sichtlich erleichtert. Frau Berger musste nur gelegentlich eingreifen, z. B. um Herrn Rohde daran zu erinnern, Herrn Maier ausreden zu lassen oder Herrn Maier um Klärung bzw. Zusammenfassung des gerade Gesagten zu bitten. Ansonsten hat sie sich darauf beschränkt, die beiden Herren systematisch durch die wesentlichen Schritte eines Konfliktgespräches zu führen.

Frau Berger handelt in diesem Beispiel als klassische Konfliktbegleiterin. Sie stellt einen geregelten Gesprächsverlauf sicher, ohne inhaltlich in die Konfliktlösung einzugreifen. (Ein Modell zur systematischen und strukturierten Bearbeitung von Konflikten werden wir im nächsten Kapitel vorstellen). Sie macht weder Lösungsvorschläge noch gibt sie einem der Gesprächsteilnehmer inhaltlich orientiertes Feedback. Die Verantwortung für das Gelingen des Gesprächs und die Lösungsfindung lag von Anfang an voll und ganz bei Maier und Rohde.

7.5 Der Konfliktmanager

Manche Konflikte sind schon so weit eskaliert, dass die Beteiligten massive Unterstützung benötigen, um zu einer vernünftigen Lösung zu kommen. Die Konfliktfronten sind in solchen Fällen in aller Regel stark verhärtet oder unübersichtlich und verworren. Bloße Gesprächsmoderation reicht dann nicht mehr aus. Die Beteiligten sind z. B. nicht (mehr) gesprächsbereit oder nicht in der Lage, ein strukturiertes Gespräch miteinander zu führen. Die emotionale Belastung ist einfach zu hoch. Es kann auch sein, dass der Konflikt so verworren ist, dass eigentlich niemand mehr weiß, wie alles angefangen hat und worum es im Kern geht. Nur wer der Schurke ist – das weiß jeder der Beteiligten ganz genau. Das ist oft so, wenn mehrere Beteiligte ein ganzes Konfliktbündel mit hohem Energieeinsatz betreiben.

In solchen Fällen ist es höchste Zeit, einen Konfliktmanager an Bord zu holen. Seine Aufgaben: präzise Analyse der Konfliktlandschaft, Entwicklung eines realistischen Konzeptes zur Konfliktlösung, Herstellung der Gesprächs- bzw. Verhandlungsbereitschaft zwischen den Konfliktbeteiligten und Unterstützung der Beteiligten bei der Umsetzung des Konzeptes. Unterstützung kann hier viel mehr bedeuten als bloße Leitung von Gesprächen. Der Konfliktmanager kann einem, mehreren oder allen Beteiligten gezielt Feedback geben, kann selbst Ideen zur Lösung anbieten und sogar die direkte Konfrontation mit den Personen suchen, die eine Lösungsfindung blockieren möchten. Zur Veranschaulichung greifen wir auf ein Beispiel zurück, das wir schon kennen, den Alibi-Workshop aus dem letzten Kapitel:

Allen ist es klar: Das Vertriebsteam der Firma Technocom bleibt weit hinter seinem Leistungspotenzial zurück. Aus irgendeinem Grund dominieren Vorsicht, Misstrauen und Defensivverhalten; die Stimmung im Team ist zurückhaltend bis gedrückt.

So kann es nicht weitergehen. Man zieht sich für einen ganzen Tag in ein Hotel in netter Umgebung zurück, um die Konflikte zu klären und zu lösen. Ein Moderator, Herr Hausberg, soll das Team dabei begleiten. Er beginnt mit einer anonymen Kartenabfrage, um die Ursachen für den Zustand des Teams herauszuarbeiten. ...

An dieser Stelle spulen wir den Film zurück. Als professioneller Konfliktmanager hätte Herr Hausberg anders agiert. Nach einem ersten Informationsgespräch mit seinem Auftraggeber, dem Vertriebsleiter, schlägt er folgendes Vorgehen vor: Zuerst führt er eine Reihe von Einzelgesprächen mit den Regionalleitern, dem Vertriebsleiter und, wenn sich herausstellen sollte, dass das nötig ist, mit einigen ihrer Mitarbeiter. Als Ergebnis der Gespräche wird er zum einen eine Konfliktanalyse vorlegen, die Hauptbeteiligte und Kernthemen klar benennt. Zum anderen wird er einen Weg zur schrittweisen Lösung des Konfliktes vorschlagen.

Die Wahrscheinlichkeit, dass ein erfahrener Profi in intensiven Einzelgesprächen die tatsächlichen Konfliktthemen erkennt, ist hoch. Hier noch einmal zur Erinnerung die zentralen Fragen: Jeder Regionalleiter hat eine tief sitzende Angst vor den häufig auftretenden, aber nicht vorhersehbaren Bestrafungsaktionen des Vertriebsleiters. Oft genügt ein kleiner Anlass und schon „brennt drei Tage lang das Dach". Diese Unberechenbarkeit ist der eigentliche Grund für Zurückhaltung, mangelnde Initiative und das Schutzverhalten im Team: „Wer Fehler macht, wird meistens bestraft, also mache ich so wenig Fehler wie möglich" denkt jeder – aber keiner traut sich das zu sagen. Außerdem weiß jeder im Team, auch der Vertriebsleiter, dass zwei der

Regionalleiter, Herr Strunz und Frau Englert, besondere Wertschätzung beim Leiter des gesamten Unternehmensbereiches genießen. Man trifft sich regelmäßig im Tennisverein und spricht natürlich auch einmal über das Team und wie die Dinge so laufen. Die Teammitglieder und der Vertriebsleiter haben alle den Eindruck, dass diese „Tennisgespräche" schon öfter spürbare Auswirkungen auf Entscheidungen des Unternehmensbereichsleiters gehabt haben, die das Team betreffen.

Wie könnte ein Weg zur Lösung aussehen? Herr Hausberg schlägt zwei Maßnahmen vor: Erstens sollte der Vertriebsleiter ein wichtiges Zeichen zum Vertrauensaufbau setzen und sein Führungsverhalten schnell und konsequent verändern. Zur Bearbeitung des anderen Kernthemas hält Herr Hausberg eine Aussprache im Team für unverzichtbar. Ziel ist es, eine klare Vereinbarung zu finden, über welche Themen sich die beiden mit dem Leiter des Unternehmensbereiches austauschen können und welche Informationen „im Team bleiben". Bevor er diese Aussprache vorschlägt, hat Herr Hausberg sie in einem Dreiergespräch Frau Englert und Herrn Strunz erläutert und ihr Einverständnis eingeholt, dieses Thema in der Gruppe zu behandeln.

Das Team akzeptiert das Konzept von Herrn Hausberg. Der Vertriebsleiter bittet ihn sogar, ihn als Coach während des nächsten Jahres zu begleiten. Er ist schon längere Zeit mit seinem eigenen Führungsverhalten unzufrieden, hat die Spannungen natürlich auch registriert, weiß aber nicht, was er konkret tun soll. Die Ansatzpunkte für die Veränderung seines Führungsverhalten sind klar, deshalb können sich der Vertriebsleiter und sein Team schnell einigen. Ein professioneller Umgang mit Fehlern und darüber hinaus eine klare, berechenbare Linie sind vorerst am wichtigsten. In einem halben Jahr wird der Vertriebsleiter dann Feedback von seinen Mitarbeitern erhalten, welche Veränderungen sie wahrgenommen haben und ob diese Veränderungen positiv oder negativ ausgefallen sind. Zur Unterstützung des Vertriebsleiters sollten seine Mitarbeiter ihrerseits einen kleinen „Schritt nach vorne" tun. Fehler werden nicht mehr vertuscht, sondern offen angesprochen und so schnell wie möglich in Eigeninitiative bereinigt. Mit dieser Vereinbarung sind alle Beteiligten zufrieden.

In diesem Fall agiert Herr Hausberg klar als Konfliktmanager. Er analysiert den Konflikt, entwickelt das Konzept für einen Lösungsweg, bereitet Präsentation und Diskussion des Konzeptes durch gezielte Einzelgespräche mit Nebenvereinbarungen vor und unterstützt aktiv das Team bzw. den Vertriebsleiter auf dem eingeschlagenen Weg. Die Entscheidung, ob man die vorgeschlagenen Maßnahmen akzeptiert und umsetzt, liegt aber vollständig beim Team, darauf hat Herr Hausberg keinen Einfluss. Die Lösungsverantwortung beim Kernthema „Tennisgespräche" liegt auch beim Team, Herr Hausberg hat nur sichergestellt, dass dieser Punkt benannt und in Angriff genommen wird.

7.6 Der Schlichter

Der Konfliktmanager greift zwar aktiv und konsequent ein, um die Beteiligten bei der Lösungsfindung zu unterstützen. Er übernimmt aber keine Lösungs- und Entscheidungsverantwortung. Manchmal ist aber gerade das nötig. Es gibt Konflikte, die so verkeilt oder schwierig sind, dass die Beteiligten sich einfach nicht auf eine Lösung einigen können. Dann kann die Entscheidung, welche Lösung umgesetzt werden soll, an einen Schlichter delegiert werden. Dieser Schlichter ist eine Person, die gut mit der Konfliktgeschichte und dem Verlauf der Lösungssuche vertraut ist und die das Vertrauen aller Beteiligten genießt. Aufgabe des Schlichters ist es, die Beteiligten bei der Lösungsfindung zu entlasten, indem er eine der von den Beteiligten selbst ausgearbeiteten Lösungen auswählt. Er selbst schlägt keine Lösung vor, er wählt nur aus den vorgelegten Alternativen eine aus. Trotz Delegation der Entscheidung an den Schlichter bleibt also noch ein Teil der Verantwortung, nämlich die für das Entwickeln realistischer Lösungen, bei den Beteiligten selbst. Dazu gleich ein Beispiel; wir greifen wieder auf den Konflikt des Vertriebsteams zurück:

Die Aussprache des Vertriebsteams mit Herrn Englert und Frau Strunz zum Thema „informeller Informationsfluss zum Leiter des Unternehmensbereiches" wird sehr offen und konsequent geführt. Herr Hausberg moderiert das Gespräch. Er und die anderen Beteiligten spüren genau, dass die Sache diesmal geklärt werden muss, ansonsten kann man das Team vermutlich für immer abschreiben. Im Laufe des Tages kristallisieren sich zwei Lösungsansätze heraus. Die eine Gruppe, dazu gehört auch Frau Strunz, schlägt vor, dass ab sofort überhaupt kein Austausch über das Team mehr erfolgen soll. Frau Strunz ist sich sicher, dass der Leiter des Unternehmensbereiches dafür Verständnis haben und diese Vereinbarung akzeptieren wird, wenn sie und Herr Englert ihm die Hintergründe gut erklären. Er ist ja auch an einem erfolgreichen Vertriebsteam interessiert und kann sicher nachvollziehen, wie leicht seine privaten Kontakte Missverständnisse und Befürchtungen erzeugen können. Die Mitarbeiter signalisieren deutlich, dass sie Frau Strunz und Herrn Englert vertrauen, sich an diese Vereinbarung zu halten.

Ein anderer Lösungsvorschlag wird von Herrn Englert und einigen Kollegen bevorzugt. Sie halten eine vollständige „Kommunikationssperre" für den falschen Weg. Zum einen könne man Herrn Englert nicht zumuten, einem guten Bekannten gegenüber wichtige Teile seines Berufslebens auszublenden. Zum anderen hat der Leiter des Unternehmensbereiches ja sowieso noch andere Informationskanäle. Deshalb schlägt man vor, dass Frau Strunz und Herr Englert sich auch in Zukunft mit ihm über das Vertriebsteam unterhalten können. Bedingung dafür ist aber, dass in jeder Teambesprechung klar entschieden wird, welche Themen bzw. Informationen weitergegeben werden dürfen – und welche nicht. Das hätte zudem den Vorteil, einen gut funktionierenden Informationskanal „nach oben" vielleicht auch einmal ganz gezielt zum Wohle des Teams nutzen zu können.

Allen Beteiligten ist klar, dass das Team eine Lösung braucht. Alle sind davon überzeugt, dass jeder der beiden Vorschläge funktionieren kann. Nur glaubt ein Teil des Teams, dass der erste besser als der zweite Vorschlag ist, der andere Teil sieht das genau umgekehrt. Nachgeben will jetzt auch niemand, das würde auch einen etwas seltsamen Nachgeschmack hinterlassen – das Team braucht gerade in dieser Phase des Zusammenraufens keinen Kompromiss aufgrund von Ermüdung. Deshalb einigt man sich darauf, die Entscheidung an Herrn Hausberg zu delegieren und seine Wahl in jedem Fall zu akzeptieren und umzusetzen. Im Rahmen seiner Zusammenarbeit mit dem Team hat Herr Hausberg sich großes Vertrauen erworben, er scheint der richtige Mann zu sein, das Team aus dieser Sackgasse zu befreien.

Herr Hausberg willigt ein, möchte aber noch Zeit zum Nachdenken haben. Seine Entscheidung wird er übermorgen im Rahmen der turnusmäßigen Teamsitzung bekannt geben und begründen. Alle sind erleichtert, egal wie die Entscheidung ausfallen wird. Das Team hat gemeinsam eine schwierige Frage geklärt.

In dieser Situation hat Herr Hausberg die Funktion des Schlichters übernommen. Man hätte die Entscheidung natürlich auch an jemand anders delegieren können. Der Schlichter muss nicht immer der Konfliktmanager oder Konfliktbegleiter sein. Wichtig ist vor allem, dass er das Vertrauen aller Beteiligten genießt, denn nur dann werden sich alle fair behandelt fühlen und die Lösung umsetzen.

7.7 Der Entscheider

Im letzten Beispiel ist es den Beteiligten gelungen, akzeptable Lösungen zu entwickeln. Sie haben es allerdings nicht geschafft, sich auf eine dieser Lösungen zu einigen. Ein Entscheider wird benötigt, wenn die Beteiligten selbst keine Lösungsmöglichkeiten mehr sehen oder finden können. Die Funktion des Entscheiders ist es, sich eine Lösung zu überlegen und für die Beteiligten in Kraft zu setzen. Um eine realistische Lösung entwickeln zu können, muss der Entscheider natürlich mit allen Details der Konfliktsituation vertraut sein. Außerdem müssen die Beteiligten ihm sehr großes Vertrauen entgegenbringen. Das Beispiel:

In der Abteilung Rechnungswesen „brennt es". Vor etwa acht Monaten kam ein neuer Abteilungsleiter, Herr Müller. Seine Hauptaufgabe war es, im Zuge einer unternehmensweiten Umstrukturierung auch in seiner neuen Abteilung die traditionellen Fachreferate durch eigenverantwortliche Teams zu ersetzen. Diese Veränderung war sehr tief greifend. Erstens wurden die Abläufe und Aufgabengebiete in der Abteilung ganz neu gestaltet. Zweitens wurde nicht jeder Fachreferatsleiter zum Teamleiter gemacht. Einige „alte" Fachreferatsleiter haben jetzt keine Führungsfunktion mehr. Dafür gibt es unterschiedliche Gründe: Es gibt weniger Teams als Referate und Herr Müller wollte, wie er es nannte, „frischen Wind durch frische Leute" in die Abteilung bringen.

Herrn Müller war vollkommen klar, dass derartige Veränderungen Turbulenzen nach sich ziehen würden. Er war aber davon überzeugt, diese Holperstrecke meistern zu können. Ähnliche Umstrukturierungen hatte er schon mehrmals miterlebt und mitgestaltet. Letzten Endes hatte es immer funktioniert. Nun ist aber sogar er mit seinem Latein am Ende. Die Situation in Team A ist so weit eskaliert, dass die Funktionsfähigkeit massiv beeinträchtigt ist. Seine Interventionen haben den Konflikt, oder die Konflikte – er versteht nicht einmal genau, was los ist – eher verschärft als gemildert. Er sieht ein, dass externe Unterstützung nötig ist und beauftragt Frau Wolf, eine sehr kompetente Unternehmensberaterin, Team A dabei zu unterstützen, wieder arbeitsfähig zu werden. Frau Wolf ist den meisten Mitarbeitern der Abteilung gut bekannt, sie genießt hohes Ansehen als konsequente und faire Konfliktfachfrau.

Frau Wolf kommt nach intensiven Einzelgesprächen zu folgendem Schluss: Zentrale Konfliktschnittstelle ist der Teamleiter, Herr Brandt. Er wurde von Herrn Müller eingesetzt, obwohl sich das Team von Anfang an klar gegen ihn ausgesprochen hatte. Verschärfend kommt hinzu, dass die Wunschkandidatin des Teams, Frau Gruber, die Stellvertreterin von Herrn Brandt ist. Frau Gruber ist eine sehr starke Persönlichkeit, sie ist die „eigentliche" Leiterin des Teams. Herr Müller ist voll von den Qualitäten Herrn Brandts überzeugt, Herr Brandt sei „der richtige Mann an der richtigen Stelle". Mit Frau Gruber kommt er überhaupt nicht zurecht. Warum das so ist, lässt sich schwer sagen, die Chemie stimmt einfach nicht. Das Team stellt sich nun jeden Tag offener und härter gegen Herrn Brandt. Man kann fast schon von Mobbing reden.

Der Teamleiter, Herr Brandt, leidet sehr unter dieser Situation. Er ist mittlerweile äußerst unsicher und macht aus dieser Unsicherheit heraus zahlreiche Fehler auf fachlicher und menschlicher Ebene. Er möchte aber auf keinen Fall aufgeben und das Team verlassen. Er fühlt sich nämlich äußerst unfair behandelt, weil er vom ersten Tag an vom Team Knüppel zwischen die Beine bekam – „ohne auch nur den Hauch einer fairen Chance zu erhalten". Die Teammitglieder, zumindest die meisten, hoffen insgeheim, dass Herr Brandt demnächst von sich aus das Handtuch werfen wird – und dann Frau Gruber neue Teamleiterin werden kann. Für Herrn Müller ist das allerdings undenkbar. Herr Brandt ist ja „sein Mann" und er würde als Abteilungsleiter einen massiven Vertrauens- und Gesichtsverlust riskieren, wenn er ihm gerade in schwierigen Zeiten nicht den Rücken stärkt. Und Frau Gruber als Teamleiterin kommt für ihn nicht in Frage. Auf dieser Position braucht er eine Vertrauensperson.

Ein von Frau Wolf moderierter Workshop schafft die Einsicht, dass alle Beteiligten unter der Situation leiden, die Fronten aber so verhärtet sind, dass niemand einen Ausweg erkennen kann. Da der Termin für den Jahresabschluss schnell näher rückt und das Team schon jetzt weit im Rückstand ist, bittet man Frau Wolf um einen Lösungsvorschlag. Sie willigt ein, aber nur unter der Bedingung, dass ihr Vorschlag schon jetzt, also im Voraus, von allen als verbindlich akzeptiert wird. Im Vertrauen auf Frau Wolfs Fairness und Kompetenz erklären sich alle Beteiligten damit einverstanden.

Eine Woche später präsentiert Frau Wolf ihre Lösung dem Team: Herr Brandt erhält eine faire Chance, sich als Teamleiter zu bewähren. Das Team hört auf, ihn zu behindern und nimmt ihm gegenüber eine „neutral kooperative Haltung" ein. Frau Wolf wird Herrn Brandt ein Jahr lang als Coach und das Team als Beraterin unterstützen. Alle drei Monate wird das Team einen Feedback-Fragebogen ausfüllen, um Herrn Brandts Leistung als Teamleiter zu bewerten. Am Ende des Jahres darf das Team dann über die weitere Zusammenarbeit mit Herrn Brandt abstimmen. So etwas passt zwar nicht zum Stil des Hauses, scheint aber der einzige Weg zu sein, das Akzeptanzproblem in den Griff zu kriegen. Wenn nach einem Jahr die Mehrheit gegen ihn ist, wird Herr Brandt Herrn Müller um Versetzung bitten, also von sich aus die Position des Teamleiters räumen. Voraussetzung dafür ist, dass Herr Brandt sich vom Team fair behandelt fühlt. Herr Müller wird unter diesen Umständen den Wunsch akzeptieren und einen neuen Teamleiter bestimmen. Das Team wird diese Wahl Herrn Müllers schon jetzt akzeptieren.

Frau Wolfs Begründung für ihren Vorschlag: Bei diesem Vorgehen erhält Herr Brandt eine faire Chance, sich als Teamleiter zu beweisen. Das Team erhält eine faire Chance, sich auf anständige Weise von Herrn Brandt zu trennen – und Herr Müller muss Herrn Brandt nicht fallen lassen.

Frau Wolf hat genau erkannt, dass dieser gordische Konfliktknoten durchhauen werden muss. Die Beteiligten waren in der Kürze der Zeit selbst nicht mehr in der Lage, ihn aufzulösen. Trotzdem liegt ein großer Teil der Verantwortung bei ihnen: Die Lösung wird nur dann funktionieren, wenn jeder seinen Teil dazu beiträgt.

7.8 Klarheit ist unverzichtbar

Für den Moderator selbst ist Klarheit in Bezug auf seine genaue Rolle unerlässlich. Er muss wissen, wie weit er in das Konfliktgeschehen eingreifen und mit welchen Mitteln er die Beteiligten bei der Bearbeitung des Konfliktes unterstützen kann und darf. Genauso wichtig ist aber auch Klarheit für die Konfliktparteien. Wird die Rolle des Moderators nicht von Anfang an genau bestimmt, sind Missverständnisse vorprogrammiert. Dazu ein Beispiel:

Herr Winter ist Abteilungsleiter. Er gilt als fair, kompetent und geradlinig. Deshalb wird er von seinen Mitarbeitern gerne als Berater, Begleiter oder Konfliktmanager in Anspruch genommen. Seit zwei Monaten arbeitet Frau Keller als Teamleiterin in seiner Abteilung. Sie kam aus einem Unternehmen derselben Branche. Frau Keller war Herrn Winters Wunschkandidatin für den Posten der Teamleitung, da sie von allen Bewerbern die höchste Fachkompetenz und die überzeugendste Führungserfahrung aufweisen konnte. Außerdem wollte Herr Winter neue Ideen und Denkansätze „von außen" in das Team bringen.

Herr Kranz, Frau Kellers Stellvertreter, bittet Herrn Winter um Unterstützung bei einer Konfliktlösung. Er und Frau Keller kämen nicht gut miteinander zurecht. Ein erstes Gespräch sei nicht sehr befriedigend verlaufen, deshalb habe man sich dazu entschlossen, die nächsten Schritte von Herrn Winter begleiten zu lassen.

Herr Winter ist dazu natürlich bereit, ihm ist sehr an einem funktionierenden Team und an Frau Kellers weiterer Entwicklung gelegen. In Einzelgesprächen mit Herrn Kranz und Frau Keller gewinnt Herr Winter den Eindruck, dass der Konflikt in erster Linie auf unklare Kommunikation und daraus resultierende Missverständnisse zurückzuführen ist. Er ist davon überzeugt, dass die beiden Beteiligten im Rahmen eines klar strukturierten Gespräches selbst Lösungen finden werden. Deshalb bietet er sich als Gesprächsleiter an und wird sowohl von Frau Keller als auch von Herrn Kranz akzeptiert.

Zur Überraschung von Herrn Winter verläuft das Gespräch aber sehr zäh und endet ohne greifbare Ergebnisse. Er ärgert sich vor allem über Frau Keller. Sie verhält sich während des gesamten Gesprächs äußerst zurückhaltend und passiv, geht kaum auf Vorschläge, Ideen oder Angebote von Herrn Kranz ein und scheint an einer Lösung des Konfliktes nicht interessiert zu sein.

Was war da los? Frau Keller kannte ganz einfach die Rolle des Konfliktbegleiters nicht! In ihrem alten Unternehmen war es üblich, dass der jeweilige Vorgesetzte nach Anhörung beider Seiten die Lösungsfindung selbst in die Hand nahm. Aufgabe der Konfliktparteien war es lediglich, die eigene Sicht der Dinge möglichst klar, knapp und sachlich darzulegen.

Im Gespräch mit Herrn Kranz hat sie deshalb dessen aktive Suche nach Lösungen missverstanden. Frau Keller fühlte sich in die Enge getrieben. Herr Kranz übernahm für Ihr Verständnis klar den Part des Abteilungsleiters, nämlich die Suche nach Lösungen. Und Herr Winter ließ ihn gewähren. „Aha“, dachte sie sich, „eine kleine Verschwörung der Alteingesessenen“. Das war der Grund für ihr Abblocken im Gespräch.

Herr Winter hätte dieses Durcheinander ganz einfach durch Klärung seiner Rolle als Konfliktbegleiter verhindern können.

8 Strategie der Konfliktlösung

8.1 Worum geht es?

Die Grundideen zu einer Strategie der Konfliktlösung ergeben sich aus den Werten, auf denen unser Modell basiert. Die Relevanz jedes dieser Werte für unser Verständnis von Konfliktlösung haben wir bereits im Kapitel 6 (Wertebasierte Konfliktlösung, S. 92) beschrieben. In diesem Kapitel setzen wir die zentralen Werte der Selbstverantwortung, Gleichberechtigung, Ehrlichkeit und Klarheit in ein einfaches, aber wirkungsvolles Modell um. Das Modell besteht aus einer Folge von aufeinander aufbauenden Schritten, die im Rahmen einer Konfliktlösung von den Beteiligten durchlaufen werden sollten.

Zwei Grundgedanken des Modells sind schon im Kapitel Wertebasierte Konfliktlösung entwickelt und begründet worden. Der erste lautet:

> Verlangsamung der Konfliktbearbeitung durch systematische Einbeziehung der Beteiligten.

Der zweite Grundgedanke:

> Systematische Einbeziehung der Beteiligten durch Anliegenklärung, Akzeptieren der Anliegen und Lösungsfindung.

Dieser Ansatz ist nicht neu – das wissen wir. Viele Modelle zur Konfliktlösung sind Variationen dieser beiden Grundgedanken[29]. Worauf es uns ankommt ist aber nicht die Entwicklung von etwas ganz Neuem. Wir haben zwei andere Anliegen. Das erste ist die systematische

[29] Besonders hilfreich sind Glasl (1997,5), Crawley (1996,2), Fisher, Ury (1981), Haft (1992), Raiffa (1982), Shell (1999)

Anbindung konkreter Vorgehensweisen zur Konfliktlösung an eine klare Wertebasis. Nur so kann ein Modell wirklich als fair und gerecht erkannt werden. Gerade diese Anbindung vermissen wir oft und möchten diese Lücke schließen. Unser zweites Anliegen ist es, den Lesern unsere Erfahrungen als Konfliktmanager in Form eines funktionierenden Modells und verschiedener Umsetzungs- bzw. Anwendungsbeispiele anzubieten. Diese Erfahrungen sind garantiert selbst gemacht, sie enthalten zum Teil schmerzliche Lernschritte, schöne Erfolgserlebnisse, kleine und große Überraschungen und sind für den Leser so neu, dass er daraus mit Sicherheit die eine oder andere Anregung für das eigene Konfliktmanagement ableiten kann.

Der französische Staatsmann François de Callières (1645 – 1717) hat die beiden Grundgedanken erfolgreicher Konfliktlösung in etwas anderer Form zum Ausdruck gebracht:

> Das Geheimnis der Verhandlung liegt darin, die wirklichen Interessen der betreffenden Parteien in Einklang zu bringen.

Also: große Geheimnisse haben wir nicht anzubieten – aber viel sturmerprobtes Erfahrungswissen.

8.2 Das Modell im Überblick

Die folgende Zusammenfassung soll einen ersten Überblick zur Kernphase unseres Modells der Konfliktlösung verschaffen. In der Praxis wird diese Kernphase in eine Vor- bzw. Nachbereitungsphase eingebettet sein, die wir in den folgenden Kapiteln beschreiben werden.

Schritt 1: Die Standpunkte der Beteiligten klären
Im ersten Schritt erhält jeder Beteiligte am Konflikt ausführlich Gelegenheit, seine Sicht der Dinge, also seinen Standpunkt, zu erläutern. Aufgabe der anderen Konfliktparteien ist es, durch Zuhören und Nachfragen den Standpunkt zu verstehen. Etwas flapsig formuliert geht es

im ersten Schritt darum, sich auf kontrollierte Weise die Meinung zu sagen und „Dampf abzulassen".

Schritt 2: Die Anliegen hinter den Standpunkten offen legen

Der zweite Schritt soll die Frage klären, warum jemand einen bestimmten Standpunkt einnimmt. Es geht darum, das oder die Anliegen (Interessen, Wünsche, Befürchtungen, Hoffnungen, Ängste etc.) offen zu legen, die den jeweiligen Standpunkt verständlich bzw. attraktiv machen.

Schritt 3: Die Kernanliegen herausarbeiten: Worauf kommt es wirklich an?

Oft steht ein ganzes Bündel von Interessen, Wünschen, Befürchtungen etc. hinter einem Standpunkt. Deshalb kann es sinnvoll sein, diese Anliegen weiter zu ordnen bzw. zu gewichten. Das kann über die Frage nach den wichtigsten Anliegen zu einer Priorisierung der Anliegen aus Schritt 2 führen. Es kann aber auch über die Frage nach den oder dem Anliegen hinter den Anliegen aus Schritt 2 zu noch tiefer liegenden Überlegungen führen, zu einer noch tieferen Anliegenebene. Auf jeden Fall gilt: Die Antwort auf die Frage nach den Kernanliegen liefert die Antwort auf die Frage nach dem Kern des Konfliktes!

Schritt 4: Die Relevanz bzw. den Status der Anliegen klären

Hat man die Anliegen offen gelegt und die Kernanliegen erkannt, sollte im Sinne einer fairen Lösung noch geklärt werden, ob tatsächlich alle Anliegen bzw. Kernanliegen für die Konfliktlösung relevant sind. Es kann sein, dass diverse Interessen oder Wünsche als irrelevant erkannt und deshalb im weiteren Verlauf nicht berücksichtigt werden sollten. Dies können z. B. Interessen sein, die auf die Änderung unveränderbarer Rahmenbedingungen abzielen, Wünsche, deren Erfüllung nicht in der Macht der Konfliktbeteiligten steht, oder die, genau betrachtet, keinen legitimen Anspruch auf Erfüllung geltend machen können.

Schritt 5: Anliegenbasierte Lösungen entwickeln

Dieser Schritt erfordert die Kreativität aller Beteiligten. Jetzt geht es darum, gemeinsam einen Hut zu finden oder zu basteln, unter den mindestens die Kernanliegen eines jeden der Beteiligten gebracht werden können. Hier wird durch Anbindung der Lösung an die Anliegen bzw. die Kernanliegen die Basis für eine dauerhafte Konfliktlösung gelegt.

Schritt 6: Die beste Lösung auswählen
Schritt 5 liefert im Normalfall mehr als eine Lösung. Deshalb gilt es jetzt, die beste Lösung aus dem erarbeiteten Bündel auszuwählen und zu beschließen. Mit dem Beschluss einer Lösung ist die Kernphase des Konfliktlösungsmodells beendet.

Wie verkörpert dieses Modell die beiden Grundgedanken, die wir in Abschnitt 1 skizziert haben? Die Verlangsamung der Konfliktbehandlung wird automatisch durch das systematische Vorgehen gemäß der sechs Schritte des Modells sichergestellt. Ein systematisches Vorgehen entzerrt und isoliert viele wichtige Aspekte, die z. B. in einem „normalhitzigen" Konfliktgespräch eng miteinander verwoben bzw. verbacken sind. Oft sind es gerade Standpunkte, die Andeutung eines Anliegens und Lösungsansätze, die im nebulösen Dreierpack geliefert werden – garniert mit Vorwürfen, Sticheleien und Machtspielen:

> *Mitarbeiter Müller zum Chef: Ich finde es einfach ungerecht, dass Sie dem Kollegen Schmidt ständig Extrawürste braten. Und genau deshalb gehe ich heute pünktlich nach Hause und lasse Aufgabe X Aufgabe X sein! Oder wollen Sie wirklich, dass mein Familienleben wegen dem ganzen sinnlosen Fusionsdurcheinander in dieser Firma kaputtgeht?*
>
> *Chef zum Mitarbeiter Müller: Also eines sollten wir hier einmal in aller Deutlichkeit darstellen: Ich bin hier der Chef und ich entscheide hier. Und wenn Sie einmal genauso tüchtig sind wie Schmidt, können wir gerne über das reden, was sie als „Extrawurst" missverstehen. Klar? Also: Aufgabe X muss heute noch abgeschlossen werden ...*

Der zweite Grundgedanke, die systematische Einbeziehung jedes Beteiligten, wird in unserem Modell von Anfang an und sehr konsequent sichergestellt. Dabei gilt für jeden Schritt: Die Erfolgsverantwortung für die Konfliktbearbeitung und -lösung liegt bei jeder einzelnen Konfliktpartei. Ein Schritt gilt erst dann als abgeschlossen, wenn jede Konfliktpartei ihn sauber durchlaufen hat.

In den folgenden Abschnitten spielen wir unser Modell anhand eines Fallbeispieles durch. Dieses Beispiel ließe sich in vielerlei Hinsichten kommentieren. Hier dient es aber weniger der Beleuchtung konkreter Einzelheiten bei der Konfliktbearbeitung. Sein Hauptzweck ist die Veranschaulichung der einzelnen Schritte des Modells. Die nächsten Kapitel des Buches stellen dann weitere Möglichkeiten vor, das Modell in der Praxis ein- und umzusetzen.

Wir leiden nicht unter Allmachtsphantasien. Deshalb ist uns an dieser Stelle noch ein klarer Hinweis wichtig. Bei dem Modell, das wir vorschlagen, handelt es sich weder um ein Patentrezept noch um eine starre Gebrauchsanweisung. Patentrezepte gibt es im Bereich des Konfliktmanagements nicht. Das Modell kann Sie zwar auf der strategischen Ebene unterstützen, Konfliktanalyse und die Suche nach Lösungen professionell zu gestalten. Es dient dabei aber nur als Grundlage zur Ableitung und Entwicklung eines individualisierten Vorgehens. Jeder Konflikt ist anders und erfordert zu seiner Lösung ein maßgeschneidertes, der jeweiligen Situation angemessenes Vorgehen. Diese Individualisierung können wir Ihnen in einem Buch natürlich nicht liefern. Sie erfordert ein hohes Maß an analytischer Schärfe, Einfühlungsvermögen, Kreativität und Realismus.

Außerdem ist unser Modell keine starre Gebrauchsanweisung. Über die individuelle Gestaltung der einzelnen Schritte hinaus kann es sinnvoll oder nötig sein, die Reihenfolge der Schritte zu ändern, die Bearbeitung eines Schrittes stark zu verkürzen oder vielleicht sogar einen Schritt ganz wegzulassen. Wichtig ist, dass die intendierten Ergebnisse der einzelnen Schritte in die Konfliktbearbeitung einfließen. Damit meinen wir, dass Standpunkt, Anliegen, Kernanliegen und mehrere Möglichkeiten für anliegenbasierte Lösungen geklärt werden sollten, bevor eine Lösung des Konfliktes vereinbart wird. Es kann aber durchaus der Fall sein, dass die Dynamik der Situation es nahe legt, erst über mögliche Lösungswege zu diskutieren, bevor Klarheit über die Anliegen erreicht wurde bzw. um so Klarheit über die Anliegen zu gewinnen. Auch hier kommt es für die erfolgreiche Umsetzung des Modells wieder auf Augenmaß und Erfahrung an.

8.3 Schritt 1: Die Standpunkte der Beteiligten klären

Das Beispiel:

Herr Maier ist Lagerleiter in einem mittelständischen Fertigungsbetrieb. Er übt diese Funktion seit gut zehn Jahren aus. Begonnen hat er als Lehrling im Lager dieser Firma. Er ist 49 Jahre alt, sehr gewissenhaft und durchaus kreativ. Im Lauf der Jahre hat er die Lagerbuchhaltung immer wieder vereinfacht, verbessert und übersichtlicher gestaltet. Seit einigen Monaten aber gibt es ein Problem, das ihm schwer im Magen liegt: Die Lagerverwaltung soll auf EDV umgestellt werden. Das bedeutet für ihn eine wirklich einschneidende Veränderung, denn bisher wurde alles „mit Papier und Stift" erledigt.

Initiator der Umstellung auf EDV ist der Juniorchef der Firma, Herr Kramer. Er hat BWL studiert und ist seit einigen Jahren neben seinem Vater und dessen Partner, Herrn Thomas, in der Geschäftsleitung tätig. Vor seinem Eintritt in die Firma hat er in zwei anderen Betrieben in verantwortlicher Position Erfahrungen gesammelt. Er soll in zwei Jahren die Position seines Vaters übernehmen. Er hat große Pläne mit dem Betrieb – und wer ihn kennt, traut ihm deren Realisierung zu. Herr Kramer ist sehr dynamisch, entscheidungsfreudig und innovativ. Dabei verliert er aber nie die Bodenhaftung; er rechnet seine Visionen exakt durch und geht nur klar kalkulierte unternehmerische Risiken ein.

Herr Kramer hat schon in mehreren Gesprächen versucht, Herrn Maier von den Vorteilen der EDV im Lager zu überzeugen. Auf diese Weise würde vieles übersichtlicher, schneller abrufbar und weniger zeitraubend. Herr Maier und die meisten seiner Kollegen arbeiten alle schon sehr lange in der Firma, an eine Entlassung denkt niemand. Es geht vielmehr darum, Computer einzuführen, bestimmte Abläufe umzugestalten und die eine oder andere Aufgabe aus dem eigentlichen Betrieb ins Lager zu übernehmen. Herr Kramer ist nach diesen Gesprächen schon ziemlich sauer. Der Grund: Herr Maier ist auf eine Art uneinsichtig und abwehrend, die er von ihm gar nicht kennt. Er setzt eine ganze Batterie typischer Blockadeargumente ein:

- *Bisher ging es ja auch ohne EDV!*
- *Bei Unternehmen X ist seit Umstellung auf EDV das ganze Lager ein einziges Chaos.*
- *Warum sollen wir auf einmal jede neue Modeerscheinung mitmachen?*
- *Bisher hat es im Lager nie Probleme gegeben, warum also ein bewährtes System zerstören?*
- *Kann man wirklich beweisen, dass EDV etwas bringt?*

Herr Kramer hat im vorletzten Gespräch zum ersten Mal die Geduld verloren und Herrn Maier vorgeworfen, aus purer Bequemlichkeit und Sturheit die Zukunft der Firma aufs Spiel zu setzen. Herr Maier, der seinen Juniorchef schon als Dreikäsehoch durch das Lager hat toben sehen, ist um eine Antwort nicht verlegen. Er knallt Herrn Kramer die Vermutung an den Kopf, er wolle die Dinge nur verändern, damit er sich neben dem allseits beliebten Seniorchef, seinem Vater, profilieren könne – blinder und hirnloser Aktionismus sei dazu aber nicht geeignet!

Das letzte Gespräch war dann weniger ein Gespräch sondern ein Austausch höflicher Eisigkeiten: Herr Kramer hat Herrn Maier einen Artikel über die Vorteile einer EDV-gestützten Lagerverwaltung und eine Liste mit einschlägigen EDV-Seminaren zur Weiterbildung übergeben. Außerdem hat er noch einmal seinen Entschluss betont, dass das EDV-System in absehbarer Zeit kommen wird. Herr Maier hat mit der Bemerkung gekontert, dass das letzte Wort dazu mit Sicherheit noch nicht gesprochen sei und angekündigt, dass er sich einmal in Ruhe mit dem Senior unterhalten werde. Der war ja schon immer für ein vernünftiges Wort offen und sei ein Mann der Praxis, dem an der Uni keine Flausen ins Hirn gesetzt worden seien.

So weit zur Vorgeschichte des Konfliktes. Das folgende Szenario soll die einzelnen Schritte des Modells zur Konfliktlösung illustrieren.

Die Sache mit Herrn Maier liegt Herrn Kramer ganz schön im Magen. Deshalb schaut er nach Feierabend noch im Büro von Herrn Thomas, dem langjährigen Partner seines Vaters, vorbei. Herrn Thomas könnte man als seinen väterlichen Freund oder Mentor beschreiben. Er hält viel von Herrn Kramers Ideen und Fähigkeiten und hilft ihm sehr dabei, in seine künftige Rolle als einer von zwei Geschäftsführern hineinzuwachsen. Herr Thomas merkt gleich, dass etwas los ist.

„Na, Herr Kramer, Sie sehen ja aus als wären Ihnen mindestens zwei Läuse über die Leber gelaufen – was ist denn los?" Nach kurzem Zögern erzählt Herr Kramer von seinen Schwierigkeiten mit Herrn Maier. Herr Thomas hört in seiner ruhigen Art aufmerksam zu und stellt die eine oder andere Frage. Zum Schluss fasst er die Sicht von Herrn Kramer so zusammen: „Ihnen ist es wichtig, die Lagerverwaltung so schnell wie möglich auf EDV umzustellen. Der Nutzen dieser Umstellung ist für Sie klar. Wir können damit Zeit und Geld sparen, die Verwaltung wird einfacher und übersichtlicher und wir können einige Aufgaben ins Lager übernehmen, die jetzt von der Fertigung mehr schlecht als recht erledigt werden. Was Sie wirklich ärgert, ist die destruktive Haltung von Herrn Maier. Sie glauben, dass er einfach zu bequem ist, um sich die Umstellung aufbürden zu wollen. Und außerdem finden Sie es nicht richtig, dass er sich ihren Vorstellungen einfach widersetzt – schließlich ist er hier angestellt und Sie sind unser Juniorchef. Habe ich das richtig verstanden?" Herr Kramer bejaht und stellt seinerseits die Frage, was er tun könne, um Maier umzubiegen und um endlich die EDV einführen zu können. Er sagt Herrn Thomas auch, dass er

schon damit begonnen habe, systematisch nach Fehlern Maiers zu suchen, um dessen Position zu schwächen und einen klaren Nachweis auch für personellen Handlungsbedarf im Lager führen zu können.

Herr Thomas hat in diesem Gesprächsabschnitt durch Zuhören und Nachfragen den Standpunkt Herrn Kramers herausgearbeitet. Er ist oben im Beispiel in seiner Zusammenfassung wiedergegeben. Er ist in diesem Fall die „offizielle Konfliktsicht" von Herrn Kramer. Herr Kramer fühlt sich jetzt schon erleichtert, es tut gut, einmal Dampf ablassen zu können. Herr Thomas schlägt vor, erst einmal in Ruhe über die Sache zu schlafen. Er bietet überdies an, morgen einmal mit Herrn Maier, den er natürlich schon lange kennt, zu reden. Vielleicht könne er ja ein paar Dinge entschärfen oder in Bewegung bringen. Herr Kramer nimmt das Angebot dankend an; er hat volles Vertrauen in Herrn Thomas' Qualitäten als Vermittler.

Am nächsten Nachmittag schaut Herr Thomas tatsächlich im Lager bei Herrn Maier vorbei. Er hat seinen Besuch mit Absicht in die ruhigste Tagesphase gelegt – natürlich hat Herr Maier Zeit für ein Gespräch.

„Tja, Herr Maier, ich habe mich gestern Abend noch ziemlich lange mit unserem Juniorchef unterhalten. Der war ziemlich sauer auf Sie – was ist denn da eigentlich los?" Herr Maier druckst nicht lange herum, schließlich weiß er sich im Recht und freut sich über die schnelle Gelegenheit, mit einem der beiden Seniorchefs über die Sache reden zu können. Wieder hört Herr Thomas aufmerksam zu, klärt durch Fragen den einen oder anderen Punkt und fasst dann Herrn Maiers Sicht so zusammen: „Für Sie ist der wichtigste Punkt, dass die Lagerverwaltung, die Sie in den letzten Jahren aufgebaut haben, reibungslos funktioniert. Eine Umstellung auf EDV halten Sie für unklug, weil Sie nicht davon überzeugt sind, dass sich die rein theoretischen Vorteile in der Praxis so einfach einstellen werden. Außerdem vermuten Sie als eigentliches Hauptmotiv hinter der Sache so eine Art Profilierungsstreben des Juniorchefs,

der einfach zeigen möchte, dass er auch gute Ideen hat, die funktionieren und dadurch Bewährtes in Gefahr bringt. Davor, dass es Entlassungen geben könnte, haben Sie aber keine Angst. Allerdings ist Ihnen bei dem Gedanken an die ganzen neuen Sachen, die Sie und Ihre Kollegen im Zuge der Umstellung auf EDV lernen müssten schon etwas mulmig. Sind das so die wichtigsten Punkte?" Herr Maier bejaht und freut sich, dass ihm endlich einmal jemand in aller Ruhe zugehört hat. Herr Thomas möchte erst einmal in Ruhe über die Sache nachdenken, verspricht aber, sich morgen oder übermorgen wieder bei Herrn Maier zu melden.

In diesem Gespräch hat er Herrn Maiers Standpunkt geklärt. Dessen Sicht der Dinge unterscheidet sich natürlich stark von der Herrn Kramers. Herr Thomas weiß allerdings, dass hinter dem Standpunkt, den jemand in einem Konflikt bezieht, sehr oft ein anderes Anliegen verborgen ist, das den eigentlichen Kern der Sache ausmacht. Er hat in den beiden Gesprächen auch schon einige Anhaltspunkte dafür entdeckt, dass das auch in diesem Konflikt so ist. Deshalb nimmt er sich vor, den beiden Kontrahenten anzubieten, als Konfliktbegleiter zu agieren und sie bei der Lösung des Problems aktiv zu unterstützen.

8.4 Schritt 2: Die Anliegen hinter den Standpunkten offen legen

Am übernächsten Tag macht Herr Thomas Herrn Maier und Herrn Kramer den Vorschlag, sie als Konfliktbegleiter bei der Lösung des Konfliktes zu unterstützen. Beide nehmen sein Angebot gerne an und sind auch damit einverstanden, dass Herr Thomas noch ein Einzelgespräch mit jedem führt. Diese Einzelgespräche sind für Herrn Thomas sehr wichtig. Zum einen kann er dabei in aller Ruhe seine Rolle als Konfliktbegleiter erläutern und klären. Zum anderen gibt ihm das die Gelegenheit, zusammen mit seinem jeweiligen Gesprächspartner dessen Standpunkt zu hinterfragen, ihn besser zu verstehen und den Blick weg vom „Feind" hin zu möglichen Lösungen zu lenken.

Das erste Gespräch führt Herr Thomas mit Herrn Maier. Nachdem die Rolle von Herrn Thomas als Konfliktbegleiter geklärt ist, legt Herr Maier noch einmal seinen Standpunkt dar. Diesmal stellt Herr Thomas aber systematisch und konsequent weitere Fragen, die ihm helfen sollen, Herrn Maiers Anliegen, also seine Interessen, Wünsche, Hoffnungen, Ängste und Befürchtungen besser zu verstehen. Er beginnt auf der Sachebene und findet heraus, dass auch Herr Maier weiß, dass die bisherige Lagerverwaltung mit Papier und Stift einige Schwachstellen hat („Es hat halt alles seine Vor- und Nachteile."). Einige Abläufe sind ziemlich umständlich und allgemein frisst der Papierkram schon sehr viel Zeit. Im Ganzen gesehen funktioniert die Lagerverwaltung aber gut.

Herr Thomas geht dann dazu über, die persönliche Ebene zu beleuchten. Das Ergebnis: Herr Maier war vor zwei Jahren schon einmal auf einem Seminar, um sich mit den Grundlagen einer computergestützten Lagerverwaltung vertraut zu machen. Daran erinnert er sich aber nicht gerne. Für ihn war das Tempo viel zu hoch, er kam mit den Übungen am Computer überhaupt nicht zurecht und wurde zweimal vom Seminarleiter „vor versammelter Mannschaft heruntergeputzt". Für Herrn Maier resultiert daraus die Angst, die Umstellung nicht mitmachen zu können. Einerseits hat er das nötige Wissen und Können für den Umgang mit Computern nicht; andererseits glaubt er nicht daran, es sich durch Seminare aneignen zu können. Diese Angst vor dem Verlust seiner geliebten Stellung als Lagerleiter wird dadurch verstärkt, dass einige jüngere Mitarbeiter mit Computern gut umgehen können und ihm schon mehrmals klar mitgeteilt haben, dass und wo sie die Vorteile des neuen EDV-Systems sehen.

Jetzt hat Herr Thomas eine plausible Erklärung für Herrn Maiers Standpunkt. Er versteht, wie es zu dem für Herrn Maier untypischen Blockadeverhalten gekommen ist. Herrn Thomas ist es gelungen, Herrn Maiers Anliegen offen zu legen. Er hat jetzt eine ganz gute Vorstellung davon, an welchen Punkten eine dauerhafte und realistische Lösung ansetzen muss. Herr Maier ist froh, dass er endlich mit jemand über die Problematik reden konnte und ist auch damit einverstanden, in einem Dreiergespräch mit Herrn Thomas und Herrn Kramer die Hintergründe der Situation zu erklären.

Das nächste Gespräch führt Herr Thomas mit Herrn Kramer, dem Juniorchef. Hierbei bestätigt sich, dass er voll von den Vorteilen und der Notwendigkeit einer computergestützten Lagerverwaltung überzeugt ist. Allerdings findet Herr Thomas durch geschicktes Nachfragen heraus, dass auch Herr Kramer ein Problem auf der persönlichen Ebene sieht. Für ihn ist es nicht einfach, als Juniorchef Autorität aufzubauen. Viele Mitarbeiter kannten ihn schon als Baby, haben ihm dann die ersten Flitzebogen und Seifenkisten gebaut. Herr Kramer spürt genau, dass es diesen Mitarbeitern schwer fällt, ihn als Vorgesetzten zu akzeptieren („Manchmal fragen sie dann heimlich bei meinem Vater oder bei Ihnen nach, ob die Sache auch tatsächlich so gemacht werden soll, wie ich gesagt habe. Das kriege ich natürlich mit – was glauben Sie, wie es dann in mir aussieht?"). Und Herr Maier aus dem Lager lässt ihn besonders deutlich spüren, dass er ihn als Chef nicht akzeptiert. Deshalb ist für ihn die Sache mit den Computern im Lager neben dem Nutzen für die Firma auch persönlich so wichtig. Wenn er sich da nicht durchsetzen kann, wird niemand im Betrieb ihn mehr ernst nehmen.

Herrn Thomas ist nach diesem Gespräch klar, wie es zu einer so schnellen und radikalen Verhärtung der Fronten zwischen Herrn Maier und Herrn Kramer kommen konnte. Er kennt jetzt die Anliegen beider Konfliktparteien. Auch Herr Kramer ist damit einverstanden, Herrn Maier seine Motive und Befürchtungen bei einem Gespräch unter sechs Augen noch einmal ausführlich zu erläutern.

8.5 Schritt 3: Die Kernanliegen herausarbeiten: Worauf kommt es wirklich an?

Eine Woche nach den Einzelgesprächen setzen Herr Maier und Herr Kramer sich mit Herrn Thomas als Konfliktbegleiter zu einem Konfliktgespräch zusammen.

Herr Thomas fasst zu Beginn noch einmal zusammen, welche Schritte bisher unternommen wurden, und schlägt für heute folgendes Vorgehen vor: Zuerst erhält jeder Konfliktpartner die Gelegenheit, dem anderen seine Sicht der Dinge darzulegen. Dann wird gemeinsam der Kern des Konfliktes geklärt: Die Anliegen müssen auf den Tisch. Zum Abschluss sollten dann noch einige mögliche Lösungen angedacht werden. Eine Vereinbarung zur Lösung des Konfliktes ist nicht Ziel des heutigen Gespräches. Herr Thomas hält es nämlich für sinnvoll, dass vorher noch einmal eine Denkpause zwischengeschaltet wird. Er schlägt dann noch zwei Regeln für die heutige Aussprache vor, die beide akzeptiert werden:

Regel 1: Zuhören und ausreden lassen!

Regel 2: Sich klar und deutlich ausdrücken!

Herr Kramer macht den ersten Schritt und erläutert Herrn Maier noch einmal sehr ausführlich, warum er eine Umstellung auf EDV für notwendig hält. Nach einem kleinen „Schubs" von Herrn Thomas („Herr Kramer, sind diese Sachargumente alles, was Ihnen wichtig ist?") schildert er auch sein Dilemma als Juniorchef, den viele Mitarbeiter von Kindesbeinen an kennen und teilt seine Einschätzung mit, dass es besonders Herrn Maier schwer falle, ihn als Vorgesetzten zu akzeptieren.

Dieser letzte Gesichtspunkt ist eine Überraschung für Herrn Maier. Er selbst geht dann ebenso ausführlich auf das derzeitige System der Lagerverwaltung ein, wobei er auch kurz die Schwachpunkte anspricht, die er sieht. Dann erläutert er Herrn

Kramer sein persönliches Dilemma: Zum einen gefallen ihm seine Tätigkeit und seine Position sehr gut; zum anderen sieht er sie durch die Vorschläge Herrn Kramers gefährdet. Auch Herr Kramer ist überrascht. Er selbst ist mit Computern groß geworden und konnte sich nicht vorstellen, welche Berührungsängste damit einher gehen können.

An dieser Stelle im Prozess der Konfliktbearbeitung ist ein wichtiger Punkt erreicht. Die beiden Konfliktparteien verstehen jetzt wirklich, worum es dem anderen eigentlich geht. Kurz: die Anliegen hinter den Standpunkten wurden offen gelegt.

Im nächsten Schritt möchte Herr Thomas noch das Kernanliegen Herrn Maiers präzise herausarbeiten. Er fragt nach und es stellt sich heraus, dass es weniger die Angst vor Computern selbst ist, sondern mehr die Abneigung davor, sich das nötige Wissen in Seminaren anzueignen. Grund dafür sind die schlechten Erfahrungen in Seminaren und die Lernmethode von Herrn Maier. Er braucht Zeit um sich das nötige Wissen in vielen kleinen Schritten durch sofortiges Ausprobieren aneignen zu können („Theorie pauken und dann im Ganzen gleich umsetzen ist nicht mein Ding."). Daneben spielt natürlich die Befürchtung eine wichtige Rolle, die Stelle als Lagerverwalter zu verlieren. Zum Schluss versichert Herr Maier Herrn Kramer, dass er ihn durchaus als Juniorchef akzeptiere und entschuldigt sich für seine Bemerkungen bezüglich der universitären Flausen („Das war nicht so gemeint, es ist mir halt so rausgerutscht.").

Die beiden Kernanliegen Herrn Kramers sind mittlerweile auch klar. Herr Thomas fasst sie, um Missverständnissen vorzubeugen, zusammen: Erstens geht es ihm um die Vorteile einer computergestützten Lagerverwaltung; zweitens möchte er als Juniorchef akzeptiert werden. Herr Kramer stimmt zu und versichert Herrn Maier in aller Deutlichkeit, dass niemand daran denke, ihn als Lagerverwalter abzulösen – schließlich kenne er den Laden wie kein zweiter und habe immer hervorragende Arbeit geleistet.

Jetzt herrscht schon eine deutlich entspanntere Atmosphäre als zu Beginn des Gespräches. Die beiden Konfliktparteien werden immer mehr zu Konfliktpartnern. Sie verstehen sich besser als zu Beginn des Konfliktes und können langsam daran denken, realistische Lösungsmöglichkeiten zu entwickeln.

8.6 Schritt 4: Die Relevanz bzw. den Status der Anliegen klären

Der nächste Schritt wird in unserem Fallbeispiel schnell und unkompliziert vollzogen.

> *Herr Kramer versteht Herrn Maier und seine Befürchtungen. Ihm ist jetzt klar, dass Herr Maier im Grunde nicht gegen eine computergestützte Lagerverwaltung oder gegen ihn als Juniorchef ist. Seine Befürchtungen richten sich vielmehr auf die Frage, ob er den Veränderungsprozess mitmachen kann. Herr Kramer kann die Kernanliegen Herrn Maiers als berechtigt akzeptieren und stimmt sofort zu, dass jede akzeptable Lösung diese Kernanliegen Herrn Maiers berücksichtigen muss. Ähnlich schnell und unproblematisch akzeptiert Herr Maier die Anliegen bzw. Kernanliegen des Juniorchefs. Er weiß ja, dass früher oder später die EDV im Lager kommen wird. Er hat jetzt auch volles Verständnis dafür, dass Herr Kramer seine Autorität aufbauen und schützen möchte. Das bringt er auch klar zum Ausdruck.*

Durch die gegenseitige Anerkennung der Anliegen bzw. Kernanliegen ist die Basis für eine mögliche Lösung gelegt. Im nächsten Schritt geht es darum, wie man diese unterschiedlichen Interessen der Konfliktpartner unter einen Hut bringen kann.

8.7 Schritt 5: Anliegenbasierte Lösungen entwickeln

Ziel dieses ersten von Herrn Thomas geleiteten Gespräches ist es, einige Lösungsvorschläge zu sammeln, um dann noch einmal in Ruhe darüber zu schlafen. Anliegen und Kernanliegen der Konfliktpartner sind mittlerweile bekannt und als berechtigt akzeptiert. Das nimmt emotionale Spannung aus der Situation und setzt Energien für eine kreative Suche nach Lösungen frei.

Der erste Vorschlag dazu kommt von Herrn Maier. Er versichert Herrn Kramer, dass er einer Umstellung auf EDV nicht länger im Wege stehen wird. Für ihn wäre es nur wichtig, die nötige Zeit dafür zu haben. Herr Thomas wirft dann gleich die Frage auf, wie man Herrn Maier bei der Einführung des Computersystems so unterstützen kann, dass er schnell und reibungslos damit zurechtkommt. Wichtig dafür, so Herr Maier, wäre viel Zeit zum Ausprobieren und ein geduldiger Seminarleiter. Herr Kramer hat dazu einen anderen Vorschlag: Warum überhaupt ein Seminar? Wäre es nicht möglich, Herrn Maier vor Ort, also im Lager, einen Berater an die Seite zu stellen? Experten brauche man für die Umstellung sowieso – warum dann nicht auf diesem Wege Herrn Maier ein Seminar ersparen? Von dieser Idee ist Herr Maier begeistert, die Erinnerung an das missglückte Seminar drückt ihn immer noch. Auf diese Weise könne er dann auch durch seine genaue Kenntnis der Abläufe im Lager die Computerexperten beim Aufbau des Systems unterstützen. Damit wäre ein erster Ansatz zur Lösung des Konfliktes gefunden. Weitere Ideen kommen schnell: Herr Maier wird von sich aus die Mitarbeiter im Lager über die kommende Umstellung informieren („Die Kollegen sollen von mir selber hören, dass ich jetzt dafür bin.“) und zusammen mit Herrn Kramer eine Fragerunde organisieren. In die Auswahl der Firma, die das EDV-System aufbauen wird, werden Herr Maier und seine Kollegen voll mit einbezogen. Projektleiter könnte Herr Kramer selbst werden. So wird klar, dass diese Umstellung seine Idee war und für ihn sehr wichtig ist. Kurz: der Bann ist gebrochen, es zeichnen sich ganz klar verschiedene Möglichkeiten ab, wie der Konflikt dauerhaft gelöst werden kann.

Herr Thomas fasst zum Schluss des Gespräches die verschiedenen Ideen noch einmal zusammen und schlägt vor, das weitere Vorgehen in drei Tagen zu besprechen und klar zu vereinbaren. Man einigt sich auch gleich auf einen Termin und geht ziemlich erleichtert auseinander („Uff, das haben wir ganz ordentlich hingekriegt!“).

8.8 Schritt 6: Die beste Lösung auswählen

Zum nächsten Gespräch mit Herrn Thomas tauchen Herr Maier und Herr Kramer in guter Stimmung auf. Sie hatten Zeit, die Sache noch weiter zu durchdenken und jeder hat für sich noch mehrere Vorschläge mitgebracht, wie eine anliegenorientierte Lösung aussehen könnte.

Herr Maier schlägt vor, die wichtigsten Abläufe im Lager schriftlich zu erfassen, damit die Computerexperten von Anfang an genau verstehen, worauf es ankommt. Zwei seiner Mitarbeiter würden diese Aufgabe übernehmen und bei dieser Gelegenheit auch gleich noch ein paar Verbesserungsvorschläge einbringen, die sie schon lange im Auge haben. Außerdem habe er seinen Sohn gebeten, ihm den Umgang mit dem Computer zu erklären. Der kenne sich damit sehr gut aus und freue sich darüber, dass sein Vater sich endlich auch („Wird höchste Zeit!“) dafür interessiert („Tja, und gestern Abend habe ich meine ersten Moorhühner zur Strecke gebracht!“). Herr Kramer hat sich bei einigen möglichen Partnerfirmen informiert und herausgefunden, dass ein persönliches Coaching für den Lagerleiter problemlos eingebaut werden kann. Die meisten Ansprechpartner waren über diese Idee sogar erfreut, weil sie aus Erfahrung wissen, dass so die Einarbeitung am schnellsten und wirkungsvollsten erfolgt ... Das Resultat dieses Gespräches ist ein erster Zeit- und Projektplan für die Einführung einer computergestützten Lagerverwaltung.

An dieser Stelle verlassen wir das Fallbeispiel. Es ist klar, aus welchen Bausteinen eine anliegenbasierte Lösung zusammengesetzt werden kann: Der Konflikt ist gelöst. Die Wahrscheinlichkeit, dass diese Lösung auch in die Tat umgesetzt wird, ist hoch – eben weil sie die wesentlichen Anliegen der Konfliktpartner berücksichtigt. Jeder kann von einer Lösung profitieren und hat deshalb ein starkes Interesse an der Umsetzung. Und die Lösung ist eine faire Lösung: Niemand wurde ungerecht behandelt, ausgetrickst oder abgewertet.

Das Fallbeispiel zeigt auch deutlich, dass unser Modell als ein strategisches zu verstehen ist. Es liefert eine Schrittfolge, die mit hoher Wahrscheinlichkeit auf systematischem Weg der Bearbeitung zu einer realistischen und tragfähigen Konfliktlösung führt. Dabei können die einzelnen Schritte durchaus in zeitlichem Abstand gemacht werden; das heißt es sind mehrere Gespräche nötig. Das ist durchaus im Sinne der Strategie der Verlangsamung bzw. Entschleunigung des Konfliktes. Nur im Ausnahmefall ist zu erwarten, dass unser Modell in einem Gespräch durchlaufen werden kann.

8.9 Das Modell und die Wertebasis

Zum Abschluss des Kapitels möchten wir noch einmal im Überblick den Bezug zwischen dem eben erläuterten Modell zur Konfliktbearbeitung und der Wertebasis aus Kapitel 5 herstellen.

Selbstverantwortung: Die Beteiligten selbst übernehmen im Rahmen des Modells Verantwortung für die Klärung ihrer Anliegen und Kernanliegen. Sie verhandeln auch selbst über deren Relevanz bzw. Akzeptanz und überlegen sich dann selbst mögliche Lösungen, die zu den jeweiligen Anliegen passen. Das Modell bzw. seine Schrittfolge stellt sicher, dass es auf diesem Weg keine Bevormundung bzw. Entmündigung der Konfliktparteien gibt. Das Modell stellt allerdings auch sicher, dass die Konfliktparteien diese Verantwortung nicht weg- bzw. abschieben können. Schritt für Schritt nimmt es die Parteien in die Verantwortung für das Gelingen der Konfliktbearbeitung.

Gleichberechtigung: In unserem Fallbeispiel stehen die Konfliktparteien auf unterschiedlichen Hierarchieebenen. Das Modell nimmt diese unveränderbare Rahmenbedingung natürlich zur Kenntnis, stellt aber sicher, dass die Standpunkte, Anliegen und Kernanliegen der Beteiligten gleichermaßen zu ihrem Recht kommen. Und genau darauf kommt es an. Das heißt konkret, dass jeder Standpunkt gleichermaßen geäußert und angehört wird, dass jedes Anliegen und Kernanliegen gleichermaßen auf den Tisch bzw. zur Sprache kommt und dass jedes Anliegen gleichermaßen dem Test der Relevanz bzw. Begründbarkeit unterzogen wird. Und auch bei der Suche nach Lösungen zählt jede Idee gleichermaßen.

Ehrlichkeit: Das Modell verkörpert diesen Wert in mehr als einer Hinsicht. Zum einen ermöglicht es den Konfliktparteien im ersten Schritt „Dampf abzulassen", einmal klipp und klar (und eben ehrlich) ihre Meinung zu sagen. Zweitens tastet es sich dann Schritt für Schritt mit einer zunehmenden Dosis an Tiefe und Intensität an die Kernanliegen heran. Dadurch wird das offengelegt, worum es im Konflikt wirklich geht. Und schließlich unterzieht das Modell in Schritt 4 jedes Anliegen bzw. Kernanliegen einer ehrlichen Prüfung, ob es relevant und gut begründet ist, also als legitimer Prüfstein einer möglichen Lösung dienen kann. Diese Schrittfolge soll einen Kardinalfehler jeder Konfliktlösung vermeiden helfen: unehrliche Kuschellösungen.

Klarheit: Hier geht es vor allem darum, dass den Beteiligten das Vorgehen bei der Konfliktbearbeitung klar ist und sie wissen, auf was sie sich einlassen. Herr Thomas hat diesen Wert in unserem Fallbeispiel vorbildlich umgesetzt: Allen Beteiligten war klar, was er gerade macht, welche Schritte folgen werden und wohin der gesamte Prozess führen soll.

9 Konfliktlösung in der Praxis: Der Vorgesetzte als Moderator

9.1 Worum geht es?

Im Kapitel **Strategie der Konfliktlösung** haben wir ein Modell vorgestellt, das den strategischen Rahmen für ein systematisches Vorgehen zur Bearbeitung von Konflikten liefert. Das Modell skizziert die wichtigsten Stationen des Weges aus dem Konflikt heraus hin zu einer tragfähigen Lösung. Die Bearbeitung eines Konfliktes sollte Schritt für Schritt die einzelnen Phasen des Modells durchlaufen. Es war uns wichtig, diese Schritte deutlich zu markieren, weil sie die grundsätzliche Antwort auf die Frage geben, wie man Konflikte bearbeiten sollte.

Vom konkreten Einzelfall und seinen Besonderheiten hängt es ab, wie das Modell angewendet wird. Die individuelle Konfliktanalyse bestimmt, auf welche Weise und in welcher Rolle der Konfliktmoderator es einsetzt. Es ist klar, dass ein stark eskalierter Konflikt ein anderes Vorgehen im Rahmen des strategischen Modells nötig macht als ein Konflikt im Anfangsstadium der ersten Störungen. Und es ist zu erwarten, dass neben dem Modell noch andere Aspekte bei der Planung und Gestaltung des konkreten Vorgehens berücksichtigt werden sollten. Die Eskalationsstufe des Konfliktes ist dafür natürlich ein nahe liegender Kandidat; weitere sind die Wertebasis und die verschiedenen Möglichkeiten, die Rolle des Moderators zu gestalten. Ab jetzt geht es also um die letztlich entscheidende Frage, wie das bisher im Buch erarbeitete theoretische Rüstzeug auf konkrete Konflikte angewendet wird.

Unsere Grundidee für das Zusammenspiel der einzelnen Bausteine: Die Wertebasis wird zum einen durch das anliegenorientierte Modell aus dem letzten Kapitel verkörpert. Dieses Modell ist ein Teil der Antwort auf die Frage, was es heißt, sich im Rahmen einer Konfliktbearbeitung an den Werten der Selbstverantwortung, Gleichberechtigung, Ehrlichkeit und Klarheit zu orientieren. Zum anderen findet die Wertebasis Ausdruck in der Wahl und der Ausgestaltung der verschiedenen Rollen des Konfliktmoderators. Die Entscheidung, welche Rolle in einem konkreten Fall angemessen ist, hängt dann von der Eskalationsstufe des Konfliktes ab. Die folgende Skizze zeigt, wie diese Elemente ineinander greifen:

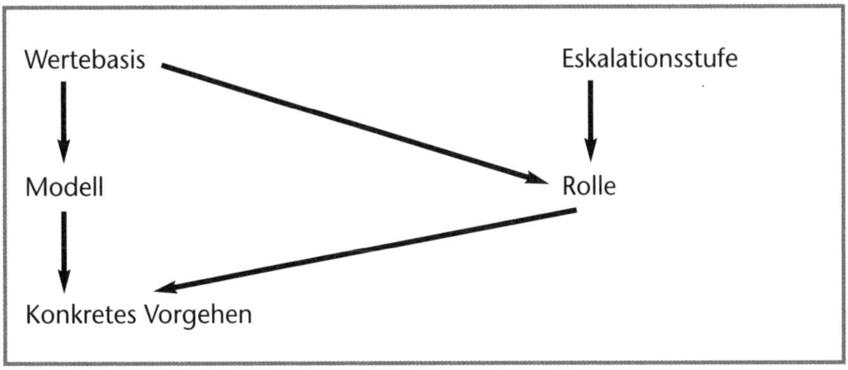

Wie gehen wir vor? In diesem und dem folgenden Kapiteln wird erklärt, wie Sie, ausgehend von der Eskalationsstufe eines konkreten Konfliktes – die Rolle bestimmen können, in der sie einen wirkungsvollen Beitrag zur dauerhaften Lösung des Konfliktes leisten können. In Kapitel 7 haben wir ja schon ausführlich dargestellt, welche unterschiedlichen Ausprägungen die Rolle des Konfliktmoderators annehmen kann. Auch auf Kapitel 4 werden wir hier wieder zurückgreifen. Dort ging es um die Frage, welche Eskalationsstufen Konflikte in aller Regel durchlaufen – und wie man sie erkennt. Für jede Eskalationsstufe haben wir deutliche und typische Erkennungsmerkmale beschrieben und erläutert. Das Kapitel zur Konfliktprävention liefert dazu übrigens auch wichtige Ideen. Die dort vorgeschlagenen Vorgehensweisen dienen nicht nur zur Vorbeugung von Konflikten. Es handelt sich auch um erstklassige Möglichkeiten, Konflikte schon im Ansatz zu erkennen, um ein äußerst leistungsfähiges und zuverlässiges Frühwarnsystem.

In diesem Kapitel stehen die drei Rollen des Konfliktinitiators, des Konfliktberaters und des Konfliktbegleiters im Mittelpunkt. In den folgenden Kapiteln gehen wir dann ausführlich auf die Rolle des Konfliktmanagers, des Entscheiders und des Schlichters ein. Warum diese Aufteilung? Die einfache Antwort lautet:

- Ein Vorgesetzter als Konfliktmoderator läuft immer Gefahr, in den Konflikt hineingezogen zu werden.

- Je weiter der Konflikt eskaliert ist, desto größer und akuter wird diese Gefahr.

Die drei erstgenannten Rollen sind für Konflikte angemessen, die sich im Anfangsstadium befinden oder noch nicht sehr weit eskaliert sind. Der Druck auf den Moderator, Teil des Konfliktes zu werden, hält sich (noch) in Grenzen. Deshalb können diese Rollen mit hoher Erfolgsaussicht von der Führungskraft, in deren Team sich der Konflikt abspielt, übernommen werden.

Weiter eskalierte Konflikte brauchen einen Konfliktmanager. Konfliktmanager sollte im Normalfall aber ein Externer sein, also eine Person, die in keinem hierarchischen Alltagsverhältnis zu den am Konfliktgeschehen Beteiligten steht. Der Grund dafür ist in der wichtigsten Voraussetzung für die erfolgreiche Übernahme einer Moderatorenrolle zu finden: Die Konfliktparteien müssen hohes Vertrauen in die Person (Integrität und Kompetenz) des Moderators und in seine Neutralität haben. Der Moderator fungiert ja, wie schon ausführlich erläutert, in jeder Rolle als "Stimme der Vernunft", die den Weg durch das emotionale Konfliktdickicht weist. Daraus ergibt sich bei Konflikten höherer Eskalationsstufen ein so nahe liegendes wie schwerwiegendes Problem für Vorgesetzte. Diese Konflikte sind in hohem Maße von Emotionen und von Irrationalität geprägt. Und beide, Emotionalität und Irrationalität, können leicht das Vertrauen zu einer Führungskraft in Mitleidenschaft ziehen oder es sogar zerstören – auf vielfältige Weise. Zum Beispiel führt das Lager- und Feinddenken der beiden Konfliktparteien oft zu Versuchen, den Vorgesetzten auf die jeweilige Seite zu ziehen und ihn als Verbündeten zu gewinnen: „Er muss doch gerade als unser Vorgesetzter derart unverschämten Gemeinheiten klar entgegentreten!" Die „unverschämten Gemeinheiten" gehen natürlich von der jeweils anderen Seite im Konfliktgeschehen aus.

Dieses Freund-Feind-Denken macht es besonders schwer, neutral zu bleiben. Das haben wir alle selbst schon als Beobachter und direkt Betroffene erlebt. Ab einem gewissen Punkt wird es nämlich durch das Einteilungsprinzip „Wer nicht mit mir (uns) ist, der ist gegen mich (uns)!" ergänzt um die Schwarz-Weiß-Weltsicht sauber abzurunden. Außerdem haben beide Konfliktparteien Angst davor, dass es der anderen Seite tatsächlich gelingen könnte, den Vorgesetzten auf ihre Seite zu ziehen. Die anderen sind eh schon als hinterlistige Manipulierer erkannt und benannt – „denen traue ich voll zu, dass sie dem Chef irgendwelche Geschichten und Gräuelmärchen erzählen".

Ein weiterer Gefahrenherd ist in diesem Zusammenhang, dass auch der Vorgesetzte in aller Regel konfliktrelevante Anliegen hat – und das wissen die Mitarbeiter bzw. die Konfliktparteien natürlich: „Also, ich vermute, dass er sich auf die Seite der anderen schlagen wird. Der hat ja schon vor einem halben Jahr einen ähnlich unrealistischen Vorschlag zur Umstrukturierung unseres Teams gebracht. Und dass wir das damals abgelehnt haben, ärgert ihn garantiert heute noch. Besser, wir verlassen uns nicht auf ihn und passen auf, dass er uns nicht in den Rücken fällt. Einverstanden, Jungs?"

Aus diesen Gründen ist es ab einer gewissen Eskalationsstufe gerade für einen Vorgesetzten schwer, den Balanceakt zwischen Konfliktverantwortung und Neutralität erfolgreich zu bewältigen. Die Gefahr ist sehr groß in den Konflikt, den er als Moderator lösen möchte, hineingezogen und darin aufgerieben zu werden.

Das eben grob skizzierte Bündel an Risiken steht hinter unserer Empfehlung, dass Vorgesetzte ab einer gewissen Eskalationsstufe ihrer Konfliktverantwortung durch Einschalten eines neutralen Profis als Konfliktmanager gerecht werden sollten. Und diese Rolle werden wir – auch unter dem Aspekt des professionellen Zusammenspiels zwischen Vorgesetztem und Konfliktmanager – im nächsten und übernächsten Kapitel ausführlich unter die Lupe nehmen.

9.2 Zwei Annahmen und eine Faustregel

In diesem und den nächsten Kapiteln nehmen wir den Blickwinkel einer Führungskraft ein, die einen Konflikt zwischen ihren Mitarbeitern bemerkt und sich zum Eingreifen entschlossen hat, um ihrer Führungsverantwortung gerecht zu werden. Was heißt das genau? Wir glauben, dass Führungsverantwortung immer dann aktives und entschlossenes Eingreifen einer Führungskraft fordert, wenn

- durch das Verhalten der Konfliktparteien deren Leistung merklich leidet oder
- Zusammenarbeit und Ergebnisse des Teams schlechter werden oder
- Zusammenarbeit und Ergebnisse unmittelbar gefährdet sind.

Ein zentraler Bereich der Verantwortung jeder Führungskraft ist es natürlich, bestmögliche Leistung sicherzustellen. Wird die Leistung einzelner Mitarbeiter oder des Teams durch sich anbahnende oder schon weiter eskalierte Konflikte merklich beeinträchtigt, ist entschlossenes Handeln der Führungskraft nötig.

Außerdem gehen wir in diesem Kapitel von der Annahme aus, dass es sich im Kern um einen Konflikt zwischen zwei Personen handelt. Diese zweite Annahme ist in gewisser Weise idealisierend. Konflikte werden schnell von den Kollegen im näheren und weiteren Umfeld bemerkt. Über den Konflikt wird gesprochen, es bilden sich Meinungen, Koalitionen, Beobachter- und Unterstützergruppen – und schon gibt es mehr als zwei Beteiligte. Wenn wir also von einem Konflikt zwischen zwei Personen reden, meinen wir damit die Ausgangskonstellation bzw. die beiden Personen, zwischen denen der Konflikt zuerst entstanden ist. In Kapitel 12 werden wir sehr genau Konflikte betrachten, die sich bereits in der Anfangsphase zwischen Gruppen von Personen abspielen.

Die Faustregel für die Auswahl der jeweiligen Rolle ist einfach, wie die meisten Faustregeln: Je höher die Eskalationsstufe des Konfliktes, desto unterstützender, eingreifender und steuernder sollte die Rolle des Moderators sein. Die Überlegung, die zu dieser Regel führt, ist leicht nachzuvollziehen. Konflikte auf niedrigen Eskalationsstufen beinhalten relativ einfach zu überwindende Kommunikations- und Kooperationsbarrieren zwischen den Beteiligten. Das Tischtuch ist (noch) nicht vollständig zerschnitten. Die Beteiligten können mit hoher Wahrscheinlichkeit alleine oder mit zurückhaltender Unterstützung eines Moderators den Konflikt bearbeiten und lösen. Höhere Eskalationsstufen zeichnen sich dadurch aus, dass immer weniger miteinander gesprochen wird und immer mehr übereinander oder gegeneinander. Deshalb ist hier ein Moderator mit starker Rolle wichtig. Er unterstützt die Konfliktparteien mit zum Teil sehr massiven Maßnahmen dabei, die hohen Kommunikationsbarrieren abzubauen bzw. zu überwinden und wieder miteinander zu reden und zu handeln.

9.3 Die Rolle des Moderators im Anfangsstadium eines Konfliktes

Die erste Eskalationsstufe in einem Konflikt nannten wir „Es wird kälter“ (Vgl. Kap. 4.5). Zur Erinnerung: Man erkennt diese Stufe an einer deutlich wahrnehmbar schlechteren Stimmung – “etwas stimmt nicht mehr“. Zum Beispiel werden bisher als lustig oder harmlos eingestufte Bemerkungen als aggressiv und unnötig scharf empfunden. Oder der Austausch von Argumenten hat auf einmal den Charakter eines Duells, das man gewinnen oder zumindest nicht verlieren will. Der erste Schritt vom Miteinander zum Gegeneinander ist vollzogen.

Wenn Sie als Vorgesetzter wahrnehmen, dass sich die Beziehung zweier Mitarbeiter in diesem Stadium befindet und Sie es für angebracht halten, von Ihrer Konfliktverantwortung Gebrauch zu machen, dann bietet sich dafür die Rolle des Initiators an. Der Initiator sorgt konsequent dafür, dass eine Konfliktlösung von den Beteiligten angepackt und nicht länger aufgeschoben wird. Darüber hinaus beteiligt er sich aber nicht an der Konfliktbearbeitung. Die Verantwortung dafür, die Situation zu bereinigen, liegt ganz bei den Parteien des beginnenden Konfliktes.

Dort sollte sie auch bleiben, denn auf dieser Eskalationsstufe glauben die Konfliktparteien in aller Regel noch stark an die Möglichkeit einer Verbesserung der schlechten Stimmung und wünschen sich das eigentlich auch. Der Grundtenor lautet "Schade, dass es nicht mehr so gut klappt wie früher ...". Darüber hinaus ist die Stimme der Vernunft bei den Konfliktparteien noch laut und deutlich genug, um lösungsfähig zu sein – natürlich unter der Voraussetzung, dass die soziale Kompetenz dafür im Prinzip vorhanden ist. Deshalb ist eine stärkere Intervention des Vorgesetzten auch mit dem Wert der Eigenverantwortung nicht zu vereinbaren. Damit würde er den Mitarbeitern zu viel Verantwortung abnehmen – und das kann leicht als abwertende Bevormundung verstanden werden.

Beispiel

Frau Gebert leitet das Projektteam ihrer Firma zur Umstellung aller EDV-Systeme auf das Jahr 2000. Anfang November fällt ihr auf, dass zwei Ihrer besten Mitarbeiter, Herr Müller und Frau Kriegler, seit Tagen nicht mehr so unkompliziert und offen miteinander umgehen, wie sie das von den beiden kennt. Gerade eben konnte sie im Rahmen einer kleinen Besprechung ein Beispiel dafür hautnah miterleben. Die beiden waren bei der Absprache zur Aufgabenverteilung viel pingeliger als gewohnt. Es wurde diesmal von beiden peinlich genau darauf geachtet, dass sie Aufgaben im exakt gleichen Umfang übernehmen. So hat Frau Gebert ihre beiden Mitarbeiter noch nie erlebt. Bisher wurde die Aufgabenverteilung immer sehr locker und situationsbezogen gehandhabt. Grundlage waren gegenseitiges Vertrauen und die daraus resultierende Überzeugung, dass sich im Einzelfall ungleiche Arbeitspakete mittelfristig ausgleichen werden.

Frau Gebert befürchtet, hier könnte ein Konflikt im Anfangsstadium vorliegen. So kurz vor dem Stichtag, dem 31.12.1999, kann das Team aber keinerlei Reibungsverluste mehr verkraften. Deshalb entschließt Frau Gebert sich, die Sache in einem Gespräch unter sechs Augen klar, deutlich und ohne Verzögerung anzusprechen.

> *„Frau Kriegler, Herr Müller, ich habe Sie beide in mein Büro gebeten, um einen für mich schwer fassbaren, aber beunruhigenden Punkt zu besprechen. Mir ist aufgefallen, dass Sie seit ein paar Tagen viel förmlicher und steifer miteinander umgehen, als das bisher der Fall war. Ein Beispiel dafür war die Aufgabenverteilung gestern. Ich hatte dabei den Eindruck, dass wir eigentlich eine Briefwaage bräuchten, um die Verteilung so hinzukriegen, dass sie beide damit zufrieden sind. Ich habe, offen gesagt, die Befürchtung, dass da was im Busch ist. Es ist mir nicht leicht gefallen, das so offen anzusprechen, ich weiß, dass sie keine Gouvernante brauchen. Aber so kurz vor der Umstellung auf das Jahr 2000 ist es für mich sehr wichtig, dass das Team nicht durch interne Reibereien Zeit und Energie verliert. Deshalb bitte ich Sie, die Sache schnell aus der Welt zu schaffen. Und falls ich mich geirrt haben sollte, geht die nächste Runde Pizza auf meine Rechnung. ...“*

Frau Gebert versucht mit diesem Gespräch, eine Konfliktlösung in Gang zu setzen. Dabei macht sie klar, dass die Verantwortung dafür voll und ganz bei Herrn Müller und Frau Kriegler liegt und dass für sie vor allem wichtig ist, dass die Zusammenarbeit auch weiterhin gut klappt. Sollte sie eine weitere Verschlechterung bemerken, wird sie schnell und konsequent nachhaken und etwa in die Rolle des Konfliktberaters schlüpfen.

Um diesen Anstoß zur Konfliktlösung zu geben, ist ein gewisses Maß an Fingerspitzengefühl nötig. Nicht jede Verschlechterung der Stimmung ist auf einen Konflikt zurückzuführen. Im ersten Kapitel haben wir eine ganze Reihe von Möglichkeiten bzw. Arten zwischenmenschlicher Spannungen vorgestellt, wie sich die Qualität der Stimmung und der Beziehung auch ohne Konflikt kurzfristig verschlechtern kann. Deshalb ist es ratsam, sich eng an die oben angeführten Kriterien zu halten und erst bei nachweislicher Leistungsverschlechterung bzw. bei einem begründeten Anfangsverdacht auf Leistungsverschlechterung einzugreifen.

Außerdem ist ein Gespräch unter sechs Augen nicht immer der klügste Schritt. Nehmen wir z. B. den Fall, dass die beiden Konfliktparteien selbst wieder in einem hierarchisch ungleichen Verhältnis zueinander stehen. Dann wird es oft der geschickteste Weg sein, die hierarchisch höhere Person im Einzelgespräch um Einleitung der Konfliktlösung zu bitten (der nächste Abschnitt liefert dafür ein Beispiel).

Die Grundvoraussetzungen für die Übernahme der Initiatorenrolle auf dieser Eskalationsstufe lassen sich so zusammenfassen:

- Die Führungskraft bemerkt einen nachweislichen Leistungsrückgang oder vergleichbare Verschlechterungen.
- Die Führungskraft bemerkt zwar (noch) keinen Leistungsrückgang oder vergleichbare Verschlechterungen, hat aber gute und nachvollziehbare Gründe für die Annahme, dass diese sich ergeben könnten.
- Die Führungskraft kann mit guter Begründung davon ausgehen, dass die Konfliktparteien den konkreten Wunsch nach Verbesserung der Situation (noch) haben.
- Die Konfliktparteien glauben daran, dass eine Verbesserung bzw. Konfliktlösung möglich ist. Diese Voraussetzung ist ein Merkmal von Konflikten im Anfangsstadium.
- Die Konfliktparteien haben die nötigen Fähigkeiten, um den Konflikt selbst zu lösen.

9.4 Die Rollen des Moderators im Stadium des verbalen Pingpong

Ein wichtiges Erkennungsmerkmal dieser zweiten Eskalationsstufe ist die "ewige Wiederkehr des Gleichen". Dieselben Standpunkte werden mit schöner Regelmäßigkeit mit denselben Argumenten vertreten. Dabei haben diese Debatten auch immer wieder dasselbe Resultat: Die

Standpunkte verändern sich in ihrem Gehalt kaum, sie verhärten und vereinfachen sich eher. Den Konfliktparteien macht das im Grunde selbst keinen Spaß, den Beobachtern und Kollegen nur zu Beginn – spätestens nach dem dritten Durchgang innerhalb einer Woche wird die Sache als langweilig und lästig empfunden. Eine typische Beobachterreaktion: "Oh nein, jetzt fangen die schon wieder an! Die nächste halbe Stunde im Meeting können wir vergessen." Der Leidensdruck der Konfliktparteien führt oft auch dazu, dass sie im Gespräch mit Kollegen, Freunden oder Partnern Verständnis und moralische Unterstützung suchen. Dann wird "Dampf abgelassen", über den "sturen Hammel" – das ist die jeweils andere Konfliktpartei – geschimpft und der eigene Standpunkt in aller Ausführlichkeit (zur Selbstversicherung?) als der einzig richtige und legitime geschildert. Durch diese Gespräche werden natürlich neue Personen als „Mitwisser und Mitleider" in das Konfliktgeschehen mit einbezogen.

Wenn Sie diese Symptome wahrnehmen, dann liegt die zweite Eskalationsstufe, wir nennen sie „Verbales Pingpong", vor. In diesem Fall gibt es zwei Rollen, die ein Vorgesetzter von sich aus übernehmen kann. Erstens kann er Initiator sein, zweitens Berater.

Der Initiator

Zuerst zur Rolle des Initiators. Für sie – und damit für weitgehende Zurückhaltung – wird ein Vorgesetzter sich auf dieser Eskalationsstufe dann entscheiden, wenn er beiden Konfliktparteien genügend Kompetenz zutraut, den Konflikt dauerhaft und ohne Unterstützung von außen zu lösen. Dieser Punkt ist nicht trivial. Denn bereits auf dieser zweiten Eskalationsstufe ist die emotionale Belastung für die Konfliktparteien ziemlich hoch. Das „Denken in Schwarz-Weiß" beginnt, man hat auch schon mit anderen darüber gesprochen und weiß, dass sie von dem Problem wissen. Mit anderen Worten: Um zu einer Lösung zu kommen, muss man vielleicht die eigene Sicht der Dinge revidieren und sich gegen einen Teil der eigenen Emotionen auf die Sicht des Anderen einlassen. Das setzt ein hohes Maß an sozialer Kompetenz und Kompetenz im Umgang mit sich selbst voraus.

Lösungsglaube und Lösungswunsch sind auf dieser Eskalationsstufe bei den Konfliktparteien durchaus noch vorhanden. Der Konflikt wird, allerdings nur bei nüchterner und emotional distanzierter Betrachtung, nicht als aussichtslos wahrgenommen. Und, ebenfalls bei nüchterner Betrachtung, möchte man die Belastung dauerhaft aus der Welt schaffen. Das Problem dabei: Die Konflikt-emotionen, z. B. der Verletztheit oder des Sich-ungerecht-behandelt-Fühlens, die zunehmende Schwarz-Weiß-Sicht der Welt und die sich verstärkende Personalisierung des Konfliktes überlagern schon auf dieser Stufe sehr oft und ziemlich gründlich diese rationale Ebene.

Unsere Alltagserfahrung aus Privatleben und Beruf liefert aber auch viele Beispiele, wie Konfliktparteien sich auf dieser Eskalationsstufe ohne Unterstützung anderer zusammengerauft haben. Wir wissen eigentlich, dass eine Lösung noch möglich ist. Außerdem unterstützt in aller Regel der Leidensdruck beider Konfliktparteien den Wunsch nach dauerhafter Verbesserung. Kurz: Die rationale Ebene ist ohne externe Unterstützung noch zugänglich. Leicht fällt es den Parteien aber nicht, diesen Zugang zu finden.

Der Initiator unterstützt die Konfliktparteien durch sein Eingreifen dabei, diesen Zugang zur rationalen Ebene selbst zu finden. Er rüttelt durch seine Intervention die beiden Kontrahenten auf und macht ihnen bewusst, dass ihr Verhalten Ergebnisse und Zusammenarbeit des Teams auf nicht länger hinnehmbare Weise beeinträchtigt. Er fordert unmissverständlich eine Lösung des Konfliktes von den Kontrahenten ein. Diese konsequente Intervention des Initiators macht für die beiden Parteien eines klar: Wir haben einen Konflikt, andere haben das auch bemerkt, so geht es nicht weiter, wir müssen etwas tun. Das allein kann bisweilen schon die Bearbeitung durch die Konfliktparteien in Gang setzen. Der Konflikt wird damit offiziell anerkannt – und jetzt können auch die Beteiligten über „die Sache“ als Konflikt reden und entsprechend damit umgehen. Mit Einnahme der Initiatorenrolle hat der Vorgesetzte seine eigene Konfliktverantwortung deutlich übernommen. Außerdem überlässt er damit den Konfliktparteien ein Maximum an Selbstverantwortung zur Lösung des Konfliktes. Betrachten wir dazu gleich ein Beispiel.

Beispiel

Abteilungsleiter Huber ist sich sicher: Während seines Urlaubs hat sich zwischen Teamleiterin Hager und einer ihrer Mitarbeiterinnen, Frau Sachse, ein Konflikt entwickelt. Zuerst war ihm das gleich zu Beginn der Woche, Montag Vormittag, im Rahmen der Routinebesprechung mit dem Team von Frau Hager aufgefallen. Während Frau Sachse unbedingt eine Halbtagskraft als Teamassistenz haben möchte, sieht Frau Hager dafür keine Notwendigkeit. Frau Sachse glaubt, nur so den Verwaltungsaufwand im Team in den Griff zu bekommen. Frau Hager möchte die finanziellen Ressourcen schonen und plädiert für mehr Engagement auf Seiten der Teammitglieder bei der Durchführung der lästigen Verwaltungstätigkeiten. Am Mittwoch hat es dann wieder "gescheppert". In der Abteilungsbesprechung wurde leichte Kritik an der nachlassenden Termintreue des Teams von Frau Hager laut. Frau Sachse erklärte dies mit dem sinnlos hohen Zeitaufwand für "Verwaltungskram" und wiederholte ihre Forderung nach einer Teamassistenz. Ungewöhnlich direkt und scharf widersprach Frau Hager und betonte noch einmal ihre Meinung, dass die Sache bei etwas mehr Einsatz und Motivation auf Seiten der Teammitglieder leicht in den Griff zu bekommen sei – schließlich habe es ja auch in der Vergangenheit funktioniert. An der Reaktion der anderen Besprechungsteilnehmer konnte Herr Huber erkennen, dass sie mit dem Thema bereits in allen Einzelheiten vertraut waren: Gleich nach Beginn des Austausches der beiden Damen ließ die Aufmerksamkeit nach. Papiere wurden geordnet oder überflogen, Kaffeetassen neu gefüllt, genervte Blicke getauscht, die Autos auf dem Parkplatz beobachtet.

Herr Huber entschließt sich auf Basis seiner Beobachtungen zum Eingreifen. Die Termintreue des Teams hat tatsächlich während seines Urlaubs merklich nachgelassen, das kann und darf er als Führungskraft nicht einfach so weiterlaufen lassen. Er bittet Frau Hager deshalb zu einem Gespräch.

„Frau Hager, die Kritik in der letzten Abteilungsbesprechung an der Termintreue Ihres Teams halte ich für berechtigt. Sie wissen selbst, dass die beiden Projektstudien nicht rechtzeitig vorgelegt wurden. Das ist kein Beinbruch, aber ich habe Angst, dass sich die Leistung Ihres Teams weiter verschlechtern könnte. Für mich ist auch deutlich zu spüren, dass es zwischen Ihnen und Frau Sachse starke Spannungen gibt. Das ist mir gleich nach meiner Rückkehr bei unserer Teamsitzung am Montag aufgefallen. In der Abteilungsbesprechung hat sich durch den unerfreulichen Austausch zum Thema Teamassistenz dieser Eindruck weiter bestätigt. Den Ausführungen von Frau Sachse und Ihren Erläuterungen konnte ich entnehmen, dass es da Zusammenhänge mit der Termintreue zu geben scheint. Wir haben dadurch wertvolle Zeit verloren, die wir besser in andere Themen investiert hätten. Frau Hager, mir ist klar, dass Sie eine erfahrene und fähige Führungskraft sind. Deshalb möchte ich mich auch nicht in diese Geschichte oder in Ihr Team einmischen. Allerdings wäre es mir wichtig, dass Sie sicherstellen, dass die Spannungen bereinigt werden und die Termintreue wieder garantiert wird. Ist das für Sie so in Ordnung?"

In diesem Fall hat Herr Huber sich dazu entschlossen, die Konfliktlösung dadurch in Gang zu bringen, dass er nur mit einer der Konfliktparteien ein Gespräch führt. Sein Grund für dieses Vorgehen: Es ist ihm wichtig, ein Maximum an Konflikt- und Selbstverantwortung bei den Beteiligten selbst zu belassen. In erster Linie ist Frau Hager als Leiterin des Teams in der Pflicht, die Spannungen und Terminprobleme in Ihrem Team zu bearbeiten; bei ihr liegt die Konfliktverantwortung.

Auf dieser Eskalationsstufe sollten folgende Voraussetzungen für die Übernahme der Initiatorenrolle gegeben sein:

- Die Führungskraft bemerkt einen nachweislichen Leistungsrückgang oder vergleichbare Verschlechterungen.

- Die Führungskraft bemerkt zwar (noch) keinen Leistungsrückgang oder vergleichbare Verschlechterungen, hat aber gute und nachvollziehbare Gründe für die Annahme, dass diese sich ergeben könnten.

- Die Konfliktparteien haben im Grunde, das heißt bei ruhiger, distanzierter Betrachtung, den Wunsch nach Verbesserung der Situation. Diese Voraussetzung ist ein Merkmal dieser Eskalationsstufe.

- Die Konfliktparteien glauben im Grunde, also bei ruhiger, distanzierter Betrachtung, daran, dass eine Verbesserung bzw. Konfliktlösung möglich ist. Auch diese Voraussetzung ist ein Merkmal dieser Eskalationsstufe.

- Die Konfliktparteien haben die nötigen Fähigkeiten, um den Konflikt selbst zu lösen.

- Die Fähigkeiten der Konfliktparteien zur Konfliktlösung sind nicht durch zu starke Emotionalität oder Irrationalität blockiert.

Der Berater

Die Beraterrolle wird ein Vorgesetzter dann suchen, wenn er den Eindruck hat, dass die beiden Konfliktparteien mehr als einen Anstoß von außen als Unterstützung benötigen, um den Konflikt selbst zu lösen. Zur Erinnerung: Der Berater leistet den Konfliktparteien nur indirekte Unterstützung bei der Konfliktlösung. Dies geschieht in erster Linie durch Beratung der Beteiligten in Einzelgesprächen. In diesen Einzelgesprächen wird er seine Beobachtungen mitteilen und die Anliegen bzw. Kernanliegen der Kontrahenten gemeinsam mit ihnen herausarbeiten bzw. zu verstehen versuchen. Er wird dann vielleicht noch Anregungen vermitteln, wie die Bearbeitung des Konfliktes angepackt werden könnte. Seine Rolle ist in ihrem Kern eine klärende. Er unterstützt die Konfliktparteien hinter den Kulissen dabei, den Konflikt und ihre Rolle darin besser zu verstehen und realistische Lösungswege zu erkennen. Diese Klärung sollte dazu führen, den durch Emotionen und Irrationalität verstellten Blick der Konfliktparteien wieder auf die rationale Ebene zu richten. Die eigentliche Konfliktlösung überlässt der Berater aber ganz bewusst den Beteiligten.

Beispiel

Bleiben wir bei dem eben geschilderten Fall und verändern wir die Situation. Nehmen wir an, Abteilungsleiter Huber weiß, dass es Frau Hager generell schwer fällt, Konflikte systematisch anzugehen und zu lösen. Deshalb bietet er seine Unterstützung als Berater an. Das kann so aussehen:

„... Frau Hager, mir ist klar, dass Sie eine erfahrene und fähige Führungskraft sind. Deshalb möchte ich mich auch nicht in diese Geschichte oder in Ihr Team einmischen. Allerdings wäre es mir wichtig, dass Sie sicherstellen, dass die Spannungen bereinigt und die Termintreue wieder garantiert wird. Wenn Sie möchten, können wir gerne über die Sache reden und gemeinsam überlegen, was los ist und wie Sie vorgehen könnten."

Frau Hager: „Ja, Sie haben natürlich Recht. Inzwischen haben wohl alle mitgekriegt, dass wir Spannungen im Team haben. Ich habe auch schon versucht, mit ein paar Mitarbeitern zu reden, das hat aber nichts genützt. Die schalten auf stur und ich weiß nicht so recht, was ich machen soll."

Herr Huber: „Hm, das hört sich nach einer verzwickten Sache an. Worum geht es denn eigentlich?"

Frau Hager: „Also, angefangen hat es kurz nachdem Sie in Urlaub gegangen sind. Aus meinem Team war ebenfalls ein Drittel der Mitarbeiter nicht da und die Abgabetermine für die beiden Projektstudien rückten immer näher. Da hatte Frau Sachse dann die glorreiche Idee, die Verwaltungsarbeiten einfach liegen zu lassen. Sie wissen ja, wie begeistert unser Projektcontrolling darauf reagiert hätte. Deshalb habe ich das natürlich nicht durchgehen lassen. Und dann wollten Frau Sachse und Herr Meinert plötzlich eine zusätzliche Halbtags-

stelle als Teamassistenz. Dahinter steckt doch nur wieder die alte Sache, dass der Verwaltungskram langweilig ist und sich jeder davor drückt, wenn es geht. Ist ja auch langweilig, aber was soll ich denn machen? Wir haben einfach nicht die Mittel für eine Teamassistenz und das Budget haben wir auch schon leicht überzogen."

Herr Huber: „Ich verstehe; Sie stecken da in einer ziemlichen Zwickmühle. Zum einen müssen Sie Termine und Budget einhalten, zum anderen gibt es wegen der Verwaltungsarbeiten Unruhe im Team."

Frau Hager: „Ja, genau. Aber meine Leute wollen das einfach nicht kapieren!"

Herr Huber: „Und welchen Standpunkt haben Sie im Team vertreten?"

Frau Hager: „So richtig noch keinen. In Ruhe haben wir die Sache noch nicht diskutiert. Immer nur so zwischendurch oder als Anhängsel an andere Themen. Aber bei diesen Gelegenheiten habe ich eigentlich schon immer klar und deutlich erklärt, dass eine Teamassistenz nicht drin ist und wir die Verwaltung wohl oder übel selber machen müssen. Und so schlimm ist das ja nun auch nicht – ich habe das ja früher auch lange Zeit gemacht und habe es überlebt."

Herr Huber: „Ich höre da heraus, dass Sie das eigentliche Problem in der Einstellung Ihrer Mitarbeiter sehen, weniger in den Verwaltungsarbeiten selbst. Liege ich da richtig?"

Frau Hager: „Ja, eigentlich schon. Also wenn wir früher immer gleich nach einer neuen Stelle geschrieen hätten, wenn Routinearbeiten anstanden, wären wir nicht weit gekommen. Wir haben es halt einfach gemacht, weil es gemacht werden musste. Punkt. Sie wissen ja auch noch, wie das damals war. Die Firma war in der Aufbauphase und allen war klar, dass nicht so viel Geld da war. Aber die neue Generation ist sich dafür wohl zu fein, die wollen nur noch die spannenden Aufgaben übernehmen. Die Kärrnerarbeit sollen dann andere machen."

Herr Huber: „Also das hört sich jetzt so an, als würde die Ablehnung der Verwaltungsarbeiten Ihr Gerechtigkeitsempfinden verletzen. Ihnen ist es wichtig, dass niemand nur die interessanten Aufgaben erledigt. Und außerdem fragen Sie sich, warum die jüngeren Mitarbeiter es leichter haben sollten als Sie."

Frau Hager: „Tja, wenn ich es recht bedenke, dann stimmt das so. Diese Anspruchshaltung der jungen Leute ärgert mich halt einfach. Uns hat auch niemand verhätschelt! Ich musste lange und hart arbeiten, bis ich Teamleiterin werden konnte. Das ging auch nicht über Nacht. Und wenn Herr Meinert und Frau Sachse gleich von Anfang an nur noch wichtige Aufgaben haben, dann können wir die Teamleitung ja gleich abschaffen oder von den beiden machen lassen."

Herr Huber: „Aha, da steht auf Ihrer Seite eine Befürchtung. Nämlich die, dass Herr Meinert und Frau Sachse Sie fachlich schnell überholen könnten und dadurch Ihre Position als Teamleiterin in Frage gestellt würde."

Frau Hager: „So ganz war mir das selbst noch nicht klar, aber es stimmt schon. Ich stelle mir natürlich schon öfters die Frage, was aus uns "Alten" wird, wo wir doch in letzter Zeit so viele junge Kollegen hereinbekommen haben. Und die haben halt auch eine exzellente Ausbildung heutzutage; viel besser als unsere damals. Und auch viel mehr auf dem heutigen Stand."

Herr Huber: „Also, ich fasse jetzt einmal zusammen, was ich verstanden habe, damit es keine Missverständnisse gibt. Sie möchten, dass Herr Meinert und Frau Sachse ihren Teil der zugegeben langweiligen Verwaltungsarbeiten im Team erledigen. Die Einführung einer Teamassistenz lehnen Sie ab. Zum einen sehen Sie keinen finanziellen Spielraum im Budget. Der andere Grund ist, dass Ihnen der Gedanke nicht gefällt, dass gerade die jüngeren Mitarbeiter sehr schnell an die interessanten Aufgaben herangeführt werden, ohne die Kärrnerarbeit leisten zu müssen, die Sie selbst früher ohne Murren erledigt haben. Und außerdem habe ich da noch mitgekriegt, dass Sie ein bisschen Angst davor haben, Ihre Position als Teamleiterin an einen jüngeren Mitarbeiter zu verlieren. Stimmt das so?"

Frau Hager: „Ja, schon. Hm, so richtig ist mir das eigentlich erst im Gespräch mit Ihnen klar geworden. Das war ja jetzt auch das erste Mal, dass ich in Ruhe darüber nachgedacht habe. Was würden Sie denn jetzt an meiner Stelle tun?"

Herr Huber: „Tja Frau Hager, ich fürchte, dass Sie diese Angelegenheit schon selbst anpacken müssen. Aber vielleicht hilft Ihnen ja die nächste Frage dabei weiter: Was ist denn eigentlich Ihr wichtigster Grund hinter der Ablehnung der Teamassistenz?"

Frau Hager: „Also, wenn Sie mich so direkt fragen. Ich glaube, dass Herr Meinert und Frau Sachse schon die Zeit haben, die Verwaltungsarbeiten zu erledigen. Sie hätten halt viel lieber nur interessante Aufgaben. Und deshalb teilen Sie sich Ihre Arbeit oft so ein, dass es so aussieht, als wäre keine Zeit für Verwaltung. Und das ärgert mich eben, weil wir uns früher auch nicht davor gedrückt haben. Das geht mir irgendwie gegen den Strich: Gleiche Rechte und Pflichten für alle!"

Herr Huber: „Und wie sieht es mit dem Teambudget aus?"

Frau Hager: „Na ja, Sie wissen ja, wie wichtig unser Projekt ist. Wenn wir wirklich eine Teamassistenz bräuchten, dann ließe sich da schon was machen. Herr Bohnke macht unser Projektcontrolling – und mit ihm kann ich ziemlich gut."

Herr Huber: „Gut, die Entscheidung liegt natürlich bei Ihnen. Wie gehen Sie denn jetzt vor?"

Frau Hager: „Also ich glaube, dass ich gleich einmal in aller Ruhe mit den beiden reden werde. Bisher hatten wir ja kein richtiges Gespräch dazu."

Herr Huber: „Und wie packen Sie das Gespräch an?"

Frau Hager: „Also mir hat es gerade geholfen, dass ich Zeit zum Reden hatte. Da ist mir einiges klar geworden. Vielleicht geht es Frau Sachse und Herrn Meinert ja genauso. Ich glaube, ich frage sie einfach einmal danach, wie sie die Sache im Ganzen sehen. Dann reden wir wenigstens wieder vernünftig miteinander. Und vor allem interessiert mich jetzt, was hinter dem Wunsch nach einer Teamassistenz steckt. Vielleicht finden wir ja dann einen Kompromiss."

Herr Huber: „Wie kommen Sie denn zu einem Kompromiss?"

Frau Hager: „Gute Frage. Lassen Sie mich nachdenken. ... Also, ich muss den beiden wohl auch meine Sicht der Dinge klarmachen. Bis jetzt habe ich ja immer nur vom knappen Teambudget gesprochen – aber dass das nicht der entscheidende Punkt ist, haben Frau Sachse und Herr Meinert wahrscheinlich schon gemerkt. Ich werde wohl einfach meine Sicht der Dinge einbringen."

Herr Huber: „Wie machen Sie das?"

Frau Hager: „Ich weiß schon, auf was Sie hinauswollen. Also zuerst höre ich den beiden in aller Ruhe zu. Dann werden sie wahrscheinlich auch mir zuhören, wenn ich meine Sicht der Dinge klarmache. Tja, und dann schauen wir, wie wir einen Weg finden, die Sache aus der Welt zu schaffen. Puh, Herr Huber, das war ein wirklich gutes Gespräch! Ich weiß jetzt, wie ich vorgehe, da ist mir gleich viel wohler – vielen Dank. Und ich halte Sie natürlich auf dem Laufenden."

Was hat Herr Huber im Gespräch gemacht, um seiner selbstgewählten Beraterrolle gerecht zu werden? Sein Vorgehen hat er am Modell zur Konfliktlösung orientiert und die ersten Phasen des Modells mit Frau Hager durchlaufen. Im ersten Schritt hat er Frau Hager eingeladen, ihren Standpunkt zu schildern und auf den Punkt zu bringen. Dann hat er zusammen mit Frau Hager die Anliegen hinter ihrem Standpunkt herausgearbeitet. Das hat auch für einige Punkte geklärt. Drittens haben die beiden das eigentliche Kernanliegen Frau Hagers bestimmt. Das war wichtig, um Klarheit zum Spielraum möglicher Lösungen zu gewinnen. Die Frage, ob das Kernanliegen auch gut begründet ist, hat Herr Huber nicht weiter angeschnitten. Er hatte den Eindruck, dass Frau Hager in ihrer Vorbereitung auf das Gespräch mit den beiden Mitarbeitern selbst noch ausführlich darüber nachdenken wird. Wichtig war ihm aber noch, das finanzielle Argument auf seine Berechtigung bzw. Stichhaltigkeit hin abzuklopfen. Das war ihm deshalb wichtig, weil gerade dieses Argument (Anliegen) ja schon mehrfach wiederholt und dadurch offiziell gemacht wurde. Zum Schluss haben Herr Huber und Frau Hager noch überlegt, wie sie ihr anstehendes Gespräch mit Frau Sachse und Herrn Meinert aufbauen wird. Frau Hagers Bemerkung "Tja, und dann schauen wir, wie wir einen Weg finden, die Sache aus der Welt zu schaffen" hat Herr Huber so verstanden, dass sie auf Basis der offen gelegten Anliegen der Konfliktbeteiligten nach für beide Seiten akzeptablen Lösungen suchen wird. Herr Huber ist überzeugt, dass Frau Hager die Sache jetzt zu einem guten Ende bringen wird. Er kennt sie ja schon lange und weiß, dass Sie seine Unterstützung nicht weiter benötigt.

Im Grunde gibt es zwei Wege, auf denen ein Vorgesetzter zum Berater werden kann. Er kann sich selbst aktiv und bewusst als solcher anbieten. Das kann so aussehen wie im eben geschilderten Beispiel. Sein Ziel dabei ist es natürlich, die Konfliktparteien so zu beraten, dass sie selbst den von ihm registrierten Konflikt lösen können. Dabei ist vor allem eines für diese Form der Beratung wichtig: Der Konfliktberater unterstützt die Parteien bei der Klärung (Standpunkt, Anliegen, Kernanliegen, mögliche Lösungen) und bei der Planung des Vorgehens bei der Konfliktbearbeitung (Wie packe ich das Gespräch mit „dem anderen" an?). Der Berater wird selbst keine inhaltlichen Ideen beisteuern,

z. B. Vorschläge für mögliche Lösungen. Die Verantwortung dafür liegt eindeutig und unmissverständlich bei den Konfliktparteien selbst.

Der zweite Weg ist der Einladungsweg. Einer oder mehrere Mitarbeiter bitten den Vorgesetzten um ein Gespräch, um sich Rat zu holen. Das kann allerdings auf jeder Konfliktstufe passieren. Es kann sein, dass der Vorgesetzte so zum ersten Mal von einem schon weit eskalierten Konflikt erfährt. Hier gilt: Der Vorgesetzte führt natürlich mit dem Mitarbeiter das gewünschte Beratungsgespräch. Dabei ist es für ihn wichtig, sich ein klares Bild des thematisierten Konfliktes und seiner Eskalationsstufe zu machen. Auf Basis dieser Daten wird der Vorgesetzte dann über weitere Schritte entscheiden. Die Eskalationsstufe ist natürlich mit das wichtigste Entscheidungskriterium für diese weiteren Schritte.

Wenn auf der Eskalationsstufe „Verbales Pingpong" folgende Voraussetzungen gegeben sind, dann halten wir die Beraterrolle für angemessen:

- Die Führungskraft bemerkt einen nachweislichen Leistungsrückgang oder vergleichbare Verschlechterungen.
- Die Führungskraft bemerkt zwar (noch) keinen Leistungsrückgang oder vergleichbare Verschlechterungen, hat aber gute und nachvollziehbare Gründe für die Annahme, dass diese sich ergeben könnten.
- Die Konfliktparteien haben im Grunde, also bei ruhiger, distanzierter Betrachtung, den Wunsch nach Verbesserung der Situation. Diese Voraussetzung ist ein Merkmal dieser Eskalationsstufe.
- Die Konfliktparteien glauben im Grunde, das heißt bei ruhiger, distanzierter Betrachtung, daran, dass eine Verbesserung bzw. Konfliktlösung möglich ist. Auch diese Voraussetzung ist ein Merkmal dieser Eskalationsstufe.

- Einer oder beiden Konfliktparteien fehlt ein Teil der nötigen Fähigkeiten, um den Konflikt selbst zu lösen. Durch konsequente Beratung kann diese Kompetenzlücke mit hoher Wahrscheinlichkeit geschlossen werden.

- Die Fähigkeiten der Konfliktparteien zur Konfliktlösung sind vorhanden. Sie sind aber blockiert, z. B. durch zu starke Emotionalität oder Irrationalität. Durch konsequente Beratung können sie aber wieder aktiviert werden.

9.5 Die Rolle des Moderators im Stadium „Ab jetzt wird gehandelt!“

Die dritthöchste Eskalationsstufe ist die der Taten. Hier wird mehr als debattiert; jetzt wird („endlich!“) gehandelt. Der emotionale Druck, der auf den Konfliktparteien lastet, wird in Handlungen überführt. Erinnern wir uns: Die Konfliktparteien drücken ihre Abneigung sehr deutlich aus. Körpersprache ist dazu, wie wir alle wissen, optimal geeignet. Die bloße Anwesenheit “des Anderen“ wird mit einem aussagekräftigen Augenrollen, Seufzen oder Stirnrunzeln kommentiert (“Der schon wieder!“). Man geht sich aus dem Weg und ist bestrebt, Kontakte mit “dem Anderen“ nach Möglichkeit zu vermeiden (“Was, der ist auch dabei? Da gehe ich nicht hin!“). Charakteristische Verhaltensweisen auf dieser Eskalationsstufe sind auch bestimmte Unterlassungen. “Der Andere“ wird über bestimmte Dinge nicht (mehr) informiert; damit ist der mehr oder weniger heimliche Wunsch verknüpft, ihn auflaufen zu lassen. Kurz: Der Konflikt weitet sich von einem Thema auf eine Person aus. Es geht nicht mehr “nur“ um die ursprüngliche Frage und die unterschiedlichen Standpunkte dazu. Jetzt geht es schon um “den Anderen“ in seiner Gesamtheit. Dieses Eskalationsstadium ist ein sehr ernstes. Aus Erfahrung wissen wir, dass Konfliktparteien ab jetzt mit dem Gedanken spielen, die Stelle zu wechseln um “den Anderen“ los zu sein.

In einem Konflikt dieser Eskalationsstufe wird ein Vorgesetzter sich für die Rolle des Begleiters anbieten bzw. ins Spiel bringen. Konflikte sind auf dieser Stufe erfahrungsgemäß so weit verhärtet, dass Gespräche zwischen den Konfliktparteien allein eher schaden als nützen. Es besteht sogar die Gefahr, dass Gespräche den Konflikt weiter verschärfen. Warum ist das so? In aller Regel ist bei den Beteiligten der Glaube an eine tragfähige und kooperative Lösung schwach ausgeprägt bzw. sehr abstrakt. Ab dieser Eskalationsstufe wird nämlich schon in Dimensionen wie „er oder ich" gedacht. Die Lösungen, die als akzeptabel und realistisch in Betracht gezogen werden, zeichnen sich dadurch aus, dass es einen klaren Gewinner und einen ebenso klaren Verlierer gibt. Und natürlich möchte man selbst der Gewinner sein. Schließlich ist man ja „voll im Recht" (Sie erinnern sich: Schwarz-Weiß-Denken) und „kämpft" (Sie erinnern sich: Freund-Feind-Denken) also auch für Werte wie Gerechtigkeit und Anständigkeit. Wenn es um diese hehren Prinzipien geht, geraten kooperative Lösungen, die man gemeinsam aushandelt, leicht in den Verdacht, faule und anrüchige Kompromisse zu sein, ein Verrat an der gerechten Sache.

Aus diesen Gründen gehen auch die Wünsche der Beteiligten nicht so sehr in die Richtung einer gemeinsamen Lösungsfindung, sondern schon deutlich in eine Richtung, die durch folgenden Slogan ganz gut beschrieben wird: „Hier kann nur einer gewinnen – und das möchte ich sein!". Damit einher geht die Angst, selbst der Verlierer in dem Konflikt zu sein. Durch dieses Bündel aus Emotionen und Irrationalitäten ist auch die Fähigkeit zur Konfliktlösung stark eingeschränkt bzw. blockiert. Die Konfliktwahrnehmung ist durch Vereinfachung, Verlierensängste, Freund-Feind- und Schwarz-Weiß-Denken geprägt. Es kann sein, dass den Konfliktparteien vor diesem subjektiven Hintergrund die soziale Kompetenz fehlt, sich anders als kämpferisch-siegorientiert zu verhalten. Sie sind vielleicht ratlos, hilflos, wie man deeskalieren könnte. Es kann auch sein, dass eventuell vorhandene Fähigkeiten nicht aktiviert werden – aus Angst, dass kooperative und deeskalierende Schritte vom anderen ausgenutzt werden könnten und einem selbst schaden würden.

Trotzdem wird es ohne Gespräche keine Lösung geben – und deshalb brauchen die Konfliktparteien einen Konfliktbegleiter zur Unterstützung. Dieser übernimmt die Aufgabe, die Beteiligten bei der eigenständigen Konfliktlösung zu fördern. Im klassischen Fall geschieht das durch die Moderation eines oder mehrerer Konfliktgespräche. Die Hauptaufgabe des Konfliktbegleiters ist es dabei, im Vorfeld Lösungsglauben, Lösungswunsch und Lösungsfähigkeit der Konfliktparteien konsequent zu stärken. Im nächsten Schritt sichert der er dann für die Beteiligten die Rahmenbedingungen für ein effizientes und Erfolg versprechendes Vorgehen zur Konfliktlösung und garantiert einen fairen und sachlichen Gesprächsverlauf. Dabei liegt auch weiterhin der größtmögliche Anteil an Selbstverantwortung bei den Konfliktparteien. Es ist und bleibt ihre Verantwortung in dem vom Begleiter gesicherten Rahmen (und auf Basis seiner Beratung) den Konflikt inhaltlich selbstständig zu bearbeiten. Konfliktanalyse und Lösungsfindung bleiben beide klar im Verantwortungsbereich der Kontrahenten.

Beispiel
Zur Veranschaulichung des Vorgehens eines Konfliktbegleiters greifen wir auf das Beispiel aus dem Kapitel 8: **Strategie der Konfliktlösung** zurück.

Herr Thomas übernimmt darin entschlossen diese Rolle; sie entwickelt sich aus seiner Funktion als Konfliktberater. Das Beispiel um Herrn Thomas haben wir ursprünglich dazu verwendet, die einzelnen Schritte des Konfliktlösungsmodells klar darzustellen. Diese Schritte kommentieren wir jetzt vor dem erweiterten Hintergrund dieses Kapitels.

Schritt 1: Die Standpunkte der Beteiligten klären
a. Das erste Gespräch mit Herrn Kramer: Herr Kramer bittet Herrn Thomas um Rat; dieser wird also eingeladen, die Rolle des Konfliktberaters zu übernehmen. Herr Thomas möchte in dieser Anfangsphase zwei Dinge herausfinden: Wie sieht der Konflikt aus Sicht Herrn Kramers aus und welche Eskalationsstufe liegt vor? Herrn Kramers Sichtweise bzw. seinen Standpunkt kennen wir schon. Bezüglich der Eskalationsstufe kommt Herr Thomas zu der Überzeugung, dass Stadium 3 – „Ab jetzt wird gehandelt!“– gerade erreicht wurde. Die Indizien dafür sind ziemlich klar und typisch. Herr Kramer äußert unverhohlen seine Abneigung gegen Herrn Maier, geht ihm aus dem Weg

oder kommuniziert nur noch sehr formell mit ihm. Zudem hat er gerade damit begonnen, im Lager nach Fehlern und „Leichen im Keller" zu suchen. Das ist zweifellos als Vorbereitung zu einem ernsteren Angriff auf Herrn Maier zu werten.
b. Das erste Gespräch mit Herrn Maier: In diesem Fall bietet Herr Thomas sich als Berater für Herrn Maier an; dieser akzeptiert die Offerte. Auch in diesem Gespräch wird der Standpunkt Herrn Maiers bestimmt. Außerdem verschafft sich Herr Thomas weitere Indizien zur Einstufung des Konfliktes. Herr Maier möchte unbedingt mit dem Seniorchef reden, um so Kramer Junior und seine Autorität auszuhebeln. Das kann nur als Angriff verstanden werden. Die Einschätzung von Herrn Thomas wird durch die Ergebnisse dieses Gespräches erhärtet: Der Konflikt hat die Eskalationsstufe der Taten erreicht.

Sein Gesamteindruck aus den beiden Gesprächen: Bei beiden Beteiligten ist der Glaube an eine Lösung, mit der alle leben können, nur noch sehr gering. Sie sehen keine realistische Möglichkeit der Annäherung der Standpunkte und haben die nächsten „Angriffshandlungen" schon geplant. Der andere wird als Gegner wahrgenommen, der die eigene Person bzw. Position bedroht – und den es zu besiegen gilt. Der Lösungswunsch wird in diesem Fall vom Gewinnwunsch überdeckt. Ohne Glauben an und Wunsch nach einer Konfliktlösung werden die Konfliktparteien ihre Lösungsfähigkeit nicht einsetzen – obwohl Herr Thomas beide als recht vernünftige Zeitgenossen und kompetente Führungskräfte kennt und schätzt. „Eigentlich" hätten beide das kommunikative und soziale Rüstzeug, die Sache dauerhaft und kooperativ aus der Welt zu schaffen. Aber eben nur „eigentlich". Deshalb vermutet Herr Thomas, dass ohne Unterstützung von außen eine weitere Eskalation des Konfliktes stattfinden wird – die sich ja auch schon in den konkreten Plänen der Beteiligten ankündigt.

Auf Basis dieser Analyse entschließt Herr Thomas sich, als Konfliktbegleiter zu agieren. Damit sind ihm auch die nächsten Schritte klar. In Einzelgesprächen wird er versuchen, Lösungs-

glauben, Lösungswunsch und Lösungsfähigkeit zu verbessern und die so vorbereiteten Konfliktparteien bei der Lösung des Konfliktes zu unterstützen.

Schritt 2: Die Anliegen hinter den Standpunkten offen legen

Die beiden nächsten Einzelgespräche führt Herr Thomas also, um die beiden Konfliktparteien dabei zu unterstützen, sich über ihre eigentlichen Anliegen klar zu werden und von dieser Basis aus Lösungsmöglichkeiten zu erkennen, an die bisher niemand gedacht hatte.

Die folgende Tabelle fasst die Ergebnisse der beiden Einzelgespräche noch einmal zusammen:

	Herr Maier	*Herr Kramer*
Anliegen	*Wunsch nach einer Verbesserung „seines“ Lagers; allerdings sollte keine Revolution stattfinden.* *Angst vor Computern.* *Angst vor Seminaren.* *Angst vor Verlust seiner Stellung als Lagerleiter.*	*Wunsch nach Akzeptanz als Juniorchef von Seiten der älteren Mitarbeiter.* *Wunsch nach einer verbesserten Lagerhaltung.* *Angst vor dauerhaftem Gesichtsverlust bei einem Scheitern der Lagerumstellung.*

Ein ganz wichtiger Beitrag des Konfliktbegleiters ist es in dieser Phase seines Vorgehens, den mittlerweile schon recht beachtlichen „Verteidigungswall“ an Selbstrechtfertigungen und Scheingründen zu überwinden und den Blick darauf zu eröffnen, „worum es wirklich geht“. Erst, wenn diese Ebene auch den jeweils am Konflikt beteiligten Parteien klar geworden ist, lässt der Konflikt sich sauber weiter bearbeiten. Ansonsten wäre das folgende Vorgehen auf Sand gebaut (den Sand, den die Konfliktparteien sich selbst und anderen in die Augen gestreut haben) und dementsprechend aussichtslos. Kurz: Der Konfliktbegleiter unterstützt die Konfliktparteien dabei, ehrlich zu sich selbst zu sein.

Schritt 3: Die Kernanliegen herausarbeiten: Worauf kommt es wirklich an?

Herr Thomas lädt die beiden Konfliktparteien im nächsten Schritt zu einem Gespräch unter sechs Augen ein. Er übernimmt dabei die Rolle des Gesprächsleiters. Er wird also für einen geordneten Gesprächsverlauf sorgen, aber inhaltlich nicht in die Diskussion eingreifen. Dabei ist ihm vor allem wichtig, dass die beiden Kontrahenten die Anliegen des jeweils anderen kennen lernen und ihn auf diese Weise besser verstehen können. Dazu müssen sowohl Herr Kramer als auch Herr Maier ihre im Einzelgespräch mit Herrn Thomas herausgearbeiteten Anliegen klar zur Sprache bringen und sich dabei aufmerksam zuhören. Dabei unterstützt sie Herr Thomas durch Einführung der beiden Spielregeln und „ermunterndes Nachhaken". Auf Basis der Anliegen fordert Herr Thomas die beiden Kontrahenten auf, ihre jeweiligen Kernanliegen zu benennen. Hier noch einmal in Zusammenfassung die Kernanliegen Herrn Maiers und Herrn Kramers:

	Herr Maier	*Herr Kramer*
Kernanliegen	*Angst vor Seminaren.* *Angst vor Verlust seiner Stellung als Lagerleiter.*	*Wunsch nach Akzeptanz der älteren Mitarbeiter.* *Wunsch nach einer verbesserten Lagerhaltung.*

Weitere Schritte
Die weitere Ausgestaltung der Rolle des Konfliktbegleiters durch Herrn Thomas geht schön aus der ursprünglichen Schilderung des Beispiels hervor. An keiner Stelle greift er inhaltlich in den Prozess der Konfliktlösung ein. Er unterstützt die beiden Konfliktparteien aber dabei, selbst eine tragfähige Lösung auf Basis der (Kern-)Anliegen zu finden.

Fassen wir die wesentlichen Punkte noch einmal zusammen. Was hat Herr Thomas gemacht um seine Rolle als Konfliktbegleiter kompetent zu erfüllen? Begonnen hat es mit der Bitte Herrn Kramers um Konfliktberatung. Herr Thomas hat sich in diesem Gespräch einen ersten Eindruck davon verschafft, worum es geht und wie weit der Konflikt schon eskaliert ist. Er hat sich dann Herrn Maier als Berater angeboten und fand durch dessen Schilderung seinen Eindruck bestätigt, dass die Eskalationsstufe des Handelns schon vorliegt. Herr Thomas war dann klar, dass die beiden Kontrahenten mehr benötigen als Beratung. Deshalb hat er sich konsequent als Konfliktbegleiter angeboten. Zur Vorbereitung einer Konfliktlösung unter seiner Leitung hat er mit beiden Konfliktparteien in Ruhe deren Anliegen herausgearbeitet. Im Konfliktgespräch selbst war es dann seine wichtigste Aufgabe, die Konfliktparteien dabei zu unterstützen, sich ihre jeweiligen Anliegen und Kernanliegen mitzuteilen – und sich zuzuhören. Damit hat er den Konflikt teilweise entemotionalisiert und seinen Kern, nämlich die konkreten Anliegen der Beteiligten, freigelegt.

Mit diesem klärenden Vorgehen hat Herr Thomas Lösungsglauben und Lösungswunsch gestärkt und somit die Aktivierung der Lösungsfähigkeit der Konfliktparteien erleichtert. Der Glaube an eine Lösung nimmt durch Klärung und gegenseitiges Verstehen der Anliegen in aller Regel zu, weil sich durch eine realistische Sicht des Konfliktes auch das Nachdenken über mögliche Lösungswege versachlicht und sich neue Sichtweisen ergeben, die vorher durch Feindbilder und Defensivverhalten nicht zugänglich bzw. blockiert waren. Auch der Wunsch nach einer „vernünftigen" Lösung verstärkt sich in dem Maße, indem die Versachlichung des Konfliktes gelingt, die andere Seite entdämonisiert wird und so als Verhandlungspartner wieder in

Frage kommt. Außerdem wird dieser Wunsch durch die Wahrnehmung neuer und realistischer Lösungswege verstärkt, die die je eigenen Anliegen berücksichtigen. Damit wird auch die Lösungsfähigkeit der Konfliktparteien verbessert. Der Konfliktbegleiter stärkt also Schritt für Schritt eine vernünftige Betrachtungsweise des Konfliktes und stellt den Beteiligten eine Vorgehensweise zur Verfügung, die ihnen die selbstständige Lösung des Konfliktes ermöglicht.

Wenn auf der Eskalationsstufe „Ab jetzt wird gehandelt!" folgende Voraussetzungen gegeben sind, dann halten wir die Begleiterrolle für angemessen:

- Die Führungskraft bemerkt einen nachweislichen Leistungsrückgang oder vergleichbare Verschlechterungen.

- Die Führungskraft bemerkt zwar (noch) keinen Leistungsrückgang oder vergleichbare Verschlechterungen, hat aber gute und nachvollziehbare Gründe für die Annahme, dass diese sich ergeben könnten.

- Der Wunsch der Konfliktparteien nach Verbesserung der Situation manifestiert sich eigentlich nur noch als Wunsch, den Konflikt zu gewinnen. Diese Voraussetzung ist ein Merkmal dieser Eskalationsstufe.

- Der Glaube der Konfliktparteien an eine kooperative Lösung ist, wenn überhaupt noch vorhanden, sehr abstrakt. Der Glaube, dass es einen Gewinner und einen Verlierer geben muss, ist klar dominierend. Auch diese Voraussetzung ist ein Merkmal dieser Eskalationsstufe.

- Einer oder beiden Konfliktparteien fehlt ein Teil der nötigen Fähigkeiten, um den Konflikt selbst zu lösen. Durch konsequente Beratung und Begleitung kann diese Kompetenzlücke mit hoher Wahrscheinlichkeit geschlossen werden.

- Die Fähigkeiten der Konfliktparteien zur Konfliktlösung sind vorhanden. Sie sind aber, z. B. durch zu starke Emotionalität oder Irrationalität, blockiert. Durch konsequente Beratung und Begleitung können sie aber wieder aktiviert werden.

9.6 Patentrezepte?

Gerade im Bereich der Konfliktlösung gibt es keine Gebrauchsanweisungen, Algorithmen oder Patentrezepte. Jeder Mensch ist anders, jeder Konflikt ist anders und jeder Konfliktmoderator ist anders als alle anderen. Deshalb können wir für keine einzige Rolle ihre Ausgestaltung im Detail beschreiben. Unsere Beispiele und Anregungen dienen nur dem Zweck, den Blick und die Aufmerksamkeit des Lesers auf wichtige Aspekte zu richten, die in der einen oder anderen Form in den meisten Konflikten eine wichtige Rolle spielen. Unsere Erfahrung zeigt immer wieder, dass diese Aspekte die entscheidenden sind. Es lohnt sich zum Beispiel so gut wie immer, konsequent die Standpunkte, Anliegen und Kernanliegen der Konfliktparteien zu erforschen. Wir machen aber auch immer wieder die Erfahrung, dass der konkrete Umgang mit diesen Aspekten von Fall zu Fall ein anderer sein muss. Um an das Beispiel anzuknüpfen: Nicht immer wird man die Anliegen und Kernanliegen auf demselben Weg wie Herr Thomas herausarbeiten.

Vor allem zwei Dinge sind unverzichtbar, um unsere allgemeinen Bemerkungen, Faustregeln, Beispiele und Anregungen auf den konkreten Konfliktfall zu übertragen: Fingerspitzengefühl im Umgang mit Menschen und gesunder Menschenverstand.

10 Konfliktlösung in der Praxis: Der Konfliktmanager

10.1 Worum geht es?

Im letzten Kapitel haben wir beschrieben, welche Rolle ein Vorgesetzter angesichts eines Konfliktes zwischen Mitarbeitern auf einer der ersten drei Eskalationsstufen übernehmen kann und sollte. Konflikte der ersten drei Eskalationsstufen können unserer Erfahrung nach mit hoher Erfolgswahrscheinlichkeit vom Vorgesetzten als Initiator, Berater oder Begleiter bearbeitet werden.

Ab der vierten Eskalationsstufe – „Gemeinsam bin ich stärker!" – sollte der Vorgesetzte die Moderatorenrolle nicht mehr bzw. nur noch im Ausnahmefall übernehmen. Für diesen Rat haben wir unsere Gründe schon im letzten Kapitel erläutert; hier zur Erinnerung eine Zusammenfassung: Durch die enorme emotionale Belastung und die zunehmend durch Irrationalität geprägte Weltsicht der Konfliktparteien ist das Risiko für den Vorgesetzten, selbst zur Konfliktpartei gemacht zu werden, einfach zu groß. Zwei typische Risiken: Erstens werden die Konfliktparteien oft versuchen, ihn für ihre Seite zu gewinnen. Zweitens wird eine neutrale Position des Vorgesetzten leicht verkannt und von einer oder gar beiden Konfliktparteien als Parteinahme für die jeweils andere Seite interpretiert. Außerdem ist es auf einer so hohen Eskalationsstufe sehr wahrscheinlich, dass der Vorgesetzte der eigentlichen Konfliktparteien in irgendeiner Weise schon selbst Beteiligter am Konflikt ist. Der Konflikt hat sich ja über einen gewissen Zeitraum hin aufgebaut. Und durch sein Verhalten während dieses Zeitraumes hat der Vorgesetzte eine bestimmte Rolle im Rahmen des Konfliktgeschehens übernommen. Er hat in diesem Rahmen gehandelt oder nicht gehandelt, hat das Konfliktgeschehen dadurch beeinflusst, hat Stellung bezogen.

Der Vorgesetzte ist also ab einer gewissen Eskalationsstufe kein geeigneter Moderator mehr. Das heißt aber nicht, dass wir Tatenlosigkeit empfehlen. Ganz im Gegenteil, je höher die Eskalationsstufe, desto konsequenter und entschlossener muss gehandelt werden. Dieses Handeln sollte dann aber im Zusammenspiel mit einem professionellen Konfliktmanager erfolgen. Ein Konfliktmanager steuert den Prozess der Konfliktlösung weit mehr als der Konfliktbegleiter. Der Konfliktmanager ist in aller Regel ein Vollprofi mit großer Erfahrung im Umgang mit Konflikten. Über die bloße Beratung und Gesprächsleitung hinaus greift er aktiv in den Prozess der Konfliktlösung ein. Klassische Interventionen sind z. B. eine präzise Analyse des Konfliktes im Vorfeld, die Entwicklung eines Konzeptes für das Vorgehen bei der Konfliktlösung, gezieltes Feedback an die Beteiligten in allen Phasen der Konfliktbearbeitung, eigene Lösungsvorschläge zur Überwindung von Sackgassen und direkte Konfrontation mit einem oder mehreren Beteiligten, wenn diese ihre Konfliktverantwortung nicht übernehmen (wollen). Der Konfliktmanager hat also weit umfassendere Möglichkeiten der Einflussnahme auf die Konfliktbearbeitung als ein Konfliktbegleiter.

Wer kommt als Konfliktmanager in Betracht? Im Grunde jede Person, die nicht zum Hierarchie- und Beziehungsgeflecht der Konfliktparteien gehört. Das kann, wie im nächsten Beispiel, ein externer Berater sein. Es könnte aber auch jemand aus der Personalabteilung der eigenen Firma, aus einem firmeninternen Moderatorenpool oder ein Kollege sein, der sowohl über die nötige Kompetenz als auch über das nötige Ansehen verfügt.

In diesem Kapitel stellen wir die wesentlichen Elemente vor, die das Vorgehen des Konfliktmanagers charakterisieren. Dann schildern wir wieder ein Fallbeispiel aus unserer Erfahrung, um dieses Vorgehen anschaulich und für den Leser nachvollziehbar zu machen. Das Beispiel soll außerdem illustrieren, wie das Modell zur Konfliktlösung in der Praxis ein- bzw. umgesetzt werden kann.

Es wird dann ein wesentlicher Aspekt des nächsten Kapitels sein, die erfolgsentscheidenden Faktoren für die Zusammenarbeit zwischen dem Vorgesetzten und dem Konfliktmanager herauszuarbeiten. Wie können sich die beiden wirkungsvoll unterstützen? An welchen Punkten ist diese Unterstützung am wichtigsten? Wo liegen die Fallen bzw. Fallstricke für beide? Und neben der Rolle des Konfliktmanagers werden wir dort schließlich auch noch die beiden Rollen des Schlichters und des Entscheiders unter die Lupe nehmen.

10.2 Der Konfliktmanager in Aktion

Die angemessene Rolle für die Eskalationsstufen „Gemeinsam bin ich stärker!", „Jeder soll sehen, was der andere für ein Schuft ist!" und „Wer nicht hören will, muss fühlen!" (mit Einschränkungen, die am Schluss des Kapitels skizziert und im nächsten Kapitel präzisiert werden) ist die des Konfliktmanagers. Durch das zunehmend dynamische und sich schnell ausweitende Konfliktgeschehen bedingt, ist diese Rolle eine sehr komplexe und anspruchsvolle. Umso schwieriger ist es, sie in allen Facetten zu beschreiben. Das ist nicht nur schwierig, sondern unmöglich. Denn immer wieder wird selbst ein erfahrener Konfliktmanager mit Situationen konfrontiert, die ihm neue Rätsel aufgeben und ihn vor neue Herausforderungen stellen. Zumindest geht uns das so. Was wir in diesem und dem nächsten Kapitel an Stelle einer umfassenden theoretisch-abstrakten Rollenbeschreibung anbieten, ist deshalb eine Skizze der wichtigsten Prozessetappen und Interventionsmöglichkeiten des Konfliktmanagements. Der Rest muss im konkreten Einzelfall durch Intuition, Erfahrung, Fantasie und handfestes Ausprobieren beigesteuert werden. Hier also im Vorgriff die wichtigsten Etappen eines professionellen Konfliktmanagements; die weiteren Abschnitte des Kapitels werden jede dieser Phasen näher beleuchten:

- Phase 1: Der Auftraggeber und der potenzielle Konfliktmanager führen Vorgespräche.

- Phase 2: Der Auftraggeber und der potenzielle Konfliktmanager entscheiden über einen gemeinsamen Einstieg ins Konfliktmanagement.

- Phase 3: Der Konfliktmanager analysiert den Konflikt.

- Phase 4: Der Konfliktmanager stellt den Konfliktparteien seine Konfliktanalyse und sein Konzept für das weitere Vorgehen vor.
- Phase 5: Der Konfliktmanager holt sich das Mandat der Konfliktparteien für das Konzept und für seine Person.
- Phase 6: Das Konzept wird umgesetzt und mündet in einer Konfliktlösung.
- Phase 7: Der Konfliktmanager unterstützt die (ehemaligen) Konfliktparteien bei der Umsetzung der Lösung.

Der Auftraggeber und der potenzielle Konfliktmanager führen Vorgespräche

Steigen wir gleich mit einem Beispiel ein. Es beschreibt einen ziemlich typischen Konflikt der Eskalationsstufe „Gemeinsam bin ich stärker!", der gerade dabei ist, sich weiter in Richtung der nächsthöheren Eskalationsstufe „Jeder soll sehen, was der andere für ein Schuft ist!" zu entwickeln. In diesem Stadium der Konfliktentwicklung werden Qualifikationen in Frage gestellt und Personen abgewertet. Es besteht so gut wie kein Glaube an eine kooperative Lösung und so gut wie kein Wunsch nach einer „einvernehmlichen" Lösung mehr. Die Konfliktparteien sind felsenfest davon überzeugt, dass es in ihrer Situation Gewinner und Verlierer geben muss und möchten natürlich alle die Gewinner sein. Auch um die Lösungsfähigkeit ist es in aller Regel schlecht bestellt. Zum einen ist sie, wenn prinzipiell vorhanden, durch die starken Konfliktemotionen und -irrationalitäten blockiert. Zum anderen erfordert diese hohe Eskalationsstufe ein enormes Maß an reflektierter und theoretisch fundierter sozialer Kompetenz. Es gilt ja nicht nur, einen Konflikt vernünftig zu lösen. Vorher müssen alle Beteiligten wieder auf die Ebene der Vernunft zurückgebracht werden bzw. sich selbst dorthin begeben. Und dazu ist genau das nötig, was zwischen den Konfliktparteien nicht mehr vorhanden ist, nämlich ein gewisser Grundstock an Vertrauen. Bedingt lösungsfähig sind die Konfliktparteien aber noch. Und um dieses „kleine Flämmchen" der bedingten Lösungsfähigkeit wieder anzufachen und in konkrete Konfliktlösungen umzusetzen, benötigen die Konfliktparteien die Unterstützung eines Konfliktmanagers. Die letzten Sätze gelten auch für die nächste Eskalationsstufe. In diesem Konfliktstadium sind die Konfliktparteien bestrebt, die oder den jeweils anderen in aller Öffentlichkeit mit Erfolg anzugreifen. „Erfolg“ heißt hier, ihm massiven sozialen Schaden (Gesichtsverlust, Blamage, Lächerlichkeit usw.) zuzufügen.

Das folgende Beispiel schildert in groben Zügen die wichtigsten Stationen des Vorgehens eines Konfliktmanagers. Eine genaue Dokumentation würde allerdings den Rahmen des Buches sprengen. Funktion des Beispieles ist es vielmehr, dem Leser den Zusammenhang zwischen den typischen Eigenschaften dieser Eskalationsstufe und dem strategischen Vorgehen eines Konfliktmanagers klar und anschaulich vor Augen zu führen.

Beispiel

Seit der neue Teamleiter für das Marketingteam der Fluglinie da ist, funktioniert das Team nicht mehr. Ständige Reibereien, offenes Misstrauen, klar konfrontatives Verhalten und andere Merkmale der Eskalationsstufe „Gemeinsam bin ich stärker!“ bestimmen den Arbeitsalltag.

Wie hat alles begonnen? Und wie sieht die Situation genau aus? Vor einem Jahr ist die von allen anerkannte und respektierte Teamleiterin Frau Troll in ein anderes Unternehmen gewechselt. Der Abteilungsleiter, Herr Rolf, war darüber nicht unglücklich. Er hatte im Lauf der Zeit mehr als eine Auseinandersetzung mit der impulsiven und durchsetzungsfähigen Frau Troll und war im Grunde froh, diesen „unbequemen Querkopf“ loszuwerden. Die Resultate von Frau Troll und ihrem Team waren aber immer exzellent. Deshalb investierte Herr Rolf viel Zeit und Energie in die Suche nach einem geeigneten Nachfolger; das Marketingteam sollte natürlich auch weiterhin Spitzenleistungen erbringen.

Im Sinne eines kooperativen Führungsstiles wurden von Herrn Rolf auch die Teammitglieder um Vorschläge für die Position des Teamleiters gebeten – „ganz unverbindlich". Insgeheim hatte Herr Rolf gehofft, dass Frau Bircher vorgeschlagen würde. Mit ihr versteht er sich gut. Sie ist weit berechenbarer und „pflegeleichter" als Frau Troll und Herr Rolf schätzt ihren Fleiß und ihre ruhige Art außerordentlich. Zu seiner Überraschung hat das Team aber Herrn Hochbauer als Wunschkandidaten benannt – und mit dem kommt Herr Rolf einfach nicht zurecht. Deshalb hat er sich bei der Nachfolgersuche auf externe Bewerber konzentriert. Einer davon, Herr Berger, wurde schließlich der neue Teamleiter. Herr Berger hat einiges an Führungserfahrung und Erfolgen vorzuweisen; er kommt von einem der größten und erfolgreichsten Reiseveranstalter und kennt die Branche wie kaum ein anderer.

Trotz dieser eigentlich guten Basis hat Herr Berger es nie geschafft, vom Team akzeptiert zu werden. Er selbst hat von Anfang an gespürt, dass das Team gegen ihn ist. Seine Versuche – zum Teil zaghaft, zum Teil entschlossen – Vertrauen aufzubauen, sind alle gescheitert. Im Moment sieht es so aus, dass wenigstens ein Teammitglied, Frau Bircher, eine halbwegs funktionierende Arbeitsbeziehung zu ihm hat. Die anderen lehnen ihn offen und offensichtlich ab und beschränken ihre Zusammenarbeit auf das offiziell unbedingt erforderliche Maß. Herr Berger ist mit seinem Latein und mit seinen Nerven gleichermaßen am Ende. Die Schwierigkeiten im Beruf wirken sich wie so oft im Konfliktfall auch nachteilig auf sein Familienleben aus. Er denkt ernsthaft über einen Wechsel des Unternehmens nach und freundet sich jeden Tag mehr mit dieser Möglichkeit an. „Lieber ein Ende mit Schrecken als ein Schrecken ohne Ende!", sagt er sich immer öfter.

Herr Rolf steht voll hinter Herrn Berger. Schließlich hat er sich für ihn entschieden und er ist nach wie vor der Meinung, Herr Berger habe das Zeug zu einem erfolgreichen Leiter des schwierigen Marketingteams: „Herr Berger, das stehen wir zusammen durch, nur Mut!" Allerdings beunruhigen ihn die Leistungen des Teams. Ein klarer Leistungsabfall signalisiert für ihn als

Abteilungsleiter Handlungsbedarf. Er selbst weiß auch nicht genau, was im Team eigentlich los ist. Eines aber ist ihm inzwischen klar geworden: Herr Berger allein wird die Sache nicht in den Griff kriegen. Er schlägt ihm deshalb vor, einen Konfliktmanager an Bord zu holen. Man einigt sich auf Herrn Weiß, der im Unternehmen einen sehr guten Ruf genießt. Herr Rolf kennt ihn persönlich, Herr Berger nur aus Erzählungen anderer.

Wie geht Herr Weiß vor? In einem ersten Sondierungsgespräch mit Herrn Rolf und Herrn Berger, seinen Auftraggebern, lässt er sich die Situation aus Sicht der beiden schildern. Das Gespräch dient vor allem dazu, dass die Beteiligten sich beschnuppern und ein bisschen kennen lernen können.

Herr Weiß spricht diesen Aspekt auch sehr offen an: „Am schnellsten bekommen Sie einen ersten Eindruck von mir und meiner Arbeitsweise, wenn ich Ihnen ein paar Fragen zum Konflikt stelle. Das Treffen heute dient vor allem dazu herauszufinden, ob wir überhaupt zueinander passen und über nächste Schritte nachdenken sollten. Zuerst sollten wir uns aber in Ruhe miteinander bekannt machen". Er beantwortet die Fragen von Herrn Berger und Herrn Rolf zu seiner Erfahrung im Konfliktmanagement und seinem beruflichen Werdegang ausführlich; auch die beiden anderen Gesprächsteilnehmer stellen sich vor. Herr Weiß lässt sich dann in aller Ruhe den Konflikt und den Standpunkt der beiden Herren erklären. Dabei wird ihm schnell klar, dass der Konflikt sich im Stadium „Gemeinsam bin ich stärker!" befindet, vielleicht auch schon eine Stufe höher. Auf Basis dieser Informationen macht er einen Vorschlag für das weitere Vorgehen: „Wenn Sie sich eine Zusammenarbeit vorstellen können, schlage ich als erstes eine Bestandsaufnahme vor. Das heißt konkret, dass ich auf Basis von Einzelgesprächen mit den Teammitgliedern und Ihnen beiden eine Analyse des Konfliktes ausarbeiten werde. Dabei möchte ich vor allem herausfinden, welches die wichtigsten Konfliktthemen, die damit verknüpften Anliegen und wer die zentralen Konfliktbeteiligten sind. Das ist wichtig, damit wir beim weiteren Vorgehen den Hebel an der richtigen Stelle ansetzen. Diese Analyse werde ich dann Ihnen und dem Team vorstellen und erläutern. Gleich eine Warnung: Das kann für einige, vielleicht auch für Sie selbst, ziemlich unbequem werden. Im Zweifelsfall halte ich es hier nämlich mit dem Grundsatz „Ehrlichkeit vor Höflichkeit". Zusätzlich stelle ich dem gleichen Personenkreis ein Konzept zur Lösung des Konfliktes vor. Darin werde ich das weitere Vorgehen skizzieren, so, wie ich es für sinnvoll halte. Und dann brauche ich das Mandat der Konfliktbeteiligten. Die überwiegende Mehrheit muss sowohl mein Konzept als auch mich als Konfliktmanager akzeptieren. Gerade dieser Punkt ist für mich sehr wichtig. Ohne Vertrauen in das von mir vorgeschlagene Vorgehen und in meine Person kann ich Sie und Ihr Team nicht wirkungsvoll unterstützen. Und nur so können wir davon ausgehen, dass alle Beteiligten in der Folge ihren Teil der Verantwortung für die Lösungsfindung übernehmen werden. Tja, und falls der eine oder andere das dann gar nicht oder nur zögerlich tun wird, habe ich aufgrund des Mandates eine klare „Lizenz zum Nachhaken."

Ziel dieser ersten Phase des Konfliktmanagements ist das Beschnuppern von Auftraggeber(n) und potenziellem Konfliktmanager. Es geht darum, einen ersten, aber durchaus soliden Eindruck zu gewinnen um entscheiden zu können, ob man zusammenpasst und das Konfliktmanagement gemeinsam in Angriff nimmt. Wie lässt sich dieser erste Eindruck gewinnen? Herr Weiß hat es uns vorgemacht. Er verschafft sich mit gezielten Fragen ein erstes Bild der Situation, schildert, wie er die Sache anpacken wird und macht auch klar, welche Werte hinter seiner Arbeit stehen. Nicht im Stile eines amerikanischen Fernsehpredigers, sondern ganz einfach, indem er sein Vorgehen auf Basis klarer Werte motiviert und begründet. Er steigt damit eigentlich gleich in das Thema ein. Das ist nicht nur für den Auftraggeber eine recht ergiebige Vorgehensweise. Auch der potenzielle Konfliktmanager lernt über die Reaktion auf seine Fragen, Skizzen und Aussagen die Auftraggeber ganz gut kennen.

Der Auftraggeber und der potenzielle Konfliktmanager entscheiden über einen gemeinsamen Einstieg ins Konfliktmanagement

An der Stelle, an der wir jetzt in unserem Beispiel angelangt sind, ist das Vorgespräch noch nicht zu Ende. Es fehlt noch eine klare Antwort auf die Frage, ob es weitergeht.

Herr Rolf und Herr Berger sind erst einmal überrascht. Irgendwie hatten sie gehofft, die Sache mit weniger Aufwand bereinigen zu können. Es wäre schon schön gewesen, wenn Herr Weiß mit ein paar gezielten Gesprächen, z. B. ganz speziell mit Herrn Hochbauer, die Leute zur Vernunft und ins Team wieder Ruhe hätte bringen können. Aber sowohl die Skizze für das weitere Vorgehen als auch der Wunsch nach einer klaren „Mandatserteilung" leuchten ein. In einer so schwierigen und emotional aufgeheizten Situation braucht ein Konfliktmanager Übersicht sowie eine klare, verbindliche und starke Position. Herr Rolf und Herr Berger haben im Grunde ein gutes Gefühl bei der Sache. Herr Weiß macht einen sehr kompetenten und überzeugenden Eindruck; beide fühlen sich bei ihm gut aufgehoben. Allerdings ist ihnen im Gespräch auch klar geworden, dass einige Unbequemlichkeiten vor ihnen liegen.
Herr Berger kann damit ganz gut leben. Aus seiner Sicht kann es nur besser werden. Herr Rolf hat aber nach dem Gespräch den Verdacht, dass er selbst mehr Zeit und Energie in die Sache investieren muss, als er sich das vorher gedacht hatte. Das Gefühl, jetzt auf dem richtigen Weg zu sein überwiegt aber.
Auch Herr Weiß glaubt, das Team bei der Konfliktlösung wirkungsvoll unterstützen zu können. Herr Berger und Herr Rolf scheinen für seinen Ansatz offen zu sein und werden wohl auch ihren Teil zur Bearbeitung des Konfliktes beitragen. Man vereinbart als nächsten Schritt, dass Herr Berger dem Team vorschlagen wird, Herrn Weiß an Bord zu holen um den immer schlimmer werdenden Konflikt endlich in den Griff zu kriegen. Bei positiver Reaktion des Teams könne Herr Weiß dann die Einzelgespräche zur Konfliktanalyse führen.

Natürlich kann ein erstes Vorgespräch nicht die Sicherheit liefern, dass die weitere Zusammenarbeit gut funktionieren wird. Aber man kann und sollte es konsequent nutzen, um Unvereinbarkeiten frühzeitig zu erkennen. Was heißt das? Ein gutes Ausschlusskriterium ist, dass entweder Konfliktmanager oder Auftraggeber „ein dummes Gefühl" bei der Sache haben – schon oder noch nach dem ersten Gespräch. Irgendwie wird man nicht miteinander warm, man versteht sich nicht so recht, die Chemie stimmt einfach nicht. In so einem Fall sollte man seiner Intuition vertrauen und die Zusammenarbeit nicht in Angriff nehmen. Im Rahmen eines professionell durchgeführten Konfliktmanagements ist nämlich eine stabile Vertrauensbeziehung zwischen Auftraggeber und Konfliktmanager unverzichtbar. Und die muss von Anfang an funktionieren und sollte nicht erst über einen längeren Zeitraum hin aufgebaut werden müssen.

Es gibt auch sachorientiertere Ausschlusskriterien. Wenn der Auftraggeber auch nach ausführlicher Diskussion die Vorgehensweise des Konfliktmanagers für unrealistisch oder unprofessionell hält, dann stellt sich natürlich die Frage, ob eine Zusammenarbeit Sinn macht. Das gleiche gilt, wenn die Werte nicht zusammenpassen. Ein Beispiel aus unserer Praxis: Wir haben schon Aufträge abgelehnt, bei denen klar war, dass wir vom Auftraggeber instrumentalisiert werden sollten. In einem konkreten Fall ging es gar nicht darum, eine dauerhafte Lösung des Konfliktes zu finden. Es sollte vielmehr Material gegen einen „unbequemen" Mitarbeiter und Konfliktbeteiligten gesammelt werden, um ihn schnell loswerden zu können. Das geplante Konfliktmanagement sollte dafür die Tarnung liefern. Aus unserer Erfahrung wissen wir, dass gerade die Wertediskussion bei der Auswahl eines Konfliktmanagers sehr wichtig ist und leider nur sehr selten – zu selten – aktiv vom Auftraggeber gesucht und geführt wird.

Der Konfliktmanager analysiert den Konflikt

Wie geht es weiter? Herr Weiß wird sich im nächsten Schritt ein klares Bild des Konfliktes erarbeiten.

Drei Tage später teilt Herr Berger Herrn Weiß mit, dass das Team prinzipiell mit professioneller Unterstützung zur Konfliktlösung einverstanden sei. Man wolle Herrn Weiß aber erst einmal kennen lernen. Also trifft sich Herr Weiß auch noch mit dem Team zu einem kurzen Schnuppergespräch. Die Teammitglieder haben in der Zwischenzeit das „Buschtelefon" befragt und durchaus positive Rückmeldungen über Herrn Weiß erhalten. Er steht im Ruf, sehr konsequent und sehr fair zu agieren. Man einigt sich schnell darauf, die Einzelgespräche durchzuführen und sie auch zum Kennenlernen zu nutzen. Der Vorschlag zur Mandatserteilung auf Basis der Analyse und des Lösungskonzeptes überzeugt die Teammitglieder und nimmt ihnen die Angst, durch einen von ihren Vorgesetzten gesteuerten „Kettenhund" überfahren zu werden. Es kann also losgehen.

Ziehen wir eine Zwischenbilanz, was hat Herr Weiß bisher gemacht? Herr Weiß weiß, dass Vertrauen die unverzichtbare Erfolgsvoraussetzung eines Konfliktmanagers ist. Und er weiß, dass man sich Vertrauen Schritt für Schritt erwerben muss. Deshalb nimmt er sich viel Zeit für unspektakuläre Dinge wie Kennenlernen und Beschnuppern. Und er setzt den Prozess der Konfliktlösung mit vorsichtigen Schritten in Gang, damit sich das Vertrauen zu ihm entwickeln bzw. verstärken kann. Sein Wunsch nach klarer Mandatserteilung nach Konfliktanalyse und Vorstellung eines Lösungskonzeptes unterstützt ihn dabei. Die Beteiligten können an diesem Punkt problemlos den Prozess der Konfliktlösung mit ihm abbrechen und sie wissen das auch. Den Konfliktparteien wird nicht gleich zu Anfang eine unumkehrbare „Das ziehen wir jetzt durch"-Entscheidung abverlangt. Kurz: Herr Weiß „entschleunigt" sein Konfliktmanagement und dadurch den Konflikt bewusst und konsequent.

Die Einzelgespräche mit den Teammitgliedern, Herrn Berger und Herrn Rolf liefern zahlreiche Mosaiksteinchen, aus denen sich schnell ein Gesamtbild ergibt. Wir können diese Einzelgespräche nicht im Detail dokumentieren. Deshalb konzentrieren wir uns darauf, das prinzipielle Vorgehen herauszuarbeiten. Herr Weiß verfolgt mit diesen Einzelgesprächen drei wichtige Ziele:

Ziel 1. Die Gespräche dienen dazu, sich noch besser kennen zu lernen. Das ist wichtig für den weiteren Vertrauensaufbau; später wird ja noch die Mandatsfrage gestellt.

Ziel 2. Herr Weiß möchte den Konflikt verstehen. Welche Daten braucht er dazu bzw. in welche Richtung wird er seine Fragen stellen?

a. Herr Weiß wird Informationen zur Entwicklungsgeschichte und den Themen, an denen der Konflikt sich (immer wieder) entzündet, einholen.

b. Er wird sich auch für die „Meilensteine“ interessieren, an denen der Konflikt sich verschärft oder verändert hat. Diese markieren den Übergang auf eine neue Eskalationsstufe.

c. Zur Veranschaulichung und Konkretisierung wird er sich typische Vorfälle bzw. Beispiele aus der Entwicklungsgeschichte des Konfliktes schildern lassen.

Aus diesen Daten kann Herr Weiß Rückschlüsse über die Eskalationsstufe des Konfliktes, wichtige Themen und die Hauptbeteiligten ziehen.

d. Natürlich möchte Herr Weiß auch die Anliegen und die Kernanliegen der Konfliktbeteiligten verstehen. Über eine präzise Bestandsaufnahme der Anliegen und Kernanliegen erkennt man ganz gut die „eigentlichen“ Konfliktthemen und die zentralen Konfliktparteien. Warum ist das so? Anliegen und Kernanliegen sind in aller Regel relational, das heißt es handelt sich z. B. um einen Wunsch an jemanden; um Ängste und Befürchtungen vor jemandem bzw. etwas; um ein Interesse an etwas. Und das sind dann natürlich die Stellen, an denen man den Hebel für eine Lösung ansetzen muss: Die entscheidenden Kernanliegen der wichtigsten Konfliktparteien.

e. Schließlich wird Herr Weiß nach den Haupthindernissen fragen, die einer Lösung des Konfliktes im Wege stehen, und danach wie man sie überwinden könnte. Diese Fragerichtung liefert ihm wichtige Informationen über den Lösungsglauben und die Lösungsfähigkeit der Beteiligten.

Ziel 3. Herr Weiß möchte in diesen Gesprächen auch damit beginnen, Lösungsglaube, Lösungswunsch und Lösungsfähigkeit der Beteiligten zu stärken. Sein Ansatz dafür findet sich schon in den oben genannten Fragerichtungen. Mit seinen Fragen unterstützt er die Konfliktbeteiligten dabei, negative Emotionen zu mildern bzw. in den Hintergrund zu rücken, die Stimme der Vernunft zu stärken und über Lösungsmöglichkeiten nachzudenken.

Führen wir das Beispiel weiter:

Für Herrn Weiß kristallisiert sich im Verlauf seiner Gespräche folgendes Bild heraus. Die verschiedenen Konfliktthemen bzw. Aspekte des Konfliktverlaufs haben alle ihren Ursprung in der Art und Weise, wie Herr Rolf die Nachfolgerfrage für die Position des Teamleiters geregelt hatte. Er hatte damals das Team um einen Vorschlag gebeten und das Team einigte sich intern schnell und ohne große Abstimmungsprobleme auf Herrn Hochbauer. Er ist die wichtigste Respektsperson im Team, der Ansprechpartner für berufliche und zum Teil auch private Fragen – und von allen Teammitgliedern hat er die größte Fachkompetenz und Erfahrung. Seine oft aufbrausende und stürmische Art haben die Teammitglieder zu nehmen gelernt. Sie haben sie auch zu schätzen gelernt, vor allem wenn sie sich gegen den eher unbeliebten Abteilungsleiter, Herrn Rolf, richtet. Auch Frau Bircher hat für ihn gestimmt. Sie hält sich fachlich zwar für ebenbürtig, weiß aber, dass Herr Hochbauer einfach mehr Akzeptanz in der Führungsrolle hätte als sie. Außerdem fehlt ihr der Ehrgeiz zur Übernahme einer Führungsposition. Sie sieht sich mehr als Fachfrau, die vor allem inhaltlich arbeiten möchte und so zu ihren Erfolgserlebnissen kommt.

An diesem Punkt im Konfliktverlauf ist das erste fundamentale Missverständnis aufgetreten. Aus Sicht des Teams war der Teamvorschlag nämlich viel mehr als eine unverbindliche Mei-

nungsäußerung. Hätte Herr Rolf das Team sonst gefragt? Es wurde erwartet, dass Herr Rolf den Vorschlag annimmt, oder zumindest wirklich einleuchtende Gründe gegen Herrn Hochbauer als Teamleiter ins Feld führt. Beides ist nicht passiert. Das Team und Herr Hochbauer haben erst am Tage der „Ernennung" Herrn Bergers davon erfahren, dass Herr Hochbauer nicht zum Zuge kam. Und Herr Rolf hat nie begründet, warum Herr Hochbauer übergangen wurde – weder dem Team noch Herrn Hochbauer gegenüber. Herr Hochbauer wurde dadurch stark verärgert: „Warum hat Herr Rolf nie mit mir darüber geredet? Und warum erfahre ich es vor versammelter Mannschaft, dass ich nicht Teamleiter werde?"

Für Herrn Rolf sieht die Sache allerdings anders aus. Für ihn war es von Anfang an klar, dass die Entscheidung bei ihm und nur bei ihm liegt und die Meinung des Teams dafür zwar interessant, aber letztlich unverbindlich sei. „Ich wollte halt einfach so die Stimmung im Team austesten und die Leute auch irgendwie mit einbeziehen – und über die eine oder andere Idee hätten wir dann schon reden können. Nur Hochbauer ist als Teamleiter einfach nicht geeignet. Der ist viel zu impulsiv und konfrontativ. Ich brauche da jemand, dem ich vertrauen und mit dem ich gut zusammenarbeiten kann. Beides ist bei Hochbauer nicht der Fall."

Im Rückblick konnte Herr Weiß allerdings nicht mehr klären, aufgrund welcher Kommunikationspannen das Missverständnis entstanden ist. Die Folgen ließen sich aber wieder sehr gut rekonstruieren. Von Anfang an wurde Herr Berger vom Team abgelehnt. Zum einen wollte man Herrn Hochbauer damit Sympathie und Loyalität beweisen, zum anderen Herrn Rolf ein klares Signal senden, dass Vertrauensbruch vom Team nicht akzeptiert werde („Mit uns nicht!"). Mit anderen Worten: Der Konflikt zwischen dem Team und Herrn Rolf wurde vom Team mit bzw. gegen Herrn Berger als „Rolfs Mann" (und Prügelknabe) von der ersten Sekunde an konsequent ausgefochten. Herr Berger hatte eigentlich nie eine Chance, die Akzeptanz des

Teams zu gewinnen. Herr Weiß hat zudem herausgefunden, dass zwischen Herrn Hochbauer und Herrn Rolf schon seit gut zwei Jahren Kriegszustand herrscht. Meistens handelt es sich um eine Form des kalten Krieges; hin und wieder brechen aber heftige Scharmützel aus: nicht vorhersehbar, aber regelmäßig.

Herr Hochbauer hat sich Herrn Berger gegenüber sehr passiv verhalten: „Ich werde nicht aktiv gegen ihn arbeiten, aber das Team muss er schon selbst für sich gewinnen. Wenn eine Führungskraft das nicht schafft, ist sie sowieso fehl am Platz. Bin ich sein Kindermädchen?" Das Team fand darin seine Ablehnung Herrn Bergers bestätigt und konnte sich, wie gewohnt, auch in diesem Fall an der Leitfigur Hochbauer orientieren. Nur – während Herr Hochbauer sich passiv verhielt, hat das Team den Konflikt aktiv vorangetrieben.

Herr Berger schließlich hat sehr schnell gemerkt, dass er es mit einem Team zu tun hatte, das gegen ihn eingestellt war. Seine ersten Versuche der Kontaktaufnahme und des Vertrauensaufbaues , z. B. eine Einladung zu einem gemeinsamen Umtrunk nach Feierabend in der Bar um die Ecke, wurden deutlich zurückgewiesen. Nur Frau Bircher und der Auszubildende Herr Helm sind da aufgetaucht. Die anderen entschuldigten sich im Laufe des Nachmittags mit wichtigen familiären Verpflichtungen, Vorstandssitzungen im Sportverein oder Magenverstimmung. Nach diesem peinlichen Abend hat Herr Berger versucht, einen eher autoritären Führungsstil zu praktizieren („O.k., wenn ihr nicht im Guten wollt ... ich kann auch anders!"). Der Erfolg dieses Ansatzes war allerdings sehr bescheiden. Das Team mauert immer noch bei jeder sich bietenden Gelegenheit.

Herr Rolf hat Herrn Berger wiederum bei jeder Gelegenheit kompromisslos den Rücken gestärkt. Und genau das hat Herrn Berger beim Team nicht weitergeholfen, das Herrn Rolf sehr übel nimmt, wie er Herrn Hochbauer „ausgebootet" hat.

Soviel zu den Inhalten des Konfliktes und zu seiner Geschichte. Der nächste Aspekt des Konfliktmanagements betrifft einen sehr sensiblen Punkt, nämlich den Umgang mit den Informationen, die Herr Weiß im Verlauf seiner Einzelgespräche sammelt.

Herr Weiß klärt außerdem – und dieser Punkt ist wichtig – mit jedem Gesprächspartner genau ab, welche Informationen mit welchem Detaillierungsgrad in seine allen zugängliche Konfliktanalyse einfließen dürfen. Ohne Freigabe durch den jeweiligen Gesprächspartner wird Herr Weiß die Informationen nicht „offiziell bekannt geben". Hier sind kristallklare Vereinbarungen unverzichtbar. Trifft man sie nicht, besteht die Gefahr von Missverständnissen; es kann leicht zum Vorwurf bzw. Eindruck eines Vertrauensbruches kommen: „Zuerst sichert er Vertraulichkeit zu – und dann gibt er meine Information brühwarm an alle weiter. Also, ich sage hier nichts mehr!"

Auf Basis dieser Einzelgespräche entwickelt Herr Weiß seine Analyse bzw. Arbeitshypothese zum Konflikt im Marketingteam.

Die Einzelgespräche liefern Herrn Weiß noch eine Fülle von Vorfällen und Beispielen, die die Schwere bzw. das Eskalationsstadium des Konfliktes veranschaulichen. Der zentrale Konflikt, sozusagen „die Mutter aller Teamkonflikte", ist das gestörte Verhältnis zwischen Herrn Rolf und Herrn Hochbauer. Das vordergründige Konfliktthema ist die Nichtberücksichtigung Herrn Hochbauers für die Position des Teamleiters. Herr Weiß vermutet da aber einen noch älteren Konflikt mit noch älteren Themen bzw. fundamentaleren Anliegen – zwischen den beiden kracht es ja schon seit zwei Jahren immer wieder. Da er sein Einzelgespräch mit Herrn Hochbauer als eines der ersten geführt hat, hatte er noch keine Gelegenheit, an dieser Stelle nachzuforschen. Eine saubere Klärung der Konflikte zwischen Team(mitgliedern), Herrn Hochbauer und Herrn Berger kann, wenn überhaupt, nur auf Basis einer Konfliktlösung zwischen Herrn Rolf und Herrn Hochbauer erfolgen. Diese Einschätzung bildet den Kern der Konfliktanalyse von Herrn Weiß.

Diese Situation ist für Konflikte der höheren Eskalationsstadien durchaus nicht ungewöhnlich. Oft merkt man erst im Verlauf diverser Gespräche, dass man von einem oder mehreren Gesprächspartnern (noch) nicht alles erfahren hat, was wichtig und somit relevant ist. Deshalb ist konsequentes Nachhaken angebracht.

Der Konfliktmanager stellt den Konfliktparteien seine Konfliktanalyse und sein Konzept für das weitere Vorgehen vor

Alle sind im Besprechungszimmer versammelt: Das Team, Herr Berger und Herr Rolf. Und alle sind auf Herrn Weiß' Präsentation gespannt. Diese Spannung beruht auf durchaus gemischten Gefühlen. Einerseits Vorfreude, denn irgendwie glaubt jeder der Beteiligten, dass die Analyse des Konfliktmanagers ihn in seiner Sicht der Dinge bestätigen wird („Schließlich bin ich ja im Recht. Das muss jeder unvoreingenommene Beobachter klar einsehen."). Andererseits gibt es auch Beklemmung, denn vor allem bei einigen Teammitgliedern hat sich in und nach den Gesprächen mit Herrn Weiß der Verdacht eingestellt, dass das Verhalten gegenüber Herrn Berger vielleicht doch nicht nur unter die Rubrik „Loyalität, Brüderlichkeit und Gerechtigkeit" fällt. (Die Stimme der Vernunft meldet sich leise, aber hartnäckig zu Wort).

Herr Weiß hat sich entschieden, Herrn Rolf und Herrn Hochbauer nicht auf die Inhalte seiner Analyse vorzubereiten. Er hält beide für fähig, seine Analyse auch ohne Vorwarnung zur Kenntnis zu nehmen, zu überdenken und zu verdauen. Herr Weiß steigt ohne Umschweife in das Thema ein. Die wesentlichen Inhalte kennen wir schon aus dem letzten Abschnitt; deshalb skizzieren wir hier nur das Grundgerüst seiner Präsentation.

Herr Weiß zeichnet den von ihm rekonstruierten Konfliktverlauf grob nach. Er geht dabei nicht zu sehr ins Detail, sondern konzentriert sich auf die wichtigsten Phasen bzw. Meilensteine. Konkrete Beispiele, die er in den Gesprächen sammeln konnte, markieren und veranschaulichen dabei wichtige Zwischenstationen bzw. den Eintritt des Konflikts in neue Eskalationsstufen. Sein Fazit: Der Konflikt ist gerade dabei, von Stufe 4 „Gemeinsam bin ich stärker!" auf Stufe 5 „Jeder soll sehen, was der Andere für ein Schuft ist!" überzugehen. Herr Weiß stellt das Eskalationsmodell kurz vor, um seine Ausführungen nachvollziehbar zu machen.

Vielen der Anwesenden hilft Herrn Weiß' Rekonstruktion dabei, ihr eigenes, zum Teil unvollständiges Bild zu ergänzen („Ach, so war das damals ..."). Auf alle hat diese Gesamtschau eine ernüchternde Wirkung („Aus der Beobachterperspektive betrachtet, haben wir uns ja ganz schön merkwürdig aufgeführt ...").

Herr Weiß stellt dann im nächsten Schritt die von ihm erkannten Konfliktthemen vor. Dabei benennt er auch die Personen, die beim jeweiligen Konfliktthema die Hauptrolle spielen. Die Konfliktthemen benennt er mit Hilfe der Standpunkte, die von den jeweils Beteiligten eingenommen werden. Diese Standpunkte hat er in den Einzelgesprächen klar herausgearbeitet. Das ist wichtig, denn durch diese Form der Themenbenennung vermeidet Herr Weiß, so gut das überhaupt möglich ist, dass er ein Thema „uminterpretiert". Und er vermeidet, dass er in seiner Analyse des Konfliktes schon mögliche Lösungsansätze vorwegnimmt bzw. in die Konfliktbearbeitung einbringt. Das soll ja von den Konfliktparteien selbst geleistet werden.

Konfliktthema 1 ist die gestörte Zusammenarbeit zwischen Team und Teamleiter, Herrn Berger. Der Standpunkt des Teams ist klar: „Wir akzeptieren Herrn Berger nicht als unseren Teamleiter". Ebenso der Standpunkt Herrn Bergers: „Ich lasse mich nicht unterkriegen".

Konfliktthema 2 ist der Konflikt zwischen Herrn Berger und Herrn Hochbauer. Der Standpunkt Herrn Bergers: „Hochbauer arbeitet gegen mich". Als Herr Weiß das so klar benennt, widerspricht Herr Hochbauer sofort: „Das stimmt nicht. Ich halte mich sogar ganz bewusst zurück, da können Sie jeden im Team fragen!“. Herr Rolf mischt sich auch gleich ein, stellt sich wie gewohnt vor Herrn Berger und feuert eine volle Breitseite gegen Hochbauer: „Da lachen ja die Hühner! Sie haben doch vom ersten Tag an die Position von Herrn Berger unterminiert ...“. Sofort greift Herr Weiß entschlossen ein: „Moment, ich bin ja noch gar nicht fertig mit meiner Präsentation. Und wenn ich damit fertig bin und das Gesamtbild klar ist, haben wir ausreichend Zeit für Korrekturen und Kommentare. Einverstanden, wenn ich weitermache? Es fehlt noch der Standpunkt Herrn Hochbauers zu diesem Konfliktthema“.

Herr Weiß bringt auch hier die Sache auf den Punkt: „Herr Berger muss sich schon alleine zurechtfinden und das Team gewinnen.“ Na ja, was will Herr Hochbauer darauf antworten? Herr Weiß erklärt noch kurz, warum aus seiner Sicht diese Standpunkte zum Konflikt geführt haben. Die passive Haltung Herrn Hochbauers wurde und wird vom Team als sehr nobel interpretiert („Er könnte ja auch anders, aber so etwas macht er halt nicht ...“). Sympathie und Loyalität des Teams sind Hochbauer sowieso sicher – genauso sicher wie das Team seine Passivität durch Aktivität ausgeglichen hat. Und Herr Berger hätte Herrn Hochbauers aktive Unterstützung in dieser schwierigen Situation gebraucht und hat sie nicht bekommen; deshalb ist er auf Herrn Hochbauer besonders sauer („Der hat mich voll auflaufen lassen!“).

Konfliktthema 3 betrifft Herrn Hochbauer und Herrn Rolf. Herr Weiß gibt auch hier deren Standpunkte wieder. Herr Hochbauer: „Herr Rolf mag mich nicht und lässt mich nicht hochkommen. Er bremst mich aus, wo es nur geht.“ Herr Rolf: „Herr Hochbauer überschätzt sich stark. Seine Unberechenbarkeit hindert ihn am Fortkommen. Er macht aber vor allem andere dafür verantwortlich, dass es mit ihm nicht weitergeht.“ Nachdem Herr Weiß diesen Konflikt so deutlich benannt hat, könnte man im Besprechungsraum die berühmte Nadel fallen hören

– trotz Teppichboden. „Endlich ist es raus", denkt sich so manches Teammitglied – und „wie werden die beiden jetzt reagieren?". Herr Hochbauer und Herr Rolf schweigen eisern, vermeiden allerdings Blickkontakt.

Mit seiner deutlichen und ehrlichen Analyse leistet Herr Weiß den Konfliktbeteiligten einen wichtigen Dienst. Er benennt klar und unmissverständlich die Punkte, um die es wirklich geht. Oft sind das gerade die Punkte, die von den Beteiligten selbst konsequent vermieden, tabuisiert bzw. unter den Teppich gekehrt werden. Es sind genau die Punkte, über die man überhaupt nicht gerne spricht. Diese Enttabuisierung durch den Konfliktmanager bricht den Bann; die heiklen Punkte liegen – endlich – auf dem Tisch, jetzt kann man – endlich – darüber reden.

Im Anschluss daran erläutert Herr Weiß, warum er den Hebel für eine dauerhafte Lösung dieses Konfliktbündels am Thema 3 ansetzen möchte. Der Konflikt zwischen Herrn Hochbauer und Herrn Rolf ist die Kraftquelle, die alle anderen speist. Der Konflikt zwischen Herrn Berger und dem Team wird vom Team vor allem für Herrn Hochbauer und gegen den Abteilungsleiter betrieben. Und der Konflikt zwischen Herrn Berger und Herrn Hochbauer hat mit Sicherheit auch viel damit zu tun, dass Herr Rolf Herrn Berger als Teamleiter eingesetzt hat – an Herrn Hochbauer vorbei.

Die Teammitglieder schweigen. Die meisten haben erkannt, wie alles gelaufen ist, einige schämen sich ein bisschen („Oh Mann, dem Berger haben wir ja nie eine Chance gegeben!"). Herr Berger ist irgendwie ein bisschen erleichtert; ihm wird klar, dass er von Anfang an eine Wand gegen sich hatte, die sehr stabil war. Allerdings ärgert er sich auch über die vielen Fehler, die er im Umgang mit dem Team gemacht hat („Wenn mir das klar gewesen wäre ...").

An dieser Stelle protestieren allerdings Herr Rolf und Herr Hochbauer – eine äußerst seltene Einmütigkeit (ob das schon die ersten positiven Folgen des Konfliktmanagements sind?). Herr Rolf: „Aber es geht doch um das Verhalten des Teams gegenüber Herrn Berger! Da klappt die Zusammenarbeit doch nicht, weil das Team sabotiert! Dass Herr Hochbauer und ich keine Freunde sind, weiß sowieso jeder – aber ich kann doch im Grunde gar nichts tun, um die Zusammenarbeit zwischen Team und Teamleiter zu verbessern!" Herr Hochbauer stößt ins gleiche Horn wie Herr Rolf (die beiden sind sich tatsächlich einig): „Genau – und wenn Sie Herrn Berger fragen, wird er bestätigen, dass ich nichts gegen ihn unternommen habe. Also, mit dem Team muss er schon alleine klarkommen!"

An dieser Stelle interveniert Herr Weiß sofort und konsequent. Er nimmt inhaltlich Stellung zum Konfliktgeschehen und hält zwei der Beteiligten einen Spiegel vor. Dadurch verhindert er zum einen ein Abblocken der Arbeit an den von ihm benannten heiklen Punkten; zum anderen muss er an dieser Stelle seine Autorität als Konfliktmanager wahren. Seine Aufgabe ist es, nach bestem Wissen und Gewissen den Konflikt zu analysieren und dafür zu sorgen, dass die Ehrlichkeit nicht zugunsten kurzfristig vermiedener Unbequemlichkeiten auf der Strecke bleibt.

Herr Weiß gibt den beiden kurz, aber deutlich Feedback: „Herr Rolf, ich unterbreche jetzt meine Präsentation und gehe auf das ein, was Sie gerade gesagt haben. Richtig ist, dass es einen Konflikt gibt, der sich zwischen Herrn Berger und dem Team abspielt. Meiner Ansicht nach ist das aber ein Konflikt, in den Herr Berger vor allem als Ihr Stellvertreter verwickelt ist. Er gilt, bedingt durch die Geschichte seiner Einsetzung durch Sie, als „Rolfs Mann". Zweitens solidarisiert das Team sich mit Herrn Hochbauer gegen Sie. Und drittens haben Sie als Abteilungsleiter sehr wohl eine wichtige Funktion im und für das Team – ob Sie das wollen oder nicht. Und mein Vorschlag wird sein, dass Sie diese Funktion konsequenter als bisher wahrnehmen, um Ihren Beitrag zur Konfliktlösung zu leisten. Ohne Sie wird das nicht gehen.

Und Herr Hochbauer, auch Sie wissen, dass es so etwas wie unterlassene Hilfeleistung gibt. Das als Denkanstoß. Wären Sie an Stelle von Herrn Berger mit einem Verhalten wie dem Ihren zufrieden?"

Betretenes Schweigen im Raum – Frau Bircher bricht es als erste. „Also, Herr Rolf, ich glaube schon, dass Herr Weiß richtig liegt. Es wird jetzt wirklich Zeit, dass wir die Sache von Grund auf bereinigen. Und dabei müssen wir auch über Ihr angespanntes Verhältnis zu Herrn Hochbauer sprechen. Das hat ja schon öfters Auswirkungen aufs Team gehabt, nicht nur beim derzeitigen Konflikt". Körpersprache und kurze Bemerkungen der anderen Teammitglieder signalisieren deutlich, dass sie das ähnlich sehen. Herr Weiß nimmt den Faden wieder auf: „O.k., Sie haben ja Zeit, sich meine Analyse durch den Kopf gehen zu lassen, über die Sache zu diskutieren und sich dann für oder gegen mein Konzept zu entscheiden. Ich steige jetzt wieder in die Präsentation ein und stelle Ihnen zum Abschluss mein Lösungskonzept vor".

Die wesentlichen Inhalte des Vorgehens zur Konfliktbearbeitung sind jetzt nicht mehr schwer zu erraten.

Schritt 1 ist die Konfliktlösung Rolf-Hochbauer. Herr Weiß schlägt vor, zur Vorbereitung mit jedem der beiden in aller Ruhe ein weiteres Einzelgespräch zu führen. Dann wird es ein von ihm geleitetes Gespräch zwischen den beiden geben. Ziel ist es, zum einen klare Vereinbarungen für die weitere Zusammenarbeit zu finden und zum anderen wirkungsvolle Beiträge zur Bereinigung der anderen Konflikte zu erarbeiten.

Schritt 2 wird dann die Konfliktlösung Hochbauer-Berger sein. Wieder schlägt Herr Weiß ein von ihm moderiertes Gespräch vor. Ziel ist es hier, klare Vereinbarungen für die weitere Zusammenarbeit zu finden und sich zu überlegen, was die beiden tun können, um die Lösung der anderen Konflikte zu unterstützen.

Schritt 3 ist schließlich die Konfliktlösung Team-Berger. Herr Weiß schlägt einen von ihm moderierten Workshop ohne Herrn Rolf vor. Herr Rolf sollte allerdings zum Einstieg wichtige Rahmenbedingungen beisteuern (Klärung der Stellung von Herrn Berger und Herrn Hochbauer etc.). Das Ziel des Workshops: Erstens sollte die Vergangenheit besprochen und aufgearbeitet werden; zweitens gilt es, mit klaren Vereinbarungen die weitere Zusammenarbeit zu verbessern.

Herr Rolf und Herr Hochbauer willigen grummelnd ein. Keiner der beiden gibt offen zu, dass bei ihm der Hebel angesetzt werden muss – „aber schaden kann es ja nicht, wenn wir anfangen."

Diese zurückhaltende Einstellung erleben wir als Konfliktmanager übrigens immer wieder. So klar es jedem der Beteiligten ist, dass der Konflikt angepackt werden muss, so schwer fällt in aller Regel die Einsicht, dass man selbst den ersten Schritt machen sollte – und dass man selbst einer der „Konfliktmotoren" ist bzw. war. Freudvolle Aufgeschlossenheit bei den Hauptbeteiligten wäre an dieser Stelle zwar schön, ist aber nicht zu erwarten.

Frau Bircher und die anderen Teammitglieder halten den Ansatz von Herrn Weiß für den richtigen Weg: „Sonst geht es immer so weiter oder es kommt zum Knall. Wir sollten das Thema jetzt endlich anpacken; es geht uns ja allen auf die Nerven."

Der Konfliktmanager holt sich das Mandat der Konfliktparteien für das Konzept und für seine Person

Natürlich dauert die Diskussion länger, als in unserer Skizze wiedergegeben. Sie verläuft in der Realität auch nicht immer so zielgerichtet.

Zum Schluss stellt Herr Weiß aber die Mandatsfrage. In diesem Fall bietet er an, dass die Beteiligten sich bis Ende des nächsten

Tages darüber klar werden, ob sie sein Lösungskonzept mittragen und ihn als Konfliktmanager akzeptieren werden. Das gibt allen die Möglichkeit, einmal darüber zu schlafen und sich am folgenden Tag kurz zu besprechen. Da das Team bisher sehr geschlossen und in gegenseitiger Absprache den Konflikt betrieben hat, hält Herr Weiß es für klug, Zeit für eine erneute Absprache zu geben. Die Voten aller Beteiligten sollten über Herrn Berger an Herrn Weiß weitergegeben werden. Zum Abschluss betont Herr Weiß, dass eine einfache Mehrheit für ihn nicht ausreichend wäre; mindestens 80 % der Konfliktbeteiligten sollten hinter ihm und seinem Konzept stehen.

Am nächsten Tag ist dann alles klar, die Mandatserteilung erfolgt einstimmig. Das Konzept leuchtet ein. Herr Weiß wird voll akzeptiert. Er hat sich in den Gesprächen und mit seiner ruhigen, aber entschlossenen Art bei der Präsentation der Konfliktanalyse Respekt verschafft. Alle sind „irgendwie emotional erleichtert"; es scheint doch einen Ausweg aus dem Irrgarten zu geben. „Ohne Weiß wären wir nie so weit gekommen, dass endlich die eigentlichen Knackpunkte angesprochen und auf den Tisch gelegt werden!"

Damit hat Herr Weiß eine wichtige Etappe im Konfliktmanagement erfolgreich abgeschlossen. Er hat eine Sichtweise des Konfliktes als verbindliche Arbeitsgrundlage etabliert. Das wird Ausweich- und Ablenkungsmanöver der Konfliktparteien erschweren. Außerdem hilft das klare Mandat der Beteiligten ihm dabei, die unangenehmen Pflichten seiner Rolle als Konfliktmanager konsequenter und mit mehr Akzeptanz wahrzunehmen: Feedback geben, Blockaden überwinden, Konfliktbeteiligte anstupsen oder bremsen, ...

Das Konzept wird umgesetzt und mündet in einer Konfliktlösung

Im folgenden skizzieren wir nur einige Sequenzen aus den diversen Gesprächen zur Umsetzung der Konfliktlösung. Diese sollen typische Vorgehensweisen eines Konfliktmanagers illustrieren. Der Rest des Beispieles wird dann jeweils in groben Zügen geschildert.

Herr Weiß möchte aus zwei Gründen mit Herrn Hochbauer und Herrn Rolf noch je ein Einzelgespräch führen. Erstens hat er selbst noch nicht wirklich verstanden, welche Kernanliegen den Konflikt zwischen den beiden tatsächlich bestimmen. Seinen Verdacht haben wir ja schon angesprochen: Er vermutet einen relativ weit zurückliegenden Konflikt als Quelle der gegenwärtigen Probleme. Zweitens möchte er die beiden in aller Ruhe auf das Konfliktgespräch zu dritt vorbereiten.

Das erste Gespräch findet zwischen Herrn Rolf und Herrn Weiß statt. Wir steigen an einer kritischen Stelle in dieses Gespräch ein. Dieser Ausschnitt soll anschaulich machen, dass ein Konfliktmanager oft ziemlich starke Blockaden überwinden muss, um die Konfliktparteien sinnvoll unterstützen zu können.

Herr Rolf: „Also ich weiß überhaupt nicht, warum mir bei dem ganzen Konflikt eine so wichtige Rolle zukommen soll. Schließlich geht es doch in erster Linie um Herrn Berger und das Team und dabei vor allem um Hochbauer und seine permanente Grundsatzopposition."
Herr Weiß: „Tja, Herr Rolf, genau deshalb habe ich ja um das Gespräch gebeten. Ich möchte einfach meine Vermutung überprüfen, dass da etwas ist, und herausfinden, was da vielleicht ist. Sie arbeiten ja schon seit über drei Jahren mit Hochbauer zusammen; wann hat es denn das erste mal gekracht?"
Herr Rolf: „Hm, eigentlich kracht es da öfter einmal und zwar aus ganz unterschiedlichen Gründen. Meistens geht Hochbauer hoch wie eine Rakete und greift mich massiv an – ganz unabhängig vom Thema, über das wir gerade diskutieren. Der ist

halt einfach ziemlich unbeherrscht und jähzornig. Und ändern wird der sich nicht mehr, darauf können Sie sich verlassen."
Herr Weiß: „War das schon immer so?"
Herr Rolf: „Ja, der war schon immer so, völlig unberechenbar und launisch."
Herr Weiß: „Jetzt habe ich mich missverständlich ausgedrückt. Ich wollte eigentlich wissen, ob Sie und er sich schon immer so in den Haaren lagen."
Herr Rolf: „Also ganz am Anfang, als wir beide in einem Projektteam waren, da haben wir ganz ordentlich zusammengearbeitet. Das hat sich aber schnell verändert, weil Hochbauer einfach extrem misstrauisch und impulsiv ist. So wie letzte Woche in der Teamsitzung, da hat er ja auch wieder ..."
Herr Weiß: „Entschuldigung, wenn ich Sie unterbreche, aber ich möchte das noch etwas genauer beleuchten. Ab wann hat sich denn ihr Verhältnis so verschlechtert?"
Herr Rolf: „Also, genau weiß ich das auch nicht mehr so. Es gab da ein paar Vorfälle, die zu Streit geführt haben und seitdem klappt es halt nicht mehr. Im Grunde waren das Lappalien oder Hirngespinste von Hochbauer. Mir war das jedenfalls zu blöd, immer gleich voll auf seine Angriffe einzugehen. Ich bin ja ein eher ruhiger Mensch und das nutzt er auch immer wieder aus."

Herr Weiß lässt sich nicht ablenken. Durch aufmerksames Zuhören, konsequentes Nachfragen und Nachhaken – er hat dafür ja das Mandat – steuert er auf den heiklen Punkt in der Beziehung Rolf-Hochbauer zu.[30] Hinter Herrn Rolfs Ablenkungs- bzw. Ausweichmanövern steckt wohl kein böser Wille. Vermutlich ist ihm selbst nicht ganz bewusst, welchen Beitrag er zum Konfliktgeschehen zu verantworten hat. Er spürt aber, dass Herrn Weiß' Fragerichtung für ihn unbequem werden kann. Die Folge ist eine durchaus verständliche Vermeidungstaktik. Dieser sollte ein Konfliktmanager mit Verständnis (Wer spricht

[30] In Edmüller, Wilhelm (2002, 3) finden Sie viele Anregungen, wie sich schwierige Situationen in Gesprächen meistern lassen.

schon gerne über heikle Punkte?), aber Konsequenz begegnen. Blenden wir uns wieder in das Gespräch ein:

Herr Weiß: „Erinnern Sie sich noch, welche Lappalien und Hirngespinste da am Anfang Ihres Konfliktes standen?"
Herr Rolf: „Tja, also, da muss ich nachdenken. Ich glaube, es ging damit los, dass Hochbauer plötzlich eine Verschwörung gegen sich gewittert hat und ziemlich aggressiv auf mich und den damaligen Abteilungsleiter, Herrn Krager, losgegangen ist. Ohne viel zu fragen ist er mich in einer Projektteamsitzung so richtig frontal angegangen. Richtig beleidigend war er da."
Herr Weiß: „Das hat sich ja ziemlich eingeprägt, bei Ihnen. Worum ging es denn eigentlich?"
Herr Rolf: „Ach, das war so eine Geschichte wegen eines Marketingkonzeptes für das Vielfliegerprogramm. Wir haben das Konzept gemeinsam ausgearbeitet. Herr Krager hat das Projektteam damals selbst geleitet und die Sache an uns delegiert. Übrigens ein sehr angenehmer und kompetenter Vorgesetzter. Auch heute kommen wir noch exzellent miteinander aus. Ich kann immer zu ihm kommen, wenn was ist. Also, das Konzept wurde auch übernommen und war ein richtiger Renner. Und kurz danach wurde ich, wie Sie ja wissen, zum Stellvertreter Herrn Kragers gemacht. Und seither habe ich immer wieder Ärger mit Hochbauer."
Herr Weiß: „Also das verstehe ich jetzt nicht. Warum war denn Herr Hochbauer auf Sie so sauer?"
Herr Rolf: „Wenn Sie mich fragen: Der wollte selbst die Stelle als Stellvertreter des Abteilungsleiters und dann die Abteilungsleitung haben. Krager hat sich aber für mich entschieden und das war für Hochbauer wohl zu viel. Ganz einfach; bei Hochbauer stehen Ehrgeiz und Persönlichkeit in keinem realistischen Verhältnis zueinander. Das war auch vor ungefähr einem Jahr so. Da ist nämlich folgendes passiert ..."
Herr Weiß: „Mir geht es jetzt weniger um Herrn Hochbauer und seine Person. Ich interessiere mich mehr für die konkreten Vorfälle damals im Projektteam. Es könnte nämlich sein, dass das was mit den heutigen Problemen zu tun hat. Kann sein, dass

ich mich täusche, aber das weiß ich erst, wenn ich die Sache verstanden habe. Sind Sie einverstanden, wenn wir uns darüber noch ein bisschen unterhalten?"
Herr Rolf: „Gut, ich sehe zwar nicht, was diese alten Geschichten mit Herrn Berger zu tun haben, aber wenn Sie meinen ..."
Herr Weiß: „Sie haben vorhin gesagt, Hochbauer hätte Sie in einer Projektteamsitzung massiv angegriffen; was hat er Ihnen denn damals vorgeworfen?"
Herr Rolf: „Also irgend so einen abstrusen Blödsinn."
Herr Weiß: „Welchen Blödsinn denn?"
Herr Rolf: "Na ja, also, er hat einfach behauptet, ich hätte das Konzept bei Herrn Krager in erster Linie als meine Idee dargestellt und ihn hintenrum ausgebootet. Völliges Hirngespinst!"
Herr Weiß: „Aha, Herr Hochbauer kam sich da von Ihnen ausgenutzt und um den Erfolg seiner Arbeit betrogen vor. Habe ich das richtig verstanden?"
Herr Rolf: „Reine Hirngespinste, da ist überhaupt nichts dran. Wahrscheinlich hat er sich da etwas zurechtgereimt, um auszunutzen, dass Herr Krager und ich Vorstandsmitglieder im selben Handballclub sind. So nach dem Motto: „Der arme Hochbauer hat aufgrund von Kungelei ja eh keine Chance, obwohl er ein Genie ist!" Dabei kannte Herr Krager schon damals Hochbauer und seine Unberechenbarkeit und hat auch ziemlich darunter gelitten. Aber Schuld haben für Hochbauer ja immer nur die anderen!"
Herr Weiß: „Also, dieser Vorfall war mir jetzt neu; das kam im ersten Gespräch mit keinem Wort zur Sprache. Danke für Ihre Offenheit, Herr Rolf. Mir geht es darum, den Konflikt zu verstehen, deshalb meine nächste Frage: Wie haben Sie denn auf den Angriff und die Vorwürfe Hochbauers reagiert?"
Herr Rolf: „Ich? Also zuerst habe ich ihm natürlich gesagt, dass das alles nicht stimmt und er sich da etwas zusammenfantasiert. Und dann hatten wir ja direkt nichts mehr miteinander zu tun."
Herr Weiß: „Ich bin jetzt penetrant, das weiß ich. Was haben Sie denn ganz konkret getan, um die Sache aus der Welt zu schaffen?"

Herr Rolf: „Was hätte ich denn tun sollen? Mit Hochbauer war ja nicht zu reden. Der hat ja die beleidigte Leberwurst gegeben. Herr Krager hat versucht, ihm die Sache zu erläutern, aber Hochbauer hat ihm einfach nichts geglaubt."
Herr Weiß: „Das hört sich an, als wäre die Sache nie so richtig klargestellt und bereinigt worden, so dass auch Herr Hochbauer die Streitaxt wieder eingraben hätte können. Korrekt?"
Herr Rolf: „Ja, schon. Vielleicht kommen sein Misstrauen und seine Feindseligkeit ja von dieser Sache her. Was weiß ich! „
Herr Weiß: „Tja, und diese Auseinandersetzung war die erste zwischen Ihnen beiden?"
Herr Rolf: „Ja, schon."
Herr Weiß: „Und seither stimmt es nicht mehr?"
Herr Rolf: „Genau, Hochbauer nutzt jede Gelegenheit, um mir das Leben schwer zu machen."

An dieser Stelle unterbrechen wir das Gespräch. Herr Weiß hat durch hartnäckiges Nachfragen und aufmerksames Zuhören herausgefunden, welche Vorgeschichte der Konflikt zwischen Rolf und Hochbauer hat. Es ist Herrn Rolf nicht leicht gefallen, die Sache zu schildern. Umso wichtiger waren an dieser Stelle Beharrlichkeit und Zielstrebigkeit des Konfliktmanagers. Herr Weiß hat also jetzt eine erste Erklärung dafür, worum es bei dem Konflikt zwischen den beiden eigentlich geht. Im nächsten Schritt möchte er die Kernanliegen Herrn Rolfs herausarbeiten. Schon im voraus ein Hinweis: Herr Weiß wird Herrn Rolf nach erfolgter Analyse der Kernanliegen dazu auffordern, diese zu überdenken und zu revidieren. Auch das ist eine typische Interventionsmöglichkeit eines Konfliktmanagers.

Herr Weiß: „Gut, Herr Rolf, schauen wir jetzt nach vorne. Was müsste denn passieren, damit die Zusammenarbeit mit Herrn Hochbauer besser wird?"
Herr Rolf: „Also ehrlich gesagt habe ich da gar keine Hoffnung mehr. Der ist einfach stur und verbittert. Und mir reicht es mit ihm auch. Ich habe die Nase gestrichen voll."
Herr Weiß: „Stellen Sie sich einfach vor, der Konflikt wäre gelöst: Wie sieht denn da ihre Zusammenarbeit aus?"

Herr Weiß merkt, dass Herr Rolf eigentlich nicht bereit ist, über mögliche Lösungen nachzudenken. Die Abneigung gegen Hochbauer ist einfach zu groß. Deshalb weicht er mit seiner Frage in den „Raum der bloßen Möglichkeit" aus, akzeptiert Herrn Rolfs Ablehnung und lädt ihn lediglich ein, ein bisschen zu „fantasieren". Wichtig ist ihm dabei vor allem eines, nämlich dass Herr Rolf anfängt, über Lösungsmöglichkeiten nachzudenken.

Herr Rolf: „Gut, also träumen wir halt ein bisschen. Also, Hochbauer ist friedlich und offen, er hört zu und tut, was ich ihm sage. Er verhält sich mir gegenüber berechenbar und loyal. Er akzeptiert Herrn Berger und hilft ihm dabei, die Dinge im Team wieder ins Lot zu bringen. Außerdem knüpft das Marketingteam wieder an seine früheren Hochleistungen an."
Herr Weiß: „Hm, was heißt „friedlich" genau?"
Herr Rolf: „Das heißt, dass er nicht bei jeder Gelegenheit auf Konfrontationskurs geht und mich angreift. Ich habe ja nichts gegen Sachargumente einzuwenden, aber diese prinzipielle Opposition habe ich einfach satt. Er sollte halt einfach konstruktiv über die Sachfragen reden."
Herr Weiß: „Und was heißt „offen" für Sie?"
Herr Rolf: „Tja, also, ..., hm, also es wäre schön, wenn er mich von Haus aus über wichtige Dinge informierte. So wie jetzt muss ich ihm jede Information aus dem Rachen reißen. Und er sollte sich auch an mich wenden, wenn es Probleme im Team oder in Projekten gibt. Dazu bin ich ja da und das sage ich den Mitarbeitern ja auch immer."
Herr Weiß: „Das scheint Ihnen generell wichtig zu sein: Die Leute sollen zu Ihnen kommen und Sie über alles informieren?"
Herr Rolf: „Genau, eine Politik der offenen Tür und der offenen Kommunikation! Und ich kümmere mich dann um sie. Das heißt Loyalität für mich."

Herr Weiß stellt noch einige Fragen um Herrn Rolfs „Lösungsvision" zu klären und besser zu verstehen. Über die Ausgestaltung dieser Lösungsvision hofft er, die Kernanliegen Herrn Rolfs klarer zu erkennen. Und das klappt auch. Steigen wir wieder in das Gespräch ein:

Herr Weiß: „Herr Rolf, ich möchte Ihnen jetzt Feedback dazu geben, wie Ihre Anliegen auf mich wirken. Das wird Sie wahrscheinlich überraschen, ich halte das aber an dieser Stelle für nötig. O.k.?"
Herr Rolf. „Nur zu!"
Herr Weiß: „Sie möchten mit Herrn Hochbauer eine ganz normale Arbeitsbeziehung haben. Das muss keine Liebesaffäre sein; nüchtern funktionierende Sachlichkeit reicht Ihnen da. Habe ich das richtig verstanden?"
Herr Rolf: „Genau, aber wo ist da die Überraschung?"
Herr Weiß: „Die kommt gleich, keine Angst. Gleichzeitig möchten Sie, dass Herr Hochbauer Sie – genau wie die anderen Teammitglieder – über die Dinge im Team und in den Projekten informiert und bei Schwierigkeiten zu Ihnen kommt. O.k.?"
Herr Rolf: „Ja."
Herr Weiß: „Herr Rolf, was würde Herr Berger dazu sagen?"
Herr Rolf: „Wie meinen Sie das denn? Also, der sollte sich doch freuen, wenn er Unterstützung bekommt und der Abteilungsleiter weiß, was läuft und ihm den Rücken stärkt!"
Herr Weiß: „Wie ginge es Ihnen denn, wenn Ihr Chef Ihren Mitarbeitern klar sagt, dass Sie bei Schwierigkeiten sofort und direkt zu ihm kommen können? Und außerdem möchte er z. B. genau darüber informiert werden, was zwischen Ihren Mitarbeitern und Ihnen so läuft – wie wäre das für Sie, Herr Rolf?"
Herr Rolf: „Also, das ist ja etwas ganz anderes, das kann man so nicht vergleichen ...."
Herr Weiß: „Warum nicht?"
Herr Rolf: „Also, tja, äh, das Team ist einfach ziemlich schwierig und Herr Berger kriegt die Sache nicht so recht in den Griff und außerdem muss ich ihm doch den Rücken stärken und ...."

Unterbrechen wir das Gespräch wieder. Herr Weiß hat jetzt herausgefunden, welche Anliegen Herr Rolf in seinem Konflikt mit Herrn Hochbauer wirklich hat. Herr Weiß weiß aus Erfahrung, dass diese Art von Anliegen sehr konfliktfördernd sind. Jetzt ist es an ihm, Herrn Rolf dabei zu unterstützen, das zu erkennen und sich solche Kernanliegen zu erarbeiten, die lösungsfähig sind. Auch das ist eine für professionelles Konfliktmanagement typische Form der Intervention.

Herr Weiß: „Ganz klar und unverblümt, Herr Rolf: Wenn Sie Ihr Führungsverhalten an Ihren Anliegen ausrichten, dann untergraben Sie damit automatisch die Position Herrn Bergers. Ein Teamleiter, dessen Mitarbeiter vom Abteilungsleiter aufgefordert werden, an ihm vorbei mit Problemen und Informationen zum Abteilungsleiter zu kommen, gilt in den Augen der Mitarbeiter als entmachtet. Niemand wird ihn ernst nehmen oder sich auf ihn verlassen. Und das gilt unabhängig von der Person des Teamleiters. Wenn es Ihnen wirklich darum geht, Herr Rolf, dann sehe ich für eine dauerhafte Lösung des Konfliktes schwarz. Herr Berger wird es dann vermutlich nicht schaffen, sich mit dem Team zusammenzuraufen. Mein Vorschlag wäre, dass wir gemeinsam nach Alternativen suchen, wie Sie Ihre Führungsrolle in Bezug auf Herrn Berger und das Team neu gestalten können. Herr Rolf, das war jetzt die erste Hälfte meines Feedbacks an Sie; geht die zweite noch?"
Herr Rolf: „Also, gerne höre ich das ja nicht, aber machen Sie ruhig weiter."
Herr Weiß: „Jetzt geht es um Herrn Hochbauer. Wenn es überhaupt noch möglich ist, Ihr gestörtes Verhältnis zu ihm zu stabilisieren, dann müssen zum einen die noch offenen zentralen Fragen angesprochen und irgendwie geklärt werden, auch wenn das weh tut. Welche Fragen das sind, das hängt von Ihnen und von Herrn Hochbauer ab. Und zum anderen werden Sie sehr viel in diese Beziehung investieren müssen. Vielleicht in Form von konkreten Vereinbarungen, bestimmte Dinge zu tun oder nicht zu tun, vielleicht in Form einer Entschuldigung, vielleicht in Form einer Lösung, Hochbauer neue Entwicklungsmöglichkeiten zu eröffnen. Ich weiß nicht, was kommen wird. Aber mir ist inzwischen klar, dass der erste Schritt von Ihnen kommen muss und dass dieser Schritt für Sie schwer wird."

Was hat Herr Weiß in diesem Gespräch erreicht? Er ist dem eigentlichen Konfliktthema auf die Spur gekommen. Es ist wahrscheinlich, dass der unbereinigte Konflikt mit Hochbauer seit „der Sache mit dem Marketingkonzept" immer wieder für neue Unstimmigkeiten sorgt. Dazu musste Herr Weiß allerdings durch konsequentes Nachfragen und Zuhören die blockierende bzw. ausweichende Haltung seines Gesprächspartners aufweichen. Außerdem hat er die eigentlichen Anliegen Herrn Rolfs erkannt. Klar ist, dass diese Anliegen, die eng mit dem Führungsverständnis Herrn Rolfs verknüpft sind, einer dauerhaften Konfliktlösung im Wege stehen. Das hat Herr Weiß Herrn Rolf auch klar und deutlich gesagt. Wie geht es jetzt weiter? Herr Weiß schlägt vor, das Gespräch an dieser Stelle abzubrechen. Er merkt nämlich, dass Herr Rolf sehr nachdenklich geworden ist. Die nächsten Schritte auf dem Weg zur Konfliktlösung schildern wir wieder in groben Zügen.

Im Einzelgespräch mit Herrn Hochbauer bestätigt sich die Vermutung von Herrn Weiß. Schon auf die ersten Fragen hin erzählt Hochbauer ihm mit sehr deutlichen Worten, wie Rolf ihn damals hereingelegt und seine Ideen geklaut habe. Herr Weiß muss hier keine Blockade überwinden. Hochbauers Strategie im Umgang mit Rolf seit diesem Vorfall: Kalte Distanz – und, wenn möglich, auflaufen lassen. Die Kernanliegen Hochbauers sind auch schnell erkannt. Er ist frustriert, weil es beruflich nicht weitergeht. Positiv formuliert: Er möchte eine Perspektive für sein berufliches Fortkommen haben. Und eine enge Zusammenarbeit mit Herrn Rolf kommt für ihn nicht in Frage.

Auch Herr Hochbauer kommt nicht ohne deutliches Feedback von Herrn Weiß aus dem Gespräch. Herr Weiß macht ihm deutlich, dass er mit seiner jähzornigen und emotionalen Art sehr unberechenbar wirke und Berechenbarkeit eine wichtige Eigenschaft für Kollegen und Vorgesetzte ist. Außerdem erklärt er ihm, dass ohne eine Stabilisierung des Verhältnisses mit Herrn Rolf sein Wunsch nach beruflicher Weiterentwicklung nur geringe Aussichten auf Verwirklichung haben dürfte. In diese Beziehung werde Herr Hochbauer investieren müssen – auch wenn es schwer fällt.

Zwei Tage nach den beiden Einzelgesprächen ruft Herr Rolf Herrn Weiß an. Er habe viel über das Feedback nachgedacht und sieht jetzt klarer als zuvor, dass er Herrn Berger mehr behindert als unterstützt hat. Er bittet Herrn Weiß um Rat, wie er in Zukunft seine Führungsrolle gestalten solle.

Die beiden treffen sich spontan zu einem sehr vertrauensvollen und fruchtbaren Gespräch; Herr Rolf schildert Herrn Weiß bei dieser Gelegenheit auch, wie unzufrieden er schon jahrelang mit seinem eigenen Führungsverhalten ist. Er spürt genau, dass die meisten seiner Mitarbeiter ihm nicht vertrauen, weiß aber nicht, was er machen kann. Das Gespräch endet mit ersten Gedanken zur neuen Rolle und der Vereinbarung, dass Herr Weiß Herrn Rolf während der nächsten paar Monate als Coach begleiten wird.

Wie sieht diese neue Rolle für Herrn Rolf aus? Herr Rolf wird sich nicht mehr in das Tagesgeschäft des Teams einmischen. Für wichtige Fragen ist ab sofort nur noch Herr Berger sein Ansprechpartner. Klar ist aber auch, dass er nicht bereit ist, Herrn Berger fallen zu lassen; dieser hat Herrn Rolfs volles Vertrauen. Herr Weiß ist erleichtert. Durch die Revision seiner Anliegen hat Herr Rolf doch sehr entschlossen und bedacht Konfliktverantwortung übernommen.

Auf dieser Basis führt auch das von Herrn Weiß moderierte Gespräch zwischen Herrn Rolf und Herrn Hochbauer zu akzeptablen Ergebnissen. Im Gespräch wird deutlich, dass „die Sache mit dem Konzept" für Herrn Hochbauer noch immer eine offene Wunde ist. Über die Vergangenheit einigen können die beiden sich nicht. Aber als Fortschritt ist zu verzeichnen, dass jeder dem anderen seine Sicht der Dinge, also seinen Standpunkt, ausführlich darlegt und sie sich dabei aufmerksam und beherrscht zuhören (dafür sorgt Herr Weiß).

So hört Herr Hochbauer zum ersten Mal aus dem Mund von Herrn Rolf, dass diesem die Stellvertreterposition schon einige

Wochen vor Projektstart von Herrn Krager zugesichert wurde. Herr Krager, der damalige Abteilungsleiter, hatte Rolf aber aus naheliegenden Gründen gebeten, das nicht weiterzugeben. Herr Hochbauer ist überrascht, weiß aber nicht so recht, ob er das einfach so glauben soll. Allerdings sorgt alleine schon der relativ ruhige und vernünftige Austausch der beiden für eine spürbare „Enthärtung" der Situation. Freunde werden die beiden nicht mehr, das war von vorneherein klar. Sie vereinbaren aber, in Zukunft eine Art Waffenstillstand einzuhalten. Das heißt konkret, sich da, wo möglich, aus dem Weg zu gehen und da wo nicht möglich auf der Sachebene professionell zusammenzuarbeiten. Herr Weiß hakt an dieser Stelle gleich ein und sorgt dafür, dass zusätzlich zwei sehr konkrete Vereinbarungen getroffen werden. Diese legen erste Schritte der „professionellen Zusammenarbeit" fest. Außerdem reden sie zum ersten Mal über die Möglichkeit einer firmeninternen Veränderung für Herrn Hochbauer. Vereinbarung dazu gibt es zwar keine; aber die beiden sind sich einig, dass in absehbarer Zeit ein verbindlicher Entwicklungsplan für Herrn Hochbauer erarbeitet werden muss. Hochbauers Ansprechpartner dafür wird natürlich Herr Berger sein; Herr Rolf sagt ihm aber schon jetzt die prinzipielle Unterstützung zu.

Im nächsten Schritt der Umsetzung seines Konzeptes zur Konfliktbearbeitung leitet Herr Weiß das Gespräch mit Herrn Berger und Herrn Hochbauer. Es bringt auch gute Ergebnisse:

Herr Rolf hält sich streng an sein Modell zur Konfliktlösung und unterstützt durch straffe Moderation die beiden dabei, klar die jeweiligen Anliegen und Kernanliegen herauszuarbeiten. Herr Berger möchte als Teamleiter akzeptiert werden und Herr Hochbauer fühlt sich zurückgesetzt und übergangen; möchte aber vor allem beruflich weiterkommen. Die Vereinbarung: Herr Berger stimmt gerne zu, zusammen mit Herrn Hochbauer einen Entwicklungsplan zu entwerfen und sichert Hochbauer auch seine volle Unterstützung bei der Umsetzung zu. Und Herr Hochbauer verspricht, ein paar klärende Worte über seine neue

Lage mit den Kollegen zu sprechen. Dieses Gespräch verlief im Grunde in einer sehr entspannten Atmosphäre. Dazu beigetragen hat vor allem die Arbeit am eigentlichen Konflikt zwischen Rolf und Hochbauer.

Der nächste Schritt ist dann der Workshop zur Klärung der Situation zwischen Herrn Berger und dem Marketingteam. Herr Rolf nimmt daran nicht teil, setzt aber zu Beginn ein paar klare Rahmenbedingungen.

Herr Rolf liefert als Einstieg in den Workshop eine klare Stellungnahme, wie er in Zukunft seine Rolle gestalten werde und dass Herr Berger auch weiterhin sein volles Vertrauen habe; eine Trennung komme nicht in Frage. Dieser „Rückzug des Abteilungsleiters aus dem Alltagsgeschehen" wird von allen im Team mit Erleichterung („Endlich hat er es kapiert!"), aber auch mit Skepsis zur Kenntnis genommen („Ob er sich daran halten wird?").

Wie ist der Workshop aufgebaut? Wieder skizzieren wir nur die wichtigsten Etappen. Ein späteres Kapitel widmet sich nämlich im Detail dem Thema der Konfliktbearbeitung mit mehreren Beteiligten.

Herr Weiß orientiert sich auch hier präzise am Modell: Zuerst erhalten beide Seiten ausführlich Gelegenheit, ihren Standpunkt darzulegen und auszumalen. Herr Berger redet dabei nicht lange um den heißen Brei herum. Durch die zurückliegenden Schritte der Konfliktbearbeitung erleichtert und gestärkt, drückt er seine Sicht der Dinge sehr direkt und ungeschminkt aus:

Herr Berger: „Ich glaube, dass wir heute nur weiterkommen, wenn wir ehrlich zueinander sind – und ich fange damit an. Mir reicht es eigentlich, liebe Kollegen; ich fühle mich von Ihnen unfair behandelt und in einzelnen Aspekten sogar gemobbt. Das ist nicht schön, aber so sieht es für mich aus. Und wenn es nicht schnell spürbar besser wird, ziehe ich klare Konsequenzen, das heißt ich suche mir eine andere Arbeit. Mei-

ne Familie leidet schon stark unter unserem Konflikt und ich habe keine Lust, das noch weiter hinzunehmen."

Herr Berger und das Team hatten je dreißig Minuten Zeit, um ihr „Standpunkt-Statement" vorzubereiten. Das Team hat sich schnell auf folgende Aussagen geeinigt: „Uns macht die Arbeit zur Zeit wenig Spaß – und dafür haben Sie, Herr Berger, durchaus Verantwortung. Ihr Führungsstil ist für uns unklar und unberechenbar. In der Vergangenheit ist sehr viel schief gelaufen – aber jetzt möchten wir vor allem nach vorne schauen und die Situation verbessern."

Jetzt ist bereits ein wichtiger Punkt für die Konfliktbearbeitung erreicht. Herr Weiß weiß, wie wichtig es ist, in dieser Phase Dampf abzulassen, sich „frei zu reden" und sicher zu sein, dass die anderen zuhören und kapieren, wie man die Sache sieht. Deshalb besteht er darauf, dass die Beteiligten sich ausführlich über einige typische Vorfälle aus der Vergangenheit austauschen. Dabei geht es nicht um die Suche nach Schuldigen oder um therapeutische Ursachenanalyse. Es geht nur darum, die Sicht der anderen Seite besser zu verstehen, sie zu „entdämonisieren" und so Spannung und Unsicherheit abzubauen. Und es geht darum, einfach wieder miteinander in einen Dialog zu kommen. Dieser Dialog war ja schon lange genug unterbrochen.

Der Austausch ist zu Beginn zäh, stockend und von Vorsicht geprägt. Aber durch konsequentes Nachfragen und straffe Moderation unterstützt Herr Weiß Herrn Berger und das Team dabei, in Schwung zu kommen. Schnell ist das Eis gebrochen und die eigentlichen Punkte kommen zur Sprache. Herr Hochbauer spielt in dieser Phase und im weiteren Verlauf des Workshops eine sehr konstruktive Rolle und macht so durch Taten klar, dass er ab jetzt bereit ist, Herrn Berger als Teamleiter zu akzeptieren. Konkret macht er den ersten Schritt und schildert sehr anschaulich, wie es ihm bei einigen Vorfällen aus der Vergangenheit mit Herrn Berger als Teamleiter ging. Auch Herr Berger gibt dem Team zu einigen Punkten Feedback, das zwar stark emotional gefärbt, aber ehrlich ist. Frau Bircher setzt den Austausch fort und nach einiger Zeit ist dann erwartungsgemäß „die Luft raus". Alle Beteiligten haben jetzt gemerkt, dass man mit dem anderen reden kann, dass er zuhört, dass er kein Knecht des Bösen ist – und dass es nicht weiterführt, sich weiterhin über Vorfälle der Vergangenheit auszutauschen. Deshalb schlägt Herr Weiß vor, im nächsten Schritt die Anliegen herauszuarbeiten.

Das ist schnell geschehen und wurde durch den intensiven Austausch in der Standpunktphase gut vorbereitet. Das Team möchte einen Teamleiter, der sich offensiv für jeden einzelnen, der Leistung bringt, einsetzt, der das Team gut nach außen vertritt, der seine Mitarbeiter und ihre Stärken kennt und schätzt und sich wenig in die Aufgabenbereiche der Teammitglieder einmischt. Sein Führungsverhalten sollte konsequent und berechenbar sein. Außerdem ist es wichtig, über die wesentlichen Dinge informiert zu werden, die sich um das Team herum so abspielen.

Herr Berger möchte seinerseits jederzeit wissen, welchen Status welches Projekt hat, möchte gut informiert und vom Team nicht mehr gegen die Wand geschickt werden. Er möchte Mitarbeiter haben, die ihn von sich aus umfassend informieren, ohne dass er um jede Information explizit betteln muss. Und er möchte kompetente Entscheidungen treffen, die dann auch vom Team akzeptiert und loyal umgesetzt werden. Herr Weiß bittet beide Konfliktparteien, sich auf dieser Basis ihre Kernanliegen zu überlegen, also die Punkte klar zu benennen, die ihnen am wichtigsten sind.

Das Team bringt sein Kernanliegen kurz und klar auf den Punkt: Wertschätzung und lange Leine. Als Herr Berger sein Kernanliegen vorstellt, müssen alle lachen: Ihm kommt es vor allem auf Wertschätzung, Vertrauen und Loyalität an. Manchmal sind die Dinge halt doch einfach. Beide Seiten haben ihre jeweiligen Kernanliegen als Antwort auf die Frage nach den Anliegen hinter den Anliegen gefunden. Die Frage nach der gegenseitigen Akzeptanz der Kernanliegen wird schnell beantwortet. Beide Konfliktparteien verstehen und akzeptieren das Kernanliegen der jeweils anderen.

Das Eis ist jetzt gebrochen. in Nebengesprächen außerhalb der eigentlichen Workshoparena wird so mancher Vorfall aus der Vergangenheit per Entschuldigung bereinigt; es macht sich langsam aber sicher Aufbruchstimmung breit. Das handfeste Ergebnis des Workshops sind klare Vereinbarungen zu Kernthemen wie dem Informationsfluss im Team, regelmäßigen Mitarbeitergesprächen zum Kennenlernen, der Einführung einer „Projektrunde" im Team zum Informationsaustausch und eine Skizze der Rolle des Teamleiters, Herrn Bergers. Auf dieser Basis sollen dann die Aufgaben im Team endlich klar abgesteckt und für jeden Mitarbeiter ein Entwicklungsplan aufgestellt werden.

Dabei ist allen Beteiligen klar, dass diese Vereinbarungen bzw. die Vereinbarungstreue der Schlüssel zum Erfolg sind. Sie klären nicht nur wichtige Alltagsfragen, an denen sich im Team immer wieder Konflikte entzündet haben. Sie sind darüber hinaus ein entscheidendes Werkzeug zum schrittweisen Aufbau von Vertrauen und Wertschätzung im Team. Jede eingehaltene Vereinbarung ist ein Beitrag zum Aufbau von Vertrauen im Team.

Vereinbart wird auch, dass im Abstand von je zwei Monaten ein halber Tag mit Herrn Weiß stattfinden wird. Ziel ist es, regelmäßig Bilanz zu ziehen, wie die Vereinbarungen funktionieren, ob und wie sie ergänzt werden müssen und so den Gesamtkurs systematisch zu überprüfen. Allen ist wohler, wenn sie wissen, dass Herr Weiß genau nachfragen wird, wie es mit den Vereinbarungen klappt. Er übernimmt hier in gewisser Weise die Rolle eines „moralischen Garanten" der Vereinbarungen.

An diesem Punkt verlassen wir Herrn Weiß und diesen Konflikt. Mit seiner Unterstützung ist es den Beteiligten gelungen, ihre Zusammenarbeit auf eine Basis zu stellen, die für die Zukunft klare Verbesserungen auf sachlicher und persönlicher Ebene erwarten lässt.

Dieses Kapitel ist lang geraten. Den größten Raum nimmt die Schilderung des Fallbeispieles ein. Es sollte Ihnen auf anschauliche Art und Weise zeigen, wie das Vorgehen eines Konfliktmanagers aussehen kann und die wichtigsten Aspekte seines Vorgehens beleuchten. Als Nebeneffekt – deshalb die ausführlichen Gesprächsskizzen – sollte es Anregungen vermitteln, wie man schwierige Gespräche im Rahmen der Konfliktbearbeitung gestalten kann.

Im nächsten Kapitel wird es um noch härtere und schlimmere Konflikte gehen – und darum, welche Handlungsmöglichkeiten ein Konfliktmoderator in solchen Situationen hat. Vor allem die Frage des Zusammenwirkens zwischen ihm und dem Vorgesetzten der Konfliktbeteiligten wird dabei eine Schlüsselrolle spielen.

11 Konfliktlösung in der Praxis: Zusammenarbeit mit dem Vorgesetzten

11.1 Worum geht es?

Im vorletzten Kapitel haben wir beschrieben, welche Möglichkeiten zur Unterstützung der Konfliktbearbeitung ein Vorgesetzter in der Rolle des Initiators, des Beraters und des Begleiters hat. Im letzten Kapitel stand die Rolle des Konfliktmanagers im Mittelpunkt. Der Konfliktmanager steht in keinem hierarchischen Verhältnis zu den Konfliktparteien. Er sollte zugezogen werden, sobald der Konflikt eine bestimmte Eskalationsstufe erreicht bzw. überschritten hat. Sein Vorgehen, speziell die Bandbreite seiner Interventionen, haben wir mittels eines ausführlichen Beispiels erläutert.

In diesem Kapitel geht es um drei Themen, sie sollen das Verständnis der Rolle des Konfliktmanagers weiter vertiefen und abrunden: Erstens machen wir Vorschläge für das Vorgehen bei Konflikten, die das Stadium „Jeder soll sehen, was der Andere für ein Schuft ist!" bzw. „Wer nicht hören will, muss fühlen!" erreicht haben. Zweitens sollen zentrale Aspekte der Zusammenarbeit zwischen Auftraggeber und externem Konfliktmanager beleuchtet werden. Drittens werden die Entscheider- und Schlichterrolle skizziert.

11.2 Der Vorgesetzte als „disziplinarische Macht"

Im folgenden Beispiel haben wir es mit einem Konflikt zu tun, der sehr weit fortgeschritten ist. Um das Konfliktgeschehen zu entschleunigen, reichen die Mittel der Konfliktparteien und des Konfliktmanagers alleine oft nicht mehr aus. Deshalb ist es sinnvoll, in solchen Fällen die disziplinarische Macht des Vorgesetzten wohl überlegt und wohl dosiert einzusetzen, dem Konfliktsystem also von außen „Bremsenergie" zuzuführen.

Beispiel:

Die Firma Sunshine ist stolz auf ihre lange und erfolgreiche Projekttradition. Gerade wird eine neue Fertigungsanlage für sehr schwierig herzustellende Produkte in Rekordzeit „hingestellt“. Projektleiter ist Herr Albert, ein Ingenieur. Das Projekt befindet sich allerdings in einer sehr kritischen Phase. Es gibt nämlich massivste Störungen im Projektteam und in dessen Leitung. Herr Albert und Frau Stolze, sie ist Leiterin der Qualitätskontrolle, „bekriegen sich bis aufs Messer“. Frau Stolze ist nicht Herrn Albert unterstellt; das soll die Unabhängigkeit der Qualitätskontrolle sichern. Immer wieder prallen die beiden aufeinander. Das Projektteam ist längst in zwei Lager gespalten; das größere steht hinter Herrn Albert. Beide haben schon die Geschäftsführung informiert. Herrn Alberts Vorwürfe an Frau Stolze: Sie sei fachlich überfordert verstehe den Teamgedanken nicht, sei als Führungskraft fehl am Platz, sehe sich selbst in der Rolle des „Qualitätskommissars“ (der Begriff „stalinistisch“ fiel auch schon), der offensichtlich vor allem Kollegen zu schikanieren habe, sei unehrlich und kapiere nicht, was das Wort „Vereinbarung“ bedeutet. Frau Stolzes Vorwürfe an Herrn Albert hören sich ähnlich „schmeichelhaft“ an: Ihm gehe es nur um Termine, die Qualität sei ihm egal, er wolle mit allen Mitteln, vor allem unsauberen, das Qualitätsmanagement aushebeln, um sein Budget und seinen Zeitplan einzuhalten, sein Führungsstil spalte das Team, er sei als Projektleiter hoffnungslos überfordert, „klare Linie“ sei für ihn ein Fremdwort.

Beide Konfliktparteien haben in der Vergangenheit bewiesen, dass sie kompetente Fachleute sind, auch ihre jeweiligen Führungsrollen haben sie immer gut ausgefüllt. Die Geschäftsführung hat jetzt aber Angst, dass das Projekt in ernste Gefahr gerät. Mit jedem Tag geht es zäher voran; der Konflikt ist dabei, wie ein Krebsgeschwür das Gesamtprojekt zu zerstören. Ein Fall für Herrn Weiß, den Konfliktmanager!

Herr Weiß merkt sehr schnell, dass in diesem Konflikt das Stadium „Jeder soll sehen, was der Andere für ein Schuft ist!" schon in voller Reife erreicht ist. Beide Parteien arbeiten mittlerweile ziemlich gezielt, systematisch und vor aller Öffentlichkeit darauf hin, den anderen unmöglich zu machen. Wunsch beider ist die Entfernung des jeweils anderen aus dem Projekt. Dieser Konflikt ist an einem Punkt angelangt, der schnellstes und entschlossenstes Handeln zwingend erforderlich macht; eine wichtige Rolle kommt dabei der Geschäftsführung zu. Herr Weiß schlägt folgendes Vorgehen vor: Seine Rolle wird die des klassischen Konfliktmanagers sein. Durch den Härtegrad des Konfliktes ist es aber nötig, disziplinarische Macht ins Spiel zu bringen, die er nicht hat. Die Geschäftsführung aber verfügt darüber und wird sie so einsetzen: Herr Albert und Frau Stolze müssen mit Unterstützung durch Herrn Weiß innerhalb von zehn Tagen erste Sofortmaßnahmen vereinbaren. Ziel ist es, das Projekt zu retten; die Maßnahmen müssen einen geregelten Arbeitsablauf im Projekt garantieren. Im Anschluss daran bekommen sie noch einmal zwei Wochen Zeit, um zusammen mit Herrn Weiß eine bis Projektende tragfähige Lösung des Konfliktes auszuhandeln. Falls eine der beiden Vorgaben nicht erfüllt wird, wird die Geschäftsführung beide Führungskräfte aus dem Projekt entfernen und durch Nachfolger ersetzen. Kurz: Herr Weiß ist eigentlich das letzte Angebot an die beiden Führungskräfte, ihren Konflikt irgendwie zu bereinigen oder zumindest projektverträglich zu gestalten. Beiden ist eines klar: Jetzt wird es ernst!

Das mögliche Vorgehen von Herrn Weiß als Konfliktmanager haben wir schon im letzten Kapitel kennen gelernt. Neu ist in diesem Fall die enge Verzahnung mit dem Einsatz disziplinarischer Macht bzw. deren Ankündigung. Warum ist das wichtig?

Je weiter ein Konflikt fortgeschritten ist, desto mehr bestimmt er das Fühlen, Denken und Handeln der Parteien. Beide haben offensichtlich den Projekterfolg aus den Augen verloren. Deshalb muss eine Intervention von außen diesen Projekterfolg wieder in den Mittelpunkt der

Prioritätenliste der Konfliktparteien rücken. Systematisches Verhandeln alleine wird das in der gebotenen Kürze der Zeit vermutlich nicht schaffen; die Fronten sind zu verhärtet, der Konflikt schon zu verwickelt, zu weit verzweigt und zu tief verwurzelt. Dabei ist der von Herrn Weiß vorgeschlagene Machteinsatz durch die Geschäftsleitung wohl dosiert und fair. Er wird offen angekündigt, kann aber durch die Konfliktparteien selbst verhindert werden – wenn sie sich zusammenraufen. Das Zusammenraufen selbst erfolgt in zwei Stufen: Erste Sofortmaßnahmen, um die akute Krise zu meistern; im Anschluss daran mittelfristige Maßnahmen, um das Projekt zu sichern.

Dieses Vorgehen hat Beispielcharakter für das sinnvolle Zusammenspiel zwischen Vorgesetzten und dem Konfliktmanager auf höheren Eskalationsstufen eines Konfliktes. Auf diesen Stufen haben Konflikte eine so hohe Energie, dass, bildlich gesprochen, die internen Bremsmechanismen nicht mehr funktionieren bzw, alleine zu schwach sind. Die Abbremsung muss mittels Energiezufuhr von außen erfolgen. Diese Energiezufuhr besteht in aller Regel aus dem Einsatz disziplinarischer Macht. Wie sehen die Rahmenbedingungen dafür genau aus?

- Die disziplinarische Macht liegt klar beim Vorgesetzten; der Konfliktmanager hat sie nicht.

- Im ersten Schritt werden die Rahmenbedingungen für die Konfliktlösung definiert: Wie viel Zeit haben die Konfliktparteien? Welche Ergebnisse sind zu erbringen?

- Im nächsten Schritt wird klar ausgearbeitet, wie die Vorgesetzten handeln werden, wenn die Konfliktlösung scheitert; der Einsatz disziplinarischer Macht wird präzise geplant und angekündigt.

- Rolle des Konfliktmanagers ist es, die Konfliktparteien dabei zu unterstützen, die Vorgaben der Vorgesetzten umzusetzen.

- Falls die Konfliktlösung scheitert, muss entschlossen gehandelt werden.

11.3 Vertrauen als Arbeitsgrundlage

Neben dem wohl dosierten, durchdachten und fairen Einsatz disziplinarischer Macht ist ein solides Vertrauensverhältnis zwischen Auftraggeber und Konfliktmanager unverzichtbar. Das nächste Beispiel zeigt an einem konkreten Fall, warum das so wichtig ist.

Beispiel:

Das Konfliktgeschehen dieses Beispiels spielt sich in einer gemeinnützigen Einrichtung ab. Es geht um eine Werkstatt, in der körperlich behinderte Mitarbeiter bestimmte Produkte herstellen, Dienstleistungen erbringen und auf Landesebene anbieten. Diese gemeinnützige Einrichtung hat den rechtlichen Status eines Vereins; der Vorstand besteht aus acht Personen. Die Werkstatt selbst wird von einem Angestellten im Range eines Geschäftsführers geleitet.

Herr Huber, der Geschäftsführer, hat während der letzten fünfzehn Jahre aus der gemeinnützigen Werkstatt ein profitables und umsatzstarkes Unternehmen mit fünfundvierzig Mitarbeitern gemacht. Von allen Beteiligten wird er klar als Chef akzeptiert. Er ist die bestimmende Gestalt im Unternehmen, der „starke Mann", die Vaterfigur für viele seiner Mitarbeiter. Herr Huber ist zweiundsechzig Jahre alt, kommt also langsam in das Alter für den Ruhestand. Der Vorstand möchte die Nachfolgefrage gerne ohne Hektik angehen. Deshalb wurde vor einem Jahr Frau Seewald eingestellt. Sie ist offiziell Herrn Hubers Stellvertreterin und soll Schritt für Schritt in seine Rolle hineinwachsen um dann später einmal selbst die Geschäftsführung zu übernehmen. Geplant war und ist also ein sanfter Übergang.

Informelle Routinegespräche einiger Vorstandsmitglieder mit den Mitarbeitern der Werkstatt ergeben seit einiger Zeit allerdings ein zunehmend beunruhigendes und für den Vorstand alarmierendes Bild. Herr Huber wird in seinem Führungsstil immer autoritärer, unzugänglicher und rechthaberischer. Der

Vorstand vermutet auf Basis der Gespräche mit den Mitarbeitern, Huber wolle mit diesem Verhalten vor allem seine Stellvertreterin treffen und seine eigene Unentbehrlichkeit unter Beweis stellen. Er möchte offenbar zeigen, dass Frau Seewald für seine Nachfolge nicht geeignet ist, und lässt keine Gelegenheit aus, ihr Fehler nachzuweisen und ihre Autorität in Frage zu stellen. Einige der Mitarbeiter stellen sich aber klar hinter Frau Seewald – mit den üblichen Begleiterscheinungen der Koalitionsbildung (Sie erinnern sich: „Gemeinsam bin ich stärker!"). Diese Koalitionsbildung geht wie ein Riss durch die Werkstatt – Betriebsergebnis und Betriebsklima leiden spürbar darunter.

Das erste offizielle Gespräch zwischen dem Vorstandssprecher und Herrn Huber endet im Streit. Herr Huber versteht die offen dargelegten Sorgen des Vorstandes als persönlichen Angriff und reagiert sehr emotional. Zum einen, so vermutet er, sollen seine Führungsqualitäten in Zweifel gezogen werden („Fünfzehn Jahre lang habe ich hier geschuftet und war gut genug – und jetzt soll alles auf einmal falsch gewesen sein!"), zum anderen befürchtet er seine „handstreichartige" Ersetzung durch seine Stellvertreterin. Er weiß natürlich, dass Frau Seewald bei den meisten Vorstandsmitgliedern hohes Ansehen genießt.

Der Vorstand beschließt in dieser Situation, einen externen Konfliktmanager zuzuziehen. Eines der Vorstandsmitglieder hat in seiner Firma schon einmal sehr erfolgreich mit Herrn Weiß gearbeitet und schlägt vor, ihn um Rat zu bitten. Wir beschränken uns in diesem Beispiel auf wichtige Ausschnitte des Konfliktmanagements.

In Einzelgesprächen mit Herrn Huber und Frau Seewald merkt Herr Weiß sehr schnell, dass der Konflikt schon sehr weit fortgeschritten ist. Für sein Empfinden ist der Konflikt gerade dabei, in das Stadium „Jeder soll sehen, was der Andere für ein Schuft ist!" überzugehen. Um sich für das weitere Vorgehen ein genaues Bild der Lage machen zu können, schlägt er vor, Ein-

zel- und Gruppeninterviews mit allen Mitarbeitern durchzuführen. Im Zentrum sollen drei Fragen stehen: Wie sehen die Mitarbeiter den Konflikt? Welche Auswirkungen hat der Konflikt auf die tägliche Arbeit in der Werkstatt? Wie tief sind die Mitarbeiter schon in das Geschehen involviert?

Der Vorstand, Herr Huber und Frau Seewald stimmen dem Vorschlag zu und auch die Mitarbeiter erklären sich bereit, mit Herrn Weiß zu reden. Schließlich leiden alle unter dem Konflikt und sind froh, dass endlich etwas getan wird. Vorab wird vereinbart, dass eine Zusammenfassung der Ergebnisse allen Mitarbeitern zugänglich gemacht wird. Und natürlich wird diese Zusammenfassung Anonymität und Vertraulichkeit wahren.

Die Interviews ergeben ein ziemlich stimmiges Bild; ein wesentlicher Teil der Gesprächsergebnisse lässt sich so zusammenfassen: Die meisten Mitarbeiter haben Angst vor Herrn Huber. Gerade während der letzten Jahre haben seine Offenheit und Berechenbarkeit deutlich abgenommen. Nach außen ist er zwar, wie früher, ruhig, beherrscht, verbindlich und gesprächsbereit. Die Mitarbeiter hatten aber schon mehr als einmal konkreten Anlass zu der Annahme, dass Offenheit auf ihrer Seite von Herrn Huber „bestraft" wird – natürlich nicht offiziell. Aber die Fälle häufen sich, in denen z. B. dem offenen Wort eines Mitarbeiters früher oder später die Zuteilung unangenehmer Aufgaben durch Herrn Huber folgt. Der andere, kleinere Teil der Mitarbeiter sieht in Herrn Huber allerdings eine strahlende Heldengestalt, vor der niemand Angst zu haben braucht. Auch Frau Seewalds Rolle wird zwiespältig gesehen. Ein Teil der Mitarbeiter beschreibt sie als Hoffnungsträger, ein anderer Teil als intrigante Zicke, gegen die Herr Huber sich völlig zu Recht zur Wehr setzen muss.

Diese und andere Erkenntnisse stellt Herr Weiß, wie abgemacht, im Rahmen einer Mitarbeiterversammlung vor. Herr Huber zeigt sich in seinen ersten Reaktionen sehr nachdenklich und zurückhaltend, so, wie man es von einem eher ruhigen

Menschen wie ihm auch erwarten kann. Eine Woche danach aber platzt die Bombe. Der Vorstand erhält einen Brief, den fast alle Mitarbeiter unterzeichnet haben. Im Brief steht, Herr Weiß hätte die Interviewergebnisse verfälscht, niemand habe Angst vor Herrn Huber. Die Mitarbeiter zeigen sich in dem Brief sehr verärgert darüber, dass Herr Weiß ganz offensichtlich Partei gegen Herrn Huber ergriffen habe und fordern, ihn von seiner Aufgabe als Konfliktmanager zu entbinden!

Für Herrn Weiß stellt dieser Vorfall eine enorme emotionale Belastung dar. Er hatte in den Gesprächen einen guten Draht zu den Mitarbeitern gefunden, sehr ehrliche und eindeutige Aussagen erhalten und bei der Präsentation seiner Ergebnisse peinlich genau darauf geachtet, Anonymitäts- und Vertrauensschutz sicherzustellen. Er fühlt sich, als hätte er den berühmten Verräterdolch in den Rücken bekommen. Natürlich wird er weder seine Gesprächsnotizen offenlegen noch weitere Details aus den Gesprächen nennen – das hatte er seinen Gesprächspartnern ja versprochen. Im Grunde steht also sein Wort gegen das der Mitarbeiter.

So weit zu den Geschehnissen. Was war passiert? Herr Huber wurde von den Ergebnissen der Interviews überrascht und schwer verletzt. Ihm war nicht bewusst, dass sich sein früher von Vertrauen und Kollegialität geprägtes Verhältnis zu den Mitarbeitern schleichend verschlechtert hatte und die Leute jetzt Angst und Unsicherheit ihm gegenüber empfinden. Seine eigene Angst, vom Vorstand über Nacht gegen Frau Seewald ausgetauscht zu werden, wurde dadurch bis zur Panikgrenze gesteigert. Seine Reaktion war dann, zwei Tage nach der Präsentation von Herrn Weiß, ein kurze und deutliche Ansprache an seine Mitarbeiter. Der Inhalt: Er nehme zur Kenntnis, dass die Mitarbeiter ihm gegenüber starke Unsicherheit und Angst verspüren. Aus diesem Grunde sei es ihm nicht länger möglich, seine Aufgaben als Geschäftsführer wahrzunehmen. Er werde den Vorstand um sofortige Beurlaubung bis zur Klärung der Vorwürfe bitten. Ziel und Hoffnung der sehr emotionalen Ansprache war es, den Mitarbeitern einen gehörigen Schrecken einzujagen. Da alle Fäden in der Werkstatt bei

Herrn Huber zusammenlaufen, hätte sein sofortiges Ausscheiden zwangsläufig zu einem gewaltigen Durcheinander, enormen Unbequemlichkeiten und einem wirtschaftlichen Rückschlag geführt. Das Resultat: Die Mitarbeiter unterschrieben den Brief, den Herr Hubers engster Vertrauter, Herr Klage, bereits fertig aufgesetzt hatte.

Es geht uns nicht darum, die psychologischen Mechanismen aufzuzeigen, die eine derartige Reaktion der Beteiligten erklären. Es geht auch nicht darum, den weiteren Konfliktverlauf im Detail zu schildern. Uns kommt es auf einen anderen Punkt an, nämlich die Reaktion des Vorstandes:

> *Der Vorstand hat sich sofort nach Erhalt des Briefes intern abgestimmt und Herrn Weiß von dem Schreiben in Kenntnis gesetzt. Zeitgleich mit dieser Information hat der Vorstand Herrn Weiß unmissverständlich sein Vertrauen ausgesprochen. Genauer: Der Vorstand hat klar und deutlich erklärt, dass für die weiteren Schritte die Gesprächsergebnisse, genau so wie von Herrn Weiß vorgelegt, als Datenbasis dienen werden. Herr Weiß wurde außerdem zu einem Gespräch eingeladen, um die weiteren Schritte gemeinsam zu planen und festzulegen. Den Mitarbeitern wurde im Rahmen einer außerordentlichen Personalversammlung dieser Vorstandsbeschluss mitgeteilt, Herrn Huber vorab im Rahmen eines persönlichen Gespräches mit dem Vorstandsvorsitzenden. In diesem Gespräch wurde Herrn Huber klar und deutlich aufgezeigt, dass der Vorstand erwartet, dass alle Beteiligten sich an die mit Herrn Weiß vereinbarten Spielregeln und den Plan für das Konfliktmanagement zu halten haben. Kurz, der Versuch, Herrn Weiß „abzuschießen", wurde vom Vorstand entschlossen unterbunden. Dieser Vorfall führte letztlich dazu, dass Herr Huber sich mit einigen Aspekten seines Führungsverhaltens kritisch auseinander setzen musste, Herr Weiß aus einer gestärkten Position heraus agieren konnte und der Konflikt einer sauberen Lösung zugeführt wurde.*

Warum haben wir dieses Beispiel geschildert? Dieser Brief an den Vorstand war eine von mehreren Angriffsvarianten, denen man sich als Konfliktmanager bisweilen ausgesetzt sieht. So etwas geschieht zum Glück nicht oft, kann aber – gerade bei weit fortgeschrittenen Konflikten – nie ganz ausgeschlossen werden. Dafür kann es viele Gründe geben. Eine der Konfliktparteien merkt z. B. plötzlich, dass ihre persönlichen Wunschvorstellungen dazu, wie die Konfliktlösung aussehen sollte, wahrscheinlich nicht umgesetzt werden können. Die Reaktion: Ausbruch aus dem Konfliktlösungsprozess bzw. Angriff auf den Konfliktmanager. Manchmal verbünden sich die Konfliktparteien auch miteinander, um den lästigen Konfliktmanager loszuwerden. Motto: „Jetzt zeigen wir, wie gut wir uns verstehen und machen Front gegen den gemeinsamen Feind und Unruhestifter, den Konfliktmanager". Dahinter steckt in aller Regel die Angst vor einer offenen Auseinandersetzung mit dem Konflikt und dem jeweils eigenen Anteil daran. Kurzfristig bequemer ist da eine Ausweich- bzw. Vermeidungsstrategie. Feindbilder sind ja bekanntlich eine sehr wirkungsvolle Methode, vorhandene Uneinigkeiten zu überdecken und über diese hinweg einen sauberen Schulterschluss zu vollziehen. Manchmal versuchen eine oder mehrere Konfliktparteien auch, den Konfliktmanager als Verbündeten zu gewinnen, das heißt, ihn auf ihre Seite zu ziehen (Stichwort „Koalitionsbildung"). Gelingt das nicht, kann die Enttäuschung darüber leicht in eine Ablehnungsreaktion münden: „Er ist nicht mein Verbündeter, also muss er der Verbündete der anderen sein. Und deshalb kommt er als neutraler Konfliktmanager nicht mehr in Frage!".

In diesen und ähnlichen Situationen ist es unerlässlich, dass der Auftraggeber dem Konfliktmanager entschlossen den Rücken stärkt – und zwar klar und für alle Beteiligten deutlich wahrnehmbar. Geschieht das nicht, wird die Position des Konfliktmanagers so schwach, dass er seine Funktion nicht mehr wahrnehmen kann.

Einen weiteren und sehr wichtigen Aspekt des Zusammenspiels zwischen Konfliktmanager und Vorgesetztem als Auftraggeber können wir auch mit Hilfe des gerade skizzierten Beispieles beleuchten. In diesem Beispiel hätten der Vorstandssprecher bzw. die Vorstandsmitglieder einiges falsch machen können – das aber nicht getan.

Ein sehr sensibler Punkt ist die Frage der Vertraulichkeit bzw. des Umgangs mit Informationen. Ein guter Konfliktmanager wird schnell mehr Informationen über das Konfliktgeschehen und seine Energiequellen haben als sein Auftraggeber. Unter dem Schutz seines Vertraulichkeitsversprechens werden ihm die Konfliktparteien, deren Koalitionäre und die Personen auf den Zuschauerrängen sehr viele Informationen liefern. Die Erfahrung zeigt, dass diese Informationen im Normalfall weder in ihrer Vollständigkeit noch in ihrer Tiefe den Vorgesetzten erreichen. Und darin liegt die Versuchung für ihn, den Konfliktmanager als Informationsquelle zum Konfliktgeschehen „anzuzapfen". Jeder Vorgesetzte möchte natürlich wissen, was – vor allem hinter den Kulissen – eigentlich los ist. Unser Rat für Vorgesetzte an dieser Stelle ist klar und deutlich: Respektieren Sie das Versprechen, das der Konfliktmanager seinen Gesprächspartnern gegeben hat und tun Sie von Ihrer Seite her alles, um es intakt zu halten.

Auf der Werteebene sollten es Selbstachtung und Ehrlichkeit verbieten, auf den Konfliktmanager Druck auszuüben. Die Gründe auf der pragmatischen Ebene sind ähnlich einleuchtend. Der Vorgesetzte wird seine Glaubwürdigkeit und das Vertrauen seiner Mitarbeiter und des Konfliktmanagers verlieren, zum anderen wird seine Rolle als „disziplinarische Garantiemacht" dadurch geschwächt.

Aus dieser Fülle von Informationen erwächst andererseits für den Konfliktmanager eine enorme Verantwortung. Es ist ja seine Aufgabe, auf Basis dieser Informationen die Konfliktparteien bei der Konfliktlösung zu unterstützen; er muss also sauber und professionell damit umgehen. Auch hier lauert eine Versuchung. Wir reden von der Versuchung, diese Informationen als Machtmittel einzusetzen, um selbst inhaltlich in die Konfliktlösung einzugreifen. Ein Beispiel: Der Konfliktmanager entwickelt im Laufe des Projektes klare Sympathien für eine der Konfliktparteien. Sie hat Recht, er kann sie verstehen und sie ist ihm sympathisch. Sofort taucht die Versuchung auf, sie zu unterstützen und die andere Seite für ihr konfliktförderndes Verhalten zu bestrafen. Dazu gibt es verschiedene Möglichkeiten: Von der Empfehlung an den Auftraggeber bis hin zur leicht über- bzw. untergewichteten Darstellung bestimmter Aspekte des Gesamtbildes. Tatsache ist jedenfalls, dass ein Konfliktmanager Macht hat, auch wenn ihre Quellen nicht in der Hierarchie zu finden sind. Und diese Macht darf und sollte er nur in seiner Funktion als neutraler Konfliktmanager einsetzen und ausspielen. Es ist Aufgabe des Konfliktmanagers, seinen Auftraggeber und die Konfliktparteien nach bestem Wissen und Gewissen neutral zu beraten. Das heißt insbesondere, ihnen seine neutrale Sicht der Dinge klar darzulegen, sie nach besten Kräften bei der Entscheidungsvorbereitung zu unterstützen, die Entscheidung aber letztlich den Beteiligten selbst zu überlassen. Wie oft im Leben gibt es auch hier Ausnahmen zu dieser Empfehlung. Auf sie gehen wir im nächsten Abschnitt ein.

11.4 Die Rollen des Schlichters und Entscheiders

Manchmal gelingt es den Konfliktparteien nicht, eine gemeinsame Lösung zu finden. Man arbeitet zwar daran, kann sich aber auf keinen Vorschlag einigen. In solch einer Situation kann es sinnvoll sein, dass der Konfliktmanager die Rolle des Schlichters bzw. des Entscheiders übernimmt. Hier zur Erinnerung die Bestimmung der beiden Rollen:

Ein Schlichter wird gebraucht, wenn die Konfliktparteien es nicht schaffen, sich auf einen von allen Beteiligten akzeptierten Lösungsvorschlag zu einigen. Aufgabe des Schlichters ist es, auf Basis seines Wissens um Konfliktgeschichte, Verlauf und Lösungssuche aus den Lösungsvorschlägen der Beteiligten einen auszuwählen.

Der Entscheider tritt auf den Plan, wenn es den Konfliktparteien nicht gelingt, plausible Lösungsvorschläge zu entwickeln. Seine Aufgabe ist es, natürlich auf Basis umfangreicher Kenntnis der Situation, selbst eine gut begründete Lösung auszuarbeiten und in Kraft zu setzen.

Im Konfliktmanagement wird öfter auf die Entscheider- als auf die Schlichterrolle zurückgegriffen. Um diese Rolle zu veranschaulichen, führen wir das erste Beispiel dieses Kapitels weiter:

Herr Albert und Frau Stolze haben in zwei zähen Nachmittagssitzungen mit Moderationsunterstützung durch Herrn Weiß einige mögliche Maßnahmen zusammengetragen, die ihre Zusammenarbeit wieder ermöglichen sollen. Über eine sehr wichtige Frage können sie aber keine Einigkeit erzielen: Herr Albert möchte unbedingt, dass Frau Stolze, so wie jedes Teammitglied, bei und nach Teambesprechungen bestimmte Arbeiten übernimmt, z. B. Anfertigen und Verschicken des Protokolls. Bisher hat Frau Stolze dies immer mit der Begründung abgelehnt, dass sie als Leiterin des Qualitätsmanagements die Aufgabe habe, das Team bzw. dessen Arbeit zu kontrollieren. Und das würde aus ihrer Sicht durch eine zu intensive Integration in das Team erschwert. Frau Stolze möchte in diesem Punkt unbedingt klare Verhältnisse gewahrt wissen. Beide sind erschöpft, die Argumentation dreht sich wie so oft im Kreis, es besteht die Gefahr, dass die ersten gemeinsamen Vereinbarungen an den unterschiedlichen Auffassungen zu dieser Frage scheitern. Herr Weiß merkt, dass die beiden in diesem Frühstadium des Konfliktmanagements mit einer Lösungsfindung zu dieser heiklen Frage überfordert sind. Andererseits muss der Punkt geklärt werden, damit es weitergehen kann. Herrr Weiß macht folgenden Vorschlag:

„So, ich breche die Diskussion hier ab und fasse die heutigen Ergebnisse zusammen: Zu den Punkten 1, 2 und 3 unserer Tagesordnung haben Sie sich geeinigt; da wissen Sie, wie es ab Morgen weitergeht. Die Sache mit den Dienstleistungen fürs Team haben Sie aus meiner Sicht von allen Seiten beleuchtet, stecken aber in einer Sackgasse. Problem dabei ist, dass wir auch dazu noch heute eine Lösung benötigen. Ich habe da eine Idee und glaube, dass die für beide von Ihnen akzeptabel ist. Sind Sie damit einverstanden, dass ich für Sie diese Frage entscheide und Ihnen eine Lösung vorgebe? Ich fürchte nämlich, dass Sie sich auch in der Diskussion über diese Idee nicht einigen können.“

Sowohl Herr Albert als auch Frau Stolze sind einverstanden. Sie akzeptieren beide Herrn Weiß in seiner Rolle als Konfliktmanager und vertrauen ihm. Herr Weiß fährt fort: „Danke für Ihr Mandat, Sie werden also folgende Vereinbarung umsetzen: Frau Stolze wird ab morgen wie jedes Teammitglied an Vor- und Nachbereitung der Sitzungen teilnehmen, also auch alle Dienstleistungen für das Team übernehmen, wenn die Reihe an ihr ist. Frau Stolze, ich glaube nicht, dass das Ihren Auftrag als Qualitätsleiterin beeinträchtigen wird, zumindest sehe ich hier keine große Gefahr. Sie stehen zurzeit den meisten Teammitgliedern ja eher konfrontativ gegenüber, da halte ich es für unwahrscheinlich, dass Sie in Qualitätsfragen unbewusst beide Augen zudrücken bzw. nachlässig werden. Am wichtigsten ist mir dabei aber ein anderer Gedanke. Frau Stolze, wir brauchen ein deutliches Signal an die Teammitglieder, dass etwas getan wird, um den Konflikt einzudämmen und die Zusammenarbeit zu verbessern. Ihre Mitarbeit ab morgen wäre solch ein Signal. Ich weiß, dass das nicht Ihre Traumlösung ist, aber eine solche gibt es hier nicht. Okay?“

Frau Stolze grummelt zwar, ist im Grunde aber einverstanden. Es wäre ihr sehr schwer gefallen, von sich aus in diesem für sie sehr wichtigen Punkt nachzugeben. Die klare Entscheidung durch Herrn Weiß erleichtert ihr den Schritt, die Dienstleistungen für das Team zu übernehmen.

Die Übernahme der Entscheiderrolle durch den Konfliktmanager sollte so sparsam und selten wie möglich erfolgen. Im Idealfall ist sie ein Mittel zum Zweck, den Konfliktparteien den nächsten Schritt bei der gemeinsamen Lösungssuche zu erleichtern. Trifft der Konfliktmanager zu früh, zu gerne und zu oft Entscheidungen für die Konfliktparteien, besteht die Gefahr, dass sie unbequeme Entscheidungen generell an ihn delegieren. Damit aber sinken natürlich Verbindlichkeit und Erfolgswahrscheinlichkeit einer Konfliktlösung – und ihr Sinn. Dieser besteht ja gerade darin, dass die Konfliktparteien selbst eine Lösung aushandeln.

An dieser Stelle ist uns noch ein Hinweis wichtig, der Missverständnissen vorbeugen soll. Die Entscheiderrolle wird vom Konfliktmanager übernommen, nicht vom Vorgesetzten. Der Vorgesetzte ist ja auf diesen Eskalationsstufen nur als externe Machtinstanz Teil des Konfliktmanagements. Er greift lediglich dann ein, wenn die Konfliktparteien selbst mit Unterstützung des Konfliktmanagers keine Lösung finden, also dann, wenn das Konfliktmanagement endgültig scheitern sollte. Dieses Eingreifen wird natürlich auch über bzw. mittels Entscheidungen erfolgen – die Rolle des Vorgesetzten ist und bleibt dabei aber genau das, nämlich die Rolle des Vorgesetzten, der seine disziplinarische Macht einsetzt, um eine Beendigung des Konfliktes herbeizuführen. Die Rolle des Entscheiders, so wie wir sie verstehen und eingeführt haben, ist die Rolle einer Person, die im Rahmen eines viel versprechenden Konfliktlösungsprozesses eine wichtige Frage entscheidet, um die Parteien bei der Lösungsfindung zu unterstützen.

Natürlich kann es sein, dass die Lösung der Konfliktparteien vom Vorgesetzten akzeptiert bzw. abgesegnet werden muss. Ein Beispiel für eine derartige Situation wäre der Wunsch einer der beiden Konfliktparteien, aus einem Team oder Projekt auszuscheiden. Die Lösung kommt hier aber von den Konfliktparteien selbst, der Vorgesetzte akzeptiert lediglich deren Wunsch bzw. Entscheidung.

Welche Voraussetzungen müssen für die Übernahme der Rolle des Entscheiders durch den Konfliktmanager gegeben sein?

- Die Beteiligten schaffen es an bzw. in einem wichtigen Punkt des Konfliktlösungsprozesses nicht, sich zu einigen. Es sind aber schon einige Punkte erfolgreich geklärt worden; also gibt es ein erstes Fundament gelungener Vereinbarungen zur Konfliktlösung.

- Der Konfliktmanager braucht für die Übernahme der Entscheiderrolle ein klares Mandat der Konfliktparteien. Seine Rolle verändert sich ja, und diese Veränderung muss klar vereinbart werden.

- Der Konfliktmanager muss sichergehen, alle relevanten Argumente der Konfliktparteien zu kennen und zu verstehen.

- Der Entscheider muss seine Entscheidung klar und genau begründen.

Für die Rolle des Schlichters gilt im Grunde das, was wir eben zur Rolle des Entscheiders erläutert haben. Während der Entscheider sich selbst eine Lösung einfallen lässt, trifft der Schlichter eine Auswahl aus Lösungsvorschlägen, die ihm von den Konfliktparteien präsentiert werden. Da die Konfliktparteien wissen und erwarten, dass der Schlichter eine möglichst faire Wahl treffen wird, werden sie ihm mit hoher Wahrscheinlichkeit keine Extremlösungen vorlegen, sondern eine möglichst akzeptable. Im oben erläuterten Beispiel könnte das dazu führen, dass sowohl Frau Stolze als auch Herr Albert überlegen, wie sie ihren Vorschlag für die jeweils andere Seite akzeptabel machen können. Vielleicht kämen dann beide auf die Idee, die Übernahme von Dienstleistungen für das Team zeitlich zu begrenzen, um dann die gemachten Erfahrungen auswerten und die Frage dauerhaft entscheiden zu können.

11.5 „Dem zeige ich es jetzt!“, „Zerstörung!“, „Gemeinsam in den Abgrund!“

Die drei letzten bzw. schlimmsten Stufen der Konflikteskalation sind auf dem Wege der Moderation bzw. des Konfliktmanagements nicht mehr zu bewältigen. Wichtigstes Merkmal dieser Eskalationsstufen ist ja, dass die Konfliktparteien sich jetzt spürbar und ernsthaft Schaden zufügen. Das aber macht ein sofortiges Eingreifen des Vorgesetzten zum Schutz der Interessen der Firma und seiner Mitarbeiter unabdingbar. Hier ist klarer, unmissverständlicher und entschiedener Machteinsatz mit allen disziplinarischen Konsequenzen gefordert. Die Konfliktparteien haben nicht nur keinen Wunsch nach Lösung mehr – sie sind in unterschiedlichen Intensitätsgraden von einem Vernichtungswunsch gegenüber der anderen Konfliktpartei beseelt. Und damit ist die Grundvoraussetzung einer Konfliktmoderation, die ja letztlich auf dem Gedanken einer anliegenorientierten Verhandlung basiert, nicht mehr gegeben.

Mit diesem Kapitel schließen wir unsere Betrachtungen zu den verschiedenen Rollen ab, die ein Konfliktmoderator übernehmen kann. Vom Initiator, der den Konfliktparteien lediglich den Anstoß gibt, selbst konfliktlösend tätig zu werden, bis zum Entscheider, der eine wichtige inhaltliche Frage für die Parteien entscheidet, haben wir die wichtigsten prinzipiellen Facetten der Konfliktmoderation beleuchtet. Dabei waren uns konkrete Fallbeispiele sehr wichtig. Beispiele vermitteln das, worauf es ankommt, oft besser als ausführliche theoretische bzw. pseudotheoretische Abhandlungen. Und sie machen eines klar: Jeder Fall ist anders – eine der wichtigsten Einsichten bei der professionellen Bearbeitung von Konflikten.

12 Konflikte und Gruppen

12.1 Worum geht es?

Nationen ziehen Grenzen, pochen auf ihren nationalen oder religiösen Stolz und geben Unsummen für Rüstung, Verteidigung oder kriegerische Handlungen aus. Die Welt ist voller Kriege. Und auch im Kleineren finden wir vergleichbare Phänomene: Streetgangs bekämpfen sich, Rassen oder ethnische Subgruppen geraten immer wieder aneinander, aber auch Unternehmen bauen Feindbilder auf und benutzen dabei in erster Linie militärische Begriffe: Marketingstrategie, Marktanteile zurückerobern, den Gegner aus dem Feld schlagen und so fort.

Vermutlich müssen wir uns damit anfreunden, dass der Kampf im Schutz der eigenen und gegen eine andere Gruppe im Menschen angelegt ist. Deshalb werden wir uns in diesem Kapitel mit den Besonderheiten von Gruppenkonflikten auseinandersetzen müssen. Dabei macht es Sinn, Konflikte, die sich innerhalb von Gruppen abspielen, zu unterscheiden von solchen, die zwischen Gruppen oder organisatorischen Einheiten zu finden sind.

12.2 Besonderheiten von Gruppenkonflikten

In-Group und Out-Group

Der Fluch der Identifizierung mit der eigenen Gruppe wird von sozialpsychologischen Untersuchungen und Experimenten nüchtern festgestellt: Menschen sind sehr schnell bereit, eine Gruppenidentität zu „definieren", womit rasch eine „In-Group" und eine „Out-Group" entstehen. Wer gehört zu uns und wer nicht? (In der milderen Form: Was ist „in" und was ist „out"?)

Die Merkmale, anhand derer wir uns zu bekriegen bereit sind, sind dabei entsetzlich austauschbar!

In ihrem Programm „Blue Eyed" zeigt die amerikanische Trainerin JANE ELLIOT in Workshops, wie leicht es ist, Blauäugige und Braunäugige auseinander zu dividieren, so lange, bis diese sich zu hassen beginnen.

Die „Verfahren" sind erschreckend einfach. ELLIOT stichelt gegen die einen, bevorzugt die anderen, lässt die einen stehen, die anderen sitzen, die einen warten, den anderen Kaffee servieren, benutzt den einen gegenüber eine verächtliche, den anderen gegenüber eine wertschätzende Sprache. Und sie begegnet beiden Gruppen mit einer ganzen Batterie an manipulativer Argumentation, selbstverständlich einmal gegen, einmal für die entsprechende Subgruppe.[31] *Mehr und mehr entsteht eine bedrückende Stimmung und eine beängstigende Distanz zwischen den beiden Gruppen.*

Das alles gelingt in einem Tag und es gelingt, obwohl alle Teilnehmer wissen, welches Ziel das Programm verfolgt.[32]

Also müssen wir im Konfliktmanagement immer besonders achtsam sein, wenn sich zeigt, dass ganze Gruppen involviert sind. Bei der Entwicklung von Konflikten indiziert alleine schon das Vorhandensein von Gruppierungen mit „gepflegten" Feindbildern eine Vier oder Fünf auf der neunstufigen Konfliktskala. Auf der Stufe vier (vgl. „Die Konfliktrutschbahn im Überblick", S. 61) geht es ja gerade um solche „Image-Koalitionen" mit dem Ziel, Stärke zu gewinnen. Es ist dies eine gruppendynamische Form der Aufrüstung: „Gemeinsam bin ich stärker". Auf der Stufe fünf entsteht das Feindbild in seiner groben Form. Der anderen Partei soll Gesichtsverlust zugefügt werden: Licht für die In-Group, Schatten für die Out-Group.

---

31 Bei EDMÜLLER/WILHELM (2002) sind die Werkzeuge der argumentativen Manipulation, wie sie auch ELLIOT benutzt, präzise beschrieben.

32 Die Arbeit von Jane ELLIOT ist in einem Dokumentarfilm ("Blue Eyed") festgehalten, der im Deutschen Fernsehen auf fast allen Kanälen zu sehen war. Schon kurz nach seiner Erscheinung 1996 wurde der eindrucksvolle Film mit vielen Auszeichnungen prämiert.

Das Bearbeiten von Gruppenkonflikten wird noch durch zwei immer wieder beobachtete und erforschte Phänomene deutlich erschwert: Das „Risky-Shift"- und das „Group-Think"-Phänomen.

Das „Risky-Shift"-Phänomen

Viele Menschen glauben, Gruppen würden ausgewogenere und in diesem Sinne „vernünftigere" Entscheidungen treffen als einzelne. Die Forschung[33] zeigt aber, dass Gruppen in nicht wenigen Fällen riskantere Entscheidungen zu treffen bereit sind, als sich dies aus der Risikobereitschaft ihrer einzelnen Mitglieder hätte ergeben müssen. Diese Risikobereitschaft steigt noch, wenn es sich um Situationen handelt, in denen die Gruppenmitglieder befürchten, etwas verlieren zu können[34]. Erklärt wird dies unter anderem durch die folgenden Faktoren:

- Risikodiffusion. Für die Konsequenzen der Entscheidung fühlt sich niemand mehr persönlich verantwortlich. (Cialdini[35] hat diese und ähnliche Phänomene in einem sehr lesenswerten und lesbaren Buch beschrieben.)

- Der Einfluss risikobereiter Personen in Gruppen ist stärker, weil

- die Risikobereitschaft eher positiv eingeschätzt wird. (Wer möchte schon als Feigling dastehen?)

In deutlich mehr Fällen entscheiden Gruppen also riskanter als sich dies durch die Risikobereitschaft ihrer Mitglieder erklären ließe („Cautious Shift").

---

33 Vgl. Stoner (1961), zit. nach Sader (1996)

34 Vgl. auch Bazerman (1998), vor allem Kapitel 3

35 Cialdini (1993)

Das „Group-Think"-Phänomen

Der Begriff wurde von JANIS[36] in die Diskussion gebracht. Er war als Berater von der amerikanischen Regierung beauftragt worden, herauszufinden, warum es immer wieder zu schwerwiegenden Entscheidungsfehlern gekommen war (Eskalation des Vietnamkriegs, Schweinebucht-Invasion). Bei seinen Analysen fand er heraus, dass viele der desaströsen Entscheidungen deshalb zu Stande kamen, weil die durchaus auch vorhandene Skepsis unmerklich im Gruppendenken unterging. Zu diesem Gruppendenken kommt es, weil sich innerhalb von Gruppen Normen und damit auch sozialer Druck aufbauen. Damit in der „In-Group" wohlgesonnen-freundliche Beziehungen aufrecht erhalten werden können, entstehen so unausgesprochene Regeln darüber, was „man" innerhalb der Gruppe darf und was weniger. Dies wiederum führt zu spezifischen Symptomen:

- Kritische Ideen, solche also, die das Weltbild der eigenen Gruppe in Frage stellen, werden unterdrückt, Gegenargumente werden abgewertet.
- Dabei kommt es auch zur Selbstzensur. Durch diese „Closed-Mindedness" entsteht eine psychische Situation, in der zugunsten des kognitiven Gleichgewichts die Realitätswahrnehmung eingeschränkt wird.
- Mehr und mehr wächst die Illusion der Unverletzbarkeit der eigenen Gruppe verbunden mit der Überzeugung, dass ihr Denken und Tun moralisch gerechtfertigt sei.
- Es kommt zu krassen Stereotypisierungen der Out-Group.
- Die Entscheidungsfindung ist fortan beeinträchtigt: Es werden nur noch wenige Handlungsalternativen in Betracht gezogen, das mögliche Risiko wird kaum noch in Betracht gezogen („risky-shift"), die Informationssammlung leidet und ist stark dadurch gefiltert, die

[36] JANIS (1972)

eigenen Stereotype zu bestärken. Und es wird zu kurz gedacht. Fragen wie „Was geschieht nachher? Wie soll es weitergehen?“ werden mehr und mehr tabuisiert.

Man wird wohl auch die Challenger-Katastrophe von 1986 der Wirkung ähnlicher Gruppenphänomene zurechnen müssen. Denn die Herstellerfirma der Dichtungsringe für die Feststoffraketen hatte nachweislich vor einem Start gewarnt. Aber im „Group-Think“ der NASA war es zu einem „Risky-Shift“ gekommen, der ja – wie oben beschrieben – dann besonders wahrscheinlich wird, wenn man glaubt, viel verlieren zu können.

12.3 Konflikte innerhalb von Gruppen

Besonderheiten

Immer wieder ist Gruppenbildung innerhalb organisatorischer Einheiten zu beobachten. In Gruppen bilden sich Gruppen. Wer redet mit wem worüber? Wer geht mit wem in die Kantine? Wer trifft sich mit wem – vielleicht sogar noch außerhalb der Firma? Wer ist mit wem eng befreundet? So entsteht ein Geflecht aus Beziehungen, das durch Nähe und Distanz der einzelnen gut beschreibbar ist.

Doch Vorsicht! Gruppenbildung ist vollkommen natürlich! Aus Beziehungsclustern lässt sich keinesfalls ableiten, dass Konflikte vorhanden sind. Die Motive für Gruppenbildung sind unterschiedlichster Natur (häufigere Interaktion, beispielsweise in Projektgruppen, räumliche Nähe, ähnlicher Lebensstil, vergleichbare Interessen, gemeinsame Geschichte und so fort). Erst dann, wenn Konflikte mit ins Spiel kommen, wird die Gruppenbildung als feindseliger Akt gedeutet. Es geht also nicht um die Frage, ob innerhalb einer organisatorischen Einheit des Unternehmens Grüppchen zu finden sind, sondern darum, ob sich eine konfliktäre Entwicklung abzeichnet.

Die Ausbildung von Konflikten läuft nach demselben Muster ab, wie wir es bereits allgemein für die Konfliktentwicklung beschrieben hatten (vgl. Kap. 4.4, Systematisch in den Abgrund: Wie Vernunft und Moral marode werden (können), S. 54). Dennoch gibt es zwei wichtige Unterschiede:

- Das Stadium der Koalitionsbildung („Gemeinsam bin ich stärker!") zeichnet sich früher ab. Beispielsweise lässt sich beobachten, dass sich bereits im Stadium des verbalen Pingpong (Eskalationsstufe 2) Parteien bilden. Es kommt zu einem synchronen Nicken und Kopfschütteln der Beteiligten. Die Teilgruppen beginnen sich über ihre Distanz- oder Feindbilder als In- und Out-Group zu definieren.

- Durch „Group-Think" (vgl. S. 232) und „Risky-Shift" (vgl. S. 231) besteht die Gefahr einer sehr raschen Eskalation, mit äußerst unvernünftigen Episoden, die den Beteiligten selbst jedoch als vernünftig erscheinen. Nicht selten kommt es dadurch zu festgefahrenen Konstellationen. Keiner kann einen Zentimeter nachgeben.

Kernpunkt: Vorbeugen

Ob Gruppenkonflikte nun leichter oder schwerer als Individualkonflikte zu bearbeiten sind, hängt von vielen Faktoren ab: natürlich sehr stark von den Persönlichkeiten der Beteiligten, von der Konfliktgeschichte und von der Eskalationsstufe. Erschwerend wirken die schnell entstehenden und leider sehr mächtigen gruppendynamischen Faktoren („Risky-Shift" und „Group-Think"). Erleichternd kann sich eine Normal-verteilung der Vernunft erweisen, die es dann erlaubt, aus den Schwarz-Weiß-Bildern der Wahrnehmung wieder ein differenzierteres Bild mit mehreren Graustufen oder gar Farbtupfern entstehen zu lassen.

Gerade wegen der starken Sogentwicklung bei Gruppenkonflikten verdienen alle Methoden des Vorbeugens besondere Beachtung (vgl. Kapitel 5 „Das beste Konfliktmanagement: Gezieltes Vorbeugen", S. 65). Zur Erinnerung:

- Mehr „gute Gespräche“ (vgl. S. 70)
- Mitarbeitergespräche, die auch Persönliches zulassen und fördern (vgl. S. 76)
- Konferenzen, die Feedback und „Meta-Kommunikation“ als völlig natürlichen Bestandteil begreifen (vgl. S. 86) und nicht als Psycho-Schnickschnack. EDMÜLLER und WILHELM[37] haben illustrativ und sehr praxisbezogen die Grundlagen effektiver Moderation beschrieben.

Weiterhin empfehlen wir an dieser Stelle regelmäßige (etwa ein Mal pro Jahr, anderthalb bis zwei Tage) Workshops zum zurück- und vorausblickenden Austausch mit sehr einfachen Fragen, die am besten in kleinen, ausgelosten Teilgruppen[38] bearbeitet und dann im Plenum diskutiert und vorgestellt werden.

Reflexionsworkshop

Teil 1:
Was läuft bei uns gut und sollte deshalb beibehalten und verstärkt werden?
Was läuft weniger gut und sollte deswegen verändert werden?
Teil 2:
Was sind unsere wichtigsten Themen aus Teil 1, wie könnten wir sie angehen?
Teil 3:
Verbindliche Vereinbarungen.

37 EDMÜLLER/WILHELM (1999)

38 Oft reagieren die Gruppen schnell mit dem Argument „Nein, wenn wir wirklich offen sind, dann können wir doch gleich alles im Plenum machen.“ Lassen Sie sich dadurch nicht verführen. Das beste Mittel zur Steigerung von Kreativität und Austausch und auch das beste Mittel gegen das teuflische „Group-Think“-Phänomen sind nach wie vor Kleingruppen, die unabhängig voneinander arbeiten.

Es ist für alle Beteiligten einfacher, sich hierbei eines externen Moderators zu bedienen, der sein Handwerkszeug beherrscht und nicht der Verlockung erliegt, ein gruppendynamisches Happening zu inszenieren.

Die Rolle des Vorgesetzten bei Gruppenkonflikten

Wenn der Vorgesetzte eine konfliktäre Entwicklung bei seinen Mitarbeitern wahrnimmt oder wenn die Äußerungen in Mitarbeitergesprächen eine solche belegen, muss der Vorgesetzte eingreifen. Er muss! Denn zusehen fördert den Konflikt auf jeden Fall (vgl. Kap. 5.2, S. 65). Eine Führungskraft, die sich um Konflikte herumschleicht, verliert außerdem in den Augen der Mitarbeiter. Dabei tritt sie zunächst in der **Rolle des Initiators** auf (vgl. Kap. 7.2, S. 107). Ehrlichkeit und Klarheit sind zwei der Basiswerte einer erfolgreichen Konfliktlösung und -prävention.

Herr Gromann ist Gruppenleiter im Controlling eines großen Unternehmens. Ein Teil seiner Mitarbeiter betreut das Stammhaus, ein anderer Teil die Tochtergesellschaften. Die Atmosphäre war aus Sicht von Herrn Gromann immer in Ordnung, es ist ihm auch nichts Besonderes aufgefallen. Da er von regelmäßigen Mitarbeitergesprächen überzeugt ist, nimmt er sich für jeden seiner Mitarbeiter Zeit und spricht im Zeitraum von Februar bis April mit jedem einzelnen. Schon im ersten seiner Gespräche berichtet eine Mitarbeiterin, dass es „gewisse Spannungen“ zwischen den „Stammi's“ und den „Töchtern“ gebe. Sie könne das aber nicht genauer begründen. Es werden noch viele weitere Themen besprochen, und Herr Gromann misst der Aussage keinen großen Stellenwert bei.

Als jedoch bis auf eine Ausnahme in jedem Gespräch die „Stammi's“ und die „Töchter“ auftauchen, ist Herrn Gromann klar, dass da etwas im Busch ist, worauf er reagieren muss. Er zögert jedoch, denn das Mitarbeiter-gespräch – das hat er mehrfach betont – ist eine vertrauliche Angelegenheit. Also kann er niemanden zitieren. Dann aber erkennt er, dass er niemanden bloßstellt, weil es sich ja um allgemeine Beobachtungen handelt.

Nach unserer Erfahrung haben Vorgesetzte häufig Skrupel,

- „nur“ Stimmungen ohne Belege oder Beweise anzusprechen,
- Hinweise aus Mitarbeitergesprächen zu Gruppenbildungen oder atmosphärischen Beobachtungen öffentlich zu diskutieren.

Zur Prävention konfliktärer Entwicklungen ist jedoch beides unerlässlich. Entscheidend dabei ist, dass keiner der Beteiligten einen Gesichtsverlust oder Vertrauensbruch erleidet. („Aber Sie hatten doch selbst im Mitarbeitergespräch mehrfach betont, dass Sie gemobbt werden!“).

Lassen Sie uns nun das Beispiel von Herrn Gromann und seinen Ansatz weiterverfolgen:

Die Gruppe trifft sich jeden Montagmorgen zu ihrer Wochenbesprechung. Herr Gromann hat sich vorgenommen, „seinen“ Punkt erst am Ende der Sitzung anzusprechen, aber er will es auf jeden Fall tun. Als fast schon alle im Aufstehen begriffen sind, fasst er sich ein Herz:
„Könnten Sie bitte noch einen Moment hier bleiben? Es gibt noch einen Punkt, den ich loswerden möchte.“
Die Mitarbeiter blicken sich fragend an und setzen sich wieder.
„Wie Sie wissen, habe ich in den letzen zehn Wochen mit Ihnen Einzelgespräche geführt. Für mich waren diese Gespräche sehr wichtig, ich fand sie auch sehr gut und ich möchte mich hiermit noch einmal für Ihre zahlreichen Feedbacks und Inputs bedanken. Ein Thema geht mir jedoch seitdem nicht mehr aus dem Kopf und ich finde es am besten, es hier offen und klar anzusprechen. O.k.?“
Tatsächlich achtet Herr Gromann darauf, dass sein „O.k.?“ mehr als nur ein rein rhetorisches „O.k.“ ist. Er macht eine Pause und blickt in die Runde. Frau Gebert ist die erste: „Klar, raus damit!“ Die anderen nicken.

Herr Gromann fährt fort: „Also ich möchte hiermit einen Anstoß geben zum Nachdenken und zu einem offenen Austausch. Folgendes: In fast allen Mitarbeitergesprächen war davon die Rede, dass sich irgendwelche Spannungen aufbauen oder dass es solche manchmal gibt, und zwar zwischen den ‚Stammi's' – so wurden sie von Ihnen bezeichnet – und den so genannten‚Töchtern'. Für mich ist wichtig, dass bei uns nichts unter dem Teppich bleibt. Dass solche Spannungen mal entstehen können, halte ich übrigens für vollkommen ‚normal', ich kenne das auch. Mein Vorschlag: Wir reservieren uns eine halbe Stunde bei unserem nächsten Treffen. Frau Gebert, Herr Kinter, Sie würde ich bitten, mal die Stimmung zu sondieren und zu einem kurzen Statement zusammenzufassen, als Einstieg in unsere Diskussion. Ginge das?"
Herr Kinter: „Wieso gerade ich?"
Herr Gromann: „Hm. Möchten Sie's lieber nicht machen?"
Herr Kinter: „Doch, ich mache das schon, ich finde es auch gut, darüber mal zu sprechen. Ich wollte nur wissen, wieso Sie auf mich kamen."
Herr Gromann: „Sie sind am längsten dabei und Sie nehmen – soweit ich das beurteilen kann – kein Blatt vor den Mund."
Herr Kinter: „Na ja, da ist schon was dran."
Herr Gromann: „Frau Gebert?"
Frau Gebert (Zu ihren Kollegen und Kolleginnen): „Aber ihr müsst da auch mitziehen." (Vorsichtiges Nicken in der Gruppe.)
Herr Gromann: „Gut, dann bis nächste Woche."

Herr Gromann macht klar, dass er Stimmungen und Entwicklungen für wichtig erachtet und dass er es nicht zulässt, dass allzu viel „unter dem Teppich" bleibt. Alleine diese Einstellung und dieses Verhalten ist schon ein mächtiger Wirkfaktor bei der Prävention von Konflikten.

Er übernimmt – wie beschrieben – die Rolle des Initiators. Die weiteren Schritte überlässt bzw. überträgt er seinen Mitarbeitern. Sein Instinkt sagt ihm, dass er sich nicht zu sehr einmischen sollte. Er ist überzeugt davon, dass die Selbstverantwortung aller Beteiligten (vgl. Kap. 6.2,

S. 94) ein wichtiger Baustein des konstruktiven Umgangs miteinander ist.

Wie es nun weitergeht, hängt sehr davon ab, wie sich der Anstoß des Vorgesetzten entwickelt. Davon hängt auch ab, ob der Vorgesetzte andere Rollen im Konfliktprozess übernehmen kann.

Fall 1: Hohe Kooperationsbereitschaft der Gruppe
Wenn es klappt, umso besser. Die Gruppe tauscht sich mit „roten Köpfen" aus, es kann dabei auch ab und zu lauter werden, – aber alle sind mit Engagement dabei und auch daran interessiert, die „Kuh vom Eis" zu bekommen.

Der Vorgesetzte klärt dabei mit der Gruppe erneut seine Rolle. Soll es dabei bleiben, dass er den Austausch initiiert hat, oder möchte oder braucht die Gruppe mehr? Im letzteren Fall kann es sein, dass die Führungskraft als **Berater** (vgl. Kap. 7.3, S. 109) oder als **Konfliktbegleiter** (vgl. Kap. 7.4, S. 110) gefordert ist. Selbstverständlich kann dies dazu führen, dass mehr Zeit erforderlich ist und dass damit die halbe Stunde innerhalb eines Meetings nicht ausreicht. Die Verfahren sind bei gutem Engagement und Willen der Gruppe dieselben wie in den genannten Kapiteln beschrieben.

Fall 2: Wenig Kooperationsbereitschaft der Gruppe
Dies ist leider der häufigere Fall. Der Grund: Die Abwertung der Out-Group geht mit der Aufwertung der In-Group einher. Insofern entsteht ein stabiles System des eigenen Selbstwertes. Die Konfliktparteien fürchten die Störung dieses Systems, selbst wenn sie im tiefsten Inneren wissen, dass das so nicht in Ordnung ist. Man müsste sich ja mit jemandem zusammensetzen, mit dem man sich auch auseinandersetzen muss.

Dann beißt der Vorgesetzte auf Granit. Oft fühlen sich Führungskräfte in dieser Situation hilflos und haben das Gefühl, sie würden dumm dastehen.

Ein Coaching-Klient: „Das mache ich nie mehr. Einmal habe ich es versucht, es hat zu nichts geführt, die Leute haben mich komisch angeschaut, so als käme ich vom anderen Stern. Der Schuss ging in den Ofen. Lassen wir solche Spielchen künftig."
Dieser Vorgesetzte hatte die Konfliktlage offen angesprochen und einen Workshop mit externer Begleitung vorgeschlagen. Nun sah er sich plötzlich mit einer Reihe von Gegenargumenten konfrontiert:
„Das brauchen wir nicht."
„Es klappt doch auch so."
„Jeder von uns hat doch seinen Aufgabenbereich."
„Momentan können wir uns einen oder gar zwei Tage gar nicht leisten. Dazu haben wir zu viel zu tun."
„Ich habe schon einmal von einem solchen psychologischen Workshop gehört, und nachher war alles viel schlimmer."
Unser Vorgesetzter argumentierte mit Engelszungen und viel Geduld. Doch was immer er auch vorbrachte, führte zu einer weiteren Lawine von Gegenargumenten. Interessanterweise waren sich hier die ansonsten zerstrittenen Parteien sehr einig.

Aus unserer Sicht begehen Führungskräfte hier zwei (Denk-)Fehler:

Erstens: Wer als Vorgesetzter Konflikte oder Stimmungen anspricht (sofern er das unparteiisch tut), erleidet nach all unserer Erfahrung niemals einen Gesichtsverlust.[39] Die Widerstände, die ihm entgegenschlagen, sind Teil der Konfliktsymptomatik und disqualifizieren keinesfalls das Vorgehen der Führungskraft. In Gruppen – auf ihre Konflikte angesprochen – klafft gewöhnlich zwischen Sagen und Meinen ein weiter Abstand. Aus vielen Einzelgesprächen und Coaching-Sitzungen mit Mitarbeitern wissen wir, dass ein beherztes Vorgehen, Offenheit und Klarheit dem Vorgesetzten hoch angerechnet werden.

[39] Nach unserer Erfahrung ist die offene Ansprache selbst dann der bessere Weg, wenn der Vorgesetzte nicht der perfekte Kommunikator ist.

Ein Gruppenleiter im Coaching: „Und dann hat unser Chef vorgeschlagen, einen ‚Workshop' zu veranstalten! Wie die Weltmeister haben wir dagegen opponiert. Klar, dann müsste man sich ja mal wirklich miteinander beschäftigen, und das ist gar nicht angenehm, bei all dem, was sich da so unter dem Teppich angesammelt hatte. Ich selbst hatte auch einen Riesenbammel, wenn ich ehrlich bin, weil dann ja auch meine Spielchen auf den Tisch kämen. Aber es war schon klasse, wie unser Boss da den Finger in die Wunde gelegt hat.

Nachher war mir unsere Antifront irgendwie richtig peinlich."

Zweitens: Viele Vorgesetzte, die unter dem Eindruck stehen, sie hätten sich eine „blutige Nase" geholt, verzichten auf weitere Aktionen. Das sollten sie besser nicht tun. Denn genau dieses Verhalten wird mit hoher Wahrscheinlichkeit als Schwäche ausgelegt und – was mindestens ebenso schlimm ist – der Gruppenkonflikt wird dadurch stabilisiert.

Es gilt nun Antworten auf die Frage zu finden, was Sie als Vorgesetzter tun können, wenn den Anstrengungen Ihrer Metakommunikation unangenehmer Gegenwind entgegenbläst.

Methodische Ansatzpunkte für den Vorgesetzten bei Widerständen der Gruppe

Der Zwang zum Glück

Bei eskalierten Konflikten kann man keine Hurrarufe erwarten, wenn Maßnahmen drohen. Das ist normal. Es ist, als lade man seine Mitarbeiter ein, das erste Mal vom Zehnmeterbrett zu springen und verspräche dabei, dass das ganz einfach sei. Tatsächlich kommt es selten vor, dass spannungsbelastete Gruppen oder Teilgruppen von sich aus Maßnahmen zur Konfliktbearbeitung anregen.

Mit basisdemokratischem Vorgehen kam (ab Eskalationsstufe 3) noch selten ein Konfliktworkshop zu Stande. Die Verwechslung von kooperativem Führungsstil mit Basisdemokratie hat – nicht nur hier – schon viel Unheil angerichtet. Nach unserer Auffassung hat die Führungskraft das Recht und die Pflicht, gerade aus einem Verständnis optimaler Kooperation heraus, ihre Mitarbeiter aus konfliktären und kontraproduktiven Entwicklungen herauszusteuern, selbst wenn dies nur mithilfe unbequemen Maßnahmeneinsatzes zu erreichen ist.

Im Führungsalltag soll es – so viel wie möglich – Vereinbarungen geben, aber es wird auch immer Festlegungen geben müssen und dürfen. Schon alleine deshalb, weil es keinen Sinn macht, jede Kleinigkeit auszudiskutieren, aber auch, weil der Vorgesetzte ab und zu von seiner (strategischen) „Richtlinienkompetenz" wird Gebrauch machen müssen. Schließlich wird er ja auch für das Ergebnis seines Verantwortungsbereiches zur Rechenschaft gezogen. Wichtig ist, dass die Mitarbeiter immer wissen, woran sie gerade sind. Festlegungen als Vereinbarungen „zu verkaufen", ist einer der klassischen Führungsfehler!

Nun ist es ja (leider) eine der unbequemen Wahrheiten, dass Konfliktlösungs-maßnahmen umso mehr äußeren Initialdruck erfordern, je weiter der Konflikt bereits eskaliert ist.

Also:

- Lassen Sie sich die Rolle des Initiators nicht streitig machen. Bleiben Sie als Vorgesetzter dran und lassen Sie sich durch eventuellen Widerstand nicht entmutigen. Sprechen Sie auch weiterhin Ihre Wahrnehmungen an. Sie können dies auch augenzwinkernd tun und dadurch zeigen, dass Sie den Konflikt nicht fürchten und daher bereit sind, ihn zu entdramatisieren.

- Machen Sie sich dabei klar, dass Sie mit dem Widerstand nicht gemeint sind, sondern dass er sich aus der Dynamik von Konflikten selbst ergibt.

- Falls sich keinerlei Besserung einstellt, dann treffen Sie eine Festlegung.

„Ich möchte, dass wir uns zwei Tage aus dem Alltagsgeschäft zurückziehen und gemeinsam über unsere Zusammenarbeit sprechen und nachdenken. Mir ist klar, dass nicht alle von Ihnen das für eine sinnvolle Maßnahme halten. Ich möchte, dass Sie trotzdem mitziehen. Lassen Sie uns danach bewerten, was es uns gebracht hat."

- Beschäftigen Sie bei hohen Widerstände auf jeden Fall einen externen Moderator und lassen Sie sich von ihm beraten.

- Bauen Sie Schwellenängste so weit wie möglich ab. Sehen Sie beispielsweise zu, dass der Moderator sich bei Ihren Mitarbeitern vorstellt. Am besten sollte er zu seiner Vorbereitung Einzelgespräche führen, um sich mit den Menschen und deren Themen vertraut zu machen. (Vgl. hierzu auch Kap. 10.2, „Der Konfliktmanager in Aktion", S. 174)

Bei starken Widerständen kommt es trotzdem manchmal dazu, dass Teilnehmer „krank"[40] werden. Bei einem gut moderierten Workshop entsteht jedoch meist genügend positiver Sog der Kollegen, um auch vorsichtigere „Kandidaten" nachher mit ins Boot zu bekommen.

Die Teaminspektion als Institution

Wohl dem, der Teaminspektionen als ganz selbstverständliches Instrument institutionalisiert hat. (Die Idee und Funktion haben wir im Kap. 5.7, S. 89 beschrieben, einen möglichen Ablauf im Kap. 12.3 auf S. 234)

Ein Gruppenkonflikt könnte der Anlass sein, regelmäßige Teamworkshops einzuführen. Der „Braten" ist natürlich zu „riechen". Da wir Geheimniskrämerei und ein „Hidden-Agenda"-Vorgehen ohnehin nicht empfehlen, macht es keinen Sinn, um den heißen Brei herum zu reden. Nur soll klar sein, dass es sich nicht um eine einmalige Veranstaltung handelt und dass das Treffen für alle Themen offen ist, die mit Atmosphäre und Leistung innerhalb des Teams zu tun haben.

---

[40] Aus unserer Kenntnis von Konflikten haben wir dafür vollstes Verständnis. Für viele Menschen sind Konflikte enorm belastend, und die Vorstellung, über Konflikte auch noch zu reden, wird für einige zum Horrorszenarium.

Beispiel:

Ein schwerer Fall:

Oft fehlen auch uns Profis Modelle und Erklärungen und auch die Worte für das, was sich so alles zwischen Menschen und in Gruppen ereignen kann. Die Abteilung war in zwei verfeindete Lager gespalten. Das hatte sich nach den Angaben der Betroffenen „so ungefähr vor zwei Jahren" „irgendwie" entwickelt. Die Luft war zum Schneiden dick, wann immer beliebige Vertreter der beiden Parteien gleichzeitig im Raum waren. Der Abteilungsleiter – ein beherzter, freundlicher und offener Mann – hatte alles versucht, wusste sich aber nach einiger Zeit auch nicht mehr zu helfen und schaltete uns ein. Schnell war folgendes klar. Keiner bestritt die bedrohlich schlechte Atmosphäre, und alle waren bereit zu Einzelgesprächen. Also gingen wir voller Zuversicht ans Werk, und waren völlig sprachlos, weil wir nach all den Gesprächen kein bisschen mehr wussten. Es gab kein „traumatisches" Ereignis, nur wenige – eher belanglose – Beispiele, aber ein starkes Gefühl der Gegnerschaft und der vergifteten Atmosphäre. „Die sind einfach anders und permanent gegen uns, in einer ganz untergründig raffinierten Art." In einem waren sich weiterhin alle einig: Ein Workshop oder Treffen kommt nicht in Frage. Mit unglaublicher Vehemenz wurde jeder auch noch so zarte Versuch bekämpft, etwas in diese Richtung vorzuschlagen. Es schien so, als seien alle bereit, hier bis zum Äußersten zu gehen und eine Teilnahme einfach zu verweigern. Wobei es bei aller Heftigkeit auffallend wenige Argumente gab und diese kreisten alle um die felsenfeste Überzeugung, dass „man da nichts machen" könne und „sich nichts ändern" ließe oder werde.

Das In- und Out-Group-Phänomen hatte sich – ziemlich inhaltsleer, aber umso kräftiger verselbstständigt.[41]

[41] Etwa in der Art, wie sich Street-Gangs bekämpfen. Ähnliches gibt es bei politischen oder religiosen Auseinandersetzungen. Dort aber wird nach den Unterschieden gesucht, um diese dann zu ideologisieren. Das funktioniert dann auch im Kosovo mit irgendeiner „Schlacht am Amselfeld", obschon diese mehr als sechshundert (!) Jahre zurückliegt.

Mit dem Durchsetzen oder Festlegen eines Workshops hätte sich mit großer Wahrscheinlichkeit eine neue Konfliktfront, diesmal zum Abteilungsleiter hin, aufgebaut. Falls es nicht zum Boykott gekommen wäre, so schien die Chance für einen zielführenden Austausch kaum noch gegeben. Guter Rat war also teuer. Sollte man die Organisation dem Konflikt unterordnen? Alles laufen lassen? Warten, was geschehen würde, wenn zwei der Beteiligten in ihren Altersruhestand gehen würden? War es denkbar, Teile der verfeindeten Gruppen „mal in einen Raum zu sperren"? Warum war hier die Vernunft so komplett im brüchigen Boden des Konflikts versickert? Gäbe es irgendeine hilfreiche Form von Druck? Schließlich fassten wir (der Abteilungsleiter mit uns Beratern) den Plan, die Feedbackschleusen in kleinen und kleinsten Schritten wieder zu öffnen, mit dem Plan, die Dosis langsam zu steigern.

Da Konfliktmanagement nicht verschleiert erfolgen kann und soll, sondern Ehrlichkeit und Klarheit entscheidende Wirkfaktoren darstellen (vgl. Kap. 6, S. 92, zur Wertebasis von Konfliktlösungen), ist Offenheit auch in solch schwierigen Situationen sinnvoll.

Also präsentierten wir zusammengefasst und ungeschminkt die Ergebnisse aller Einzelgespräche und der Planungssitzung mit dem Abteilungsleiter. (Kurz: Konflikt vorhanden, Atmosphäre und Leistung beeinträchtigt, Lösungshoffnung: Nicht vorhanden, Vorschläge: Nicht vorhanden, Workshop-Idee: Mit heftigen Widerständen belegt und abgelehnt.)

Der Abteilungsleiter selbst fuhr in der Präsentation fort: Es werde keinen Workshop geben (Erleichterung aller Beteiligten!), er wolle aber weiterhin dranbleiben, weil ihm persönlich Gruppenspaltungen in seiner Abteilung zuwider seien und er es auch nicht zulassen könne, dass die Leistung einer Abteilung unter einem Konflikt leide. Er werde versuchen, in kleinen Etappen den persönlichen Austausch wieder in Gang zu setzen und zu verbessern. Ideen seien jederzeit willkommen.

Als erstes werde er ein „kleines Feedbackinstrument“ in den Besprechungen einführen. Er erklärte ganz kurz die Methode des rotierenden Tagebuches[42]*. Vielleicht war es die Erleichterung über den „ausgefallenen“ Workshop, aber alle stimmten dem sofort zu.*

Auch hier lässt sich der Abteilungsleiter die Rolle des Initiators nicht streitig machen. Alle wissen, dass er weiß, was läuft. Der Chef handelt hier konsequent im Ziel, aber flexibel in seiner Methode.

Wir Berater trafen uns fortan mit dem Abteilungsleiter (auch das war allen bekannt), um weitere Ideen zu sammeln. Das rotierende Tagebuch wurde akzeptiert, es kam auch zu allerersten positiven Indizien. (Zwei „Feinde“ wurden am selben Tisch in der Kantine „ertappt“.)

Kollege Zufall kam auch ein bisschen zu Hilfe. Daran hatten wir alle nicht gedacht: Der jährliche Betriebsausflug war interessanterweise bei allen Mitarbeitern akzeptiert. Es war bisher die Regel gewesen, dass der Abteilungsleiter jedes Mal auch eine „Überraschung“ für den Tag organisiert hatte. (Theaterbesuch, Gokart-Fahren, Videofilm drehen und so fort.) Da kam uns die Idee, dass die Überraschung ja auch etwas mehr mit der Gruppe zu tun haben könnte. Uns war ein Outdoor-Trainer bekannt, der in einfachen, nicht überzogenen Übungen Gruppen vor gemeinsam zu lösende Aufgaben stellte, mit hohem Spaß und Ansporn. Er wurde für einen halben Tag engagiert. Über den Gruppenkonflikt wurde er knapp informiert. Der Trainer versicherte uns, dass er die Teilnehmer ohnehin immer zufällig Gruppen zuordnete, somit würde es zu einer guten Durchmischung kommen. Beim „De-Briefing“ (moderiert durch den Outdoor-Trainer, Dauer ca. dreißig Minuten) ist natürlich die

[42] Dabei hat jeder Konferenzteilnehmer ein Blatt vor sich und notiert nach einiger Zeit, wie er den Verlauf empfindet, wonach das Blatt rotierend weitergegeben wird. Das geschieht ca. alle fünfzehn Minuten. Vgl. Glasl (1997), S. 307f

Frage „Wie lief's?“ und „Was haben Sie beobachtet?“ zentraler Bestandteil. Eine im wahrsten Sinne „natürliche“ Frage.

Kurz: Es war ein großer Erfolg. Die Mitarbeiter wünschten sich mehr. Wir Berater wurden erst ein Jahr später wieder aktiv und entwickelten zusammen mit dem Outdoor-Trainer ein gemeinsames Konzept. Die Gruppe ging mit hoher Motivation zum Workshop. Wer hätte das gedacht.

Zufall, Glück? Ja und nein. Die „Überraschung“ im obigen Beispiel hätte – wenn auch mit geringer Wahrscheinlichkeit – schief gehen können. Das Wirkprinzip aber besteht nicht (nur) in der gekonnten Outdoor-Veranstaltung, sondern vielmehr darin, dass der Vorgesetzte nicht locker ließ. Und wäre es diese Veranstaltung nicht gewesen, dann eben etwas anderes. Das ist der Punkt. Konfliktbearbeitung erfordert oft ein gehöriges Maß an Beharrlichkeit.

Jetzt, während wir dies hier schreiben, liegt der erste Workshop vier Jahre zurück. Die Gruppe hat inzwischen regelmäßige „Kamingespräche“ eingeführt, der Konflikt zwischen den Lagern ist Geschichte.

Die Rückführung des Konfliktes auf die Schlüsselpersonen

Der dritte methodische Ansatz, mit Spannungen zwischen Teilgruppen umzugehen, den wir hier vorstellen möchten, ergibt sich aus der Dynamik innerhalb der Parteien. Eine Partei besteht nicht aus vollkommen uniformen Meinungen und Rollen (auch wenn das „Group-Think“-Phänomen in diese Richtung zieht) und schon gar nicht aus uniformen Menschen. In der Unterschiedlichkeit besteht die Chance. Es gilt, die Rolle des oder der informellen Führer ausfindig zu machen und sich mit diesen zu beschäftigen. Wer also hat den stärksten Einfluss auf die jeweiligen Parteien? An wem orientieren sich diese? Wer wird, wenn er spricht, kaum unterbrochen? Wer führt das Wort (qualitativ, nicht quantitativ)? Kurz: Wer ist der „Leithammel“?

Wir haben die Erfahrung gemacht, dass Führungskräfte nicht selten gegen diese informellen Führer „emotional aufgeladen" sind und sie eher als Ver-Führer sehen. Sie würden ihnen am liebsten verbieten, Einfluss auf die anderen zu nehmen. Aber Achtung! Appelle oder Verbote dieser Art nützen nichts. Sie stärken eher die Rolle und führen dazu, dass sich die Gruppen „in den Untergrund" zurückziehen. Umgekehrt gilt, je besser die informellen Führer ihrerseits geführt werden, umso größer und effektiver ist der Einfluss des Vorgesetzten auf die Gruppe seiner Mitarbeiter.

Unsere Empfehlung: Laden Sie die informellen Führer zunächst zu vertraulichen Einzelgesprächen ein und arbeiten Sie **zusammen mit ihnen** an möglichen Lösungen. Häufig besteht zwischen diesen „Anführern" selbst ein Konflikt. Bearbeiten Sie diesen Konflikt, so wie wir dies für Konflikte zwischen einzelnen Personen beschrieben haben. Als Führungskraft werden Sie auch hier meist zunächst die Rolle des Initiators übernehmen (müssen) und erst nach den ersten Gesprächen klären können, ob sie als Berater oder Begleiter selbst in Frage kommen, oder ob es besser ist, externe Unterstützung einzubauen.

Wenn Sie selbst Beteiligter sind?

Als Mitarbeiter sind sie gegenüber Ihren Vorgesetzten meistens in einem sehr großen Vorteil: Sie spüren Spannungen und ungünstige Entwicklungen in der Regel schneller als der Chef und Sie wissen genauer, was los ist. Das Problem dabei ist nur, dass im Falle von Konflikten sich unsere Wahrnehmung verändert (vgl. Kap. 3.4, S. 28) und wir ja nicht einsehen möchten, dass wir ein Feindbild haben, sondern wir denken, dass wir einen Feind haben. Wir glauben wir seien sehend, indem wir blind unserer Wahrnehmung glauben. Was aber immer als Frühwarnsystem bleibt, sind die Gefühle und Emotionen. Das ungute Gefühl, das mit einer konfliktären Gruppenbildung einhergeht, lässt sich nicht verdrängen. Eine zweite „Sehhilfe" liefert das eigene Verhalten. Wie oft stehen oder sitzen Sie in Grüppchen zusammen und unterhalten sich über „die anderen" oder ziehen über diese her? Das ist ein untrügliches Zeichen eines Gruppenkonfliktes. Und wenn Sie glauben, dass man da ohnehin nichts ändern kann, dann ist das in den meisten Fällen das dritte Symptom eines Intragruppenkonfliktes.

Zusammenfassend für die Selbstdiagnose von Gruppenkonflikten:

- Mein Bauch sagt mir: Da stimmt etwas nicht. Die Luft ist dick, wenn wir mit „den anderen" zusammen sind.

- Wir reden ziemlich oft über „die anderen." Wie „die" sind, was „sie" „wieder gemacht" haben und so fort.

- Wir sind uns ziemlich einig, dass man da nichts machen kann.

Wenn Sie etwas für Ihre Arbeitsgruppe tun wollen, ist nun Ihre Zivilcourage gefragt! Liefernd Sie sich nicht der fatalen Überzeugung aus, dass das nun immer so weitergehen wird.

Der Philosoph ALAIN[43] schreibt:

> Denn der Fatalismus liefert selbst den Beweis, sobald man an ihn glaubt; und die Idee, dass ein Krieg nicht vom Willen abhängt, bewirkt gerade, dass er stattfindet, obwohl keiner ihn will.

Wir können Ihnen nur dringend empfehlen, hier selbst die Rolle des Initiators zu übernehmen. Denn auf die Dauer sind unterschwellige Konflikte direkt mit dem Anwachsen feindseliger Gefühle gekoppelt. Dazu eine dpa-Meldung:

---

43 ALAIN (1997), S. 37

> **Wer sich oft ärgert, gefährdet seine Gesundheit**
>
> Dallas (dpa)
>
> Wer feinselig und aggressiv gegenüber anderen Menschen ist, stellt nicht nur ein Ärgernis für seine Umgebung dar, sondern gefährdet auch seine eigene Gesundheit. Zu diesem Ergebnis kamen amerikanische Wissenschaftler bei der Auswertung einer Langzeitstudie mit mehr als 4700 Universitätsabsolventen im US-Bundesstaat North Carolina. Menschen, die Mitte der 60er Jahre als junge Studenten bei Tests hohe Feindseligkeitswerte erzielt hatten, litten gut 20 Jahre später unter einem erhöhten Cholesterin-Spiegel. Dieser erhöhte Wert gilt wiederum als Risikofaktor für Herzerkrankungen.

Besser ist allemal, dass „es raus" ist, selbst wenn sie dann kurzfristig als „Verräter" der eigenen In-Group gelten.

Zwei Wege bieten sich an: Sie gehen zu ihrem Vorgesetzten oder holen sich Rat in der Personalabteilung. Möglichkeit zwei: Sie sprechen ihre Wahrnehmungen offen in der gesamten Runde an. Sie müssen dann aushalten, dass man die berühmte Stecknadel fallen hören könnte, das schon. Aber der Konflikt kann nachher nicht mehr der gleiche sein wie vorher. Am besten wäre es natürlich, in Ihrer Gruppe oder Abteilung gäbe es ohnehin regelmäßige Workshops zur „Teaminspektion", die ja genau Themen wie dieses im Fokus haben.[44]

Die Rolle des Vorgesetzten bei externer Beratung

An mehreren Stellen dieses Buches war davon die Rede, sich der Mithilfe externer Moderatoren zu bedienen. Konfliktlösungen werden jedoch nur dann tragfähig sein, wenn Sie die Mitverantwortung für den Prozess übernehmen (vgl. Kap. 6.2, „Selbstverantwortung", S. 94). Sie können Ihre Gruppe nicht zur Inspektion geben oder zur Reparatur, wie Sie das vielleicht mit Ihrem Auto tun. „Machen Sie mal ein Konfliktmanagement mit meinen Mitarbeitern." Moderatoren, die den Auftrag in dieser Form annähmen, würden sich selbst disqualifizieren. Zwar kann es sein, dass Ihre Mitarbeiter auch ein paar Schritte

[44] Am leichtesten tut sich hierbei, wer hohe Akzeptanz in der Gruppe hat. Andere Teammitglieder handeln sich hier manchmal den „Verräter"-Vorwurf ein.

ohne Sie gehen (müssen), mehr aber nicht. Es muss immer klar sein, wo Sie selbst stehen, was Sie mittragen, was Sie wollen und was Sie nicht wollen. Wir haben daher diesem Thema ein eigenes Kapitel gewidmet (Kap. 11, „Konfliktlösung in der Praxis: Zusammenarbeit mit dem Vorgesetzten“, S. 212).

12.4 Konflikte zwischen Gruppen

Immer wieder sind feindselige Äußerungen oder Feindseligkeiten zu beklagen, die sich zwischen organisatorischen Einheiten beobachten lassen. Dann eilt die Empörungs-bereitschaft dem Informationsstand weit voraus, meint DOPPLER[45]. Ein paar klassische und kostspielige Konfliktkonstellationen:

- Außendienst – Innendienst
- Betriebsrat – Geschäftsführung
- EDV – EDV-Kunden
- Produktion – Qualitätskontrolle
- Marketing – Vertrieb

Die „Pflege“ und Umsetzung derartiger Feindbilder kostet Nerven, lähmt die Kreativität, blockiert die Umsetzung strategischer Maßnahmen und lässt die Diskrepanzen zwischen dem Handeln und dem Reden über das Handeln enorm anwachsen. Betriebswirtschaftlich kann man sich zu viele dieser Konflikte einfach nicht leisten. In diesem Kapitel werden wir uns zunächst die Besonderheiten solcher Konfliktentwicklungen ansehen und dann die Frage nach Ansätzen und Lösungsmöglichkeiten untersuchen.

[45] DOPPLER (1999), S. 97

Besonderheiten

Kein Wunder, dass Gruppenphänomene zwischen organisatorischen Einheiten ähnlich funktionieren, wie wir das auch für Konflikte innerhalb von Gruppen beschrieben haben. Das In- und Out-Group-Phänomen greift hier in vergleichbarer Weise.

Die Besonderheit hierbei ist die, dass man seinen „Feind" oder seine „Feinde" gar nicht mehr wirklich oder eben nur sehr schemenhaft kennt. Die Menschen werden einer abstrakten Vorstellung untergeordnet, so als trügen sie eine gegnerische Uniform, was wiederum jede Form der Abwertung rechtfertigt. Nach den Ursachen zu forschen, kostet Zeit und nutzt wenig. Die Entstehungsbedingungen[46] sind komplex und werden sich selten präzise analysieren lassen, obschon häufig Ursachen oder Auslöser angeboten werden. Diese „Geschichten" haben von außen betrachtet jedoch ein sehr einfaches Grundmuster: Der jeweils andere ist derjenige, der sich Fehler zuschulden kommen lässt, er ist „schuld". Es entstehen Legenden um einzelne Ereignisse, die dann in ideologisierender Verklärung über Jahre hin kursieren. Das Verhalten „den anderen" gegenüber wird in erster Linie durch Annahmen über deren Denken und Handeln gesteuert, und nicht mehr über tatsächliche Erfahrungswerte. „Das Marketing verträgt keine Kritik.", heißt es da beispielsweise. Fragt man nach dem Warum, erhält man Antworten wie „Das war ja schon immer so." oder „Das sieht man ja schon an der Art, wie die einem etwas verkaufen wollen." und so weiter. Im Marketing kursiert das Urteil, dass der Außendienst „Nicht in der Lage ist, etwas zu beurteilen.", „Die nehmen das alles so hin, es kommt ja keine wirkliche Diskussion zu Stande."

Typisch für solche Zwischengruppenkonflikte ist das Entstehen von „Schwarzmärkten"[47]. Es wird im Schatten der offiziellen Organisation

---

[46] In der systemtheoretischen Betrachtung von Systemen wird das Phänomen der Autopoiese (Selbsterzeugung) beschrieben. „Ein Verkehrsstau braucht keinen Schöpfer", heißt des bei Simon (1998 und 1999) S. 32. Tatsächlich entstehen bei gleicher Verkehrsdichte, Tageszeit und gleichen Wetterbedingungen manchmal Staus, manchmal nicht.

[47] Simon (1998), S. 79–85

und ihrer Vorgaben an ihr vorbeigehandelt. Der Außendienst bastelt sich ein eigenes Marketing-„Konzept", der Betriebsrat verkündet Dinge, die er gar nicht meint („Man muss das völlig überspitzt darstellen, sonst kommt das ja nicht rüber."), es existieren informelle Treffen, in denen das wirkliche Vorgehen beschlossen wird („Die Vereinbarungen unserer Mittwochssitzung nehmen wir nicht so ernst. Hauptsache, der Laden läuft, und wir wissen schon, was wirklich wichtig ist.") und überhaupt sind die Äußerungen auf der Bühne („Wir sagen das, was die hören wollen, dann haben wir unsere Ruhe.") von denen hinter der Bühne („On-Stage" versus „Off-Stage") so unterschiedlich, wie sie unterschiedlicher nicht sein könnten.

So kann es dazu kommen, dass jeder vor sich hinwerkelt, dabei einiges in Zensur und Propaganda investiert, und das Ganze doch irgendwie läuft. Mit der Betonung auf „irgendwie". Denn es ist nur eine Frage der Zeit, wann die Bombe platzt, weil Arbeitsprozesse, die durch Feindseligkeiten mitbestimmt werden, sich entweder irgendwann nicht mehr rechnen oder die Spannungen emotional so unerträglich werden, dass es irgendwann zum Eklat kommt (häufig dann bei scheinbar nichtigen Anlässen). Nicht selten haben wir erlebt, wie sich bei hochoffiziellen Treffen plötzlich zwei Protagonisten anschreien, Türen krachend ins Schloss fallen, giftige Statements mit beißender Ironie in den Raum geschleudert werden oder ganze organisatorische Einheiten in offiziellen Ansprachen diffamiert werden: „Der Außendienst ist faul!"

Zusammenfassend lassen sich also die folgenden Bestimmungsstücke von Konflikten zwischen Gruppen festhalten:

- Komplexe bis unklare Entstehungsbedingungen (Daher werden häufig Anlässe als Ursachen missverstanden.),
- hochgeneralisierte Feindbilder,
- auf Annahmen über „die anderen" gegründetes Verhalten,
- das Funktionieren im Nicht-Funktionieren (eine gefährliche Zeitbombe!).

Und wieder gilt das rosenkranzartige Gebet des Konfliktmanagers: Je eher man „greift" oder eingreift, umso besser.

Konsequenzen für die Konfliktbearbeitung

Wer einen Konflikt zwischen organisatorischen Einheiten bearbeiten will oder bearbeitet haben will, muss von außerhalb kommen oder hierarchisch übergeordnet sein. Für die Konflikt**prävention** gilt hingegen, dass diese auch von den Leitern der jeweiligen Einheiten betrieben werden kann, falls diese sich „grün" sind und sich auf ein gemeinsames Konzept einigen können. Ein unabhängiger Moderator macht es jedoch immer deutlich leichter.

Die Methode der Wahl heißt Workshop: Ein anderthalb bis zweitägiges Treffen außerhalb der Firma (das am besten zu einer regelmäßigen Institution werden sollte). Wir möchten Ihnen eine klare, checklistenartige Abfolge von Schritten an die Hand geben, um einen derartigen Workshop möglichst effektiv zu gestalten. Zunächst die sechs Schritte zur Vorbereitung eines Workshops:

Vorbereitung (Beginn ca. 2 Monate vor dem eigentlichen Workshop)

Schritt 1: Die Idee des Workshops initiieren.

- Die Initiative kann dabei unterschiedlich entstehen: Hinweise von Mitarbeitern, Ihr eigenes Urteil, unerklärliche Leistungsdefizite, Rückmeldungen anderer und so fort. Irgendwann aber ist klar: Es muss etwas geschehen. Wichtig ist hierbei, dass die Idee, einen Workshop durchzuführen, an der richtigen hierarchischen Stelle (Budget) „abgesegnet" ist und auch wirklich unterstützt wird.

Schritt 2: Die Idee des Workshops publik machen.
- Kann sein, dass vorher schon ähnliche Vorschläge „unterwegs" waren. Das „Go" aber muss klar und deutlich kommuniziert werden, und zwar innerhalb der jeweils beteiligten organisatorischen Einheiten, am besten bei den jeweiligen Meetings. Ein Konfliktworkshop darf kein klammheimlich in Peinlichkeit verschwiegenes Treffen einiger Eingeweihter sein.

Schritt 3: Organisation aller Rahmenbedingungen

Schritt 4: Auswahl der Themen
- Die entsprechenden Vorgesetzten bitten ihre Mitarbeiter, Themen zu benennen, die unbedingt auf den Tisch gehören.

Das wertebasierte Vorgehen, Selbstverantwortung (vgl. Kap. 6.2, S. 94) immer wieder zu fordern, vergrößert deutlich die Erfolgsaussichten. Es kann sein, dass die Themenflut sich in Grenzen hält (eben weil Feindbilder oft sehr generalisiert sind); es verbietet sich aber jeglicher Zynismus an dieser Stelle nach dem Motto: „Das ist ja nicht berauschend, was da von Ihnen kommt." oder „Das soll ein Thema sein? Deswegen sollen wir in einen Workshop gehen? Können Sie sich nicht etwas präziser ausdrücken?" Akzeptieren Sie hierbei auch, dass Legenden zitiert werden.

Die Organisation der Themensammlung hängt von sehr vielen Faktoren ab (Organisation, „Lage der Konfliktachsen", Größe der jeweils betroffenen Gruppen, Abteilungen und so fort). Die Grundprinzipien lauten: Mitverantwortung der Betroffenen, keine Geheimniskrämerei und Öffentlichkeit der Themen.

Schritt 5: Die Themen werden nun in den jeweiligen Gruppen zusammengefasst und von allen gemeinsam priorisiert.

- Die wichtigsten werden ausgewählt und auch dem vermeintlichen Gegner mitgeteilt. Als Vorgesetzter müssen Sie bei diesem Schritt auf angemessene, nicht kränkende Formulierungen achten und auch offen sagen, dass Sie darauf Wert legen, ohne allerdings die Botschaft zu versäuseln und den „Medizinball" zu einem „Wattenbäuschchen" verkommen zu lassen.

Schritt 6: Thematischen Fokus klären und Teilnehmer auswählen

Thematischer Fokus:
Vor dem Workshop müssen ein letztes Mal die Themen aufgelistet werden, Klarheit ist wie gesagt an jeder Stelle des Prozesses sehr wichtig. Falls die „meta-kommunikativen" Themen noch nicht auf der Liste sind, ist jetzt die Gelegenheit (noch bevor die endgültigen Teilnehmer bestimmt werden), sie zu ergänzen. Sehen wir uns im Beispiel an, wie der Gruppenleiter, Herr Kleiner, das macht:

> *„Da es ja vor allem auch um unsere Zusammenarbeit gehen soll, werden wir im Workshop – Anfang Oktober – auch darüber reden. Und zwar anhand folgender Fragen: Wie sehen wir ‚die anderen'? Wie sehen wir uns selbst? Wie glauben wir, von den anderen gesehen zu werden? Die Kollegen vom Einkauf und vom Vertrieb bereiten sich auch auf diese Fragen vor."*

Für die Vorbereitung auf diese Fragen gibt es die beiden Möglichkeiten der Ankündigung, dass die Themen im Workshop bearbeitet werden (Beispiel Herr Kleiner) oder der Verpflichtung, die Antworten schriftlich (max. 3 Flipchartseiten) auszuarbeiten. Stimmen Sie dies mit Ihrem Moderator ab.

Teilnehmerauswahl:
Zwar gibt es Moderationsmethoden, die für Großgruppen entwickelt worden sind (beispielsweise das Verfahren des „Open Space"[49]), aus

unserer Erfahrung[50] sind diese Ansätze gut für kreative Ansätze geeignet, weniger aber für das Bearbeiten von Konflikten. Der Grund: Großgruppen sind in ihrer Dynamik wenig kontrollierbar. Da alle alles mitbekommen wollen, entsteht ein Sog ins „Plenum", wo dann wiederum kaum konstruktiv diskutiert werden kann, ganz einfach wegen der Masse an Menschen. Für die Konfliktbearbeitung sind zwanzig Teilnehmer für plenarische Verfahren die alleroberste Grenze. Zudem kann die Rollenverteilung in einem zu großen Plenum durch ganz andere Faktoren bestimmt sein als die Rollenverteilung im Alltag. (Zum Beispiel dadurch, dass plötzlich die mehr reden, die weniger zu sagen haben.)

Ideal sind zwei bis drei Gruppen von je fünf bis acht Teilnehmern und zwei Moderatoren.[51] Aus alledem folgt, dass eine Teilnehmerbegrenzung Sinn macht. Wie aber die richtigen Teilnehmer finden?

> *Zunächst gilt, dass alle die Vorgesetzten teilnehmen sollten, die die konfligierenden Gruppen direkt leiten; meist macht es dann auch Sinn, die nächsthöhere Hierarchiestufe mit einzubeziehen, weil nur von dieser Warte aus die Umsetzung der Workshopergebnisse gewährleistet werden kann. Die weiteren Teilnehmer sollten durch die Mitarbeiter selbst benannt oder gewählt werden. Bei diesem Auswahlprozess sollte(n) der (die) Vorgesetzte(n) sich keinesfalls einmischen!*[52]

---

49 Maleh (2000)

50 … und wir mussten dafür auch schmerzlich Lehrgeld zahlen …

51 Oft wird die Moteratorenverdopplung mit der Arbeit in Kleingruppen begründet. Das ist zwar richtig, aber nicht der erste Grund. Vielmehr ist Konfliktmoderation – auch für den Profi – ein sehr fordernder Prozess; im „Eifer des Gefechtes" leiden die Wahrnehmung und der Ideenreichtum. Dort, wo sein Kollege etwas übersieht, kann der zweite Moderator eingreifen. Der aktive steuert, der „passive" fühlt, denkt und beobachtet. Sehr wichtig ist auch der Austausch der Moderatoren über den Prozess der Gruppe, der im Verfahren des „refklektierenden Teams" sogar vor der Gruppe öffentlich stattfindet.

52 Manchmal arbeiten wir mit dem Verfahren, dass der Vorgesetzte selbst auch einen Teilnehmer benennen kann. Er sollte dies jedoch klar ankündigen, es als Letzter tun und die Auswahl der anderen auch bei diesem Verfahren nicht zu beeinflussen versuchen.

Herr Kleiner (Gruppenleiter) beim Teammeeting: „Also, die Themen sind Ihnen bekannt und klar. Da zu große Versammlungen weniger effektiv sind, sollen von unserer Gruppe vier Kollegen teilnehmen. Bitte bestimmen Sie, durch wen Sie sich am besten vertreten fühlen. Ich hätte die Namen gerne bei unserem nächsten Meeting. Ich lasse Sie jetzt alleine, – Sie können dann miteinander ausmachen, wie Sie Ihre Wahl treffen wollen."

In der Regel führt dies zu einer sinnvollen Auswahl.

Wie läuft nun der Workshop selbst ab? Natürlich hängt dies von den Teilnehmern ab, von der Eskalationsstufe des Konfliktes und von den Vereinbarungen mit dem Moderator. Deshalb können wir nur den Rahmen schematisieren, nicht aber alle möglichen Einzelheiten auflisten.

Der Workshop

Schritt 1: Die Anreise

- Bewährt: Beginn 10 Uhr oder 10:30 Uhr, Anreise am Workshoptag selbst

Auch das spielt eine Rolle. Stundenlange, komplizierte Anfahrten empfehlen wir nicht, eine Übernachtung hingegen schon.

Die Anreise am Vorabend ist beliebt („Dann kann mal, sich schon ein bisschen informell unterhalten."), aber nicht zu befürworten. Denn man trifft sich in einer noch ungeklärten Situation. Folgende Phänomene – oder eine Kombination derselben – sind zu beobachten: Man bleibt in den vertrauten Grüppchen. Da die Situation „irgendwie komisch" ist, halten sich einige am Glas fest, andere ziehen sich sehr früh zurück. Die Bar-Fraktion verbrüdert oder verkracht sich. Zum eigentlichen Workshop-Beginn ist alles noch unaufgeräumter als vorher und die Hälfte der Teilnehmer ist sehr müde. Fazit: Lieber erst um 10 Uhr beginnen und am Workshoptag selbst anreisen.

Schritt 2: Verantwortung, Mitverantwortung und Spielregeln klären

- Der (die) Initiator(en) und die Moderatoren müssen ihren Verantwortungsbeitrag verdeutlichen.

Ein Vorgesetzter, der „nur mal dabei sein möchte“, vielleicht gar als Zuschauer, und dabei kritisch beobachtet, was der Moderator so tut, gefährdet den Konfliktlösungsprozess. (Wobei es eine noch schlechtere Variante gibt, nämlich die, die Gruppe „zum Psychologen“ zu schicken und sie gleichsam in der Werkstatt abgeben zu wollen. „Wann kann ich meine Mitarbeiter wieder abholen, wann ist der Schaden behoben, mit welchen Kosten muss ich rechnen?“)

Ganz im Gegenteil müssen die anwesenden Vorgesetzten „Farbe bekennen“ und selbstverständlich müssen sie mitmachen und mitziehen. Sie sollten auch keinen besonderen Schutz des Moderators für sich in Anspruch nehmen wollen, und ein Moderator sollte sich auch nie dazu verleiten lassen, einen solchen zu gewähren. Es ist eine Illusion, zu glauben, Mitarbeiter würden solche Absprachen nicht durchschauen. Falls es Vereinbarungen gibt, dann gehören sie an dieser Stelle auf den Tisch. Hier ist die Balance zu finden zwischen entstellend verkürzten Statements und weitschweifig nichts sagenden Ansprachen.

Abteilungsleiter (nach der Begrüßung): „Der Anstoß für dieses Treffen kam vor fünf Monaten von mir. Ich habe mich damals mit Frau Gröner und Herrn Albert, Ihren Gruppenleitern, getroffen und zwei Dinge besprochen: Erstens, dass es nicht so ganz rund läuft, jedenfalls schlechter als noch letztes Jahr, und zweitens, dass mir immer wieder auffällt, dass die beiden hier anwesenden Gruppen nicht besonders gut übereinander reden. Ich möchte, dass die Dinge hier auf den Tisch kommen und dass wir möglichst gut miteinander umgehen.“
Frau Gröner: „Zugegeben, ich habe mich schon ein bisschen gesträubt, aber ich will hier mitziehen, weil es einfach nicht zu

leugnen ist, dass die Stimmung zwischen unseren Gruppen nicht besonders gut ist. Mein Wunsch an Euch (wendet sich an Ihre Mitarbeiter): Wir packen das jetzt an!"
Herr Albert: „Ich bin nicht so ganz überzeugt, dass etwas rauskommt hier. Aber ich möchte mich keinesfalls sperren. Das Schlechteste ist, wir würden jetzt mauern. Also: Auf geht's!"

Auch der Moderator ist nun aufgefordert, seine Rolle zu klären:

Der Moderator (nachdem er sich vorgestellt hat): „Meine Rolle ist es, einen klaren, fairen und ehrlichen Austausch zu ermöglichen. Ich bin keiner der hier anwesenden Parteien verpflichtet oder genauer: Ich bin allen Parteien verpflichtet. Die Verantwortung für den Austausch liegt jedoch bei Ihnen.
Im Überblick schlage ich die folgenden Regeln vor:
Ehrlichkeit: Nicht drum herum reden,
Gleichberechtigung aller Parteien.
Fokus: Die Beziehungen und die persönlichen Bewertungen. Weniger die üblichen Sachfragen stehen hier im Vordergrund, sondern vor allem die gegenseitigen Einschätzungen und damit die Beziehungen.
Zuhören, statt dagegen argumentieren.

Die Regeln (die sich direkt an unserem Modell der wertebasierten Konfliktlösung orientieren) sollten gut sichtbar im Raum aufgehängt werden. Dann lässt sich im „Eifer des Gefechts" schnell auf sie verweisen.

Schritt 3: Die Beteiligten „machen sich Luft"

- Jeder der Anwesenden nimmt kurz Stellung dazu, wie er oder sie den kommenden Workshop bewertet. Noch kein Einstieg in Details!

Gleich an dieser Stelle wird der Moderator unklare oder schwammige Statements hinterfragen.

Die folgenden Schritte sind stark von den Vorlieben des jeweiligen Moderators abhängig und von der Motivation der Gruppe sowie von der Art der Vorbereitung. Die methodischen Ansätze, so vielfältig sie auch immer sein mögen, folgen jedoch einem stets verständlichen und nachvollziehbaren Pfad:

Schritt 4: Themensammlung

- Die gesammelten Themen werden aufgelistet und eventuell ergänzt. Die Priorisierung wird daraufhin kurz geprüft, ob sich etwas geändert hat. Haben die Gruppen zu den gleichen Themen verschiedene Priorisierungen, so sollte kein Zwangskonsens erzeugt werden.

Denn die Topthemen können auch abwechselnd bearbeitet werden. Jeder hat das gleiche Recht.

Schritt 5: Kleingruppen bearbeiten nacheinander die wichtigsten Themen

- Sind viele Teilnehmer anwesend, so empfiehlt es sich, kleinere Gruppen jeweils am gleichen Thema arbeiten zu lassen.
- Entscheidend ist erstens eine klare Struktur der Fragen und zweitens deren wertebasierte Grundstruktur, die es nicht zulässt, sich selbst nur als Opfer der „bösen" anderen zu definieren. Vielmehr müssen aus den Opfern wieder Täter werden, wenn der Konflikt einer Lösung näher gebracht werden soll.

Wir sind fest davon überzeugt, dass jeder professionelle Moderator hier die richtigen Fragen zu stellen weiß, auch wenn jeder natürlich seine methodischen Vorlieben hat. Die Moderationslinie folgt dabei der im Kapitel 8 (S. 123) beschriebenen Strategie der Konfliktlösung. Zwei Beispiele für typische Fragestellungen:

Beispiel 1:

Wie glauben wir, sehen uns „die anderen" (in Bezug auf Thema X)?
Was haben wir dazu beigetragen, dass wir so gesehen werden?
Wie sehen wir uns selbst (in Bezug auf Thema X)? Was ist unser Standpunkt?
Was sind wir bereit, für eine Verbesserung der Lage zu investieren?

Die Ergebnisse werden visualisiert und – strikt moderiert – im Plenum ausgetauscht. Der Moderator achtet darauf, Schuldzuweisungen und vermeintlich „sachliche" Diskussionen auf ein Minimum zu beschränken. Vielmehr arbeitet er daran, die Anliegen der Parteien herauszuarbeiten und anliegenbasierte Vereinbarungen zu erzielen. Bieten sich solche Lösungen an, werden sie gleich schriftlich vereinbart; oft sind nach einem ersten Austausch dieser Art weitere Gruppenarbeiten sinnvoll, um Lösungsideen vorzubereiten. Die Kleingruppen können dann schon über die Gruppengrenzen hinweg gemischt werden. Auch hier arbeiten mehrere Gruppen parallel an denselben Fragestellungen.

Mehr und mehr gewinnen Moderationsstrategien an Bedeutung, die ganz gezielt den Fokus auf die Lösung richten. Sie finden sich in Erkenntnissen und Forschungsarbeiten von therapeutisch arbeitenden Psychologen wieder, die auf der Suche nach Methoden und Möglichkeiten waren, Therapien zu verkürzen. Es zeigte sich hierbei, dass es gerade die Konzentration auf „das Problem" sein kann, die den Veränderungsprozess unnötig in die Länge zieht. Denken wir über Probleme nach, so erleben wir sie geistig und seelisch wieder und wieder. Im selben Maße rückt die Lösung ferner und ferner, denn das Denken stößt genau an die Grenzen, die das Problem ja erst zum Problem werden ließen.

Auch diese „Schule" würde nicht bestreiten, dass Menschen sich erst einmal Luft machen wollen und auch sollen, indem sie ihr Problem schildern. Doch zügig führen geschickte Fragen dann in die lösungsorientierte Haltung[53]. Wie klingen solche Fragen? Zum Beispiel:

[53] Mehlmann und Röse (2000)

Beispiel 2:

Wann war die Zusammenarbeit am besten? Was genau war damals anders? Wie könnte man das, was damals anders war, auch jetzt wieder wachrufen?

Wenn Sie eine Skala von 1 bis 10 anwenden. Wo sehen Sie dann den momentanen Konflikt? Bei 10 (katastrophal?), bei 1 (beginnt sich gerade zu entwickeln) und so fort? Was könnten Sie tun um von Ihrem Wert ausgehend (beispielsweise 7) einen Punkt besser zu werden?

Wenn Sie alle kommunikativen und sozialen Ressourcen ab morgen einsetzen würden, alles, was Sie so „draufhaben". Was würde dann mit dem Konflikt geschehen?

Geübte Moderatoren haben ein ganzes Arsenal solcher Fragen. Interessanterweise macht es Teilnehmern meist recht bald Spaß und Vergnügen, sich aus dem Problem hinaus in das weite und unbestellte Feld der Lösungen zu denken.

So lassen sich – Thema für Thema – im zügigen Wechsel von Gruppen- und Plenumsarbeit die wichtigsten Punkte der Liste bearbeiten. Eine Moderatorenerfahrung: Wird das erste der Themen sorgfältig bearbeitet, so beschleunigt sich der Prozess bei den weiteren Themen enorm. Oft ist von Teilnehmern dann zu hören, dass ja das Thema X schon durch die Themen X minus 1 und X minus 2 mitbehandelt worden sei und dass die Lösungsideen für die vorangegangenen Themen auch schon die nachfolgenden umfassen.

Schritt 6: Die Lösungen werden festgehalten und überprüft

- Kann jeder die gefundenen Ansätze mittragen? Ist irgendetwas zu stark idealisiert? Ist die Menge an Vorsätzen realistisch? Wer überprüft den Fortschritt in und zwischen den Parteien? Wie wird über den Stand der Dinge informiert? Was tun bei weiteren Störungen?

Die entsprechenden Vereinbarungen sollen auf jeden Fall vor Ort in ihrer endgültigen Form festgehalten werden (nicht erst im Nachhinein durch einen Protokollanten)! Das Ringen um die gemeinsam getragene Formulierung ist dabei ein wichtiger Akt der Konfliktbearbeitung. Entweder werden die Ergebnisse auf einem Flipchart festgehalten oder – eine sehr elegante und ökonomische Form – auf einem Laptop mit angeschlossenem Beamer.

In den allermeisten Fällen ist es sehr sinnvoll, einen Folgeworkshop zu terminieren. Diese Vereinbarung entfaltet ihre Kraft allein schon dadurch, dass es sie gibt: Jedem Teilnehmer ist bewusst, dass dann zur Sprache kommen wird, was jetzt beschlossen und von jedem für akzeptabel gehalten wurde.

> Schritt 7: Der Abschied
> Das Ziel: Jeder sollte den Workshop in einer „aufgeräumten" Verfassung beenden.

Der Moderator wird hier noch einmal kritisch nachfragen, wie es denn nun steht, ob noch Fragen offen sind. Er stellt idealisierende oder harmonisierende Aussagen bewusst in Frage. Jeder sollte noch einmal die Gelegenheit bekommen, sich zu äußern. Pflichtgemäße Höflichkeiten ritualisierter Abschlussrunden gehören nicht hierher. Vielmehr ist eine ernsthaft kritische Haltung gefordert.

Vor oder nach dieser Runde empfiehlt sich ein spielerischer Abschluss in gemischten Teams. Nichts eint eine Gruppe mehr als eine spaßbetonte Erfahrung mit ernsthaftem Hintergrund[54]. Klamauk hingegen zerstört vieles. Eine Vielzahl solcher experimenteller Lernerfahrungen sind bei KAAGAN[55] zu finden.

---

[54] Wenn die Gemeinsamkeit symbolisch unterstützt werden kann, verstärkt sich die Nachwirkung des Workshops: Ein gemeinsames Essen, ein gemeinsam kreiertes Bild, eine Leitidee für die Zukunft und so fort...

[55] KAAGAN (1999)

Übersicht: Ablauf eines Konfliktworkshops

Der Workshop: Gruppen bearbeiten ihre Spannungen

Schritt 1: Die Anreise

- Bewährt: Beginn 10 Uhr oder 10:30 Uhr, Anreise am Workshoptag selbst

Schritt 2: Verantwortung, Mitverantwortung und Spielregeln klären

- Der (die) Initiator(en) und die Moderatoren müssen ihren Verantwortungsbeitrag verdeutlichen.

Schritt 3: Die Beteiligten „machen sich Luft“

- Jeder der Anwesenden nimmt kurz Stellung dazu, wie er den kommenden Workshop bewertet. Noch kein Einstieg in Details!

Schritt 4: Themensammlung

- Die gesammelten Themen werden aufgelistet und eventuell ergänzt. Die Priorisierung wird daraufhin kurz geprüft, ob sich etwas geändert hat. Haben die Gruppen zu den gleichen Themen verschiedene Priorisierungen, so sollte kein Zwangskonsens erzeugt werden.

Schritt 5: Kleingruppen bearbeiten nacheinander die wichtigsten Themen.

- Sind viele Teilnehmer anwesend, so empfiehlt es sich, kleinere Gruppen jeweils am gleichen Thema arbeiten zu lassen.
- Entscheidend ist erstens eine klare Struktur der Fragen und zweitens deren wertebasierte Grundstruktur, die es nicht zulässt, sich selbst nur als Opfer der „bösen“ anderen zu definieren. Vielmehr müssen aus den Opfern wieder Täter werden, wenn der Konflikt einer Lösung näher gebracht werden soll.

Schritt 6: Die Lösungen werden festgehalten und überprüft.

- Kann jeder die gefundenen Ansätze mittragen? Ist irgendetwas zu stark idealisiert? Ist die Menge an Vorsätzen realistisch? Wer überprüft den Fortschritt in und zwischen den Parteien? Wie wird über den Stand der Dinge informiert? Was tun bei weiteren Störungen?

Schritt 7: Der Abschied
Das Ziel: Jeder sollte den Workshop in einer „aufgeräumten" Verfassung beenden.

13 Hilfe! Ich stecke selbst in einem Konflikt!

13.1 Worum geht es?

Die Zuschauer wissen es (nicht nur im Fußballstadion) immer besser. Von außen lassen sich trefflich Ratschläge er- und verteilen. Für die nicht direkt Beteiligten ist oft vieles ganz klar. Ganz anders aber, wenn man sich selbst plötzlich in einem Konflikt wiederfindet. Der Wucht der dann einsetzenden Gefühle scheint nichts mehr widerstehen zu können.

In diesem Kapitel wollen wir dieser Idee einiges entgegensetzen. Selbst im Wirbel des Geschehens lassen sich Ansatzpunkte finden, die Konfliktentwicklung zum Positiven zu wenden: Wir können unser Denken und Handeln im Griff behalten, zumindest teilweise. Im Folgenden werden Sie klare Hinweise dazu finden.

13.2 Vom „Wollen“ und vom „Sollen“

„Ihr müsst euch einfach mal vernünftig in aller Ruhe miteinander aussprechen!“

Na vielen Dank! Ein toller Ratschlag! Vielleicht sogar von einem guten Freund. Aber wie geht es mir denn innerlich, wenn ich so „beraten“ werde? Wahrscheinlich so:

„Ihr müsst ...“ *„Wenn ich das schon höre! Ich muss gar nicht, schon gar nicht mit dem/ihr und erst recht nicht, nur weil mein Ratgeber das meint. Der tut sich leicht, hat er den Konflikt oder ich? Wie käme ich denn auch dazu, den ersten Schritt zu gehen, wo ich doch schon so viel investiert habe, jetzt ist mal der andere dran.“*
„ ... einfach ...“ *„Einfach. Einfach mal aussprechen? So ein Blödsinn! Schon wenn ich nur dran denke, was alles vorgefal-*

len ist, kann ich keinen klaren Gedanken mehr fassen. Einfach! Dass ich nicht lache!"
*„ ... **in aller Ruhe** ... " „ Bei einem Puls von 180, schweißnassen Händen und vor Ärger zitternder Stimme?"*
*„ ... **miteinander** ... " „Eher wohl gegeneinander. Mit dem/ihr will ich gar nichts mehr machen."*
*„ ... **aussprechen** ... " „Anschreien möchte ich ihn/sie, ihm/ihr mal darlegen, was er/sie für eine(r) ist, und wie ich den/sie kenne, ballert er/sie ja gleich zurück, anstatt sich mal ein paar Wahrheiten anzuhören."*

Klar! Aber werden wir selbst als Außenstehende um Rat gefragt, dann sagen wir gerne mal: „Ihr müsst euch einfach mal vernünftig in aller Ruhe miteinander aussprechen!" Zwischen Außen- und Innensicht eines Konfliktes liegen Welten. Und selbst dem besten Konfliktmanager kann es geschehen, dass er bei eigenen Konflikten hilflos agiert. Natürlich: Man sollte Konflikte vernünftig angehen, man sollte sich nicht verrückt machen lassen, man sollte die Ruhe bewahren, man sollte nach einer Lösung suchen, man sollte sich mal die Konsequenzen klar machen, man sollte sehen, dass nicht alles noch schlimmer wird, man sollte, man sollte ... Aber wie sieht das Wollen aus? Will ich denn überhaupt die Größe besitzen, mich mit meinem „Feind" zu verstehen? Und falls ich es wollte, könnte ich es dann überhaupt? Sind meine Emotionen nicht genau auf das Gegenteil gepolt? Ich will doch gar nicht verstehen, sondern ich will beweisen, dass ich der Gute bin und der andere der Böse ist. Fertig.

Konflikte verändern nun einmal unsere Wahrnehmung, sie haben gewaltigen Einfluss auf unser Gefühlsleben, sie ändern unsere Ziele und unser Verhalten. Wir haben das ja ausführlich beschrieben (vgl. Kap. 3, „Konflikte unter der Lupe: Die Symptome", Seite 23).

Wenn man nichts machen kann, dann kann man nichts machen. Also müsste das Buch hier enden. Andererseits erwarten Sie als Leser vermutlich irgendeine Form der Hilfestellung. Sie erwarten irgendeinen Hinweis darauf, was man tun oder lassen sollte. Sollte ... da ist es wieder. Natürlich müssen auch wir dem „Wollen" und Erleben im Konfliktgeschehen ein „Sollen“ gegenüberstellen. **Aber lassen Sie uns diese Ideen immer kritisch am Machbaren prüfen.**

Nicht jede Idee, die Sie im Folgenden finden werden, passt auf jeden Fall und auf jeden Menschen. Wählen Sie für sich aus, was für Sie Sinn macht.

13.3 ... und vom Handeln

Wer vom Sollen redet, schließt die Möglichkeit des Handelns ein. Wir tun das auch. Ein Menschenbild, das dem widerspricht, erklärt den Homo Sapiens zu einem willenlosen Opfer genetischer, biologischer, situativer oder sonstiger Einflüsse. Diese Auffassung schlösse allerdings auch jede Chance aus, (in Konflikten) zu handeln.

Weil wir glauben, dass Menschen denken, frei entscheiden und handeln können, werden wir hier ein paar Argumente zum Nachdenken sammeln. Argumente dafür, dass es möglich ist, dem Sog der Konfliktentwicklung etwas entgegenzusetzen, und Argumente dafür, dass dies auch sinnvoll ist.

Freiheit und Konflikt

Sie haben hier oft von der Macht gelesen, die das Konfliktgeschehen entfalten kann. Auch unsere Geschichtsbücher sind dafür ein klarer Beleg. Sie sind Aufzählungen kriegerischer Auseinandersetzungen: Konfliktlexika. Frieden lässt sich als die Zeit zwischen den Kriegen beschreiben. Es scheint tatsächlich, dass – wie beschrieben – nicht wir Konflikte haben, sondern sie uns[56].

Die entscheidende Frage ist, ob es Freiheitsgrade gibt, wenn wir selbst im reißenden Strom eines Konfliktes schwimmen. Können wir uns auch anders verhalten? Existieren Alternativen, ist irgendeine Form

[56] Vgl. Glasl (1997)

der Selbstkontrolle denkbar? Oder ist dies dem Menschen ohnehin fremd? Wären wir tatsächlich das Opfer von Genen und Emotionen, so wäre Freiheit wirklich nicht denkbar. „Der Geist ist willig, aber das Fleisch ist schwach." Ende!

So sind wir im Konflikt plötzlich und unausweichlich mit grundlegenden philosophischen Fragen konfrontiert. Auch hier greift die von uns beschriebene Werteorientierung. Wie ist Selbstverantwortung ohne Freiheit denkbar – und umgekehrt? George Bernard Shaw schreibt: „Freiheit bedeutet Verantwortlichkeit; das ist der Grund, weshalb die meisten Menschen sich vor ihr fürchten." Wollen wir uns tatsächlich als Opfer des Konfliktgeschehens definieren, ist es größer und mächtiger als wir selbst? Wollen wir uns die Argumentation von Kriminellen zu eigen machen, wenn sie beteuern, Opfer ihrer Affekte geworden zu sein? Aristoteles bereits bringt es auf den Punkt, wenn er fordert, dass Freiheit immer zwei Aspekte hat: Die weitgehende Unabhängigkeit von äußeren, aber auch von inneren Zwängen. Wollen Sie wirklich glauben, Sie verhalten sich, wie Sie sich verhalten, weil Sie sich so verhalten müssen? Wollen Sie unumstößlich daran festhalten, dass bestimmte Vorkommnisse Sie zwingen, in einer bestimmten Weise zu reagieren? Als re-aktive Menschen bezeichnet Covey[57] die Zeitgenossen, die ihr Verhalten durch die Umstände rechtfertigen, und er schreibt:

> *„Zwischen Reiz und Reaktion hat der Mensch die Freiheit zu wählen."*

Nur wenn Sie, lieber Leser, liebe Leserin, glauben, dass Sie im Konfliktfall die Wahl zwischen verschiedenen Optionen haben, macht dieses Kapitel Sinn.

> *Frau Reimann hat sich mehr und mehr mit ihrem Chef, Herrn Hubel, zerstritten. Mittlerweile ist der Konflikt für sie sehr bedrückend und aussichtslos geworden. Natürlich hat sie schon oft mit ihrem Mann darüber geredet und richtig Dampf abgelassen. Das tut gut, ändert aber wenig.*

[57] Covey (1996), S. 70

Gerade einen Tag vor dem Betriebsausflug hat Hubel wieder eine Aussage „losgelassen“, die Frau Reimann als sehr kränkend empfunden hat. Beim Betriebsausflug geht sie dem Chef aus dem Weg, und als man im Ausflugslokal bei Tisch sitzt – natürlich nicht am gleichen Tisch wie Herr Hubel –, sagt eine Kollegin augenzwinkernd: „Na, mit unserm Boss geht's dir gerade nicht so gut, stimmt's?“ Da bricht es aus Frau Reimann heraus und sie erzählt eine Geschichte nach der anderen, wobei sie kein gutes Haar an ihrem Vorgesetzten lässt. Dass sie früher mit ihm zufrieden gewesen sein soll, lässt sie plötzlich nicht mehr gelten, und sie merkt selbst, dass sie ein paar Vorkommnisse verdreht, ein bisschen dazu erfindet, sich selbst in bestem Licht darstellt und so fort. Die Anwesenden stacheln noch ein bisschen mit provokanten Fragen an, geben sich einfühlend und äußern Bedauern über das Schicksal von Frau Reimann. Dann bricht die Gesellschaft zum nächsten Ziel auf.

Im Autobus flüstert ein Kollege von Frau Reimann zu seinem Nachbarn: „Dass die so über unseren Chef herzieht, finde ich nicht richtig. Wir müssen ihn da unbedingt warnen.“ „Ja“, sagt der Busnachbar, „und die Frau Kessler steht ja auch auf Hubels Seite, obwohl sie vorher so nett zugehört hat, die nehmen wir noch mit und gehen morgen zu dritt zum Chef.“ „Abgemacht.“

Musste sich Frau Reimann so verhalten? Notwendigerweise und unabwendbar? Hätte sie auch innehalten und sich klarmachen können, dass die Vergrößerung der Arena in den meisten Fällen auch den Konflikt selbst vergrößert? Muss man sich tatsächlich hinreißen lassen? Und wer reißt denn da wen?

Wir glauben: Nein. Wir meinen, dass es das Stückchen Freiheit zwischen der Gewalt unserer Emotionen und unserem Verhalten gibt. Wir glauben auch, dass wir anderen Menschen nicht so viel Macht über uns geben müssen, dass wir wie ein Kreisel unter den Peitschen ihrer provozierenden Bemerkungen tanzen müssen.

Vernunft und Konflikt

Schreiben wir also unserer Vernunft eine Funktion zu, die darüber hinausgeht, unsere Emotionen und die daraus resultierenden Handlungen zu rechtfertigen! Und wenn wir uns zu dem Stückchen Freiheit bekennen, wie anders sollten wir es nutzen als durch den Gebrauch des Nach-Denkens und des Voraus-Denkens?

Frau Reimann – wir kennen sie aus dem vorigen Beispiel – hat ein ganz ungutes Gefühl, als sie am Abend nach dem Betriebsausflug nach Hause kommt. Am nächsten Tag ist Feiertag, und sie verbringt noch einen ruhigen Abend mit ihrem Mann. Auch er findet es nicht gut, dass sie sich öffentlich über Herrn Hubel beklagt hat. Plötzlich kommt Frau Reimann eine Idee: Sie holt einen Zettel, und beide schreiben auf, was sie nun tun könnte. Als erstes fällt Frau Reimann ein, dass sie am liebsten gar nicht mehr in die Firma möchte. So entsteht eine kleine Liste:

- *Nie mehr in die Firma gehen. Kündigen.*
- *Die Kolleginnen und Kollegen anrufen und ein paar Dinge klarstellen.*
- *Gleich noch morgen Herrn Hubel privat anrufen und „beichten" oder mit ihm einen Gesprächstermin vereinbaren.*
- *Zum Betriebsrat gehen und um Vermittlung bitten.*
- *Sich in eine andere Gruppe versetzen lassen.*
- *Gar nichts tun und einfach sehen, was geschehen wird.*
- *Das Thema beim ohnehin geplanten Teamseminar ansprechen.*
- *...*

Die beiden diskutieren, und es kommen im Laufe des Abends noch einige Punkte auf die Liste, einige werden als unrealistisch verworfen. Am Schluss bleiben drei Möglichkeiten übrig, die auch noch in eine zeitliche Abfolge gebracht werden.

Wir hatten uns vorgenommen, realistisch zu bleiben und Vorschläge und Maßnahmen immer am Machbaren zu messen. Halten Sie das, was die Reimanns gemacht haben, für durchführbar? Wir denken ja. Frau Reimann hat sich dabei nie um ihre Gefühle herumgemogelt, sie hat nichts beschönigt und sie hat ihren Konflikt nicht durch eine rosa Brille betrachtet. Gemeinsam mit ihrem Mann hat sie nach**gedacht**, was sie tun kann und was sie besser lassen sollte. Natürlich haben die beiden dabei auch besprochen, welche der Maßnahmen ganz persönlich zu Frau Reimann passen und sich nicht irgendeiner Illusion hingegeben.

Das Nach-Denken ist also möglich. Es hat zudem den enormen Vorteil, den Zustand mehr oder weniger böswilligen Grübelns zu verlassen und so wieder vom Reagieren zum Agieren zu kommen.

Gesundheit und Konflikt

Denken und Fühlen sind eng verschaltet. Das Fühlen hängt direkt mit physiologischen, körperlichen Prozessen zusammen. Schon der Gedanke an bestimmte Situationen kann daher sofort den Puls steigen lassen. Ärger und Wut stellen – das ist auch ihre Funktion – körperliche Energie bereit, weil wir dann auf Angriff gepolt sind. Im Falle von Konflikten ist die affektive Beteiligung (vgl. Kap. 3.2, S. 24) hoch, was zur Folge hat, dass wir auch physiologisch durcheinander geraten. Während Ärger und Wut meist schnell abklingen, bleiben die mit Konflikten verbundenen Emotionen oft viel länger „im Blut". Besonders gefährlich scheinen hierbei Rachegefühle zu sein. Nicht verzeihen zu können, führt zu einem höheren Erkrankungsrisiko. Vor allem das Herz-Kreislauf-System ist betroffen. „Es ist die Feindseligkeit, die den Menschen gefährdet."[58] Gesünder ist es demgegenüber, sich die Kränkung einzugestehen und nach vorne zu blicken.

---

[58] Goleman (1998), S. 217

Konfliktlösung betreiben Sie also nicht nur der Konfliktlösung wegen, sondern auch direkt im eigenen Interesse. So betrachtet, ist nachdenken sehr gesund.

13.4 Was tun? Vom Nutzen der Verlangsamung

Sich vom Konfliktstrudel nach unten reißen zu lassen, das kann keine Lösung sein. Wenn wir größer als der Konflikt sein wollen und nicht der Konflikt größer als wir, dann gilt es nach Alternativen zu suchen und diese an unserer Realismusmaxime zu messen. Wir werden uns daher jetzt mit verschiedenen Ansätzen befassen, um wieder Herr der Lage zu werden.

Der Modebegriff „emotionale Intelligenz" geistert durch das Land. Der Vorteil dabei: erneut zu diskutieren, worin denn die viel beschworene „soziale Kompetenz" besteht und wieder festzustellen, dass beispielsweise Vorgesetzte ihren größten Einfluss nicht in simpler Machtausübung oder in fachlicher Expertise entfalten, sondern dort, wo sie es vermögen, mit Menschen gut umzugehen. Und wieder einmal taucht hier die Frage auf, ob man das lernen kann oder nicht. Die Frage ist komplex und schreit nach zulässiger Vereinfachung. Zum Beispiel nach der folgenden: Kann man Emotionen zügeln oder nicht? Wir hatten uns vorher über das Wollen und über das Sollen Gedanken gemacht. Aber wie steht es mit dem Können? Die Antwort lautet: „Temperament ist kein Schicksal"[59].

> Ein kämpferischer Samurai, so heißt es in einer alten japanischen Legende, forderte einst einen Zen-Priester auf, ihm Himmel und Hölle zu erklären. Doch der Priester erwiderte verächtlich: „Du bist nichts als ein Flegel, mit deinesgleichen vergeude ich nicht meine Zeit!"
>
> In seiner Ehre getroffen, wurde der Samurai rasend vor Wut, zog sein Schwert aus der Scheide und schrie: „Für deine Frechheit sollst du mir sterben!"
>
> „Das ist", gab ihm der Priester zurück, „die Hölle."

[59] Goleman (1998), S. 14

> Verblüfft von der Erkenntnis der Wahrheit dessen, was der Priester über die Wut gesagt hatte, die sich seiner bemächtigt hatte, beruhigte sich der Samurai, steckte das Schwert in die Scheide und dankte dem Priester mit einer Verbeugung für die Einsicht.
>
> „Und das", sagte der Priester, „ist der Himmel."[60]

Emotionen sind schnell und ungenau. Suchen Sie im Konfliktfall, wo immer das machbar ist, nach Möglichkeiten der Verlangsamung (nicht Vermeidung!). Das ist der erste und einer der wichtigsten Schritte. In einer angespannten Situation eine vernünftige, perfekte Verhandlungsstrategie parat zu haben und sie dann auch noch gekonnt umzusetzen, das schafft kein Mensch! Was wir hingegen lernen können, ist dies: Unsere Reaktionen auf der Zeitachse nach hinten zu schieben. Dafür gibt es Dutzende von Möglichkeiten. Wir zitieren Aussagen von Teilnehmern unserer Konfliktworkshops. Dabei beziehen sich alle Aussagen auf ernste Konfliktsituationen und nicht auf Kabbeleien, Frotzeleien, Streit oder Meinungs-verschiedenheiten.

Beispiele:

„Wenn mir Herr M. über den Weg läuft, und mir schon wieder eine bissige Bemerkung über die Lippen kommen will, dann zähle ich innerlich bis drei."

„Mir hilft es, wenn ich mich nicht weiter in Diskussionen mit Frau G. einlasse, sondern mir vornehme, Ihr fünf Minuten lang Fragen zu stellen, – dann bin ich nicht mehr so auf hundertachtzig."

„Ich habe Herrn F. schon öfter gebeten, das Gespräch auf den nächsten Tag zu verschieben und dann ein einziges Thema zu besprechen."

„Manchmal bin ich so voller Wut, dass ich den ganzen Schlamassel mit nach Hause nehme. Was mir dann hilft: Ein schöner Spaziergang auf meinem Lieblingsweg. Nach einer Stunde komme ich viel sortierter wieder zurück und kann neu nachdenken."

„Ich muss mich einfach aussprechen. Meine Frau hört mir dann zu und bringt mich wieder auf den Teppich zurück."

---

[60] Nach GOLEMAN (1998), S. 67

„Gegen meinen Chef juristisch vorgehen, das wollte ich damals. Ein Freund hat mir geraten, es zu tun, wenn ich vier Wochen später immer noch der Meinung bin. Das hat mir sozusagen das Leben gerettet. Es wäre ein Riesenblödsinn gewesen. Heute können wir sogar wieder einigermaßen miteinander."

„Jedes Mal, wenn der Ärger in mir hochkommt, stelle ich mir das Apollofoto vor, wie die Erde über dem Mondhorizont aufgeht. Dann denke ich, da sind wir zwei Ameisen drauf und haben nichts Besseres zu tun, als uns zu bekriegen. Dann erscheint mir das unglaublich lächerlich, und ich werde ganz ruhig."

„Schreiben. Ich muss mir aufschreiben, was los ist, was ich eigentlich will und was ich für Möglichkeiten habe."

„Wir konnten einfach nicht mehr miteinander reden. Aber wie will man da zusammenarbeiten? Die Frau von der Personalabteilung hat ein gutes Händchen für Menschen und auch eine Moderationsausbildung. Unser Chef hatte die Idee, dass wir uns in ihrem Beisein aussprechen, und wir beide fanden das gut. Nachdem wir uns ein paar Mal getroffen hatten, lief es schon besser. Wir konnten ein paar Vereinbarungen treffen, die auch bis heute halten. Wir haben auch klar beschlossen, bei welchen Themen wir lieber nicht zusammenarbeiten."

Der erste affektive Impuls ist kein guter Ratgeber. Ebenso nutzt es nicht, sich weiter und weiter in die eigene Wut hineinzuschrauben. Eines der wichtigsten Gebote im Konflikt heißt: Langsam, langsam, langsam. Da das Denken langsamer funktioniert als die Emotionen, braucht es Zeit zum Aufholen. Nutzen Sie konsequent eine oder mehrere der folgenden Methoden:

- Sprechen Sie mit Vertrauten, **auf keinen Fall aber** mit irgendwelchen Leuten und schon gar nicht mit Scheinvertrauten, mit Menschen, die sich an Ihren Schwierigkeiten laben.

- Da auch das Denken meist noch zu schnell und zu assoziativ ist: Schreiben Sie! Notizen helfen ungemein, sich selbst Klarheit zu verschaffen. Schreiben Sie, was Ihnen zum Konflikt einfällt, malen Sie, durcheinander, dem Fluss der Gedanken folgend oder in irgendeiner Struktur, die Ihnen gefällt.

- Sammeln Sie Handlungsoptionen. Was können Sie ganz konkret und praktisch tun – oder lassen? Lassen Sie dabei Ihren Ideen freien Lauf. Ordnen Sie erst später Ihre Punkte.

- Jeder Konflikt hat Vorteile. Was können Sie aus der Situation lernen? Warum war es – bei aller momentanen Belastung – doch gut, dass es kam, wie es kam? Notieren Sie sich auch diesen Aspekt.

- Wenn es geht, dann lassen Sie sich nicht unter Zeitdruck setzen. Bitten Sie um Bedenkzeit. Glauben Sie nicht, dass in einem Gespräch alles gelöst sein muss.

Im folgenden Kapitel haben wir ein paar „Haltestellen" des Denkens, des Nach-Denkens und des Voraus-Denkens für Sie zusammengestellt; damit Sie sich ein paar ganz langsame Gedanken machen können.

13.5 Schreiben: Das andere Denken

Immer wieder werden wir im Folgenden darauf drängen, zu Stift und Papier zu greifen (oder zu Maus und Tastatur). Aber es geht um weit mehr als um eine Fingerübung. Assoziatives Denken, Sprechen und Schreiben unterscheiden sich grundlegend. Man könnte sagen, es handelt sich um verschiedene Formen des Denkens. Aus Untersuchungen ist bekannt, dass völlig unterschiedliche Gehirnareale aktiv werden, je nachdem, auf welche Art wir uns einem Problem nähern. Sicher ist, dass Sprechen und Schreiben das bloße Denken gewaltig erweitern.

Gerade im Konfliktfall werden wir ja allzu schnell Opfer einer monovalenten Wahrnehmung, und jedes Mittel, der eigenen Engstirnigkeit etwas entgegenzusetzen, sollte genutzt werden.

Zu notieren bringt folgenden Nutzen:

- Es verlangsamt,
- es führt zu höherer Präzision und Klarheit,
- es erlaubt, Wichtiges von weniger Wichtigem zu trennen,
- es liefert eine sichere Basis für anstehende Gespräche und mindert die Gefahr, „im Eifer des Gefechtes" etwas zu vergessen,
- es schafft eine wohltuende Distanz zwischen sich selbst und dem Geschehen[61],
- es setzt eine andere Art von Kreativität[62] und Intelligenz frei als das reine Denken und
- es setzt die Erkenntnis der aktuellen Emotionspsychologie um, nämlich dass die Gedanken in fast allen Fällen den Emotionen vorausgehen und sie somit steuern helfen.

Dabei stellt unser Konfliktlösungsmodell bereits die Struktur für Ihre Aufzeichnungen zur Verfügung (vgl. Kap. 8, Strategie der Konfliktlösung, S. 123):

- Welches sind die Standpunkte (beider Seiten)?
- Was sind die Anliegen dahinter?
- Was ist das Kernanliegen?
- Welche Lösungen sind denkbar, die den Anliegen gerecht werden?

---

61 Wir haben Klienten erlebt, die plötzlich selbst lachen mussten, als sie es schriftlich hatten, über welche „Kleinigkeiten" sie sich aufregen konnten.

62 Wer mit der Mindmap-Technik vertraut ist, wird sie hier erfolgreich einsetzen können.

- Welches ist die beste, realistischste, usf. Lösung?

Wir sind ziemlich sicher, dass Sie nach einer solchen Fleißarbeit den Konflikt schon etwas anders sehen als vorher. Daher der fast gebetsmühlenartige Hinweis auf das schreibende Denken.

13.6 Leitplanken des Denkens

Das Investitionskalkül

Bevor Sie sich weitere Gedanken machen, ist diese Frage zu klären: Lohnt es sich für Sie aus irgendeinem Grund, weiter in den Konflikt oder den Konfliktpartner zu investieren? Drei Überlegungen könnten Sie dazu anstellen, um sich der Antwort zu nähern. Dabei ist es wichtig, alle drei – und nicht nur eine – zu beantworten:

- Die Selbstachtungsfrage,
- die Frage der erwarteten oder erhofften Wirkung,
- die Frage nach der Bedeutung der Beziehung.

Die Selbstachtungsfrage

„Das lasse ich mir nicht bieten!" Gekränkte Ehre schreit offensichtlich nach Satisfaktion. Es gab Zeiten, da traf man sich im Morgengrauen zum Duell. Die Idee dahinter, dass die Vernichtung des Feindes die Ehre wiederherstellt. Aber auch hier ist erst einmal Ent-Schleunigung geboten.

Gibt es etwas, das ich tatsächlich so nicht stehen lassen kann? Vor mir selbst? Vor anderen?

> *Zwischen Herrn Kunert und Frau Marbold – beides Kollegen auf Gruppenleiterebene – schwelt schon lange ein ernsthafter Konflikt. Zur Zusammenarbeit sind die beiden kaum noch in der Lage. Just in dieser Zeit kommt es dazu, dass Herr Kunert*

sich von einem seiner Mitarbeiter trennt. Da die Konfliktarena schon recht groß ist, wird Herrn Kunert Folgendes „zugetragen", wie man so unschön sagt. Frau Marbold hätte behauptet, er instrumentalisiere Menschen, sie seien ihm eigentlich nichts wert und insofern gehe er auch über Leichen. Man sehe dies ganz deutlich im Falle des „entfernten" Mitarbeiters ... Durch diese Behauptung fühlt sich Herr Kunert zutiefst gekränkt. Hatte er doch gerade im Falle des gekündigten Mitarbeiters zwei Jahre lang alles unternommen, um ihn ins Boot zu holen. Nächtelang konnte er nicht schlafen, und die Entscheidung hatte ihm außerordentlich viel zu schaffen gemacht. Und nun diese Behauptung!

Am liebsten würde er gleich zu Frau Marbold rennen und sie anschreien. Im letzten Moment hält er inne.

Ihm wird klar, dass er wohl in einer seiner Grundüberzeugungen getroffen und daher erschüttert ist. Er beschließt, in der nächsten Abteilungssitzung Stellung zu dem Gerücht zu nehmen und die Hintergründe der Kündigung darzustellen. Dazu bereitet er sich gründlich vor. Es entsteht ein Kurzvortrag von fünf Minuten. Herr Kunert beschließt auch, seinen Mitarbeitern seine Führungsgrundsätze an Hand desselben Beispiels zu erörtern. Auf Seitenhiebe auf Frau Marbold verzichtet er, das Gerücht aber spricht er als solches an.

Wird Innerstes verletzt, so muss man sich dies eingestehen lernen. Nun gilt es der Impulsfalle (sofort zurückschlagen) zu entkommen. Besser ist es, die Situation zu nutzen und die Klarstellung nicht auf der dunklen Seite des Konflikts aufzubauen, sondern auf der hellen Seite eigener Überzeugungen und Werte. Nicht gegen den anderen, sondern für sich selbst zu sprechen.

Die Frage der erhofften und der tatsächlichen Wirkung

Damit wird der Weg vom Nach-Denken zum Vor-Denken beschritten. Was wird die Konsequenz sein, wenn ich meinen Racheimpuls in die Tat umsetze? Cui bono? Wem wird es nutzen, wem wird es schaden?

Ein Beispiel, bei dem wir selbst betroffen waren: Ein Personalentwickler, Herr Lengner, mit dem wir schon einige heftige Diskussionen über die Seminarorganisation hatten, hatte bei ein paar Gelegenheiten begonnen, herablassend über unsere Arbeit zu reden, was uns die Adressaten wiederum „brühwarm" mitteilten. Unser erster Impuls: „Dem zeigen wir's!" Unser exzellentes Verhältnis zum Chef des „Übeltäters" hätte in der Tat ein paar empfindliche Schachzüge erlaubt. Wir mussten uns zusammenreißen, nicht gleich aktiv zu werden. Dann hatten wir die Idee, mögliche Konsequenzen aufzulisten. Die Liste (hier nur ein Auszug) brachte schnell viel Klarheit:

- *Das Verhältnis zu Herrn Lengner würde sich verschlechtern.*
- *Die Zusammenarbeit wäre noch schwieriger.*
- *Für Lengners Chef wäre die Situation ebenfalls nicht einfach; wir würden ihm Schwierigkeiten machen.*
- *Die Zusammenarbeit mit dem Kunden wäre insgesamt schwieriger.*
- *Wir würden als Berater kein gutes Bild abgeben, wenn das die Form unseres Konfliktmanagements wäre.*
- ...

Also entschieden wir uns, einen anderen Weg zu gehen, und luden Herrn Lengner zu einem Gespräch ein, der im übrigen schnell und gerne zusagte. Das kleine Meeting zeigte dann, dass es höchste Zeit war, denn es hatten sich im Laufe der Zeit einige Missverständnisse aufgetürmt. Das Verhältnis besserte sich tatsächlich und ist bis heute sehr gut.

Die „kleine Rache" hofft, dass der Kontrahent einen Denkzettel bekommt und dass man ihm damit irgendetwas antun kann. Das ist die erhoffte Wirkung. In den allermeisten Fällen ist die tatsächliche

Wirkung hingegen völlig anders. Man fügt sich selbst den Schaden zu. Wobei nicht zu übersehen ist, dass der emotionale Schaden, nämlich einen – auch nach dem Racheäktchen – ungelösten Konflikt mit sich herumzutragen, einen beträchtlichen Teil der sich selbst zugefügten Nachteile ausmacht.

Die Frage nach der Bedeutung der Beziehung

Es gilt noch eine weitere Überlegung anzustellen. Sie klingt nüchtern und berechnend, aber sie scheint uns dennoch sehr berechtigt: Lohnt es sich, in eine Beziehung zu investieren oder nicht: Wenn einer meiner Nachbarn aus einem mir unerfindlichen Grund nicht mit mir redet und auch nicht grüßt, mich aber ansonsten in Frieden lässt, warum sollte ich dann Anstrengungen unternehmen, das Verhältnis zu verändern?

Allerdings wird die Bedeutung von Beziehungen auch durch den Kontext mitbestimmt. Das Verhältnis zum Vorgesetzten ist per se von Bedeutung (falls ich nicht ohnehin den Plan hege, die Abteilung zu wechseln). Für die Zusammenarbeit mit den Kollegen und aus der Chefperspektive mit den Mitarbeitern besteht ebenfalls eine durch die Struktur dieser Beziehungen vorgegebene Wichtigkeit. Dort lohnt sich die Investition allemal dann, wenn entweder die Arbeitsfähigkeit deutlich leidet oder der emotionale Druck unerträglich wird. In manchen Beziehungen und bei manchen Menschen gelingt es auch, trotz einer vorhandenen Störung, „auf Sparflamme" den für die Zusammenarbeit nötigen Austausch aufrecht zu erhalten. Auch dem liegt eine Entscheidung über die Bedeutung der Beziehung zu Grunde, ganz gleichgültig, wie Sie als Leser dies bewerten. Aus einem Interview:

> *Zwischen meinem Chef und mir hat es nie richtig geklappt. Zu Beginn habe ich das ein paar Mal angesprochen, wir sind aber dadurch keinen Schritt weitergekommen. Solange meine Arbeit mir Spaß macht und solange die inhaltlichen Abstimmungen klappen, kann ich damit leben.*

Die Eskalationsanalyse

Im Kapitel 4.4 (S. 55) haben wir die „Konfliktrutschbahn" beschrieben. Überlegen Sie sich, wie Sie Ihren eigenen Konflikt diagnostizieren würden. Welche Beschreibung passt noch, ab welcher Konfliktstufe sagen Sie: „Nein, so weit sind wir noch nicht!"? Unserer Erfahrung nach schätzen die Betroffenen die erreichte Eskalationsstufe höher ein als Außenstehende. Ein Tipp: Ziehen Sie noch einmal ein oder zwei Stufen ab. Sind Sie dann immer noch auf vier oder gar höher, dann ist es eher unwahrscheinlich, dass Sie ganz ohne Mithilfe auskommen werden, – was Sie aber keinesfalls daran hindern sollte, dennoch Anstrengungen zu unternehmen, vorausgesetzt, Sie halten es für sinnvoll, zu investieren.

Anders denken lernen

> *„Nicht die Dinge beunruhigen uns, sondern die Gedanken, die wir uns über sie machen." (Epiktet)*

> *„Denn an sich ist nichts weder gut noch böse, das Denken macht es dazu." (Shakespeare, 17.Jahrhundert)*

Der übliche Zugang zur Welt wird als „naiver Realismus" bezeichnet. Wir gehen davon aus, dass die Welt so ist, wie wir sie wahrnehmen. Das Buch vor mir ist ein Buch, der Sessel, auf dem ich sitze, ist ein Sessel, der Hund, den ich bellen höre, ist ein Hund. Das funktioniert auch ganz gut. Gehen wir nun einen Schritt weiter, bleiben aber beim Hund. Ist Bello ein braver Hund? Wenn Bello mit Frauchen oder Herrchen das Café betritt, ohne angeleint zu sein, dann geschehen merkwürdige Dinge! Frau Maier wird nervös. Es wird noch schlimmer, als Bello auf sie zuläuft und an ihrem Schuh schnuppert. Der Puls von Frau Maier steigt enorm an. Sie hat Angst vor dem Hund und sie ist wütend auf seine Besitzer. Bello läuft weiter und steuert auf Frau Müller zu. Auf Frau Müllers Gesicht entsteht ein strahlendes Lächeln. Sie beugt sich hinunter zu Bello, der mit seiner Schnauze die hingehaltene Hand anstupst. Frau Müller strahlt aber auch den Besitzer an. Ist Bello nun Angst auslösend oder nicht? Was ist wahr und wie ist Bello in Wirklichkeit?

Offensichtlich hängt das nicht von Bello ab, sondern von der Einstellung und den Gedanken von Frau Maier und Frau Müller. Weiterhin illustriert das Beispiel, dass solche Gedanken sogar unsere physiologischen Reaktionen beeinflussen! Das ist es, was der alte Grieche Epiktet (50–138 n. Chr.) gemeint hat. Die Welt ist, so wie sie sich uns darstellt, weitgehend das Ergebnis unserer Einstellungen, unserer Gedanken und unseres Wahrnehmungsapparates. Wenn ich des Nachts nach Hause gehe, und meine, dass mir jemand folgt, so werden meine körperlichen Reaktionen und mein Verhalten davon bestimmt, und zwar völlig unabhängig davon, ob es jemanden gibt, der mich tatsächlich verfolgen will.

Nun gibt es eine Reihe von Annahmen und Gedanken darüber, wie die Welt und die Menschen sind, mit denen wir uns das Leben besonders schwer machen, für die wir aber anfällig sind. ELLIS[63] (1993) hat zu solchen eher schädlichen Einstellungen jahrzehntelange Forschungsarbeit geleistet und sie als „irrationale Ideen" bezeichnet. Er hat dabei herausgefunden, dass wir lernen können umzudenken und uns nicht länger unter das vermeintliche Diktat solcher Ideen stellen müssen[64]. Denn destruktive und lösungsvermeidende Denkmuster (irrationale Überzeugungen) führen zu gestörten und hemmenden Gefühlen und Verhaltensweisen wie übertriebenen Ängsten, chronischer Wut, Depressionen oder Selbstmitleid. Im Folgenden haben wir eine Auswahl dieser unguten Denkmuster nach ELLIS[65] zusammengestellt und uns dabei auf die Aussagen konzentriert, die bei der Lösung eines Konfliktes am meisten behindern.

---

63 ELLIS (1993)

64 Erforscht man die Wirksamkeit von psychologischen Therapien, so sind die so genannten kognitiven Ansätze immer auf den ersten Plätzen. Das heißt, bei der Änderung von Denkgewohnheiten anzusetzen ist ein erfolgversprechendes Verfahren. ELLIS gehört zur Schule dieser kognitiven Psychologie.

65 ELLIS (1997)

„Es ist absolut notwendig, dass mich jeder in meinem Umfeld liebt und anerkennt."

„Bestimmte Menschen sind durch und durch böse und sollen dafür mit aller Härte bestraft werden."
„An meinen Problemen haben die anderen Schuld, ich selber kann kaum Einfluss nehmen."
„Es ist schrecklich und katastrophal, wenn die Ereignisse sich anders entwickeln, als ich mir das vorstelle."
„Es ist leichter, bestimmten Schwierigkeiten auszuweichen, als sich ihnen zu stellen."
„Es ist von größter Bedeutung für mich, was andere tun oder meinen."

Wer so denkt, macht sich also das Leben schwer und Konfliktlösungen entschweben in weite Ferne. Was also tun? Da wir ohnehin ständig mit uns selbst reden, können wir a) lernen, diesem inneren Dialog zu lauschen und ihn b) sukzessive verändern. Das geht sogar so weit, dass das Auswendiglernen einer alternativen inneren Argumentation funktioniert. Lassen Sie uns im Folgenden einen Punkt herausgreifen und am Beispiel erarbeiten, wie das geht. „Müssen wir uns dem Konflikt ausliefern?" heißt die Frage, die uns hier immer wieder begegnen wird. Lassen wir an dieser Stelle ELLIS selbst zu Wort kommen[66]:

> Die Vorstellung, dass menschliches Leiden äußere Ursachen habe und dass der Mensch wenig Einfluss auf seinen Kummer und seine psychischen Probleme nehmen könne.
>
> Die meisten Menschen in unserer Gesellschaft scheinen zu glauben, dass sie durch andere Menschen und äußere Ereignisse unglücklich werden und dass sie nicht leiden würden, wenn diese anders wären. Sie meinen, sich aufregen zu müssen, wenn bestimmte unerfreuliche Umstände eintreten und dass sie in diesen Fällen keine Kontrolle über sich selbst oder ihre Emotionen haben. Diese Überzeugung ist aus mehreren Gründen falsch:
>
> 1. Andere Menschen und äußere Ereignisse können einem, abgesehen von körperlicher Gewaltanwendung und der (direkten oder indirekten) Vorenthaltung bestimmter konkreter Vorteile wie Geld oder Nahrung, de facto wenig schaden. In unserer heutigen Gesell-

66 Ellis (1993), S. 55–76

schaft wird man jedoch selten von anderen Menschen körperlich oder ökonomisch geschädigt; fast alle „Angriffe" sind psychischer Art und können einem kaum Schaden zufügen, solange man sie nicht irrtümlicherweise für schädlich hält. Er ist unmöglich, durch Worte oder Gesten Schaden zu erleiden, wenn man sich nicht davon verletzen lässt oder gar sich selbst verletzt. Es sind niemals die Worte oder Gesten anderer, die uns schaden, sondern unsere eigenen Einstellungen zu diesen und unsere Reaktionen auf diese symbolischen Angriffe.

2. Es ist Unsinn zu sagen: „Es tut mir weh, wenn mich meine Freunde brüskieren" oder „Ich kann es nicht ertragen, wenn etwas schief geht!" Das Wort „es" ist in diesen Sätzen ohne jeden konkreten Bezug, sein Inhalt ist rein definitorisch. Was Sie in Wirklichkeit meinen, ist: „Ich beunruhige mich selbst, indem ich mir sage, es sei schrecklich, wenn mich meine Freunde brüskieren." Oder „Ich rede mir selbst ein, es sei entsetzlich, wenn etwas schief geht; ich rede mir ein, dass ich das nicht ertragen kann." Obwohl sich das „es" in „es tut mir weh" oder ich kann „es" nicht ertragen auf ein äußeres Ereignis zu beziehen scheint, dem Sie hilflos ausgeliefert sind, ist „es" in Wirklichkeit höchstens ein unerfreuliches Faktum bzw. Ereignis, das nur deshalb schrecklich erscheint, weil Sie es dazu machen, und das de facto keine oder nur geringe Folgen für Sie hat.

3. Obwohl Millionen von zivilisierten Menschen fest davon überzeugt sind, dass sie keine Kontrolle über ihre Emotionen haben und daher gezwungen sind, unglücklich zu sein, so sehr sie sich auch dagegen wehren mögen, ist dieser Gedanke völlig falsch. Richtig ist, dass es den meisten Menschen in unserer Gesellschaft schwer fällt, ihre Emotionen zu verändern bzw. zu kontrollieren, großenteils, weil sie das selten versuchen und daher darin ungeübt sind. Falls sie dennoch einmal den Versuch unternehmen, dann tun sie das auf halbherzige und unsystematische Weise. Wenn diese Leute aufhörten, ihre Emotionen als ätherische, fast außermenschliche Vorgänge anzusehen, und statt dessen realistischer Weise erkennen würden, dass sich diese aus Wahrnehmungen, Gedanken, Wertungen und verinnerlichten Aussagen zusammensetzen, wären sie viel eher imstande, ruhig und konzentriert auf ihre Veränderung hinzuwirken.

Es ist unbestreitbar, dass es zur Gewohnheit wird, sich über bestimmte Gefahren und Ärgernisse aufzuregen, wenn man sich nur lange genug eingeredet hat, dass man sich darüber aufregen sollte. Man wird dann tatsächlich in solche Erregung geraten, dass es einem überaus schwer fallen, wenn nicht unmöglich sein wird, Ruhe zu bewahren. Aber es ist ebenso richtig (obwohl wir uns selten Rechenschaft darüber geben), dass man sich nur lange genug einreden muss, es lohne sich nicht, sich über die erwähnten Unannehmlichkeiten oder Gefahren aufzuregen; man wird schließlich kaum noch in sonderliche Erregung darüber geraten und diese Dinge

> gelassen hinnehmen können. Mit wenigen Ausnahmen gibt es tatsächlich nichts im Leben, was zu großer Aufregung berechtigte, wie Shakespeare wusste, wenn unser Denken uns nicht ständig das Gegenteil suggerierte. Statt irrtümlicherweise zu meinen, keinerlei Herrschaft über die eigenen Emotionen zu haben, ist sich der informierte und intelligente Mensch bewusst, dass das unglückliche Bewusstsein weitgehend (wenn auch nicht ausschließlich) von innen kommt und von der unglücklichen Person selbst geschaffen wird. Dieser informierte Mensch wird gegenüber seinen eigenen negativen und selbstzerstörerischen Emotionen folgende Haltung einnehmen:
>
> (1) Sooft er bemerkt, dass er über irgend etwas in zu heftige Erregung gerät (das heißt, nicht bloß gemäßigtes Bedauern über einen Verlust oder Ärger über eine Enttäuschung empfindet), wird er sich rasch klarmachen, dass er die eigenen negativen Emotionen hervorruft, indem er auf eine bestimmte Situation oder Person unüberlegt reagiert. Er wird sich weder durch die „Tatsachen" täuschen lassen, dass seine akuten Ängste oder Aggressionen eine „natürliche" Ursache zu haben scheinen, noch sie als sein „existentielles Los" hinnehmen oder sie auf äußere Umstände zurückführen; statt dessen wird er der Tatsache offen ins Auge sehen, dass er ihre Hauptquelle ist und sie, da er sie hervorgerufen hat, auch wieder beseitigen kann.
>
> (2) Nachdem er seine eigenen unglücklichen Empfindungen objektiv registriert hat, wird er über sie nachdenken und ihre Spur zu seinen eigenen unlogischen Sätzen zurückverfolgen, mit welchen er sie hervorruft. Er wird diese affekterweckenden Sätze dann logisch analysieren und nachdrücklich in Frage stellen, bis er sich von ihrer inneren Widersprüchlichkeit überzeugt und sie selbst als unhaltbar erkannt hat. Durch die radikale Analyse und Veränderung seiner Selbstverbalisierungen gelingt es ihm, die selbstzerstörerischen Emotionen und Handlungen zu vermeiden, die sie sonst nach sich gezogen hätten.

Uns scheint, dass es noch zwei weitere irrationale Ideen gibt, die zwar bei Ellis anklingen, aber unseres Wissens von ihm nicht explizit als irrationale Idee beschrieben sind. Erstens die Idee nämlich, man könne den anderen ändern. Je mehr Sie andere ändern wollen, um so mehr wird dies deren Verhalten stabilisieren. Es gibt nur einen, den Sie ändern können, und der sind Sie selbst. Und zweitens die Idee, das Leben müsse stets harmonisch verlaufen und alle sozialen Beziehungen müssten störungsfrei sein. Das ist nahe an der Vorstellung, dass man von jedem Menschen immer und unbedingt geliebt werden müsse. Der gnadenlos positive Imperativ „Think positive!" führt wohl dazu, dass schon kleinste Abweichungen vom Wohlbefinden als bedrohlich erlebt werden und damit paradoxerweise zu mehr Sorge Anlass geben. Konflikte sind natürlich und sie bringen uns weiter; wir können nicht erwarten, dass alles perfekt ist, wir müssen uns von Tag zu Tag immer wieder alles neu erarbeiten. Konflikte sind immer auch ein Kampf mit sich selbst, und Harmonie selbst ist nicht das Ziel.

Das geht aber einfach nicht. Bauen Sie sich auch hierfür im Sinne von ELLIS ein Argumentationsraster auf. (Schriftlich! Sie kennen das ja inzwischen.)

Prüfen Sie, ob diese Methode zu Ihnen passt und lernen Sie, umzudenken. Unumstritten ist, dass die Methode funktioniert. Unumstritten bedarf es zu ihrer Umsetzung allerdings auch eines großen Einsatzes an Energie. Es ist, als ob Sie Rechtshänder wären, und baldmöglichst mit der linken Hand schreiben wollten. Sie werden zugeben, dass dies mit regelmäßiger Übung ohne weiteres möglich ist. Es ist aber ebenso klar, dass das nicht nach einem Tag geht.[67]

Wer ist der Täter?

„Beliebt“, aber hinderlich ist es, in Konflikten die Opferperspektive einzunehmen. (Vergleiche auch die Argumentation von ELLIS auf den Seiten zuvor!)

Ein bekannter Coach hatte einen Abteilungsleiter als Klienten, der sich bitterböse und in harten Worten über seinen Chef beklagte. Dieser sei ein richtiges A... und handle auch wie ein richtiges A... und das gehe von früh bis abends. Und das A... habe dies und jenes Dumme getan und das A... überblicke nicht dies und nicht das und das A... mache ohnehin alles falsch.

> *„Wie lange sind Sie schon sein Mitarbeiter?“, fragte der Coach.*
> *„Fünf Jahre.“ gab der Klient zurück.*

[67] Ein Büchlein mit Übungen und plastischen Beispielen ist „Kopfbewohner“ von M. GOULDING (2000)

> *Der Coach fragte: „Haben Sie sich einmal überlegt, wer von Ihnen beiden das A... ist?“*

Folgen wir dieser Denkleitplanke: Sich gegenseitig in Beziehungen die Schuld für das Gelingen oder Misslingen zu geben, ist eine krasse Vereinfachung des Denkens (wie sie durch die Unzulänglichkeit unseres Wahrnehmungssystems angelegt ist). Systemisch gesehen können Beziehungen nur interaktiv existieren. Stellen Sie sich nur einmal einen Diktator auf einer einsamen Insel vor! Was kann der Mann dort tun, um weiterhin Diktator zu sein? Gar nichts. Krank werden und sterben vielleicht, wie Napoleon auf Elba. Auch Trennungen können nicht für sich alleine existieren, sie sind vielmehr auf jemanden angewiesen, von dem man sich trennt. Insofern verantworten immer beide Seiten ein Auseinandergehen. Natürlich müssen wir gleiches auch für den Beziehungsalltag in Lebensgemeinschaften und Partnerschaften konstatieren. Hier kursiert oft die Frage, ob er sich von ihr getrennt hat oder umgekehrt. Das ist ebenso unsinnig wie das Räsonieren darüber, ob er oder sie die gelungene Ehe zu verantworten hat.

> *„Geht es gar um eine andere Liebe, dann mag keiner hören, er habe dazu beigetragen, den geliebten Menschen in anderen Armen glücklich werden zu lassen.“*[68]

Jemandem die Schuld zu geben, hat zwar eine selbstwertdienliche Funktion (ich bin o.k., du aber nicht), schwächt paradoxerweise aber genau dadurch die eigene Position (ich bin zwar o.k., aber Spielball mächtiger anderer) und verkompliziert das Konfliktgeschehen, beispielsweise deshalb, weil nur ein Opfer auf Rache sinnen muss. Ebenso unnötig ist es hingegen, sich selbst die Schuld zu geben. „Schuld“, ein verlockendes Wahrnehmungskonzept, scheint überhaupt eine sehr ungünstige Brille zum Betrachten schwieriger Beziehungen oder von Konflikten zu sein. Wenn schon, dann „Verantwortung“ oder „Mit-Verantwortung“!

---

[68] Moeller (1999), S. 163

Die Opferrolle hat noch eine zweite Facette. Mit dem Schuldgedanken geht häufig auch die Absichtsunterstellung Hand in Hand. Das Verhalten des Konfliktpartners wird so gedeutet, als habe er nur eins im Sinn gehabt, nämlich Kränkungen oder Verletzungen auszuteilen. Dabei ist genau dies in den allermeisten Fällen nicht so, zumindest nicht zu Beginn konfliktärer Entwicklungen. A tut irgendetwas (wofür es tausenderlei Motive geben kann) und B deutet das Verhalten von A als gegen ihn selbst gerichtet. Aus dem Gefühl (zum Beispiel: Ärger), das durch die Handlung von A entstanden sein mag, schließt B, dass A ihn ärgern wollte. „Weil es mir schlecht geht bei dem, was du tust, musst du beabsichtigt haben, dass es mir schlecht geht." Häufig ist es sogar so, dass A es gut meint, B aber dieses Verhalten als besonders hinterhältig betrachtet.

Aus unserer Arbeit: Zwischen Frau Kunert und Herrn Nesbit hatte es eine heftige Auseinandersetzung gegeben. Nun denkt Herr Nesbit, dass Frau Kunert, die er sonst ganz anders kennt, wohl aus irgendeinem Grunde sehr nervös oder durcheinander ist, und beschließt, sie in nächster Zeit mehr in Ruhe zu lassen. Frau Kunert wiederum wertet dies als weiteren Beweis dafür, dass Herr Nesbit irgendetwas gegen sie im Schilde führt. Sie hält daher in der Folge einige Informationen zurück. Nun hat auch Herr Nesbit keine Lust mehr und beginnt tatsächlich, den Kontakt eher zu meiden, nd so fort.

Im übrigen ein klassisches Beispiel für die sich selbst erfüllende Prophezeiung.

Die Absichtsunterstellung taucht immer wieder in unserer Arbeit auf („Meine Kollegen sind ohne mich zum Mittagessen gegangen.") und lässt Konflikte oft blitzschnell eskalieren. Daher ist es bei der Konfliktbearbeitung so wichtig, dass die Beteiligten sich über die tatsächlichen Motive einerseits und die Wirkungen andererseits austauschen (häufig mit großem Erstaunen).

- Denken Sie also gegen die Opferhaltung an. Solange Sie sich als Opfer betrachten, verleihen Sie dem anderen eine Macht, die ihm nicht zukommt, und sich eine Ohnmacht, die Ihnen nicht bekommt.

- Lernen Sie zweitens, sich von der Absichtsunterstellung zu verabschieden.

Stellen Sie sich anstelle solcher Überlegungen andere Fragen:

- Was kann ich Positives (!) für mich und mein Verhalten lernen?
- Welches sind die Verhaltensweisen und Eigenschaften, die ich an meinem Konfliktpartner schätze? (Um die ich ihn, wenn ich ganz ehrlich zu mir selbst bin, auch manchmal beneide?)
- Was denkt er wohl über die Sache?
- Was kann ich tun? Wie kann ich mein Leben (mit oder ohne Konflikt) in die Hand nehmen?
- Falls es um einen Konflikt geht, der unlösbar scheint: Was kann ich tun, damit der Konflikt (der beispielsweise in einer Trennung endet) mich nicht auffrisst?
- Gibt es jemand, mit dem ich den Vorgang selbstkritisch besprechen könnte? Einen Mediator, einen Coach, einen Therapeuten, einen Freund, einen Kollegen? Wichtig hierbei: Suchen Sie nicht nach Verbündeten, die Mitjammern und den Opfermythos verstärken.
- Ein nun wohl schon bekannter Tipp: Schreiben Sie Ihre Gedanken auf!

Das Fenster in der Echohöhle

Die aufgewühlten Gefühle lassen die Gedanken um den „Gegner" kreisen. Nun liegt es nahe, dass es sich dabei nicht um freundliche und helle Beschreibungen handelt, sondern vielmehr um das Gegenteil. Die erlebte Kränkung verführt nicht nur dazu – wie zuvor beschrieben

–, Täter-Opfer-Bilder zu malen, sondern auch dazu, Beweismaterial zu sammeln und zu rezitieren. Das Beweismaterial wird aber „innen“ gesucht und selten „außen“. Im „inneren Kino“ laufen dann Fortsetzungen des immer gleichen Films von Gut und Böse, wobei die Rollen klar verteilt und wie im Märchen strikt getrennt werden. Wir bekämpfen immer weniger den tatsächlichen Gegner, sondern mehr und mehr nur noch das Bild, das wir uns von ihm machen. Unsere eigenen Gedanken hallen von den Wänden zurück. GLASL[69] bezeichnet dies als die Echohöhle, in der wir sitzen. Und in einer anderen Metapher: „Wir glauben aus dem Fenster zu sehen, blicken aber in Wirklichkeit in den Spiegel!“

> *Aus einem Interview: „Echohöhle. Genau! Frau Henkel war für mich nur noch das Ekel. Ich hörte ihre schneidende Stimme, malte mir aus, was sie anderen Menschen wohl alles antut, machte mir eine Geschichte, wie sie zur Gruppenleiterin geworden ist, – natürlich nur durch Intrigen, erfand dazu eine kaputte Ehe, hörte vor meinem inneren Ohr wieder und wieder die gleichen Sätze, – und als ich sie dann zufällig an einem Samstag liebevoll mit ihrer dreijährigen Tochter umgehen sah, da wollte das gar nicht so recht ins Bild passen. Und wissen Sie, was passiert ist? Komisch, wenn ich heute darüber nachdenke. Ich dachte, sie verstellt sich ihrer Tochter gegenüber nur, ich erfand eine Horrorgeschichte, wie sie auch ihre Tochter schon manipuliert, um sie besser ausnutzen zu können. Und was ganz schlimm war: Dieses ganze Gedankensammelsurium ließ mich nicht los. Drei-, vier-, fünfmal am Tag liefen diese Bilder vor meinem inneren Auge ab, beim Einschlafen und beim Aufwachen sowieso, am Wochenende, im Urlaub. Kurz: Es war schrecklich.*

Denken Sie darüber nach! Es hilft! Machen Sie sich wieder und wieder bewusst, dass Sie selbst es sind, der ein inneres Theater inszeniert. Die Speisekarte ist etwas völlig anderes als die Speisen. Die Beschreibung des Verhaltens, die Sie in Ihrem Kopf produzieren sind etwas völlig

[69] GLASL (1997)

anderes als das Verhalten selbst und die unterstellten Motive, die Sie dann noch beimengen, sind dann nur noch Erfindungen.

Stellen Sie sich die gleichen Fragen, wie wir sie zuvor bei der Täterfrage aufgelistet haben. Darüber hinaus gibt es noch eine psychologisch sehr interessante Möglichkeit, der Echohöhle zu entkommen. Legen Sie einen anderen Film ein. Das geht. Stellen Sie sich den anderen und natürlich auch sich selbst – das ist erlaubt – positiv dar. Seien Sie ein Regisseur, der die Aufgabe hat, darzustellen, wie sich verfeindete Parteien wieder näherkommen. Spielen Sie mit diesem Theaterstück im Kopf. Die Technik wird in der Verhaltenspsychologie auch als Gedankenstopp bezeichnet. Wann immer die negativen Gedanken zu kreisen beginnen – was von den Betroffenen immer als unangenehm und belastend beschrieben wird (vgl. Interview) –, fangen Sie an, alternative Gedanken zu trainieren! Es ist dies ein sehr guter Weg, die Monovalenz (schwarz oder weiß) der Wahrnehmung im Konflikt wieder aufzuweichen.

Eine Denkhilfe: Das „innere Team"

Sie kennen das wahrscheinlich auch: Man will über eine Beziehung nachdenken und es schießen einem Tausende von Gedanken durch den Kopf, die sich teils wiederholen, teils kreisen, teils wegführen, teils aber auch nicht loskommen von einer einzigen zentralen Idee, teils spüren wir nur dumpf irgendwelche Gefühle – und meistens ist alles recht wirr.

Schulz von Thun[70] hat einen einfachen, wirksamen und sehr illustrativen Zugang beschrieben, die Gefühls- und Gedankenvielfalt zu organisieren und sich der verschiedenen Kräfte bewusst zu werden, die da so in einem wüten.

Verleiht man den einzelnen Gedanken und Gefühlen Gestalt, so werden daraus die Figuren eines „inneren Teams". Jedes der Teammitglie-

70 Schulz von Thun (1998)

der vertritt eine Auffassung, ein Gefühl, eine Meinung, die dieses Teammitglied mit unterschiedlichen Mitteln zur Geltung bringt. Da gibt es laute Stimmen, vorsichtige, Teammitglieder die sich eher am Rande der Bühne aufhalten oder sogar dahinter, wieder andere schreien recht laut und versuchen durch Heftigkeit ihr Interesse durchzusetzen. Wir setzen die Methode des inneren Teams häufig in Konfliktmoderationen ein, sie eignet sich aber auch hervorragend als Leitplanke des Denkens für einen selbst.

Hier die Anleitung (nach Schulz von Thun[71]):

- Identifikation der Teilnehmer, Namen und Kernsatz vergeben,
- Anhörung der Einzelstimmen: ausführlich, nacheinander, ohne Bewertung,
- freie Diskussion,
- Moderation und Strukturierung durch das Oberhaupt,
- Brainstorming: Lösungsfindung,
- Entwurf einer integrierten Stellungnahme.

> *Herr Freiberg und sein Kollege, Herr Wender, hatten nun schon seit einem Jahr ihren Austausch auf das Allernötigste beschränkt, und auch das klappte nur im offiziellen Rahmen, wenn der Chef bei Besprechungen moderierte und gewissermaßen beide zu Aussagen und Vereinbarungen „zwingen" konnte. In diesem Fall war Herr Freiberg unser Coaching-Klient, und wir schildern – natürlich gerafft – wie sich sein „inneres Team" gestaltete.*
> *Wir malten Männchen auf das Papier und fanden dabei die folgenden Protagonisten:*

71 Schulz von Thun (1998), S. 92–100

Alfons Aggressor[72] *hatte die lauteste Stimme. Sein Satz: „Mach' ihn nieder!"*
Rudi Rückzug dagegen meint, dass alles doch keinen Sinn habe und dass es besser sei, Herrn Wender zu meiden, wo es nur geht. Er ruft: „Vergiss es!"
Norbert Neidisch weiß, dass Herr Wender viele positive Eigenschaften und Fähigkeiten hat: „Der hat ganz schön was drauf!"
Karl Kritisch: „Am Konflikt sind immer beide schuld. Auch du!"
Ludwig Lösung gab zu verstehen, dass mit ein bisschen gutem Willen eine Lösung und Entspannung zu erreichen sei. Seine Aussage fasste Herr Freiberg zu einem Wort zusammen: „Probier's!"
Es waren noch ein paar weitere Stimmen im Spiel, auf die wir hier der Einfachheit halber verzichten.

Hat man sein inneres Team (vorläufig) komplett, welches sich im übrigen auch ausgezeichnet durch ein paar Bierdeckel darstellen lässt, dann geht es im nächsten Schritt darum, sich eines sehr klar zu machen: Sie selbst, nicht eines dieser Teammitglieder, sind der Chef der Mannschaft! Natürlich kommt es vor, dass ein Mitglied des inneren Teams ein Bündnis mit dem Boss sucht (im obigen Beispiel war das übrigens *Alfons Aggressor)* oder dass ein anderes es kaum wagt, seine Stimme zu erheben. Wenn Sie selbst aber der Chef sind, dann ist es nun Ihre Aufgabe, das innere Team zu moderieren. Was würden Sie mit einem Mitarbeiter machen, der sich Ihnen anbiedert, wie würden Sie auf ein Teammitglied reagieren, das sich im Konzert der Stimmen kein Gehör verschaffen kann? Gehen Sie also daran, die „Kameraden" behutsam zu einem Konsens zu führen. Wie im wirklichen Leben funktioniert dieser Konsens allerdings nur dann, wenn es wirklich einer ist, wenn alle Teammitglieder tatsächlich mitspielen.

---

[72] Es ist ebenfalls einer der Vorschläge von SCHULZ VON THUN, den Mitgliedern des inneren Teams ernsthaft witzige Namen und typische, kurze Aussagen zu geben.

Die psychologische Richtschnur eine solchen Moderation besteht in der Über-zeugung, dass keines der Teammitglieder nur Schlechtes will, sondern genau im Gegenteil, dass jedes der Mitglieder für Sie, also für den Chef des Teams, etwas zur Gesamtlösung beitragen kann und will. Die Leitfrage heißt: Was tut das Teammitglied XY Positives, was ist sein möglicher positiver Beitrag? (Dabei kann man übrigens eine Menge über die psychologische Seite der Moderation lernen, wie sie in Standardseminaren leider häufig vernachlässigt wird.) Welche tieferen Interessen stecken hinter den Aussagen? Das ist nicht einfach, das kostet auch Zeit, nach unserer Erfahrung macht es aber auch richtig Spaß, wenn man einmal „Blut geleckt" hat. Dabei ergab sich im Falle von Herrn Freiberg die folgende Konstellation:

Alfons Aggressor: „Gib nicht auf! Du hast genug Energie!"
Rudi Rückzug: „Sei aber vorsichtig, du musst nicht gleich aufs Ganze gehen und alles unüberlegt auf den Tisch packen!"
Norbert Neidisch: „Vielleicht kannst du dir ja etwas abschauen, was dir nützt."
Karl Kritisch: „Wenn du wieder etwas ins Lot bringen willst, dann gilt: Der Klügere fängt an!"
Ludwig Lösung war leicht ins Boot zu bekommen, er unterstützte die Vorschläge der anderen.
Herr Freiberg konnte nun viel entspannter über seinen Konflikt reden und schmiedete einen Plan, wie er vorsichtig, aber gezielt in einem Teilprojekt wieder erste Fäden der Zusammenarbeit knüpfen würde.

Wir meinen, die Moderation des eigenen „inneren Teams" zeigt einen ausgezeichneten Weg aus der Monovalenz-Falle. Es wird schnell klar, dass das Leben nicht schwarz oder weiß ist, sondern sich aus vielen – teils sogar widersprüchlichen – Facetten zusammensetzt. Das eingeschränkte Denken (um nicht zu sagen: das be-schränkte Denken) kann so abgebaut werden und einer differenzierteren Betrachtung Platz machen. Der Realismus-Check? Probieren Sie's aus. (Was natürlich auch mit guten Freunden oder einem Coach möglich ist.)

Der Werte-Check

Mit der Idee der wertebasierten Konfliktlösung konnten Sie sich im Kapitel 6 (Seite 92) vertraut machen. Die Reflexion über Werte lässt sich wahrscheinlich als die „Mutter aller Denkleitplanken“ verstehen, wobei sich zwei Ansatzpunkte für das Nachdenken aufzeigen lassen.

Die erste Frage: Genügt die Art und Weise, wie ich mit dem Konflikt umgehe, den Wertvorstellungen von Selbstverantwortung, Gleichberechtigung, Ehrlichkeit und Klarheit?

Die zweite Frage: Genügt die Art und Weise, wie ich mit dem Konflikt umgehe, den Wertvorstellungen, nach denen ich mein Leben generell ausrichten will? Bin ich so, wie ich sein will? Verhalte ich mich so, wie ich es auch von anderen für richtig halte?

Das setzt natürlich voraus, sich der eigenen Wertvorstellungen bewusst zu sein. Wir denken, dass ein Buch über Konflikte überladen wäre, würden wir an dieser Stelle eine Beschreibung und Anleitung dafür liefern, wie man sich die eigenen Wertvorstellungen erarbeitet. Die gute Nachricht ist aber, dass es hierfür ausreichend und gute Literatur gibt. Beispielsweise beschreibt Covey in zweien seiner Werke illustrativ, präzise und mit guten Fragen einen Weg, sich Klarheit über die eigenen Lebensprioritäten zu verschaffen.

Der Werte-Check könnte folgendermaßen vonstatten gehen: Nehmen wir an, Sie haben sich erarbeitet, was Ihnen in Ihrem Leben (Sie haben nur eines!) wirklich wichtig ist. Nehmen wir weiter an, Sie haben sich diese Werte durch Begriffe zusammengefasst und notiert. Dann könnte der Werte-Check so aussehen:

Konflikt mit/Beziehung zu		
Nr.	Bezeichnung	In wieweit verhalte ich mich gemäß meiner eigenen Wertvorstellungen?
Wert 1	...	zu wenig ◯ es geht ◯ „passt" ◯ nicht tangiert ◯
Wert 2	...	zu wenig ◯ es geht ◯ „passt" ◯ nicht tangiert ◯
Wert 3	...	zu wenig ◯ es geht ◯ „passt" ◯ nicht tangiert ◯
Wert 4	...	zu wenig ◯ es geht ◯ „passt" ◯ nicht tangiert ◯
Wert 5	...	zu wenig ◯ es geht ◯ „passt" ◯ nicht tangiert ◯
		Wie bin ich bei meiner Art, mit dem Konflikt umzugehen?
1)	Übernehme ich mit die Verantwortung?	zu wenig ◯ es geht ◯ „passt" ◯
2)	Gestehe ich dem/den die gleichen Rechte zu? (Gleichberechtigung)	zu wenig ◯ es geht ◯ „passt" ◯
3)	Bin ich ehrlich? Zu mir selbst? Zu dem/den anderen?	zu wenig ◯ es geht ◯ „passt" ◯
4)	Bin ich selbst klar und verständlich in dem, was ich mache?	zu wenig ◯ es geht ◯ „passt" ◯

Die letzten vier Werte kennen Sie bereits: Sie stammen aus unseren Überlegungen zur wertebasierten Konfliktlösung. Als solche müssen sie nicht nur auf moderierte Konfliktlösungen passen, sondern ebenso für das gelten, was Sie selbst als Richtschnur für eigene Konflikte für richtig und wichtig halten.

Die einfache Checkliste hilft dabei, sich sehr schnell klarzumachen, in welcher Weise Sie eventuell gegen eigene Überzeugungen handeln. So ergibt sich vielleicht bei Wert 4 ein „zu wenig“. Sie können dann fortfahren, indem Sie sich noch einmal bewusst machen, worin der Wert 4 für Sie besteht. Danach können Sie darüber reflektieren, wo a) hier die Abweichungen bestehen und was Sie b) tun können. So entsteht eine neue Tabelle:

Zu wenig umgesetzt	Konflikt mit/Beziehung zu	
Wert 4	Zeigt sich vor allem in folgendem Verhalten	Was kann ich tun, um vom „zu wenig“ näher an „passt“ zu kommen?
a)		
b)		
c)		
d)		

Wir möchten eigens darauf hinweisen, dass es hier nicht darum geht, etwas umzusetzen, was Ihnen irgendein Coach oder Ratgeber näher bringen wollte, sondern dass Sie vielmehr reflektieren, wo Sie selbst gegen Ihre eigenen Überzeugungen verstoßen.

Ein Appell

Wenn Sie in einem Konflikt stecken, dann ist das nicht angenehm. Wir können Ihnen hier eines versprechen: Nichts tun verschlechtert grundsätzlich die Stimmung und fördert das Abrutschen in einer Spirale negativer Emotionen und negativen Denkens. Seien Sie selbst es sich wert, das nicht zuzulassen. Einmal eine Stunde gezielt und strukturiert nachdenken, und es wird Ihnen besser gehen. Welche der hier vorgestellten Denkleitplanken Sie dabei verwenden oder welche Teile daraus, ist Ihnen überlassen. Vielleicht entwickeln Sie Ihre eigene Methode. Noch besser!

Falls es stimmt, dass der stete Tropfen den Stein höhlt, dann legitimiert uns das schließlich zu folgender Aussage: Denken Sie schriftlich!

13.7 Leitplanken des Handelns

O ihr Guten! auch wir sind

Tatenarm und gedankenvoll!

(Friedrich Hölderlin, Ode an die Deutschen!)

Vom Denken zum Tun ist es oft ein weiter Schritt. Das kennt jeder, der sich schon einmal mit Silvestervorsätzen selbst belogen hat. Zudem ist das Handeln in Konflikten häufig mit Ängsten oder Befürchtungen verbunden, was es auch nicht gerade leichter macht. Meist – aber nicht immer – läuft es darauf hinaus, etwas tun zu müssen, was man für sehr unangenehm hält. Die Bilanz sieht anders aus, wenn man nicht nur die allernächste Zukunft betrachtet. Wir nennen dies den Zahnarzteffekt:

Zahnweh	kurzfristig	langfristig
zum Zahnarzt gehen	äußerst unangenehm	Schmerzfreiheit!
nicht zum Zahnarzt gehen	emotionale Erleichterung	Verschlimmerung

Die „Leitplanken des Handelns" setzen es sich daher zum Ziel, Ihnen die Angst vor dem Zahnarzt zu nehmen. Angst haben wir ja unter anderem deshalb im Konflikt, weil wir nicht genau wissen, was wir tun sollen oder was wir besser nicht tun sollten.

Auch hier setzen wir den Realismus-Check an. Was wir Ihnen anbieten können, muss zu Ihnen passen, es muss Ihnen selbst als umsetzbar und realistisch erscheinen.

Wer bestimmt die Größe der Arena?

Gleich als erstes empfehlen wir Ihnen, etwas zu unterlassen: Selbst die Arena unnötig zu vergrößern, indem Sie allen möglichen (und unmöglichen) Leuten von Ihrem Konflikt erzählen. Die Arenavergrößerung ist ein klassisches Kennzeichen der Konfliktentwicklung (vgl. Kap. 4.5, S. 61). Wer die Arena vergrößert, muss sich darüber im Klaren sein, dass er damit auch potenziell den Konflikt verschärft. Das Mitteilungsbedürfnis des Gekränkten steht dem entgegen. „Wes' das Herz voll ist, dem geht der Mund über." Die Fragen heißen demnach: a) Wem erzähle ich b) was in c) welcher Form?

Im Guten wie im Bösen! Üblich und psychologisch auch verständlich ist dann das Verfahren, sich selbst im Lichte, den Konfliktpartner hingegen im Schatten darzustellen. Am besten suche man sich dazu jemanden, der das Opferspiel mitspielen könnte. So wird der Gegner in Abwesenheit verurteilt oder diffamiert. Er kann sich ja nicht wehren.

Dies verstärkt den Effekt der Echohöhle und es verkompliziert den Konflikt. Je mehr Menschen einbezogen sind, um so schwieriger ist die Konfliktlösung. „Abgeschossene Worte und Pfeile kann man nicht zurückholen", heißt es. Oft geschieht unserer Erfahrung nach Folgendes:

Glaubt man, sich Luft machen zu müssen, so bietet sich häufig das soziale Geflecht an, in dem man sich ohnehin bewegt, also beispielsweise in der eigenen Arbeitsgruppe. Damit aber bleiben die Klagen nicht in Quarantäne, sondern sie werden mit hoher Wahrscheinlichkeit weitergetragen. „Wer jammert, hat immer Kollegen. Er ist nie alleine."[73]

> *A und B liegen im konfliktären Clinch. Nun geht B zu C, um sich Luft zu machen. C hört sich alles einfühlsam (?) an. Später aber treffen sich A und C. Sie nehmen B' s Aussagen als Anlass, ihre eigene Beziehung (A-C) zu klären. Da die Beziehung A-C nicht die direkte Konfliktachse ist, funktioniert hier die Beziehungsklärung auch einigermaßen gut. Aus der Sicht von B ist das fatal. Er fühlt sich alleine gelassen und muss nun neue „Freunde" suchen. Außerdem besteht immer die Gefahr, dass er fortan mit Aussagen zitiert wird, die er im Moment starker Kränkung geäußert hat.*

Der Realismus-Check: Wir glauben, dass Kränkungen sich Luft machen müssen! Sie werden über Ihren Konflikt immer reden, egal, was wir hier schreiben. (Wir, Ihre Autoren machen das übrigens auch.) Die Leitplanke des Handelns lautet demnach auch nicht: Verzichte völlig darauf, über deinen Konflikt zu reden und schlucke alles runter. Das wäre wohl sehr realitätsfern. Für umsetzbar halten wir hingegen Folgendes:

[73] Sprenger (1999), S. 63

- Reden Sie nur mit Menschen über Ihren Konflikt, denen Sie wirklich vertrauen.

- Halten Sie den Kreis der Eingeweihten so klein wie möglich! Es bringt (außer einem kleinen emotionalen Kick) nichts, wenn Sie das, was sich nun sieben Leute schon anhören „mussten", auch noch dem achten erzählen.

- Bemühen Sie sich bei Ihren Äußerungen mehr über Ihr Problem und über Ihre Kränkung zu sprechen, anstatt darüber, welch garstige(r) Mensch(en) die (der) anderen sind (ist). Vermeiden Sie eine menschenverachtende, abwertende Sprache, denn sie vergiftet nur Ihre eigenen Gefühle.

- Suchen Sie sich kritische Gesprächspartner. Das sind die, die nicht einfach in Ihr Wehklagen einstimmen, sondern die auch einmal Ihren eigenen Anteil am Konfliktgeschehen hinterfragen, die also nicht nur Ihre Perspektive übernehmen, sondern auch einmal andere Blickwinkel. (Wir denken übrigens, dass das die wirklichen Freunde sind.)

Durch Beratung aus dem Teufelskreis

Nehmen wir an, Sie sind in einen Konflikt verstrickt und Sie können oder wollen nicht „davonlaufen", weil Sie Ihren Arbeitsplatz nicht verlieren wollen, weil Ihnen die Beziehung zum Konfliktpartner (beispielsweise Ehemann, Ehefrau) sehr wichtig ist oder aus sonstigen Gründen. Sie fühlen sich belastet und der Konflikt hat bereits einen großen Teil Ihres Kopfes in Besitz genommen. Sie bemerken, dass das Geschehen bereits weit eskaliert ist (vgl. Kap. 4.4, S. 54). Sie haben schon mit vielen oder zu vielen Freunden gesprochen, es tut sich aber nichts. Auf Ihren Konfliktpartner zuzugehen, dazu fehlt Ihnen Mut oder Kraft. Dann bleiben Ihnen immer noch zwei Optionen offen.

Möglichkeit 1:
Sie können selbst die Rolle des Initiators übernehmen (vgl. S. 107).

- Entweder sprechen Sie dabei professionelle Personen Ihres Vertrauens an (in Unternehmen haben die Mitarbeiter der Personalabteilung viel mit Konflikten zu tun und daher auch oft die richtigen Tipps).

- oder Sie gehen auf ihren Konfliktpartner zu und sagen ihm, Sie würden sich gerne mit ihm im Beisein eines Dritten unterhalten. Sowohl in Unternehmen als auch in den Gemeinden stehen darüber hinaus so genannte Mediatoren zur Verfügung.

Möglichkeit 2:
Sie suchen die Unterstützung eines professionellen Helfers, aber für sich selbst und noch ohne den Konfliktpartner einzubeziehen. Um nicht an irgendwelche Scharlatane und selbst ernannte Gurus zu geraten, empfehlen wir Ihnen sich seriöse Adressen zu verschaffen.

Was geschieht, wenn Sie diese Form von Unterstützung suchen? Wie läuft das ab? Trotz verschiedenster Umstände wird Folgendes vergleichbar sein:

Sie werden das Thema und Ihre Erwartungen skizzieren, eine ungefähre Dauer der gemeinsamen Arbeit bestimmen. Sie werden aber auch „Abklopfen", ob Sie und Ihr Coach zusammenpassen. Dann werden Sie die Arbeit beginnen. Was professionelle Helfer immer zum Ziel haben, ist herauszufinden, was Sie selbst aus dem Erlebten lernen können. Sie werden aufspüren, wo Sie Ihre Stärken zu wenig genutzt haben, Sie werden gemeinsam Strategien diskutieren, wie Sie Ihre Persönlichkeit einbringen können und was der akute Konflikt Ihnen sozusagen aufzeigen will. Aus solchen Sitzungen lernt man gewöhnlich wesentlich mehr als nur die Bearbeitung der aktuellen Schwierigkeit.

Wir müssen leider immer wieder feststellen, dass diese Art von Unterstützung und Anleitung zu wenig oder zu spät wahrgenommen wird.

„Ich zum Coach! Oder gar zum Psychologen!", meint Herr Behrend, „Als der Personalentwickler mir das damals geraten hat, hätte ich ihm am liebsten eine ..., na ja, Sie wissen schon. Dann hat es noch lange gedauert, aber nach einem halben Jahr schlafloser Nächte war es mir dann zu viel. Außerdem habe ich wohl meine Familie sehr belastet, weil ich gebetsmühlenartig immer wieder das Gleiche runtergeleiert habe. An einem regnerischen Dezemberabend hatte ich dann meinen ersten Termin. Hoffentlich sieht mich keiner, dachte ich.

Heute kann ich darüber nur lachen. Es war das beste, was mir je geschehen konnte. Sich mit einem Unbeteiligten mal austauschen, alleine das ist es schon wert. Ich habe heute einen viel lockereren, viel entkrampfteren Umgang mit meinen Mitarbeitern, wir können viel leichter auch über kritische Themen reden, und für den Umgang mit meinem Chef, habe ich auch etliches gelernt. Bei einigen meiner Angewohnheiten ist es mir wie Schuppen von den Augen gefallen. Die Familie hat davon sicher auch profitiert.

Nur eines bedauere ich, dass ich das ganze Jahr verplempert habe. Warum bin ich nicht eher diesen Weg gegangen?"

Möglichkeiten der Kontaktaufnahme

Wer kann Sie hindern, den ersten Schritt zu gehen? Niemand. Bei Konflikten, die noch nicht dramatisch eskaliert sind (was nicht heißt, dass sie nicht belastend sein können), gibt es viele Möglichkeiten, einem Abrutschen auf der Konfliktrutschbahn zu begegnen. Sie alle haben zum Ziel, den zwischenmenschlichen Kontakt wieder aufzunehmen. Auch kleine Deeskalationsangebote sind oft sehr wirksam, weil sie eine emotionale Last von den Betroffenen nehmen. Ihre Umsetzung erfordert einzig die Kraft, die erste Schwelle zu überschreiten. Danach ist es gar nicht mehr so schwer. Wir werden uns im Folgenden mit Gesten und mit der Funktion kleiner gemeinsamer Aktivitäten beschäftigen. Wir werden Ihnen aufzeigen, wie die kommunikative Balance wiederhergestellt werden kann (mit einem kleinen Ausflug in die Balancetheorie) und wir werden uns Gedanken machen, wie Briefe einer Klärung den Weg bereiten können.

Gesten

Wem Worte schwer fallen, der kann auch ohne Worte kommunizieren. Wir kennen aus unserer Praxis genügend Fälle, bei denen Gesten zu einer bisweilen erstaunlich rasanten Beziehungsverbesserung geführt haben. Es kommt sogar vor, dass ein Gespräch über den Konflikt selbst dadurch überflüssig wird!

Zwischen Frau Möller und Herrn Karl herrschte schon über längere Zeit Funkstille. Natürlich mieden die beiden es auch, gemeinsam Mittag zu essen. (Die Abteilung ging gewöhnlich in zwei oder drei Grüppchen in die Kantine.) Frau Möller wagte den ersten Schritt. Sie fasste sich ein Herz und schloss sich der „Karl-Gruppe“ an. Herr Karl verstand die Geste sofort, obschon die beiden am Tisch weit auseinander saßen. Am dritten Tag entwickelte sich ein Gespräch über ein beiläufiges Thema, an dem beide Interesse hatten. Es ging um Hundefutter! Der Anfang war geschafft!

Noch ein Beispiel aus unserer Arbeit, bei dem es ebenfalls ums Essen geht: Sie kennen bereits die beiden Forschungsleiter (vgl. Kap. 3.6, S. 31), die ihren Austausch auf Null heruntergefahren hatten. Da Konflikte der Vorgesetzten sich auch immer auf die Mitarbeiter auswirken, hatten sich nachgerade Grabenkämpfe entwickelt und – wie der Herr, so's Gscherr – versiegten auch hier nach und nach die Informationsflüsse. Das war den beiden auch klar, und wir vereinbarten, ein Zeichen zu setzen. Wir fragten, ob es die Konfliktlage zuließe, dass sie sich zu zweit an einem Tisch beim Mittagessen zeigten (wenn sie gerade im selben Land waren, – Sie erinnern sich an die Standorte Deutschland/Amerika). Beide stimmten zu. Die Wirkung war unverhofft gewaltig. Die Mitarbeiter machten große Augen, begannen über ihre Vorgesetzten zu reden, was wiederum Kontakt stiftete und sie wurden nun auch wieder reger beim

Informationsaustausch. (Das alles ohne einen Konfliktworkshop und ohne Worte). Das noch verblüffendere, zunächst gar nicht beabsichtigte Ergebnis, bestand jedoch darin, dass die beiden Forschungsleiter nicht stumm und mit verbittertem Gesicht am Mittagstisch sitzen wollten. Das wäre ihnen zu absurd vorgekommen. Sie berichteten, dass sie sich zunächst über Belangloses zu unterhalten begannen, später über die Firma (wobei diese beiden Themenbereiche sich ja nicht ausschließen) und schließlich über ihre Arbeit. Durch eine veränderte Rahmenbedingung war wieder Kontakt entstanden.

Der gewaltige Einfluss von kleinen Gesten und Symbolen scheint uns überhaupt noch viel zu wenig untersucht oder gewürdigt. Kleinigkeiten haben tatsächlich oft große Wirkung.

WATZLAWICK[74] berichtet ähnliches von einem Ehepaar, das sich sehr entfremdet hatte. Es lief nichts mehr zwischen Ihnen. Einem befreundeten Paar hatten die beiden jedoch versprochen, gemeinsam in den Urlaub zu fahren. In dem Hotelzimmer, das unser Paar nun bezog, stand das Doppelbett nicht wie üblich mit der Schmalseite an der Wand, sondern mit der Längsseite. Als der Mann sich zum Schlafen legen wollte, musste er über seine Frau klettern, die sich schon zuvor ins Bett gelegt hatte. „Da wurde es ihm – nach seinen eigenen Worten – bewusst, dass hier eine Chance lag…". Die beiden hatten wieder zueinander gefunden.

Es gibt wohl Dutzende solcher Signale. Sie kosten nicht viel (vielleicht etwas Überwindung), können aber viel bewegen oder sind zumindest ein Anfang. Mit einem Symbol oder einer Geste teilen Sie mit, dass Sie sich darauf einigen könnten, sich wieder zu einigen. Wir können nicht alle Möglichkeiten aufzählen, die uns in unserer Arbeit mit Konflikten begegnet sind, wir geben Ihnen aber gerne ein paar Beispiele:

---

[74] WATZLAWICK (1975), S. 102

Eine Karte aus dem Urlaub schreiben.
Dem anderen eine wichtige Information zukommen lassen.
Die Aussage des Konfliktpartners im Protokoll eigens erwähnen (falls Sie der Protokollant sind).
Ihn in der Sitzung bei einer Aussage, der Sie auch zustimmen, öffentlich unterstützen.
Bei eigener Abwesenheit den Parkplatz anbieten.
In Abwesenheit die Blumen im Büro gießen.
...

Essen gehen und ähnliches

Essen als Konfliktbearbeitungsmethode? Ja. Bei der Durchsicht unserer Unterlagen zur Vorbereitung dieses Kapitels fiel uns auf, wie oft Konfliktpartner, nachdem sie sich einen Ruck geben konnten, gemeinsam zum Essen gegangen sind, und wie oft es genau hier zu den ersten Fortschritten gekommen war. Warum ist das so? Das gemeinsame Essen besitzt sei alters her eine hohe Symbolkraft. Man denke nur an die zahlreichen biblischen Beispiele. Gemeinsam Essen scheint wohl an sich schon ein versöhnlicher Akt zu sein (der verlorene Sohn bekommt ein fürstliches Essen). Die Situation erzwingt eine Form von Nähe, der man nicht (oder nur sehr schlecht) ausweichen kann. Im Restaurant wird man sich auch nicht so leicht anschreien. Und wie bei unseren Forschungsleitern schon beobachtet, ist es auch kaum auszuhalten, einfach nur dazusitzen und sich anzuschweigen. Man wird also über irgendetwas zu reden beginnen, womit aber der erste Kontakt wieder hergestellt ist! Und schließlich wirkt der Tapetenwechsel an sich. Man ist nicht in der Umgebung, in der der Konflikt entstanden ist und üblicherweise ausgetragen wird. Warum also sollten Sie es nicht einmal mit einer Einladung zum Essen versuchen?

Für viele andere Aktivitäten gelten ähnliche Wirkmechanismen. Segelt man zum Beispiel gemeinsam auf einem Schiff, so lernt man den anderen in einem völlig anderen Kontext kennen.

Eine recht zerstrittene Gruppe aus dem Topmanagement hatte für zwei Tage ein Schiff auf dem Ijsselmeer gemietet (und einen Konfliktmoderator dazu). Die Kabinen sind spartanisch, die

Toilette ist winzig und schwer zu bedienen, für die Verpflegung ist man selbst zuständig und die Mannschaft von zwei Mann reicht nicht aus, um das Schiff zu segeln. Man muss also mit Hand anlegen.

Nun sind Kabinen verteilen, Klo putzen, Essen kochen, abräumen, abwaschen, sauber machen und sich beim Segeln unter dem Kommando eines Skippers schnell zu organisieren alles Aktivitäten, die im Geschäftsalltag nicht vorkommen (auch wenn sie selbst wieder Symbolcharakter für sonstiges Verhalten besitzen).

Wir zitieren wörtlich: „Es ist schon komisch", meinte eine Bereichsleiter nachher, „aber seit wir uns todmüde und kaputt in Pyjamas erlebt haben und in dieser Stimmung aushandeln mussten, wer das Frühstück macht, seitdem ist alles irgendwie einfacher."

Ganz hervorragend wäre es, wenn Sie und Ihren Konfliktpartner ein gemeinsames Hobby oder eine gemeinsame Sportart verbinden würde. Beim gemeinsamen Bergwandern beispielsweise scheint sich die Perspektive auf den eigenen Konflikt recht schnell zu ändern, man hat einfach Wichtigeres zu tun. (Die Methode setzt natürlich voraus, dass ein überlebensnotwendiges Restvertrauen zwischen den Konfliktpartnern besteht.)

Gut gemachte Outdoortrainings setzen oft auf die hier beschriebenen Effekte. Man lernt sich in anderen Kontexten kennen und die gemeinsame Aufgabe vereint. (Dies ist nebenbei eine recht gut belegte Erkenntnis aus der sozialpsychologischen Forschung. Es gibt wohl nichts, was Menschen mehr eint, als wenn sie ein gemeinsames Problem haben.)

„Wenn du willst, dass die Menschen sich entzweien, dann wirf ihnen ein Weizenkorn vor. Wenn du willst, dass sie sich vertragen, dann zwinge sie, einen Turm zu bauen."
Nach Antoine de Saint Exupery, die Stadt in der Wüste

Der gemeinsame Gang über unvermintes Gebiet und die Theorie der Balance

Im Falle von Konflikten gibt es Allergiethemen, die wunden Punkte. Aber es gibt in jedem Konflikt auch unvermintes Gebiet. Kontaktaufnahme kann auf diesem Gebiet stattfinden. Auch in der großen Diplomatie werden neutrale Konferenzorte gewählt. Lange bevor ein Konflikt thematisiert oder gar geschlichtet wird, redet man darüber, ob man sich in Genf oder Reykjavík treffen soll. Da wird also Einigung über einen Punkt erzielt, der mit dem eigentlichen Thema überhaupt nichts zu tun hat. Aber es ist der erste Schritt.

Wir können uns diesen Weg der Kontaktaufnahme zu Nutze machen. Wenn Sie bereit sind, den ersten Schritt zu gehen, dann sprechen Sie mit Ihrem Konfliktpartner auf einem Feld, in dem keine Tretminen liegen.

> *Herr Bauer berichtet: „Wir konnten kein Arbeitsthema mehr besprechen. Es ging sofort schief. Wenn er nur den Mund aufmachte, war ich schon wieder auf hundertachtzig, und ihm ging es wohl ebenso. „Dann erfuhr ich, dass er eine riesige CD-Sammlung klassischer Musik besitzt. Das interessierte mich, da klassische Musik zu hören mein größtes Hobby ist. Er sprang sofort auf das Thema an und ob Sie's glauben oder nicht, er lud mich zu sich ein und wir durchwühlten fast bis Mitternacht seine Sammlung."*

Warum und unter welchen Bedingungen kann das gelingen? Dafür liefert die Balancetheorie eine Erklärung. Stellen Sie sich vor, zwei Menschen, nennen wir sie A und B, tauschen sich über ein Thema aus, das wir T nennen.

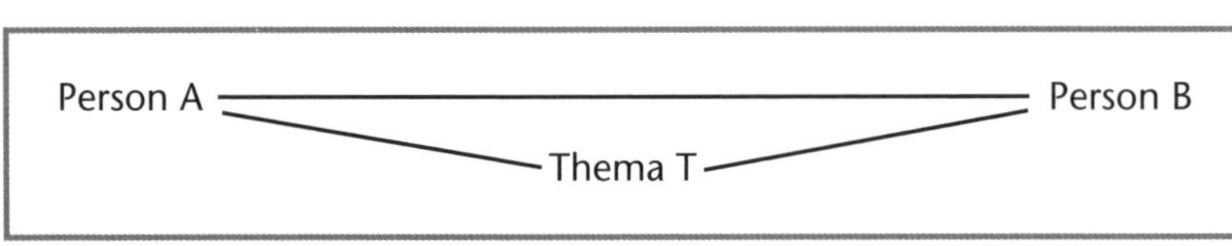

Nun kann es sein, dass beide, A und B das Thema T positiv bewerten. Das Dreieck A, B und T ist dann in Balance. Gleiches gilt, wenn sowohl

A als auch B zum Thema T eine negative Einstellung haben. Auch dann ist das Dreieck in der Balance. Die Balancetheorie erklärt, dass im Falle eines balancierten Dreieckes sich auch A und B näher kommen. Je mehr solcher balancierter Dreiecke sie finden, um so sympathischer werden sie sich sogar! Umgekehrt gilt: Bei nicht balancierten Dreiecken entsteht Distanz zwischen A und B. Das ist immer dann der Fall, wenn sie zum Thema T unterschiedliche Meinungen haben. Wie auch die Beispiele aus unserer Arbeit zeigen, eignen sich zur Kontaktaufnahme solche Themen und Aktivitäten, bei denen man balancierte Dreiecke voraussetzen kann (die CD-Sammlung beispielsweise). Wie Sie aus dem Kapitel über die Konfliktverhandlung selbst bereits wissen, klappt auch die Bearbeitung des eigentlichen Konfliktes nur dann, wenn sich die Anliegen entdecken lassen, die hinter den widersprüchlichen Argumenten stecken. Denn diese sind selbst bei Unterschieden eher vereinbar als Standpunkte. Auch hier „versteckt" sich also ein Ergebnis der Balancetheorie.

Schreiben

Schon oft war in diesem Buch vom Schreiben die Rede. Schreiben ist eine intensive, strukturierte Methode des Denkens. Die Kontaktaufnahme kann auch auf diesem Wege erfolgen oder angebahnt werden. Der Brief erlaubt eine Form von Selbstkontrolle und erzwingt eine Form von Selbstdisziplin, die im erhitzten oder schwierigen Gespräch allzu schnell in Gefahr gerät. Ein solcher Brief könnte aufzeigen, worum es mir geht, was für mich die schwierigen Punkte sind, was aus meiner Sicht zum Konflikt geführt hat, wie meine Bewertung dazu ist und was ich mir wünsche. Natürlich könnte ein solcher Brief auch die Bitte enthalten, sich zu treffen oder einen professionellen Helfer einzuschalten. Auch die Bitte um eine Antwort sollte nicht fehlen[75].

Fazit

- Während es eine Vielfalt an Möglichkeiten zur Kontaktaufnahme gibt, gibt es nur ein einziges Wollen, nämlich Ihres. Bekennt man

---

75 Natürlich ist das Vorgehen auch per E-Mail denkbar. Durch die Flut an elektronischer Post ist jedoch auch eine Abwertung des Mediums entstanden. Ein handgeschriebener Brief wird somit ein besonderes Signal setzen.

sich zum Wert der Selbstverantwortung, dann schließt das das Bekenntnis zur Mitverantwortung in Konflikten ein. Auch eine unterlassene Kontaktaufnahme ist natürlich ein Handeln.

- Im Kapitel zur Konfliktprävention haben wir die Idee des „guten Gespräches" vorgestellt (vgl. Kap. 5.4, S. 70). Nach oder bei der geglückten Kontaktaufnahme kommt es, wie wir gesehen haben, häufig auch zu Gesprächen. Unser Tipp: Gestalten Sie diese Gespräche (auch im unverminten Gebiet) persönlich. Teilen Sie nicht nur etwas, sondern sich selbst mit (das geht auch bei der CD-Sammlung).

- „Ich hab's mal probiert, aber es hat nicht geklappt." gilt nicht. „Einmal ist keinmal", weiß der Volksmund, und Recht hat er.

- Es gibt tatsächlich Fälle, wo mit dem Betreten des Weges auch das Ziel schon erreicht ist. Alleine die gelungene Kontaktaufnahme entspannt den Konflikt oder löst ihn manchmal sogar. Das gilt aber bei weitem nicht für alle Konflikte. Mindestens genau so häufig führt kein Weg daran vorbei, auch – um im Bild zu bleiben – vermintes Gebiet zu betreten, natürlich mit dem Ziel, die Minen zu entschärfen und das Gebiet einer besseren Nutzung zuzuführen. Dann heißt es, nicht bei der Kontaktaufnahme stehen zu bleiben.

Das Konfliktgespräch

Gratuliere! Sie haben es also geschafft. Sie haben einen Kontakt angebahnt, ihr Konfliktpartner ist darauf eingegangen und er hat einem Treffen zugesagt. Sie haben Ort und Zeit vereinbart und sich auf ein ungestörtes Ambiente geeinigt. Morgen um 17 Uhr im Besprechungszimmer 322 im dritten Stock. Nervös? Natürlich! Die Gedanken sausen durch Ihren Kopf, Sie sehen gleichsam einen Film vor sich, aber über die ersten Sätze kommen Sie nicht hinaus. Oder Sie stehen wie der sprichwörtliche „Ochs vor dem Berg" vor der immer gleichen Sequenz und wissen nicht, was Sie tun sollen. Dann wieder schweifen Ihre Gedanken ab und resümieren das (vermeintlich) erlittene Unrecht.

Mit unseren Leitplanken des Handelns möchten wir Ihnen an dieser Stelle praxiserprobte Hilfsmittel an die Hand geben, auch solche schwierigen Gespräche zu meistern. (Sie werden selbstverständlich Ähnlichkeiten zu unserem allgemeinen Konfliktlösungsmodell entdecken.)

Die Vorbereitung

Ohne Vorbereitung in ein schwieriges Gespräch zu gehen, ist zwar möglich, aber gefährlich. Zu schnell geraten Sie ins übliche Konflikt-Pingpong und verlieren Ihre eigenen Ziele aus den Augen. Die Zeit ist gut investiert.

Schritt 1

Studieren Sie als erstes noch einmal die Leitplanken des Denkens. Seien Sie hier so selbstkritisch wie möglich und machen Sie sich entsprechende Notizen.

Schritt 2

GLASL[76] schlägt vor, den Konflikt zu „inventarisieren"[77]. Machen Sie sich eine Liste dessen, was vorgefallen ist. Spezifizieren Sie hier aber genau, was Sie meinen. „Da war er arrogant zu mir!" sollte nicht auf dieser Liste stehen, sondern vielleicht: „Hat mich bei der Frage XY nicht um meine Meinung gefragt." Vermeiden Sie eine Häufung persönlichkeitsbeschreibender Ausdrücke (Beispiel: „Arrogant", „ist nicht mehr der Alte", „sucht Distanz", „instrumentalisiert Menschen"), denn sie sind mit großer Wahrscheinlichkeit nur Schall, der von den Wänden der Echohöhle zurückhallt, bemühen Sie sich vielmehr auch, präzisere Verhaltensbeschreibungen zu finden, was meist am besten anhand von Beispielen gelingt.

Was genau haben Sie in der jeweiligen Situation getan? Wie haben Sie reagiert oder agiert? Wo können Sie sich eingestehen, dass Sie selbst auch nicht gerade meisterlich deeskalierend gehandelt haben?

---

76 GLASL (1997)

77 Natürlich sind hier direkte Parallelen zu unserem Konfliktlösemodell (Kap. 8) zu sehen.

Schritt 3
Sehen Sie sich die Liste aus Schritt 2 an. Was steckt dahinter, und zwar auf Ihrer Seite? Welche Gefühle hatten Sie in den beschriebenen Situationen? Was wollten Sie bei den skizzierten Erlebnissen erreichen oder vermeiden? Was war Ihr Ziel? Was war Ihr wirkliches Anliegen? Sind Sie sicher? Oder gibt es noch ein Anliegen hinter dem Anliegen?

Schritt 4
Was sind (die Konfliktbeziehung betreffend) Bausteine für mögliche Lösungen für die Zukunft? Was wünschen Sie sich? Was möchten Sie erreichen?

Schritt 5
Welche Lösung wäre ideal? Oder gäbe es eine Lösung oder Lösungen, die zwar nicht ideal sind, mit denen Sie aber gut leben können? Wie sähe diese Lösung aus? Aus welchen Teilschritten könnte eine solche Lösung bestehen? Was sind Sie selbst bereit zu investieren? Welche kleinen oder großen Angebote könnten Sie machen?

Es sollte nun eine kleine Liste entstanden sein, die Sie getrost in das Gespräch mitnehmen können und die Ihnen Rückhalt gibt, weil Sie sich nicht anpirschen müssen oder Gefahr laufen, sich zu verzetteln. Der Zettel schützt also davor, sich zu verzetteln.

Frau H. hatte seit über zwei Jahren ein angespanntes Verhältnis zu ihrem Chef. Immer wieder kam es zu unguten Situationen, Frau H. platzte ab und zu der Kragen, worauf der Vorgesetzte meinte, sie solle erst einmal daran arbeiten, „nicht so hysterisch“ zu werden, worauf Frau H. sich meist beschämt zurückzog. Die verschiedenen Ansichten zu vielen Vorgängen wurden so aber nie wirklich besprochen.
Nach einem unserer Workshops zum Thema „Konflikte“ gab sich Frau H. den alles entscheidenden Ruck. Dankenswerterweise hat sie uns ihre Vorbereitungsliste überlassen, aus der wir – zum Schutz der Personen leicht verändert – im Folgenden zitieren.

Schritt 1: Denkleitplanken

Will ich investieren? Ja, das will ich, weil ich nicht will, dass es so weitergeht, ich aber ansonsten mit der Arbeit und dem Umfeld sehr zufrieden bin.

Bin ich in meiner Ehre gekränkt? Ja, auch deswegen muss ich ran. Ich möchte nicht, dass mich jemand als „hysterisch“ bezeichnet.

Ist die Beziehung wichtig? Klar, mit dem Chef nicht auskommen, das ist immer schlecht.

Irrationale Ideen? Hm. Nach diesem ELLIS schon, weil ich aufschieben immer für das Leichtere gehalten habe.

Opferhaltung? Mist! Ja! So bin ich erzogen worden. Aber das ist auch keine Ausrede. Ich bin manchmal viel zu angepasst. Und dann kusche ich. Wenn's nicht mehr geht, kommt die Explosion. Nein, ich möchte mich nicht zum Opfer meines Chefs machen.

Macht er mich absichtlich fertig? Das glaubte ich immer. Aber wahrscheinlich ist er doch eher hilflos, – er ist dann plötzlich sehr heftig. Er weiß nicht, wie er sich verhalten soll, wenn ich ihm Vorhaltungen mache, – das könnte es sein.

Inneres Team? Ist mir jetzt zu aufwendig.

Monovalenz? Blödes Wort! Nur das Negative sehen? Aber da ist was dran. → Chef vertritt uns super nach außen. Steht hinter uns. Fachlich top. Kann sehr freundlich sein. Im Unternehmen beliebt.

Werte-Check? Zu aufwendig. Konfliktfähigkeit! Nicht kuschen! Klar, aber nicht aufbrausend sagen, was ich will oder nicht. Das will ich lernen!

Schritt 2: Ungute Situationen	Schritt 3: Mein Gefühl dabei
– *Montagsbesprechung im Februar. Ich brause los, weiß heute auch nicht mehr genau, warum. Chef bezeichnet mich als „hysterisch".*	– *Ich rase innerlich. Bin tief gekränkt. Fühle mich aber völlig hilflos, weiß nicht, was ich tun soll. Fühle mich auch „erwischt" bei einer meiner Schwächen.*
– *Montagsbesprechung im April, Chef kritisiert mein Protokoll mit den Worten „das haben Sie auch schon mal besser gekonnt." Ich reagiere bockig und sage: „Dann schreiben Sie's halt selber." Danach zwei Wochen Sende-pause.*	– *Wütend. Ich kapier's auch gar nicht, was er eigentlich meint. Nachher bin ich wieder sauer auf mich selbst, weil ich mich wieder nicht im Griff hatte. Keine Lust mehr auf Austausch irgendwelcher Art.*
– *Chef hat mit allen ausführliche Mitarbeiter-gespräche geführt. Mit mir noch immer nicht, aber schon zwei Mal verschoben.*	– *Fühle mich vernachlässigt, unsicher. Hat er was gegen mich? Traue mich nicht, nachzufragen. Tue so, als ob nichts gewesen wäre.*
– *Anfang Juni: Ich mache einen Vorschlag zur Organisation. Chef: „Danke, aber ich habe momentan Wichtigeres zu tun."*	– *Fühle meinen Vorschlag und auch mich selbst abgewertet. Es gibt Wichtigeres als mich. Enttäuschung. Ich hab's doch versucht!!!*
…	

Schritt 4: Meine Anliegen (Interessen, Wünsche, Befürchtungen)?

1) *Ich will dem Chef mal sagen, wie es mir so geht.*

2) *Ich möchte ihm mitteilen, was der Ausdruck „hysterisch" bei mir anrichtet.*

3) *Ich will, dass dieses Gespräch atmosphärisch wenigstens einigermaßen gut läuft, selbst wenn sonst nichts dabei herauskommt.*

4) *Für mich: Ich möchte künftig nicht mehr alles in mich hineinfressen.*

5) *Ich möchte wissen, warum der Chef mit mir noch kein Mitarbeitergespräch geführt hat.*

6) *Ich möchte ein Mitarbeitergespräch mit dem Chef. (Kernanliegen: Akzeptanz)*

7) *Ich möchte wissen, was er von meinen Vorschlägen hält.*

8) *Ich möchte in Zukunft nicht mehr öffentlich kritisiert werden.*

9) *Ich möchte Feedback, und zwar klares (zum Beispiel zum Protokoll).*

10) *Ich möchte ein entspannteres Verhältnis zum Chef.*

Schritt 5: Lösungen, Lösungsansätze, Lösungs"-teile"

1) *Es ist schon ein Erfolg, wenn ich ihm sagen kann, was mich beschäftig, egal, wie er reagiert.*

2) *Ein Mitarbeitergespräch vereinbaren.*

3) *Eine Vereinbarung, eine Zusage, dass er mich nicht mehr öffentlich kritisiert.*

4) *Ich biete ihm an, meine Vorschläge noch einmal darzustellen, aber nicht in dem Gespräch.*

5) *Wenn er irgendwie komisch wird, möchte ich ruhig bleiben und ganz klar sagen, was ich will.*

Schritt 6

Vereinbaren Sie einen Termin. Das hört sich leichter an, als es ist. Viele unserer Klienten berichten, dass das fast der schwierigste Schritt sei. Wie macht man das, ohne gleich ins Thema einsteigen zu müssen?

> *Die Befürchtung als Szene:*
> *„Herr Müller, Entschuldigung, dass ich Sie störe, aber ich hätte gerne einen Termin bei Ihnen."*
> *„Oho! Das klingt ja gefährlich. Ist etwas vorgefallen?"*
> *„Vorgefallen nicht direkt, aber es gibt ein paar Punkte, die ich gerne mit Ihnen klären würde."*
> *„Was sind denn das für Punkte?"*
> *„Ähm, nun ja, ich wollte eigentlich ..."*
> *„Nun schießen Sie schon los, so schlimm kann das doch nicht sein!"*
> *„Na ja, das mit dem ‚hysterisch', das fand ich nicht so gut."*
> *„Ach so, nur das ist es also, nehmen Sie das nicht so ernst! Das war nicht so gemeint. Sonst noch was?"*
> *„Ähm, nein, eigentlich nicht."*
> *„Gut. Dann sehen wir uns am Montag bei der Besprechung."*

Davor fürchten sich viele, die einen Termin ausmachen wollen. Und leider geht das dann auch daneben, genau so wie im obigen Beispiel. Das ist unsere Erfahrung. Ohne eigenen Termin aber, zwischen Tür und Angel, lassen sich wichtige Anliegen niemals klären. Üben Sie sich hier unbedingt in Hartnäckigkeit. So könnte das gehen:

> *„Herr Müller, Entschuldigung, dass ich Sie störe, aber ich hätte gerne einen Termin bei Ihnen."*
> *„Oho! Das klingt ja gefährlich. Ist etwas vorgefallen?"*
> *„Es gibt ein paar Punkte, die ich gerne mit Ihnen in aller Ruhe klären würde."*
> *„Was sind denn das für Punkte?"*
> *„Am liebsten wäre es mir, wir würden uns dafür auf einen Termin verständigen können, jetzt ist es mir zu hektisch."*
> *„Na so schlimm kann es doch nicht sein, nun sagen Sie doch schon, was Sie auf dem Herzen haben."*
> *„Schlimm nicht, aber für mich wichtig. Mit einem Termin würde ich mich wesentlich wohler fühlen."*
> *„Wann soll das sein? Und wie lange?"*
> *„Am liebsten im Lauf der nächsten zwei Wochen, und ich fände es gut, mal eine Stunde zu reservieren. Geht das?"*
> *„Puh! Ich dachte schon, es soll noch heute sein. Also gut. Nächsten Donnerstag, 17 Uhr. In Ordnung?"*
> *„Ja, danke!"*
> *„Aber können Sie mir vielleicht doch noch ein paar Hinweise geben, damit ich mich vorbereiten kann?"*
> *„Nein, ich glaube, das ist nicht nötig. Ich freue mich, dass es klappt."*

Bei der Verhandlungsführung wird diese Art von Hartnäckigkeit als „Schallplatte mit Sprung" bezeichnet. Wer einmal Dreijährige bei ihren Verhandlungen mit ihren Eltern beobachtet hat, der wird zugeben müssen: Es funktioniert! Jedenfalls raten wir dringend davon ab, einzelne Punkte schon vorher anzukündigen. Sie rutschen damit fast unweigerlich in ein vorgezogenes Gespräch, auf das sie sich aber nicht eingestellt haben und das dann in einem unpassenden Rahmen abzulaufen droht. Außerdem wird damit Ihre Vorbereitung zunichte gemacht. Sie können allenfalls eine Überschrift nennen („Ich möchte mal in aller Ruhe über unsere Zusammenarbeit reden."), was aus Gründen der Fairness zu empfehlen ist, mehr aber auf keinen Fall.

Die Gesprächsführung im Konfliktgespräch

Das erfolgreiche Konfliktgespräch lebt von

- einer guten Vorbereitung,
- einem strukturierten Ablauf,
- von bestimmten Kommunikationsregeln (die wir im Folgenden darstellen werden) und
- von der Fähigkeit, mit möglichen Angriffen des Gesprächspartners gekonnt umzugehen.

Um Gegenargumentationen ruhig begegnen zu können, empfehlen wir, sich mit der Struktur manipulativer Argumentation zu beschäftigen[78].

Wir werden am Ende dieses Kapitels ein ausführliches Beispiel mit Kommentaren darstellen, damit Sie eine möglichst klare und praxisnahe Vorstellung vom Ablauf eines solchen Gespräches mitnehmen können.

Mit der Vorbereitung haben wir uns schon auseinander gesetzt. Sie ist Voraussetzung dafür, dass die Struktur des Konfliktgespräches umgesetzt werden kann.

[78] Zu empfehlen: das Büchlein „Manipulationstechniken" von Edmüller und Wilhelm (2002)

Da die Konfliktbearbeitung nur dann wirklich erfolgreich sein kann, wenn keiner der Beteiligten eine Niederlage erlebt, müssen sich in der Struktur des Konfliktgesprächs die Werte widerspiegeln, auf denen unser Konfliktlösungsmodell basiert. Zur Wiederholung, es sind dies: Selbstverantwortung, Gleichberechtigung, Ehrlichkeit und Klarheit.

Der Ablauf muss auch für den Gesprächspartner, der diese Struktur ja möglicherweise nicht kennt, so gestaltet sein, dass er diese Werteorientierung gleichsam „mitempfindet" und dadurch Vertrauen in den Prozess bekommt. Im Klartext heißt das:

- Der Konfliktpartner muss erkennen können, dass auch Sie bereit sind, Mitverantwortung für den Konflikt und seine Lösung zu übernehmen.

- Ihre Ehrlichkeit kann und soll beispielgebend sein.

- Es muss klar sein, dass das Recht nicht nur auf einer Seite angesiedelt sein kann. Das heißt beispielsweise, dass beide Sichtweisen in das Gespräch einfließen sollen, nicht nur Ihre; das heißt aber auch – um noch ein Beispiel zu nennen –, dass die Redeanteile in diesem Gespräch nicht völlig ungleich verteilt sein dürfen.

- In Beispielen werden Äußerungen klar, in Generalisierungen werden sie vernebelt. Und wenn es zu Vereinbarungen kommt, dann sollten diese ebenfalls so klar wie möglich sein.

Dies ist in dem folgenden idealtypischen Ablaufschema wiedergegeben.

Der Ablauf des Konfliktgespräches

Gesprächsstruktur

- Schritt 1:
  Konfliktsituation auf den Tisch legen. (Es reicht, wenn Sie zunächst eines Ihrer Beispiele verwenden.)
  Dabei ist es wichtig, dass die Ernsthaftigkeit der eigenen Störung dem anderen deutlich wird. Andeutungen „durch die Blume“ sind nicht geeignet.

- Schritt 2:
  Machen Sie nun Ihre Ziele deutlich, und zwar
  a) die Ziele, die Sie mit dem Gespräch verbinden und
  b) die Ziele, die Sie mit der Konfliktlösung verbinden.

- Schritt 3:
  Beziehen Sie nun unbedingt Ihren Gesprächspartner ein.
  Was sind seine Ziele in Bezug auf das Gespräch? Wie sieht er die Konfliktsituation? Was wollte er in diesen Situationen erreichen?

- Schritt 4:
  Im Gespräch suchen Sie nun nach Ihren jeweiligen Anliegen. Nicht, was Sie trennt, sondern was Sie verbindet, ist hier entscheidend. Machen Sie sich hier unbedingt Notizen, halten Sie jede Gemeinsamkeit fest.

- Schritt 5:
  Suchen Sie nun gemeinsam nach Lösungsideen. Bewerten Sie diese aber nicht zu schnell, sondern gehen Sie erst ans Sammeln. (Erst einmal alle Pilze in den Korb, danach sortieren in die essbaren und die giftigen!) Wenn Sie gemeinsam gesammelt haben, überlegen Sie, was davon umgesetzt werden könnte.

- Schritt 6:
  Führen Sie das Gespräch in Richtung Vereinbarung. „Drängen" Sie darauf, dass diese konkret und detailliert sind und dass sie auch Angaben über den Umsetzungszeitraum enthalten.

  Vereinbaren Sie gleich einen weiteren Termin, um dann im Rückblick die Umsetzung zu bewerten.

  Wenn es zu keiner Lösung kommen sollte, dann bieten sich folgende Möglichkeiten:
  - vertagen (mit festem Termin),
  - sich gemeinsam bewusst machen, dass einer oder mehrere Punkte momentan ungelöst stehen bleiben,
  - die Möglichkeit diskutieren, einen Moderator (Mediator) einzuschalten, eventuell mit einer entsprechenden Vereinbarung.

Regeln für die Kommunikation

- Sagen Sie klar, was Sie selbst wollen und fühlen.

- Vermeiden Sie Verhaltensvorschriften. MOELLER[79] nennt dies die Kolonialisierung des anderen und er schreibt:

  > „Kolonialisieren beginnt, wo wir die Grenze überschreiten ... die feine, aber genau auszumachende Grenze (ist) der Übergang vom Gefühlsausdruck zur Verhaltensvorschrift." S. 145

  Also kein: „Sie sollten...", „Sie müssten...", „Bedenken Sie aber, dass ..." „Sie sind soundso ...!"
  Da sich kein Mensch gerne „kolonialisieren" lassen möchte, sind solche Gesprächsformen Gift und führen sehr rasch in die Kampfform der Kommunikation und damit in ein nutzloses Argumente-Pingpong mit sich stetig verschlechternder Stimmung und abnehmender Lösungswahrscheinlichkeit.

- Achten Sie darauf, dass nicht durch ein Zerreden Ihrer Beispiele die Botschaft, die Sie damit "rüberbringen" wollen, vernebelt wird.
  Sie: „Weißt du noch, wie schön es war, als wir in Venedig gemeinsam diesen wunderbaren Capuccino getrunken haben?"
  Er: „Das war nicht in Venedig, sondern in Verona."

- Mut zur Frage. Fragen Sie so viel wie möglich.

- Führen Sie das Gespräch immer wieder auf seine Struktur zurück. Das geht auch mit dem Chef! Tun Sie dies offen und nicht verdeckt.

Der Umgang mit schwierigen Situationen

Da es ja um heikle, mit Emotionen besetzte Themen geht, kann immer einmal auch etwas schief gehen. Solche Situationen sind dann durch Aggressivität in der Form direkt angreifender, herablassender, zynischer, „kolonialisierender" und ausweichender Aussagen zu erkennen.

---

79 MOELLER (1999)

Weiter zu nennen wären der Rückzug (Schweigen) oder das Vielreden (eine klassische Form der Barriere, die meist aus Angst vor zu viel Nähe entsteht). Was also tun, wenn es passiert?

Es gibt eine Fülle ausgefuchster, psychologisch begründbarer Regeln. Nach langjähriger Berater- und Trainererfahrung (und natürlich auch aus der eigenen) schleicht sich aber die folgende Erkenntnis ein: Solche Regeln lassen sich zwar gut niederschreiben, vielleicht sogar auch üben (mit oder ohne Video), aber sie funktionieren nicht, – oder allenfalls dann, wenn die emotionale Beteiligung unterhalb einer gewissen Schwelle angesiedelt ist. (Deshalb sind sie beispielsweise für Moderatoren oder Mediatoren ein ausgezeichnetes Werkzeug.) In der Hitze des eigenen Gefechtes aber versagen sie, weil sie zu komplex sind. Mir fällt einfach keine elegante Formulierung ein, die authentisch, kurz, nicht anklagend, empathisch die Perspektive meines „Feindes" verstehend, zielorientiert und offen ist, wenn ich auf hundertachtzig bin! Und weil mir dann eben nichts einfällt, schlage ich zurück. (Die komplizierte Regel löst, zusätzlich zur schwierigen Situation, Hilflosigkeit aus. Hilflosigkeit führt zu aggressivem oder resignativem Verhalten und dieses wiederum gefährdet das Gespräch. So navigieren uns viele gut gemeinte Kommunikationsregeln letztlich in die Verschlechterung der Kommunikation!)

Also gehen wir auf die Suche nach einer möglichst einfachen Hilfe und versuchen nicht, einer komplexen Situation mit einer überkomplexen Regel zu begegnen. Wir sind fest davon überzeugt, dass sich die meisten schwierigen Gesprächssituationen durch zwei „Instrumente" bewältigen lassen:

- die Rückschusshemmung und
- die Frage.

Genau genommen ist es sogar nur ein Verfahren, denn wer fragt, tut sich schwer, gleichzeitig zurück zu schießen. Unschwer ist auch hier das Prinzip der Verlangsamung wieder zu entdecken.

Setzen Sie sich in schwierigen Situationen niemals unter den Stress, das richtige Gegenargument finden oder parat haben zu müssen. Der Anspruch, jederzeit schlagfertig sein zu müssen, ist unerfüllbar. Außerdem wären Sie dann ja doch nur „fertig" zum „Schlag", nicht unbedingt ein Garant für ein deeskalierendes Gesprächsverfahren.

Also: Verzichten Sie in schwierigen Situationen darauf, zurückzuschießen, und stellen stattdessen Fragen. Dies sichert einen

- Zeitgewinn **und** einen
- Erkenntnisgewinn.

Auch zu den Fragen gibt es mittlerweile ein riesiges Regelwerk der Kommunikations-spezialisten. Die Fragen sollen offen, nicht suggestiv, nicht alternativ, nicht unterstellend, nicht rhetorisch, sie sollen nicht zirkulär sein, im gleichen Kanal erfolgen, sie sollen keinerlei Vorannahmen enthalten und so fort. Auch daran werden Sie wohl eher nicht denken, wenn Sie sich gerade „angeschossen" fühlen. Hauptsache, Sie fragen und Sie fragen nach – und Sie fragen noch einmal und Sie vergewissern sich durch eine Frage und Sie fragen noch einmal nach, ob Sie auch richtig verstanden haben und Sie fragen, was dahinter steckt und Sie fragen, ob das immer so ist, und Sie fragen, ob es dafür Beispiele gibt, und Sie fragen, wie es weitergehen soll, und Sie fragen und Sie fragen und Sie fragen ... Das ist allemal besser als der Gegenangriff (den Sie ja sechs Minuten später immer noch starten können, wenn Sie meinen, dass das unbedingt nötig sei.)

Fragen deeskaliert, beruhigt und liefert Einsichten („Wer nicht fragt, bleibt dumm", heißt es schon in der Sesamstraße). **Fragen heißt nicht, dass Sie auf Ihre eigenen Interessen verzichten.** Wenn es wieder ruhiger geworden ist und wenn Sie selbst zur Ruhe gekommen sind, dann sind Sie an der Reihe, wieder Ihre Wahrnehmungen, Ziele und Ideen darzustellen.

Das Konfliktgespräch im Beispiel

Wir führen das Beispiel von Frau H. fort, deren Vorbereitung Sie ja miterleben konnten. Der wirkliche Verlauf war etwas anders (aber erfolgreich), wir haben der Lesbarkeit halber die Darstellung gekürzt. Die Begrüßungsfloskeln lassen wir weg und starten mit dem Moment, mit dem es losgeht. Den Chef nennen wir Herrn M.

Gespräch	Kommentar/Analyse
Herr M.: So, Frau H., jetzt haben Sie ja Ihren Termin durchgedrückt. Also schießen Sie los! Was gibt es denn!	Vorsicht! Falle! Der Chef eröffnet mit einer zynisch unterlegten Floskel.
Frau H.: Bleibt es bei der versprochenen Stunde?	Frau H. geht nur indirekt auf den Zynismus ein. Die Frage dient der Vergewisserung.
Herr M.: Klar, das habe ich mir eingerichtet, ich habe anschließend keinen Termin mehr.	Hat funktioniert. Herr M. ist versöhnlicher geworden.
Frau H.: Gut. Danke noch mal. (Frau H. atmet hörbar tief durch.) Ja, dann möchte ich gleich einsteigen.	Gut! Frau H. schleicht nicht um den heißen Brei.
Ich erlebe die „Lage“ zwischen uns manchmal als sehr angespannt, ich möchte das aber nicht, weil es mich belastet.	Sie ist nun in **Schritt 1** des Gesprächs-ablaufs, beschreibt ihr Gefühl (aus der Vorbereitung) und artikuliert auch gleich ein Ziel. Sie sehen, in der Praxis lassen sich diese Schritte nicht immer so genau trennen.

Gespräch	Kommentar/Analyse
Herr M.: Nehmen Sie das doch nicht so ernst, Sie sind eine gute Mitarbeiterin, aber manchmal halt sehr schwierig.	Der Chef wiegelt freundlich ab und baut eine Lobbarriere auf.
Frau H.: Ich möchte das Beispiel von unserer Montagsbesprechung im Januar ansprechen. Ich bin da etwas laut geworden, worauf Sie mich vor allen als „hysterisch" bezeichnet hatten. Das war für mich unerträglich.	Frau H. hält sich ziemlich genau an ihre Vorbereitung. Ausgezeichnet: Sie lässt sich durch den Abwiegelversuch nicht beirren.
Herr M.: Sie sind ganz schön nachtragend! Können Sie denn nie irgendetwas vergessen?	Der Chef nimmt das Feedback nicht an und schießt zurück. (Sie sind..., Können Sie denn ... sind klassische Konfliktbeschleuniger.)
Frau H. (ungehalten): Und Sie machen das so wie immer. Sie lassen mich einfach abblitzen und Sie kriegen's dann auch noch hin, dass ich zum Schluss immer die Blöde bin.	Frau H. ist aufgebracht. Sie ist auf den Konfliktbeschleuniger hereingefallen. Das Gespräch eskaliert nun möglicherweise.
Herr M.: Sehen Sie, es geht schon wieder los. Sie sind nicht in der Lage, einigermaßen vernünftig darzustellen, was Sie überhaupt wollen.	Volle Breitseite. Die Eskalation läuft.

Gespräch	Kommentar/Analyse
Frau H. ist wütend, hilflos und den Tränen nahe. Es entsteht eine kleine Pause im Gespräch.	Das kann in Konfliktgesprächen leider geschehen. Wichtig jetzt: Nicht klein beigeben, was ja eines der Ziele von Frau H. ist. In ihrer Not blickt sie auf ihren Vorbereitungszettel, dort steht bei den Zielen: „Ich will, dass dieses Gespräch atmosphärisch gut verläuft." Und – dick unterstrichen – steht da. Notfallreaktion: Fragen stellen – Fragen stellen.
Frau H. (sichtlich geqält): Ja, wie sehen Sie's denn?	Ziemlich unpräzise, Frau H. ist einfach nichts anderes eingefallen. Aber: Es ist eine Frage.
Herr M.: (gereizt) Wie ich was sehe?!	
Frau H.: Na ja, alles was wir hier so reden.	Frau H. ist immer noch sehr aufgewühlt. Ihre Gedanken kreisen nur um eines: Ich will ein gutes Gespräch: Fragen stellen!
Herr M.: Na, Sie können sich ja vorstellen, dass es nicht einfach ist, mit Ihnen zu reden.	Wieder ein Vorwurf! Aber Herr M. gibt auch etwas von sich preis.
Frau H.: Warum?	Fragen stellen – Fragen stellen

Gespräch	Kommentar/Analyse
Herr M.: Kaum fangen wir an, etwas zu besprechen, dann geht es irgendwie schief. Sie gehen dann an die Decke, dann sage ich Ihnen das, sofort ziehen Sie sich zurück.	Die Frage hat dazu geführt, dass nun auch der Chef über die Beziehung der beiden, zumindest aber über Verhaltensabläufe spricht.
Frau H. (nun etwas ruhiger): Ja, da ist etwas dran.	Sie denkt, der Chef hat da etwas beschrieben, was sie ja ähnlich sieht. Weiter denkt sie: Fragen stellen – Fragen stellen. Aber es fällt ihr keine ein.
Herr M.: Ja, wenn Sie das ähnlich sehen, dann müssen wir es künftig anders machen.	Ein Angebot. Sehr gut. Das Problem: Die Gesprächsstruktur wird verlassen, es kommt eventuell zu voreiligen Lippenbekenntnissen, **Schritt 1** ist nicht abgeschlossen, **Schritt 2** (die eigenen Anliegen) ist noch völlig offen. Frau H. könnte nun einer weiteren Auseinandersetzung „entkommen“, man würde sich einigermaßen aufgeräumt trennen und wäre momentan entlastet („gut, dass es vorbei ist“).
Frau H.: Ja. Ich würde Ihnen gerne mal kurz schildern, was da bei mir abgeht.	Frau H. bleibt dran! Sehr gut!
Herr M.: Ja, tun Sie das!	

Gespräch	Kommentar/Analyse
Frau H.: Ich hab mir das mal aufgeschrieben. Wir sind manchmal nicht einer Meinung. Dann fühle ich mich missverstanden und werde bissig, dann bekomme ich von Ihnen eine drauf. Im Falle von 'hysterisch' hat mich das sehr gekränkt. Dann bin ich hilflos und wütend und sauer auf Sie und dann ziehe ich mich zurück. Mit einem schlechten Gefühl dabei. Ich schlafe dann schlecht und überlege mir immer, wie kann das weitergehen.	Geschafft. Jetzt ist es raus. Festgemacht am Beispiel und an der Vorbereitung. Frau H. spricht von sich und wie es ihr geht, anstatt dem Chef Vorwürfe zu machen (abgesehen von „dann bekomme ich von Ihnen eine drauf"). Frau H. gibt damit ein Beispiel für ihre Mitverantwortung und für Offenheit. Exzellent!
Herr M. (nachdenklich): Ich wusste nicht, dass das so tief geht. Tut mir Leid. *Ich schlage vor, dass wir in Zukunft vorsichtiger miteinander umgehen. Könnten wir so verbleiben?*	Die Entschuldigung klingt noch etwas gestammelt, aber die Ernsthaftigkeit des Gespräches ist schon deutlich höher geworden. Ist gut gemeint, aber eine Gefahr für das Konfliktgespräch. Erst wenn auch die Anliegen beider Gesprächspartner explizit sind und man verschiedene Lösungswege **beider** Gesprächspartner gesichtet und bewertet hat, kann eine Lösung tragfähig sein.
Frau H.: Bevor wir etwas vereinbaren, möchte ich Ihnen gerne noch sagen, was ich eigentlich erreichen will.	Frau H. geht nicht auf das vorschnelle Lösungsangebot ein, sondern sie hält sich an die Struktur und an ihre Vorbereitung. Sie leitet über zum **Schritt 2.** Hervorragend.

Gespräch	Kommentar/Analyse
Herr M.: Ja, das würde mich sehr interessieren.	Klar. Das Angebot von Frau H. hat ja sicher auch Neugier erzeugt und es ist eine offene Einladung, das Gespräch weiterzuführen.
Frau H.: Ein Ziel des Gesprächs ist es für mich, Ihnen mitteilen zu können, wie es mir in der Zusammenarbeit mit Ihnen geht, wofür ich ein paar Beispiele habe. Ein anderes: Ich hatte mir vorgenommen, das Gespräch in einer einigermaßen guten Atmosphäre „über die Runden zu bringen." ...	Frau H. teilt Ihrem Chef ihre Anliegen mit. Sie nimmt dabei ihren Vorbereitungszettel und liest die Aufzeichnungen fast wörtlich vor. (Wir haben hier nur einen Auszug wiedergegeben.)
Herr M.: Das ist ja eine ganze Menge, ich bin übrigens beeindruckt, wie Sie das vorbereitet haben. Ich schlage vor, wir steigen mit Ihrer Frage nach dem Mitarbeitergespräch ein.	Nun erst ist Herrn M. die Ernsthaftigkeit des Gespräches bewusst. Das Gespräch läuft ab jetzt sogar recht entspannt. Der Chef will gleich an ein Thema ran. Da Konfliktgespräche aber immer auch die Balance (Gleichberechtigung) berücksichtigen müssen, sollte auch Herr M. seine Ziele mit einbringen können.
Frau H.: Ja, das ist für mich ein wichtiges Thema. Zuvor würde mich noch sehr interessieren, was Sie sich von unserem Gespräch erhoffen und wie Sie die Situation zwischen uns sehen.	Elegant und sehr zielgerichtet. Auch im Konflikt ist eine solche Einladung unwiderstehlich.

<table>
<tr><th>Gespräch</th><th>Kommentar/Analyse</th></tr>
<tr><td colspan="2">Es entsteht nun (Schritt 3) ein erstaunlich langer Gesprächsabschnitt, der die Perspektive von Herrn M. zum Inhalt hat. Es tauchen auch hier ab und zu ein paar Attacken auf Frau H. auf. Sie ist aber jetzt schon viel ruhiger und kann relativ entspannt nachfragen, was die Situation dann auch jedes Mal beruhigt. Punkte, die Frau H. wichtig erscheinen, notiert sie auf ihrem Zettel. Plötzlich muss sie in sich hineinlächeln. Sie freut sich, dass das Gespräch gut läuft und plötzlich wird ihr auch bewusst, wie groß der Anteil ist, den sie an der Gesprächssteuerung übernommen hat.

(In den Kapiteln zur Praxis der Konfliktlösung finden Sie weiteres Hintergrundwissen zur Art möglicher Fragestellungen.)</td></tr>
<tr><td>Frau H.: Ist ja interessant. Einiges, was Sie da gesagt haben, habe ich so noch nicht gesehen. Anderes sehe ich allerdings anders als Sie. Wo wir uns einig sind – korrigieren Sie mich – ist Folgendes. (Sie nimmt ein neues Blatt Papier und schreibt auch für Herrn M. gut sichtbar Stichpunkte auf.)

– Zusammenarbeit verbessern,
– sich besser über Vorschläge austauschen,
– nicht mehr vor den anderen streiten.
– ... und so fort</td><td>Zuhören und nachfragen heißt nicht, dem anderen in allem Recht geben.
Sie ist es wieder, die den nächsten Schritt einleitet (Schritt 4)

Typisch für Schritt vier ist es, dass Themen, Maßnahmen und Lösungen oft relativ „wild“ durcheinander gehen. Das ist in Ordnung so. Die Sammlung ist wichtiger als das Einhalten einer eher hemmenden Präzisionsforderung.</td></tr>
</table>

Gespräch	Kommentar/Analyse
Herr M.: So, jetzt können wir ja schauen, wie wir zu Vereinbarungen kommen können. *Da steht auf Ihrer Liste: Zusammenarbeit verbessern. Was könnten wir da tun?*	Diesmal ist es Herr M., der den Übergang zum nächsten Schritt einleitet: **Schritt 5.**
Frau H.: Wir könnten zm Beispiel regelmäßige Kurzbesprechungen einführen, dann staut sich bei mir nicht so viel an.	Jetzt kommt es darauf an, Lösungs**ideen** zu sammeln und nicht schon bei der ersten zu diskutieren, ob sie umsetzbar sein könnte oder nicht.
Herr M.: Das Mitarbeitergespräch nachholen. Oder ein Teamentwicklungsseminar machen. Die Kollegen haben sicher auch etwas auf dem Herzen.	
Frau H.: Vielleicht können wir auch die Montagsbesprechung ändern. Zum Beispiel Spielregeln vereinbaren oder die Moderation rotieren lassen.	Gut. Es entsteht so eine beträchtliche Sammlung, schon zum ersten Punkt. Noch ohne etwas zu vereinbaren gehen die beiden auch die anderen Ideen aus Schritt 4 durch.
Herr M.: Ganz schön viel. Was machen wir nun konkret? – Ich schlage vor, dass wir noch in diesem Jahr unser Mitarbeitergespräch führen.	Es kommt nun zu **Schritt 6.**
Frau H.: Wann?	Gut. Sorgen Sie bei allen Vereinbarungen für Präzisierung.

Gespräch	Kommentar/Analyse
Herr M.: Der 3. September. Nachmittag. Ginge das bei Ihnen?	
Frau H.: Ja. Ich notiere das mal und könnte dann ein kleines Vereinbarungs-Protokoll schreiben.	Es ist wichtig, dass einer von den beiden ein kleines Protokoll verfasst. Keine Angst, es soll ausschließlich die Vereinbarungen enthalten. Bieten Sie es selbst an. Das kann nicht schaden und es schafft Verbindlichkeit.
Die beiden gelangen so zu ein paar sehr klar formulierten Abmachungen. In einigen Punkten sind sie sich uneins, sprechen das aber klar an und lassen das Thema momentan stehen.	
Herr M.: Gut, dass Sie mich angesprochen haben. Das hat ja einiges gebracht. Auf Wiedersehen!	
Frau H.: Ja, das denke ich auch. Auf Wiedersehen. (Sie steht auf und geht, dreht sich aber im Türrahmen noch einmal um.) Ähm, ich fände es gut, wenn wir uns so in einem Vierteljahr noch mal treffen könnten, um zu sehen, was aus unseren Vereinbarungen geworden ist.	Ein hoher Verbindlichkeitsgrad gehört zu jeder Art gelungener Konfliktbearbeitung. Sehr gut!
Herr M.: Ich werde Ihnen morgen Terminvorschläge zukommen lassen.	
Die beiden verabschieden sich.	

Vielleicht ist Ihnen aufgefallen, dass in Schritt 4 ausschließlich auf die Gemeinsamkeiten fokussiert wird. Dies ist für ein Konfliktgespräch der leichtere und realistischere Weg. Denn auch noch alle Unterschiede klären zu wollen und zu Vereinbarungen zu führen, überlastet die Situation. Ein oder zwei Vereinbarungen, die tatsächlich auf Gemeinsamkeiten beruhen, sind besser für die Beziehungsentwicklung als zwölf Vereinbarungen, die aber nur halbherzig herbeigeredet wurden. Sie können – gerade im ersten solchen Gespräch – auch ein paar Punkte stehen lassen. Es muss nur beiden klar sein, welches diese Punkte sind und dass sie bewusst offen gelassen werden.

Wir haben ein Beispiel aus der Mitarbeiterperspektive gewählt. Das war Absicht, denn vielen Mitarbeitern scheint eine Konfliktklärung mit dem Vorgesetzten als überaus schwierig. Ihnen möchten wir Mut machen.

Doch auch für Vorgesetzte ist es unserer Erfahrung nach nicht wesentlich leichter, Konflikte auf den Tisch zu packen. Für sie gelten die gleichen Überlegungen zu Vorbereitung und Ablauf des Konfliktgespräches. Und auch sie möchten wir ermutigen.

14 Literatur

ALAIN (1997): Im Haus des Menschen. Insel-Verlag, Frankfurt am Main und Leipzig

ARNDT, Erika, BÜTTNER, Christian, COHN, Ruth C. (1994): Aggression in Gruppen. M. Grünewald Verlag, Mainz

BAZERMAN, Max (1998): Judgement in Managerial Decision Making. John Whiley & Sons, New York

CIALDINI, Robert B. (1993): Die Psychologie des Überzeugens. Hans Huber Verlag, Bern

COVEY, Stephen R. (1996): Die sieben Wege zur Effektivität. Heyne, München

COVEY, Stephen R., MERILL, A. Roger, MERILL, Rebecca, R. (1997): Der Weg zum Wesentlichen. Zeitmanagement der vierten Generation. Campus, Frankfurt

CRAWLEY, JOHN (1996, 2): Constructive Conflict Management. Nicholas Brealey Publishing, London, Sonoma

DE BONO, Edward (1987): Konflikte. Neue Lösungsmodelle und Strategien. ECON Verlag GmbH, Düsseldorf, Wien, New York

DEMARCO, Tom (1998): Der Termin. Ein Roman über Projektmanagement. Carl Hanser Verlag, München

DOPPLER, Klaus, LAUTERBURG, C. (1995): Change Management. Den Unternehmenswandel gestalten. Campus, Frankfurt/Main, New York

DOPPLER, Klaus, LAUTERBURG, C. (1999): Dialektik der Führung. Täter und Opfer. Gerling Akademie Verlag, München

EDMÜLLER, Andreas, WILHELM, Thomas (2002, 3): Manipulationstechniken. Erkennen und abwehren. Haufe, Freiburg

EDMÜLLER, Andreas, WILHELM, Thomas (2002, 2): Moderation. Haufe, Freiburg

ELLIS, Albert (1993): Die rational-emotive Therapie. Pfeiffer, München

FISHER, Roger, URY, William (1981): Getting to Yes. Houghton Mifflin & Co., Boston, Massachusetts

FORGAS, Joseph P. (1995): Soziale Interaktion und Kommunikation. Psychologie Verlags Union, Weinheim

GLASL, F. (1997, 5): Konfliktmanagement: Ein Handbuch zur Diagnose von Konflikten für Organisationen und ihre Berater. Verlag Freies Geistesleben, Stuttgart

GOLEMAN, Daniel (1997): Emotionale Intelligenz. dtv, München

GOLEMAN, John M. (2000): Die 7 Geheimnisse der glücklichen Ehe. Econ Ullstein List Verlag GmbH & Co. KG, München

GOULDING, Mary (2000): Kopfbewohner oder Wer bestimmt dein Denken? Junfermann, Paderborn

HAFT, FRITJOF (1992): Verhandeln. Die Alternative zum Rechtsstreit. C.H. Beck, München

JANIS, Irving (1972): Victims of Groupthink: psychological study of foreign-policy decisions and fiascoes (2nd edition). Houghton Mifflin, Boston

KAAGAN, Stephen S. (1999): Experiental Learning for Organizational Development. SAGE Publications, Thousand oaks

MALEH, Carole (2000): Open Space: Effektiv Arbeiten mit großen Gruppen. Weinheim, Beltz

MEHLMANN, Ralf, RÖSE, Oliver: Das LOT-Prinzip. Vandenhoeck & Ruprecht

MOELLER, Michael Lukas (1999): Die Wahrheit beginnt zu zweit – Das Paar im Gespräch. Rowohlt, Hamburg

MUTZBAUER, Nicole (2002): Evaluation von Führungstraining, Diplomarbeit

RAIFFA, Howard (1982): The Art and Science of Negotiation. Harvard University Press, Cambridge, Massachusetts

SADER, Manfred (1996): Psychologie der Gruppe. Juventa, Weinheim und München

SCHULZ VON THUN, F. (1984): Miteinander Reden. 1. Störungen und Klärungen. Rowohlt, Reinbek bei Hamburg

SCHULZ VON THUN, F. (1999): Miteinander Reden. 3. Das „innere Team" und situationsgerechte Kommunikation. Rowohlt, Reinbek bei Hamburg

SHELL, Richard G. (1999): Bargaining for Advantage. Penguin Books, Harmandsworth

SIMON, Fritz B. (1999): Meine Psychose, mein Fahrrad und ich. Zur Selbstorganisation der Verrücktheit. Carl-Auer-Systeme, Heidelberg

SIMON, Fritz B. (1998): Radikale Marktwirtschaft. Carl-Auer-Systeme, Heidelberg

SPRENGER, Reinhard K. (1999): Die Entscheidung liegt bei dir. Wege aus der alltäglichen Unzufriedenheit. CAMPUS Verlag, Frankfurt/Main, New York

THOMANN, Christoph (1998): Klärungshilfe: Konflikte im Beruf. Rowohlt, Reinbek bei Hamburg

WATZLAWICK, P., BEAVIN, J. H., JACKSON, D. D. (1974, 4): Menschliche Kommunikation. Huber, Bern, Stuttgart, Wien

WATZLAWICK, P., WEAKLAND, J. H., FISH, R. (1975): Lösungen zur Theorie und Praxis menschlichen Wandels. Huber, Bern, Stuttgart, Wien

Checklisten & Fragebögen zum Buch „Konfliktmanagement“

von Heinz Jiranek und Andreas Edmüller

SCHWIERIGKEITEN SOLLEN EINEN ANTREIBEN,
NICHT ENTMUTIGEN.
DER MENSCHLICHE GEIST WÄCHST AN KONFLIKTEN.

William E. Channing (1780–1842)

Vorwort

Die Checklisten und Fragebögen sollen Ihnen bei der Analyse von Konfliktpotenzialen wie auch aktuellen Konflikten helfen und letztlich das Erkennen, Vermeiden und Bewältigen von Konflikten fördern.

Dabei erhebt das Material keinen Anspruch auf Vollständigkeit. Ergänzen Sie daher stets, was Ihnen im jeweiligen Zusammenhang noch einfällt und relevant erscheint.

Eine Entscheidung und die Lösung liefern Checklisten Ihnen selbstverständlich nicht, wir sind jedoch davon überzeugt, dass sie Klarheit in die zum Teil sehr komplexen Sachverhalte und Zusammenhänge in Konflikten bringen und Missverständnisse, einseitige Sichtweisen/Annahmen, (vermeintliche) Widersprüche und einige bislang weniger oder nicht berücksichtigte Aspekte zu Tage fördern können.

Nicht zuletzt möchten wir mit den Checklisten eine (selbst-)kritische Sichtweise, Motivation und Bereitschaft zum Handeln erzeugen helfen und im Idealfall Ihre Zuversicht hinsichtlich einer Lösungsfindung beeinflussen!

Sie werden in jedem Fall überrascht sein, wie hilfreich eine strukturierte und intensive Auseinandersetzung mit dem Thema sein kann. Darum: Nehmen Sie sich die Zeit!

Diese Checklisten und Arbeitsmittel können diese auch im Internet kostenlos im DIN A 4-Format downloaden unter www.redmark.de. Am schnellsten finden Sie sie, wenn Sie in die Suchfunktion das Wort „Konfliktmanagement“ eingeben. Auch auf der Seite www.jiranek.de werden die Arbeitsmittel angeboten.

Checklisten & Fragebögen: Übersicht

Bezug zu den jeweiligen Buchkapiteln *Seitenangaben*

Fragebogen: Meinungsverschiedenheit oder Konflikt?

Konflikte zu ignorieren ist unklug, aber ebenso sollte man Meinungsverschiedenheiten, kleine Streitereien und Frotzeleien nicht gleich überdramatisieren!
Folgende Fragen sollen Ihnen dabei helfen, die Dramatik und den Handlungsbedarf richtig einzuschätzen:

MEINUNGSVERSCHIEDENHEIT ODER KONFLIKT?
Um welchen Sachverhalt/welche kritische Situation geht es?
Treten diese Situationen gehäuft und bei bestimmter Konstellation/Situation auf?
Ist die Kommunikationssituation statt durch Sachlichkeit und Lösungsorientierung durch Rechthaberei und Vorwürfe geprägt?
Zeigen die Beteiligten Anzeichen emotionaler Betroffenheit/Belastung?
Werden unterschiedliche Meinungen grundsätzlich gelten gelassen?
Sind die Parteien in der Regel nach einer Auseinandersetzung bereit, wieder aufeinander zuzugehen, oder ist die Anspannung von Dauer?
Neigen die Beteiligten bei Meinungsverschiedenheiten zu objektiv unverhältnismäßigen emotionalen Reaktionen?
Rufen augenscheinlich harmlose Themen eine massive Stimmungsverschlechterung hervor?

Werden Meinungsverschiedenheiten offen ausgetragen – oder verdeckt?
Inwiefern beeinträchtigen Meinungsverschiedenheiten ... ☐ die Lösungsorientierung? ☐ das Umfeld? ☐ das Klima? ☐ die Arbeitsergebnisse? ☐ die Zusammenarbeit der Beteiligten? ☐ Sonstige?
Welche weiteren Konsequenzen sind bislang aus den Störungen hervorgegangen?
Wie schwerwiegend sind diese Konsequenzen?
Existieren tatsächlich unvereinbare Interessen?

Übersicht „Konfliktrutschbahn"/Erkennungsmerkmale

Die Konfliktrutschbahn im Überblick	
Phasen zunehmender Eskalation	Besondere Merkmale
Phase 1: *„Es wird kälter"*	↗ Die Stimmung verschlechtert sich. ↗ Affektive Beteiligung tritt an die Stelle von humorvoller Frotzelei. ↗ Beteiligten tauschen sich zunächst im engsten Freundeskreis aus. ↗ Keine offene Konfliktaustragung.
Phase 2: *„Verbales Pingpong"*	↗ „Argumentationskarussel". ↗ Es geht darum, Recht zu haben. ↗ Man ist nicht bereit, den Standpunkt des anderen sachlich zu betrachten. ↗ Man redet aneinander vorbei, hört nicht zu. ↗ Man kreist um ewig gleiche Themen.
Phase 3: *„Ab jetzt wird gehandelt!"*	↗ Vermeidungsstrategie. ↗ Körperliche Abwehrhaltungen. ↗ Missbilligende Kommentare, nun auch in aller Öffentlichkeit. ↗ Informationen werden bewusst vorenthalten.
Phase 4: *„Gemeinsam bin ich stärker"*	↗ Lästern im Kollegenkreis. ↗ Gedanken/Gespräche diesbezüglich auch im privaten Umfeld. ↗ Umfassende, gezielte Sympathisanten-gewinnung, die der Bestätigung der eigenen Person dient. ↗ Selektive Wahrnehmung in das Bild passender Eigenschaften/Ereignisse bei dem Kontrahenten.

Phasen zunehmender Eskalation	Besondere Merkmale
Phase 5: *„Jeder soll sehen, was der andere für ein Schuft ist"*	↗ Der Kontrahent wird als ganze Person infrage gestellt. ↗ Psychologisieren des Verhaltens/der Persönlichkeit des Kontrahänten. ↗ Bewusste, öffentliche Diffarmierung des Gegenspielers.
Phase 6: *„Wer nicht hören will, muss fühlen"*	↗ Offen ausgesprochene Drohungen.
Phase 7: *„Dem zeige ich es jetzt"*	↗ Umsetzung mit „Denkzettel"-Charakter.
Phase 8: *„Zerstörung"*	↗ Bewusste Schadenszufügung, ↗ gezielte „Vernichtung" des Gegners.
Phase 9: *„Gemeinsam in den Abgrund"*	↗ Schadenszufügung um jeden Preis (bis zum Tode!).

Nach GLASL, F. (1997, 5): Konfliktmanagement: Ein Handbuch zur Diagnose von Konflikten für Organisationen und ihre Berater. Verlag Freies Geistesleben, Stuttgart

Checkliste bei eskalierten Konflikten

FRAGEN	ANTWORT
Ist ein Projekterfolg durch den Konflikt gefährdet? Inwiefern?	
Wie viel Zeit kann der Lösung des Konfliktes eingeräumt werden?	
Welche Rolle traue ich mir als Vorgesetztem zu?	Initiator ☐ Berater ☐ Begleiter ☐ Manager ☐ Entscheider ☐
Ist Budget für einen externen Konfliktmanager vorhanden?	
Sind die Parteien an einer Lösung interessiert?	
Wie wecke ich das Interesse an einer Lösung?	
Gab es bereits Versuche der Bewältigung, wenn ja, mit welchem Ergebnis?	
Wie werten die Konfliktparteien den Konflikt?	
Gehe ich selbst von der Lösbarkeit des Konfliktes aus?	
In welchen Ergebnissen soll sich die Lösung niederschlagen?	
Wie schätze ich die Bereitschaft zur Zusammenarbeit der Konfliktparteien mit einem externen Konfliktmanager ein?	
Kann ich den vertraulichen Umgang mit Informationen aus den Sitzungen mit einem Konfliktmanager garantieren?	

FRAGEN	ANTWORT
Verfüge ich über alle relevanten Informationen für das Briefing des Konfliktmanagers?	
Welche Konsequenzen sind bei einem gescheiterten Konfliktmanagement zu erwarten?	
Bin ich bereit, angekündigte disziplinarische Maßnahmen auch umzusetzen (Exempel statuieren)?	
Sonstige Anmerkungen:	

Denken Sie daran:

- Sie haben das Recht und die Pflicht, Konfliktbewältigung zu initiieren!
- Festlegungen/Weisungen sind nicht mit Vereinbarungen zu verwechseln (ein- versus zweiseitige Willenserklärung)!
- Widerstände sind Bestandteil von Konflikten!
- Nehmen Sie einen externen Moderator/Konfliktmanager zu Hilfe!
- Machen Sie die Mitarbeiter vorher mit dem Moderator/Konfliktmanager vertraut!
- Kommunizieren Sie klar Ihre Erwartungen im Rahmen von Moderationen und Workshops!
- Führen Sie regelmäßige Teammeetings ein und verstärken Sie offenes Feedback und gegenseitiges Interesse!

Konfliktanalyse für das Management

A) Fragebogen: Organisation und Struktur

Das Verhalten und Miteinander in Unternehmen wird durch eine Vielzahl von Regeln, Werten, Verhaltensnormen, Leitsätzen und Strategien etc. bestimmt. Manche davon offen, geschrieben und proklamiert, andere wiederum sind so genannte „ungeschriebene Gesetze". Einige betreffen die Funktionen einzelner oder von Abteilungen – also fachliche Aspekte –, andere wiederum beziehen sich auf allgemeine Grundsätze im Umgang miteinander (Kollegen/Kunden/Geschäftspartnern etc.)

– die so genannten „weichen" Aspekte.

Strukturen, die durch die Aufbau- und Ablauforganisation bestimmt werden, beeinflussen in der einen oder anderen Weise die Entstehung bestimmter Regeln, Verhaltensweisen und Prinzipien.

Andererseits können sich auch bestimmte Normen, Leitsätze und Strategien als förderlich oder hinderlich bei der Ausbildung bestimmter Strukturen erweisen.

Auch die Entstehung von Konflikten und das Konfliktverhalten selbst können maßgeblich durch organisatorisch-strukturelle Rahmenbedingungen beeinflusst werden.

Organisation & Struktur
Welche Leitsätze bestimmen die Unternehmenskultur?
Wie/Durch wen werden diese Leitsätze im Unternehmen kommuniziert?
Welche ungeschriebenen Verhaltensnormen/-regeln gibt es?
Wo könnten welche Leitsätze am leichtesten zu verfolgen/leben/umzusetzen sein? Ebene? Abteilung? Niederlassung? Etc.
Wo könnten welche Leitsätze am schwierigsten zu verfolgen/leben/umzusetzen sein? Ebene? Abteilung? Niederlassung? Etc.
Inwiefern identifizieren sich Mitarbeiter mit den Leitsätzen?
Wie steht das Management zu den Leitsätzen?
Von wem werden die Leitsätze besonders vorgelebt und wie?
Von wem werden Leitsätze ignoriert oder gar systematisch kolportiert?
Welche Ziele und Visionen gibt es?
Woher weiß man, dass den Mitarbeitern Visionen/Ziele klar sind?
Welche Entscheidungsprozesse sind kennzeichnend?

Organisation & Struktur
Welchen Stellenwert hat Selbstverantwortung? Wie äußert sich das?
Welchen Stellenwert hat Teamarbeit? Wie äußert sich dies?
Welchen Stellenwert hat Kritikfähigkeit? Wie äußert sich dies?
Welchen Stellenwert hat Offenheit? Wie äußert sich dies?
Welchen Stellenwert haben Macht und Status? Wie äußert sich dies?
Gibt es aktuelle Ereignisse/Situationen/Veränderung, die vorherrschendes Thema sind?
Wenn ja – welche und wo nehmen diese Einfluss?
Welche Art des institutionalisierten Austauschs gibt es: a) zwischen Mitarbeitern? b) zwischen Mitarbeitern und Management?
Wie erfährt man von Interessen, Bedürfnissen, Zielen der Mitarbeiter? Welchen Stellenwert misst man ihnen bei?
Auf welche Weise werden Mitarbeiter gefördert?
Welche Rolle nimmt das Management bei Konflikten ein?
Welches Selbstverständnis von Führung gibt es? Mit welchen Konsequenzen?

Existieren viele oder wenige Hierarchieebenen? a) Wo wäre eine Verflachung, b) wo weitere Ebenen denkbar/sinnvoll und warum?
Gibt es Stellenbeschreibungen? Spiegeln diese die tatsächlichen Funktionen wider und wie trennscharf sind diese zu anderen Funktionen?
In welchem Maße ist eine „Abteilungsdenke" ausgeprägt? Welche Konsequenzen hat das?
Sind Ablauf- und Aufbauorganisation aufeinander abgestimmt? Wo gibt es Schwachstellen, unklare Verantwortungsbereiche etc.
Wie wird das Betriebsklima von Mitarbeitern umschrieben?
Sonstige Anmerkungen:

B) Fragebogen: Typische Kommunikationsmuster

Typische Kommunikationsmuster
Wie würde ich die Atmosphäre beschreiben bei Diskussionen/Auseinandersetzungen?
Haben die Kommunikationspartner/Parteien Interesse an der Information/dem Standpunkt der anderen Parteien?
Wie äußert/n sich/sie dieses Interesse?
Inwiefern sind die Beteiligten bereit und in der Lage, die Perspektive zu wechseln?
Sind die Beteiligten bereit, ihre Informationen preis zu geben?
Sind die Parteien in der Lage, ihre Informationen zu vermitteln?
Kennzeichnen sich Auseinandersetzungen eher durch Monologe oder Dialoge?
Stehen Sachargumente/Inhalte oder die Beziehungsebene im Vordergrund?
Wie hoch ist die gegenseitige Bereitschaft, alle Meinungen anzuhören?
Inwiefern geht man in Auseinandersetzungen gegenseitig auf die Argumente ein?
Welche immer wiederkehrenden Themen/Diskussionspunkte gibt es?
Wie hoch schätze ich die Kompromissbereitschaft bei Meinungsverschiedenheiten ein?

Gibt es Tabuthemen – wenn ja, welche?
Welche nonverbalen Kommunikationsmuster sind in Auseinandersetzungen vorherrschend?
Auf welche Weise stelle ich/stellen die Vorgesetzten das Commitment bzgl. Vereinbarungen/Entscheidungen sicher?
Wie kommuniziert man Konflikte/Probleme/Störungen im Allgemeinen?
Fordern die Konfliktparteien i.A. Unterstützung/Rat? Wenn ja – bei wem?
Gibt es aus meiner Sicht unternehmenstypische Konfliktmerkmale?
Wie aufgeschlossen sind die Mitarbeiter für Kritik?
Wie aufgeschlossen sind Vorgesetzte für Kritik?
Welchen Stellenwert räume ich persönlich Kompromissbereitschaft ein?
Welchen Stellenwert räume ich persönlich Kritikfähigkeit ein?
Welche Gremien/Foren gibt es zum Austausch?
Welche Form des Austauschs ist erwünscht? Welche unerwünscht?
Auf welche Weise wird der Austausch durch die Unternehmensstruktur unterstützt? (Teamarbeit/Hierarchien etc.)
Auf welche Weise wird der Austausch durch das Management unterstützt?

Sonstige Anmerkungen:

c) Streitkultur

Die Art und Weise, wie man mit unterschiedlichen Meinungen umgeht, spielt eine entscheidende Rolle bei der Entstehung, aber auch bei der Bewältigung von Konflikten. Darum beleuchten Sie doch einmal in aller Ruhe, welche Streitkultur in Ihrem Unternehmen vorherrschend ist:

Streitkultur
Wie verhalten sich i. A. die Mitarbeiter, wenn es zu Störungen/Reibungen/ Auseinandersetzungen kommt?
Wie verhalten sich i. A. Vorgesetzte, wenn es zu Störungen/Reibungen/ Auseinandersetzungen kommt?
Welchen Stellenwert messen die Mitarbeiter der Klärung von Störungen bei?

Welchen Stellenwert messen Vorgesetzte der Klärung von Störungen bei?
Wie werden Konflikte i. A. eher gesehen: als Chance oder Gefahr?
Inwiefern äußern Mitarbeiter Emotionen/Stimmungsbilder/Wünsche/Eindrücke im Rahmen von Auseinandersetzungen/Meinungsverschiedenheiten?
Wem gegenüber äußern sie dies?
Wo sehen die Mitarbeiter die Verantwortlichkeit bei der Lösung von Kommunikationsproblemen?
Welche Rolle schreiben sie dabei dem/den Vorgesetzten zu?
Auf welche Weise begünstigen organisatorische/strukturelle Merkmale den Austausch (Teamarbeit/Projekte/Vorgesetzte etc.)?
Welche a) historischen b) personellen c) anlass- oder situationsbezogenen d) organisatorisch-strukturellen Rahmenbedingungen spielen bei der Entstehung von Konflikten möglicherweise eine Rolle?
Welche a) historischen b) personellen c) anlass- oder situationsbezogenen d) organisatorisch-strukturellen Rahmenbedingungen erleichtern/erschweren eine Bewältigung von Konflikten?

Fragebogen: Aktuelle Konfliktanalyse für das Management

KONFLIKTRAHMEN:
Um welchen Sachverhalt geht es genau?
Wie äußert sich der Konflikt?
(Symptom – z. B.: Eifersucht, offen bekundete Abneigungen, Misstrauen, unangemessene emotionale Reaktionen, Spott/Sarkasmus, Aus-dem-Weg-Gehen, Infos vorenthalten, Lästern, Krankheit, Produktivität, Anschwärzen, Beschwerden, Ignorieren etc.)
Wer ist an dem Konflikt beteiligt?
Wer ist darüber hinaus davon betroffen? (Mitarbeiter/Kollegen/Vorgesetzte/Teams/Abteilungen/Hierarchieebenen etc.) und mit welchen Konsequenzen?
Welche Sichtweisen gibt es bei den Beteiligten bzgl. Konfliktursache/Absichten der Gegenpartei?
Welche Sichtweisen gibt es bei den Beteiligten bzgl. Konfliktursache/Absichten der Gegenpartei?
Welche unterschiedlichen Erklärungen könnte es für den jeweiligen Standpunkt einer Partei geben?
Geht dem Konflikt ein bestimmtes (traumatisches) Ereignis voraus?
Wenn ja, welches?

Gibt es unterschiedliche Angaben der Parteien zu bestimmten Sachverhalten?
Welche Vorwürfe der beteiligten Kontrahenten gibt es?
Welche Merkmale kennzeichnen die verbale und nonverbale Kommunikation zwischen den Beteiligten?
Welche a) historischen b) personellen c) anlass- oder situationsbezogenen d) organisatorisch-strukturellen Rahmenbedingungen spielen bei der Entstehung des Konfliktes möglicherweise eine Rolle?
Sonstige Anmerkungen:

Persönliche Ebene:
In welchem Ausmaß beschäftigen sich die Beteiligten mit dem Konflikt?
In welchem Ausmaß beschäftigen sich die Betroffenen mit dem Konflikt?
In welchem Ausmaß beschäftige ich mich selbst mit dem Konflikt?
Welche Rolle spiele ich in dem Konflikt?
Inwieweit beeinflusst der Konflikt mein eigenes Verhalten/zu den Konfliktparteien?

Auf welche Entscheidungen hatte der Konflikt bislang Einfluss, worauf wird er womöglich noch Einfluss haben?
Inwiefern beeinträchtigt der Konflikt die grundsätzliche Beziehung der Konfliktparteien?
Seit wann ist mir der Konflikt bekannt?
Wie wurde ich auf ihn aufmerksam?
Bekennen sich die Beteiligten offen zum Konflikt?
Wird der Konflikt offen oder verdeckt ausgetragen?
Sonstige Anmerkungen:

KONSEQUENZEN:
Welchen Einfluss hat der Konflikt bislang auf a) Verhalten der Beteiligten/Betroffenen? b) Zusammenarbeit? c) Atmosphäre und Stimmung? d) Motivation und Arbeitsmoral? e) Produktivität und Arbeitsergebnisse? f) Projekterfolge? Sonstiges?

Welchen Einfluss befürchte ich in Zukunft auf g) Verhalten der Beteiligten/Betroffenen? h) Zusammenarbeit i) Atmosphäre und Stimmung? j) Motivation und Arbeitsmoral k) Produktivität und Arbeitsergebnisse? l) Projekterfolge? Sonstiges?
Inwiefern ist das (Betriebs-)Klima insgesamt durch den Konflikt beeinflusst?
Wo liegt das Hauptinteresse der Kontrahenten?
Ursachenforschung/Konfliktbewältigung oder Schuldzuweisung und „Rache“?

Lösung
Wer hat bislang Lösungsvorschläge vorgebracht und welche?
Welche Maßnahmen wurden bislang umgesetzt?
Welche davon waren erfolgreich/welche nicht und warum?
Wer kann zur Konfliktlösung beitragen?
(Parteien/Vorgesetzter/unbeteiligter Dritter)
Welchen Beitrag kann ich selbst zur Konfliktlösung leisten?

Welchen Stellenwert räumen die beteiligten Konfliktparteien einer Klärung ein?
Welchen Stellenwert räumen die Betroffenen einer Klärung ein?
Inwiefern wird von den beteiligten Konfliktparteien Handlungsbedarf kommuniziert?
Wem gegenüber wurde Handlungsbedarf kommuniziert?
Welchen Stellenwert räume ich persönlich einer Klärung ein?
Sofern ich selbst die Konfliktlage gegenüber den Beteiligten angesprochen habe, wie war die Reaktion darauf?
Inwiefern signalisieren die Beteiligten Interesse an einer Lösung?
Wie schätzen die Beteiligten die Wahrscheinlichkeit einer Lösung ein?
Wie schätze ich selbst die Lösbarkeit ein?
Welches Interessen an einer Lösung hat a) das Unternehmen? b) der Vorgesetzte? c) die Konfliktparteien? d) die Abteilung? etc.?
Wem nützt der Konflikt möglicherweise?
Gibt es Widerstände gegen eine Lösung?

Wenn ja – welche und wie werden diese begründet?
Was könnte die Beteiligten darüber hinaus noch unausgesprochen an einer Lösung hindern? (Prinzip/Macht/Gesichtsverlust/Ablenkung ...)
Wo sehe ich die größten Hindernisse bei der Konfliktbewältigung?
Welche a) kurz- b) mittel c) langfristigen Maßnahmen zur Konfliktlösung sehe ich?
Wie sähe die Idealsituation nach Bewältigung des Konfliktes aus?
Welche Aspekte des Konfliktes sind aus meiner Sicht am vordringlichsten zu behandeln?
Sonstige Anmerkungen:

Fragebogen: Konferenzkultur

Wir haben beschrieben, wie Metakommunikation und Feedback in Konferenzen gefördert werden können. Manchmal ist es sehr hilfreich, hier einen Fragebogen einzusetzen. Wir haben hierfür ein Instrument entwickelt. Die Anwendung: Alle Teilnehmer füllen den Fragebogen am Ende einer Konferenz aus. Ein Mitarbeiter, der das Vertrauen aller genießt, wertet ihn aus und präsentiert das Ergebnis bei der nächsten Besprechung. Es schließt sich eine kurze Diskussion an, die vor allem auf Verbesserungsideen fokussiert und im besten Falle auch gleich zu Vereinbarungen führt.

Mit dem Fragebogen lässt sich weiterhin messen, ob sich etwas verändert/verbessert hat: Nach etwa einem halben Jahr ein weiteres Mal einsetzen!

Die aktuelle Version des Fragbogens können Sie bei www.jiranek.de downloaden.

Nach unseren Konferenzen habe ich ein gutes Gefühl.

ganz selten	1) Konferenzen, gutes Gefühl ☐—☐—☐—☐—☐—☐	ja, meistens

Wie bewerte ich die Kommunikation bei unseren Konferenzen in Hinblick auf:

niedrig	2) Effektivität ☐—☐—☐—☐—☐—☐	hoch
niedrig	3) Ehrlichkeit zwischen den Teilnehmern (=TN) ☐—☐—☐—☐—☐—☐	hoch
niedrig	4) Ehrlichkeit zwischen den TN und ihrem Vorgesetzten ☐—☐—☐—☐—☐—☐	hoch
niedrig	5) Kooperation zwischen den Teilnehmern ☐—☐—☐—☐—☐—☐	hoch
niedrig	6) Kooperation zwischen den TN und ihrem Vorgesetzten ☐—☐—☐—☐—☐—☐	hoch
Konflikte bleiben eher unter dem Teppich	7) Konfliktbewältigung? ☐—☐—☐—☐—☐—☐	Konflikte werden offen angesprochen
kaum	8) Wie teamfördernd ist die Moderation? ☐—☐—☐—☐—☐—☐	sehr
zu niedrig	9) Wie bewerte ich die Menge an Information? ☐—☐—☐—☐—☐—☐	zu hoch
vieles ist unnötig	10) Wie bewerte ich die Qualität der Information? ☐—☐—☐—☐—☐—☐	genau so, wie ich es für meine Arbeit brauche

Wie beurteile ich unsere Entscheidungsfindung bei unseren Konferenzen?

zu wenig Entscheidungen	11) Quantität unserer Entscheidungen ☐—☐—☐—☐—☐—☐	angemessene Zahl von Entscheidungen
Unsere Entscheidungen sind meist zu unpräzise	12) Qualität unserer Entscheidungen ☐—☐—☐—☐—☐—☐	Unsere Entscheidungen sind meist sehr präzise
Wir befassen uns zu lange mit unwichtigen Entscheidungen.	13) Qualität unserer Entscheidungen ☐—☐—☐—☐—☐—☐	Wir konzentrieren uns auf die wichtigen Themen.

	14) Wir halten unsere Entscheidungen konsequent nach / kontrollieren deren Realisierung.	
kaum	☐—☐—☐—☐—☐—☐	ja

	15) Der Anteil administrativer Themen ist	
zu klein ☐	genau richtig ☐	zu groß ☐

	16) Der Anteil kreativ-strategischer Themen ist	
zu klein ☐	genau richtig ☐	zu groß ☐

Wie bewerte ich das administrative Umfeld unserer Konferenzen?

	17) Die Agenda	
ist nicht gut vorbereitet.	☐—☐—☐—☐—☐—☐	ist gut vorbereitet.

	18) Die Agenda	
würde ich anders zusammenstellen.	☐—☐—☐—☐—☐—☐	würde ich genau so zusammenstellen.

	19) Das Protokoll	
finde ich nicht so gut.	☐—☐—☐—☐—☐—☐	finde ich gut.

Wie bewerte ich die Rahmenbedingungen unserer Konferenzen?

	20) Dauer?	
zu kurz ☐	genau richtig ☐	zu lange ☐

	21) Anzahl unserer Konferenzen?	
zu wenige ☐	genau richtig ☐	zu viele ☐

	22) Wir haben bei unseren MC-Konferenzen Gäste:	
zu selten ☐	„passt“ ☐	zu häufig ☐

Anmerkungen zu einzelnen Fragen des Fragebogens:

____

____

____

____

____

____

____

____

Konfliktprävention:

Allgemeine Handlungsempfehlungen für Führungskräfte

Im Folgenden geben wir Ihnen ein paar Empfehlungen an die Hand, die eine offene Kommunikation fördern und damit präventiv auf die Eskalation, aber auch auf die Bewältigung von Konflikten einwirken können. Wie man es auch drehen und wenden mag, Ihnen als Führungskraft kommt eben eine besondere Bedeutung zu im Rahmen der Gestaltung eines offenen Austausches, und damit leisten Sie einen entscheidenden Beitrag hinsichtlich Vermeidung, Eskalation und Bewältigung von Konflikten!

In der nachstehenden Tabelle können Sie die Handlungsempfehlungen in Fragen umformulieren und gleich bewerten, welches Verhalten Sie in welchem Ausmaß ohnehin schon zeigen. Anschließend können Sie sich darüber Gedanken machen, auf welches Sie in Zukunft besonders achten wollen:

Handlungsemfehlungen/ Fragebogen Prävention	Aktuelle Einschätzung		
	immer	gelegentlich	selten
Hören Sie auf Ihr Gefühl bei atmosphärischen Störungen („es liegt etwas in der Luft!")?			
Institutionalisieren Sie einen entsprechenden Austausch?			
Priorisieren Sie wichtige Gespräche und halten Sie sich an Termine?			
Bereiten Sie sich stets auf Gespräche und Meetings jeder Art vor?			
Hören Sie aufmerksam und konzentriert zu und fragen Sie nach?			
Schildern Sie mit eigenen Worten die Sicht des Mitarbeiters und lassen Sie sich von ihm bestätigen, dass Sie ihn richtig verstanden haben?			

Handlungsemfehlungen/ Fragebogen Prävention	Aktuelle Einschätzung		
	immer	gelegentlich	selten
Machen Sie sich Notizen, nur so können Sie Veränderungen dokumentieren!			
Lassen Sie zu, dass der Mitarbeiter über Persönliches – Emotionen/Eindrücke/ Stimmungen – spricht, aber fordern Sie dies nicht oder drängen ihn gar dazu!			
Sehen Sie offene subjektive Wertungen als wichtige Informationsquelle für Konfliktpotenzial und nicht als Vorwurf oder gar Schwäche?			
Nehmen Sie Befürchtungen und Wünsche ernst?			
Zeigen Sie Verständnis?			
Unterstützen Sie keine Opferhaltung?			
Schildern Sie Ihre eigene Sichtweise und persönliche Anliegen – auch Sie haben Wünsche/Erwartungen/ Befürchtungen!			
Üben Sie sich in Geduld?			
Überlassen Sie Ihrem Mitarbeiter auch mal die Priorisierung von Gesprächsthemen?			
Sichern Sie sich das Commitment Ihrer Mitarbeiter?			
Haben Sie Mut zur Metakommunikation – fragen Sie nach der Zufriedenheit bzgl. Gesprächsverläufen, legen Sie Reflektionsstopps ein!			

Handlungsemfehlungen/ Fragebogen Prävention	Aktuelle Einschätzung		
	immer	gelegentlich	selten
Bedanken Sie sich stets für die offene Rückmeldungen Ihrer Mitarbeiter?			
Fassen Sie die wichtigsten Punkte/ Vereinbarungen/Maßnahmen abschließend immer noch einmal (schriftlich) zusammen?			

Fragebogen: Persönlicher „Werte-Check"

„Was Du nicht willst, dass man Dir tu, das füg auch keinem anderen zu." Dieses Sprichwort beschreibt recht treffend, dass die Erwartungen und Ansprüche an das korrekte Verhalten des Gegenübers generell und insbesondere im Konfliktfall sehr hoch sind. Habe ich mich dabei schon einmal gefragt, wie es um meine eigenen Werte und ihren Einfluss auf mein Verhalten bestellt ist? Nein? Dann bietet sich jetzt die Gelegenheit. Wenn Sie darüber hinaus wertadäquate Verhaltensoptionen erarbeiten möchten, dann schließen Sie doch an den Fragebogen gleich die entsprechende Übung an.

<table>
<tr><th>FRAGE</th><th colspan="4">ANTWORT</th></tr>
<tr><td>Welche der folgenden Werte bestimmen mein Verhalten generell?</td><td colspan="2">in hohem Masse</td><td>manchmal</td><td>eher weniger</td></tr>
<tr><td>a) Selbstverantwortung</td><td colspan="2">☐</td><td>☐</td><td>☐</td></tr>
<tr><td>b) Ehrlichkeit</td><td colspan="2">☐</td><td>☐</td><td>☐</td></tr>
<tr><td>c) Klarheit/Transparenz</td><td colspan="2">☐</td><td>☐</td><td>☐</td></tr>
<tr><td>d) Gleichberechtigung</td><td colspan="2">☐</td><td>☐</td><td>☐</td></tr>
<tr><td>Welche noch?</td><td colspan="2">in hohem Masse</td><td>manchmal</td><td>eher weniger</td></tr>
<tr><td>•</td><td colspan="2">☐</td><td>☐</td><td>☐</td></tr>
<tr><td>•</td><td colspan="2">☐</td><td>☐</td><td>☐</td></tr>
<tr><td>•</td><td colspan="2">☐</td><td>☐</td><td>☐</td></tr>
<tr><td>Welche Werte sollten idealtypisch das Verhalten meiner Mitmenschen bestimmen?</td><td>Werte</td><td>un-wichtig</td><td>wichtig</td><td>sehr wichtig</td></tr>
<tr><td></td><td>Selbstverantwortung</td><td>☐</td><td>☐</td><td>☐</td></tr>
<tr><td></td><td>Ehrlichkeit</td><td>☐</td><td>☐</td><td>☐</td></tr>
<tr><td></td><td>Klarheit/Transparenz</td><td>☐</td><td>☐</td><td>☐</td></tr>
</table>

Welche noch?		un-wichtig	wichtig	sehr wichtig
	•	☐	☐	☐
	•	☐	☐	☐
	•	☐	☐	☐

Wie verhalte ich mich im Konflikt?:	in hohem Masse	manchmal	eher weniger
a) Fühle ich mich selbstverantwortlich?	☐	☐	☐
b) Gestehe ich anderen die gleichen Rechte zu?	☐	☐	☐
c) Bin ich ehrlich – mir/anderen gegenüber?	☐	☐	☐
d) Bin ich selbst klar und verständlich und berechenbar in dem, was ich tue?	☐	☐	☐

Welche Standpunkte sind aus meiner Sicht unvereinbar? Und warum?

Fragebogen: Wertadäquate Verhaltensweisen im Konflikt

1) Listen Sie die bei Ihnen im Konflikt dominierenden Verhaltensweisen auf.

2) Beurteilen Sie diese jeweils hinsichtlich wertadäquatem und inadäquatem Verhalten.

3) Wie könnte nun wertadäquates Verhalten aussehen?

4) Wie leicht denken Sie, dieses wertadäquate Verhalten umsetzen zu können?

Verhaltensweise	Gegen welche Werte, die ich für wichtig erachte verstösst mein Verhalten?	Wie sähe ein wertadäquantes Verhalten aus?	Einschätzung Umsetzbarkeit des wertädäquanden Verhaltens		
			leicht	mittel	schwer
1)			☐	☐	☐
2)			☐	☐	☐
3)			☐	☐	☐

Übung zum „Umdenken" – Aufdecken typischer Denkmuster

Nur allzu häufig unterstellt man seinen Mitmenschen in bestimmte Absichten/Beweggründe, die ihr Verhalten leiten und die überdies mit unserer Einschätzung/Sichtweise übereinstimmen. Ebenso häufig liegt man damit (völlig) falsch. Lassen Sie sich daher auf folgende Übung ein:

1) Listen Sie das von Ihnen kritisierte Verhalten Ihres Kontrahenten auf.

2) Sodann ordnen Sie diesem jeweils die von Ihnen – wohl gemerkt vermuteten – Absichten zu.

3) Als nächstes versuchen Sie bitte, alternative Beweggründe/Absichten für die jeweiligen Verhaltensweisen zu finden
und, wenn Sie mögen,

4) die Wahrscheinlichkeit dieser Beweggründe einzuschätzen.

Verhalten	Vermutete Beweggründe	Alternative Beweggründe	Wahrscheinlichkeit			
			sehr hoch	denkbar	gering	unmöglich
1)	•	•				
	•	•				
	•	•				
2)	•	•				
	•	•				
	•	•				
3)	•	•				
	•	•				
	•	•				

Checkliste „Wertebasierte Konfliktlösung"

Die folgende Übung soll Sie dabei unterstützen, die in Kapitel 6 ausgeführte Wertebasis kritisch zu überprüfen. Führen Sie die Übung jeweils für einen konkreten Konflikt aus Ihrer beruflichen oder privaten Vergangenheit durch.

Selbstverantwortung

- Konnte jede der Konfliktparteien ihren Standpunkt, ihre Interessen und Anliegen ohne Bevormundung formulieren und vertreten? Welchen Einfluss hatte das auf die Konfliktlösung?
- Wurden die Konfliktparteien so weit wie möglich in Lösungsfindung und Umsetzung einbezogen? Welchen Einfluss hatte das auf die Konfliktlösung?
- Hat der Moderator die Konfliktparteien vor allem dabei unterstützt, selbst eine Lösung zu finden und umzusetzen? Welchen Einfluss hatte das auf die Konfliktlösung?
- Gab es genug Zeit, um eine Lösung für den Konflikt auszuhandeln? Welchen Einfluss hatte dieser Faktor Zeit auf die Konfliktlösung?
- War die erarbeitete Lösung bequem oder unbequem? Welchen Einfluss hatte das auf die Umsetzung der erarbeiteten Lösung?
- Haben tatsächlich alle Beteiligten der Lösung zugestimmt? Welchen Einfluss hatte das auf den Erfolg der Umsetzung?

Gleichberechtigung

- Wurden die legitimen Anliegen aller Konfliktparteien auch als gleichgewichtig bzw. gleichberechtigt behandelt? Welchen Einfluss hatte das auf die Konfliktlösung?

- Wurden alle ungerechtfertigten bzw. irrelevanten Anliegen auch tatsächlich aus der Verhandlung ausgeschlossen? Welchen Einfluss hatte das auf die Konfliktlösung?

Ehrlichkeit

- Wurden bei der Lösungsfindung Abstriche bei der Ehrlichkeit zugunsten der Bequemlichkeit gemacht? Welchen Einfluss hatte das auf den Erfolg der Konfliktlösung?

- Wurde der eigentliche Konfliktkern im Verlauf der Lösungssuche klar und deutlich benannt und offen gelegt? Welchen Einfluss hatte das auf den Erfolg der Konfliktlösung?

- Wurden alle nicht veränderbaren Rahmenbedingungen erkannt und in die Lösungssuche mit einbezogen? Welchen Einfluss hatte das auf die Konfliktlösung?

- Wurde genug Zeit investiert, um eine Atmosphäre aufzubauen, die einen ehrlichen Austausch über den eigentlichen Konfliktkern ermöglichte? Welchen Einfluss hatte das auf die Konfliktlösung?

Klarheit

- Waren jedem Beteiligten die Rolle des Moderators, die Struktur des Vorgehens, die Spielregeln, die Anliegen und ihre Begründung klar? Welchen Einfluss hatte das auf die Konfliktlösung?

Checkliste „Die Rolle des Moderators"

Die folgende Übung soll Sie dabei unterstützen, die in Kapitel 7 ausgeführten Rollen kritisch an Ihrer bisherigen Erfahrung mit Konflikten zu überprüfen. Führen Sie die Übung jeweils für einen konkreten Konflikt aus Ihrer beruflichen oder privaten Vergangenheit durch, bei dem Sie Moderator oder Beteiligter (mit einer anderen Person in der Moderatorenrolle) waren.

- Hatte der Moderator eine klare, nachvollziehbare Rolle für sich bestimmt? Welchen Einfluss hatte das auf die Konfliktlösung?

- War allen Beteiligten diese Rolle klar? Welchen Einfluss hatte das auf die Konfliktlösung?

- Welche Rollenbeschreibung aus diesem Kapitel kommt der Rolle des Moderators in meinem Fall am nächsten?

- Wie gut bzw. wie schlecht hat die vom Moderator gewählte Rolle „zum Konflikt gepasst"? Was hat gepasst? Was hat nicht gepasst? Welchen Einfluss hatte das auf die Konfliktlösung?

- Gibt es eine Rolle, die besser zu dem Konflikt gepasst hätte als die tatsächlich gewählte? Wenn ja – warum? Wie hätte sich das Geschehen vermutlich entwickelt, hätte der Moderator diese Rolle übernommen?

Checkliste „Strategie der Konfliktlösung"

Die folgende Übung soll Sie dabei unterstützen, das im Kapitel 8 vorgestellte Modell kritisch an Ihrer bisherigen Erfahrung mit Konflikten zu überprüfen. Führen Sie die Übung jeweils für einen konkreten Konflikt aus Ihrer beruflichen oder privaten Vergangenheit durch.

- Hatte jede Konfliktpartei ausreichend Zeit, ihren Standpunkt zu beziehen und zu begründen? Welchen Einfluss hatte das auf die Konfliktlösung?
- Wurden die Anliegen hinter jedem der Standpunkte klar herausgearbeitet und benannt? Welchen Einfluss hatte das auf die Konfliktlösung?
- Wurden die jeweiligen Kernanliegen klar erkannt und benannt? Welchen Einfluss hatte das auf die Konfliktlösung?
- Wurde geklärt, welche dieser Anliegen bzw. Kernanliegen auch tatsächlich relevant bzw. berechtigt sind? Welchen Einfluss hatte das auf die Konfliktlösung?
- Wurde ausreichend Zeit für die Suche nach Lösungsideen gegeben, die zu den jeweiligen Anliegen passten? Welchen Einfluss hatte das auf die Konfliktlösung?
- Wurde tatsächlich eine Lösung gewählt, die zu den Anliegen bzw. Kernanliegen eines jeden Beteiligten passte? Welchen Einfluss hatte das auf die Konfliktlösung?

Checkliste „Der Vorgesetzte als Konfliktmanager"

Kann ich als Vorgesetzter die Rolle des Konfliktmanagers übernehmen?

- Auf welcher Eskalationsstufe ist der Konflikt schon angelangt? (Ab Stufe 4: Vorsicht! Die Rolle des Konfliktmanagers kann nur noch übernommen werden, wenn die Antworten auf die folgenden Fragen entsprechend positiv ausfallen.)

Instrumentalisierungsdruck

- Gibt es schon Versuche der Konfliktparteien, mich (den Vorgesetzten) auf ihre Seite zu ziehen?
- Wie intensiv werden diese Versuche betrieben?
- Wie war meine Reaktion darauf?
- Wie haben die Konfliktparteien darauf reagiert?
- Wie gut kann ich mit dem Druck der Konfliktparteien umgehen, mich auf ihre Seite ziehen zu wollen?

Neutralitätswahrnehmung

- Wie schätzen die Konfliktparteien meine Stellung zurzeit ein?
- Habe ich in ihren Augen Partei ergriffen oder bin ich (noch) neutral?
- Was habe ich konkret getan, um meine Neutralität deutlich zu machen?

- Was habe ich konkret getan bzw. unterlassen, was als Parteinahme interpretiert werden könnte?

- Was sagt „mein Bauch“: Kann ich mich konsequent als neutral positionieren und gleichzeitig genug Zeit für die Rolle des Konfliktmanagers aufbringen?

Konfliktbeteiligung

- Gab es in der Vergangenheit für mich Möglichkeiten, auf einer früheren Eskalationsstufe in den Konflikt einzugreifen?

- Warum habe ich das nicht gemacht?

- Wie interpretieren die Konfliktparteien das?

- Kann ich gut begründen, warum ich erst jetzt in den Konflikt eingreife?

Gruppenkonflikte

ZUSÄTZLICHE FRAGEN ZU DEN OBLIGATORISCHEN KONFLIKTFRAGEN

(siehe auch Kapitel 12)

Hat sich der Konflikt bereits von einzelnen Beteiligten auf Gruppen übertragen – (Projekt-)Teams, Abteilungen, Niederlassungen etc. – so sind weitere Komponenten zu berücksichtigen, die die allgemeinen Fragen zu Konfliktanalyse für Vorgesetzte ergänzen:

GRUPPENKONFLIKTE
Spielt sich der Konflikt innerhalb einer Gruppe (Team/Abteilung) ab oder zwischen mehreren Gruppen?
Gibt es Anführer/Meinungsbildner/Schlüsselpersonen – um wen handelt es sich?
Wie ist die Beziehung von Schlüsselperson/en und Leitern der Gruppe gekennzeichnet?
Welchen Einfluss haben diese Anführer? a) innerhalb der Gruppe b) gruppenübergreifend?
Welche Merkmale/Eigenschaften charakterisieren die Anführer?
Ändern sich Verhaltens-/Kommunikationsmuster in der jeweiligen Gruppe bei Abwesenheit der Anführer? Und wie?

Welche vorherrschenden a) Normen, b) Kommunikationsmuster, c) Annahmen, d) Vorurteile oder Feindbilder etc. gibt es bei den beteiligten Gruppen?
Welche Gegenstimmen sind innerhalb der Gruppen erkennbar/laut geworden?
Gibt es einzelne, „vermittlungsbereite" Gruppenmitglieder?
Durch was wird die Gruppenzugehörigkeit maßgeblich bestimmt? Struktur/Abhängigkeit? Überzeugung? Angst? etc.
Wie äußert sich der Konflikt in der Zusammenarbeit der beteiligten Gruppen?
Inwiefern sind die Beteiligten in ihrem Arbeitsumfeld voneinander abhängig?
Inwiefern üben die Anführer/Gruppenmitglieder Sanktionen auf Abtrünnige/Aussteiger/Lösungsinitiatoren aus?
Inwiefern berichten die Mitglieder der beteiligten Gruppen unabhängig voneinander über Stimmungseintrübungen/Probleme?
Von wem wurde bislang Handlungsbedarf kommuniziert?
Sind die Gruppen bereit, selbst zu einer Lösung zu finden?
Sind die Gruppen in der Lage, selbst zu einer Lösung zu finden?
Welche Rolle (Initiator/Berater/Begleiter/Manager/Entscheider) ordnen die Beteiligten mir als Vorgesetztem bei der Konfliktbewältigung zu?

Bin ich bereit und in der Lage, diese Rolle zu übernehmen?
Sonstige Anmerkungen:

„Hilfe – ich stecke selbst in einem Konflikt!"

Meine persönliche Konfliktbiografie

Unabhängig davon, ob Sie selbst gerade aktuell in einem Konflikt stecken oder aber anderen bei der Bewältigung eines Konfliktes helfen müssen, immer spielt dabei eine Rolle, welche Erfahrungen, Gefühle und Gedanken Sie persönlich mit Konfliktsituationen verbinden. Darum im Folgenden ein paar Fragen, die Ihr eigenes Konflikterleben und –verhalten beleuchten sollen.

Allgemeine Konflikterfahrung
Welcher Begriff umschreibt eher meine Einstellung zu Konflikten: ☐ Chance *oder eher* ☐ Gefahr?
Welche positive Erfahrung verbinde ich bislang mit Konflikten?
Welche negative Erfahrung verbinde ich bislang mit Konflikten?
Welche positive Erfahrung verbinde ich bislang mit Konfliktlösungen?
Welche negative Erfahrung verbinde ich bislang mit Konfliktlösung?
Welche Erkenntnis ziehe ich aus meinem bisherigen Konfliktverhalten?
Welche Erkenntnis ziehe ich persönlich aus erfolgreicher Konfliktbewältigung?
Welche Erkenntnis ziehe ich persönlich aus nicht erfolgreicher Konfliktbewältigung?
Welche Emotionen sind in Konflikten bei mir eher dominant und warum?

Welche Gedanken?
Welche Verhaltensweisen?
Was ist für mich das unangenehmste an einem Konflikt?
Welche schlimmsten Konsequenzen hatten bislang ungelöste Konflikte?
Wie hoch ist meine Kompromissbereitschaft ausgeprägt? ☐ hoch ☐ mittel ☐ niedrig
Wie hoch ist meine Kritikfähigkeit ausgeprägt? ☐ hoch ☐ mittel ☐ niedrig

Mein ganz persönlicher Konflikt

Stecken Sie selbst in einem Konflikt, so helfen Ihnen folgende weitere Fragen bei der Klärung:

Konfliktanalyse für Beteiligte
Worin besteht der Konflikt genau?
Inwieweit berührt der Konflikt/das Verhalten des/der Kontrahenten meine Selbstachtung?
Welche Gedanken/Emotionen verbinde ich mit dem Konflikt und dem Kontrahenten?
In welchen Ausmaß beschäftige ich mich mit dem Konflikt?
Was ist das unangenehme an diesem Konflikt für mich?
Wen habe ich bisher eingeweiht?

Welche Verhaltensweisen dominieren bei mir?
Inwieweit geht es mir noch um die Sache?
Inwieweit bestätigen/kritisieren Eingeweihte die von mir geschilderten Sicht- und Verhaltensweisen?
Agiere oder reagiere ich im Wesentlichen?
Welche Verhaltensweisen stören mich eigentlich genau bei dem/den Kontrahenten?
Welche Verhaltensweisen würde ich mir von ihm/ihnen wünschen?
Welche alternativen Verhaltensweisen/Handlungsoptionen gäbe es für mich – selbstkritisch betrachtet – in Zukunft?
Welche davon könnte ich am leichtesten/schnellsten umsetzen?
Welche davon wohl am schwersten?
Welche Konsequenzen hat der Konflikt bisher? Für mich? Für mein Arbeitsumfeld? Für mein privates Umfeld? Für meinen Kontrahenten?
Was kann der Kontrahent tun um eine Eskalation zu vermeiden?
Mal ehrlich – liegt mir etwas an einer guten Beziehung zu dem Konfliktpartner?
Gibt es Eigenschaften/Verhaltensweisen, die ich irgendwie doch an ihm schätze? Welche?

Kurz-Check zur Klärung für Konfliktbeteiligte

Zur Vorbereitung eines klärenden Gespräches helfen Ihnen abschließend folgende Fragen, die zu beantworten Ihnen nach entsprechender Vorarbeit (Konfliktbiografie/Werte-Check/Übung zum wertadäquaten Verhalten und „Umdenken“) leicht fallen dürfte und Ihnen hilft das Gespräch zu strukturieren:

Frage	Antwort
Will ich in eine Klärung investieren? Warum?	
Bin ich in meiner Ehre gekränkt?	
Ist die Beziehung wichtig?	
Neige ich zur Opferhaltung?	
Welche „irrationalen Ideen“ bestimmen mein Verhalten? *z. B.: Man darf keine Fehler machen, alle müssen mich mögen etc.*	
Welche Absichten unterstelle ich meinem Gegenüber?	
Gibt es positive Eigenschaften, die ich schätze? Wenn ja, welche?	
Handle ich gemäß meinen Überzeugungen/Werten? (siehe auch Fragebogen „Werte-Check“)	

Bereit zur Klärung?

Gratulation, Sie haben sich für eine Klärung entschieden!

Wie soll die Annäherung/Kontaktaufnahme aussehen und wollen Sie jemanden ins Vertrauen ziehen?

Fragen	Antwort
Wen könnte ich zur Konfliktlösung ins Vertrauen ziehen?	
Wie könnte eine Kontaktaufnahme mit dieser Person aussehen?	
Wie könnte eine Kontaktaufnahme mit dem Kontrahenten aussehen?	
Welche Gesten und Symbole wären dabei hilfreich für mich?	
Mit welchen Reaktionen/Gegenargumenten rechne ich?	
Mit welchen Kompromissen könnte ich leben?	

Übung zum klärenden Gespräch

Wenn Sie sich für ein Gespräch mit dem Kontrahenten entschieden haben, sollten Sie vorher einmal die von Ihnen kritisierten Verhaltensweisen und deren Folgen für Ihre Gedanken und Gefühlswelt skizzieren. Außerdem ist es ratsam, statt die „Vorwurfskeule" zu schwingen die „Ich-Form" zu wählen.
Sie werden staunen, wie überrascht, schuldbewusst und bedauernd Ihr Gegenüber mitunter darauf reagiert.

Wie könnte das nun genau aussehen?

Situation A: Kollege X kommentiert Ihre Vorschläge lehrmeisterhaft:
Statt: „Sie sind arrogant"
➡ „Ich fühle mich von Ihnen nicht erst genommen".

Situation B: Kollege X würgt Sie in Gesprächen ab.
Statt: „Sie sind immer so kurz angebunden/genervt"
➡ „Ich habe oft den Eindruck, ich störe Sie".

Versuchen Sie es selbst!

Auflistung Situation	Persönliche Gedanken/ Emotionen	Mögliche „Ich"-Formulierung

Übung „To do or not to do – that's the question"

Für Manager ***und*** Konfliktbeteiligte

Bevor man „loshandelt" oder gar nicht handelt, empfiehlt es sich einmal, die Konsequenzen bestimmter Handlungsoptionen durchzuspielen, und auf kurz- und langfristige Folgen hin zu untersuchen. Zugegeben, manchmal ist es auf den ersten Blick schmerzhafter, einem Konflikt oder Gegner scharf ins Auge zu sehen, auf die Dauer kann ein Nichthandeln aber viel schwerwiegendere Konsequenzen haben. Dazu eignet sich folgendes, wahrscheinlich jedem bekanntes Beispiel: Stellen Sie sich vor, Sie haben Zahnschmerzen!

Nun besteht die Möglichkeit:

a) zum Zahnarzt zu gehen,
b) ***nicht*** zum Zahnarzt zu gehen.

Mit welchen jeweiligen Folgen?

a) kurzfristig:
- es kostet Sie Überwindung,
- Sie müssen einen Termin organisieren (und wahrnehmen!),
- Sie erhalten womöglich eine schmerzhafte Spritze (... und eine Rüge ob der Tatsache, dass Sie Ihre Zähne vernachlässigen)
- und dürfen schlimmstenfalls eine Zeit lang nichts essen.

langfristig:
- Sie ersparen sich noch weit schlimmere Schmerzen und teuren Zahnersatz!

b) kurzfristig:
- es fällt kein organisatorischer Aufwand an,
- Sie ersparen sich ein unangenehmes „Ziepen"
- ... und die bloßstellende Rüge des Herrn Doktor.

langfristig:
- Ihre Schmerzen werden unerträglich,
- der Zahn ist nicht mehr zu retten,
- Sie zahlen eine enorme Summe für Zahnersatz (... und müssen sich eine weitaus schlimmere Rüge gefallen lassen).

Je nachdem, welche Bedeutung wir welcher Konsequenz beimessen, wird unsere Entscheidung ausfallen.

Untersuchen Sie doch selbst einmal mögliche Handlungsoptionen auf Ihre kurz- und langfristigen Konsequenzen bei entsprechender Umsetzung oder Unterlassung:

HANDLUNG	OPTION	KURZFRISTIGE KONSEQUENZ?	LANGFRISTIGE KONSEQUENZ?
1)	Handeln →		
	Nichthandeln →		
2)	Handeln →		
	Nichthandeln →		
3)	Handeln →		
	Nichthandeln →		

Übung „Mein inneres Team"

Verleiht man den einzelnen Gedanken und Gefühlen Gestalt, so werden daraus die Figuren eines „hinneren Teams". Jedes der Teammitglieder vertritt eine Auffassung, ein Gefühl, eine Meinung, die dieses Teammitglied mit unterschiedlichen Mitteln zur Geltung bringt. Da gibt es laute Stimmen, vorsichtige, Teammitglieder die sich eher am Rande der Bühne aufhalten oder sogar dahinter, wieder andere schreien recht laut und versuchen, durch Heftigkeit ihr Interesse durchzusetzen.

Hier die Anleitung (nach SCHULZ VON THUN[1]):

1) Identifikation der inneren Teilnehmer, Namen und Kernsatz vergeben,

2) Anhörung der Einzelstimmen: ausführlich, nacheinander, ohne Bewertung,

3) freie Diskussion,

4) Moderation und Strukturierung durch das Oberhaupt **(– das sind Sie!),**

5) Brainstorming: Lösungsfindung,

6) Entwurf einer integrierten Stellungnahme.

[1] Schulz von Thun F. (1999): Miteinander Reden. 3: Das „innere Team" und situationsgerechte Kommunikation. Rowolt. Reisbek bei Hamburg

Name des „Teammitglieds"	dessen Kernsatz/ -Aussage	die Argumentation	vorgeschlagene Lösung
1)			
2)			
3)			
4)			

Name	Bewertung der Lösung			
	ideal	akzeptabel	ungern	ausgeschlossen
1)				
2)				
3)				
4)				
Sonstige Anmerkungen :				

Übung „Überwindung"

Auf welche Erfolge sind wir eigentlich im Allgemeinen besonders stolz? Auf diejenigen, die leicht oder gar vorhersehbar waren? Oder sind es doch eher die Ziele, deren Erreichung mit Hindernissen gespickt waren und uns Anstrengung oder gar Überwindung gekostet haben?

Auch in Konflikten scheitert eine Lösungsfindung häufig daran, dass wir Handlungsoptionen ausschließen, die uns „Überwindung" kosten, obwohl diese vielleicht doch Erfolg versprechender sind! Wie wäre es daher einmal, Erfolg versprechende Handlungsalternativen im Rahmen einer Konfliktlösung nach ihrem tatsächlich erforderlichen Grad unserer Überwindung einzustufen?

Fragen Sie sich daher doch einmal, ob es z. B. für Sie persönlich tatsächlich „unzumutbar" ist:

- eine Entschuldigung auszusprechen,
- ein Gespräch zu suchen,
- Kommentare zu ignorieren etc.

Sie sind am Zug!

Handlungsoption	Grad erforderlicher Überwindung		
	hoch	mittel	niedrig
1)	☐	☐	☐
2)	☐	☐	☐
3)	☐	☐	☐